会计学必读

KUAIJIXUE BIDU

主　编　孙凤琴
副主编　谢新安
王志强

苏州大学出版社

图书在版编目(CIP)数据

会计学必读/孙凤琴主编.—苏州：苏州大学出版社，2004.7(2011.8 重印)
ISBN 978-7-81090-294-6

Ⅰ.会…　Ⅱ.孙…　Ⅲ.会计学　Ⅳ.F230

中国版本图书馆 CIP 数据核字(2004)第 071937 号

会计学必读
孙凤琴　主编
责任编辑　薛华强

苏州大学出版社出版发行
(地址：苏州市十梓街 1 号　邮编：215006)
常熟高专印刷有限公司印装
(地址：常熟市元和路 98 号　邮编：215500)

开本 787 mm×1 092 mm　1/16　印张 23.75　字数 586 千
2004 年 7 月第 1 版　2011 年 8 月第 2 次印刷
ISBN 978-7-81090-294-6　定价：48.00 元

苏州大学版图书若有印装错误，本社负责调换
苏州大学出版社营销部　电话：0512－65225020
苏州大学出版社网址　http://www.sudapress.com

前言

根据本科会计学专业教学要求，非财经类专业学生学习该专业需补修财务会计、成本会计、管理会计等课程。鉴于目前还没有涵盖这几门课程内容的教材，为了保证补修课程教学质量，统一教学要求，方便各教学点组织教学和学生自学，我们将这几门课程的重要知识汇集在一起，编写成教材。本书各篇内容以最新会计规范为依据，以服务本科教学为宗旨，力求循序渐进，深入浅出，述其精要，分工明确。

在越来越多的公司通过媒体向社会公众披露信息的今天，无论扮演什么角色，股东也好，员工也罢，会计知识是必须的。希望本书不仅能为那些没有系统学习会计课程就进入会计学专业本科阶段学习的人们提供补修便利，也能为愿意获取会计知识的人提供学习便利。

本书由孙凤琴担任主编，由谢新安、王志强担任副主编。第一篇会计学基础及模拟试题由孙凤琴编写；第二篇财务会计学及模拟试题由谢新安编写；第三篇管理会计学第一章、第二章、第三章、第五章及模拟试题由廖荣华编写，第四章由葛强编写，第六章由周洁编写；第四篇成本会计学及模拟试题由王志强编写。

对于书中错漏，欢迎指正，以便完善。

目录 Contents

第一篇　会计学基础

第一章　总论

第一节　会计的含义 ……………………………………………… (1)

第二节　会计要素与会计等式 …………………………………… (8)

第三节　会计科目和账户 ………………………………………… (13)

第二章　借贷记账法

第一节　借贷记账法的含义 ……………………………………… (17)

第二节　借贷记账法的特点 ……………………………………… (18)

第三节　借贷记账法的应用 ……………………………………… (25)

第三章　会计循环(上)

第一节　会计凭证 ………………………………………………… (29)

第二节　会计账簿 ………………………………………………… (36)

第四章　会计循环(下)

第一节　期末账项调整 …………………………………………… (43)

第二节　对账与结账 ……………………………………………… (46)

第二篇　财务会计学

第一章　总论

第一节　财务会计的基本特征 …………………………………… (56)

第二节　财务会计的内容 ………………………………………… (57)

第二章　流动资产的核算

第一节　货币资金的核算 ………………………………………… (58)

第二节　应收及预付款项的核算 ………………………………… (62)

第三节　存货的核算 ……………………………………………… (66)

第四节　交易性金融资产的核算 ………………………………… (76)

第三章　非流动资产的核算

第一节　可供出售金融资产的核算 ……………………………… (78)

第二节　持有至到期投资的核算 ………………………………… (79)

第三节　长期股权投资的核算 …………………………………… (81)

第四节　固定资产的核算 ………………………………………… (84)

第五节 无形资产的核算 …… (90)
第四章 负债的核算
第一节 流动负债的核算 …… (93)
第二节 长期负债的核算 …… (101)
第五章 所有者权益的核算
第一节 实收资本的核算 …… (109)
第二节 资本公积的核算 …… (111)
第三节 留存收益的核算 …… (112)
第六章 收入、费用和利润的核算
第一节 收入的核算 …… (115)
第二节 费用的核算 …… (122)
第三节 所得税的核算 …… (124)
第四节 利润的核算 …… (130)
第七章 会计调整
第一节 会计政策及其变更 …… (135)
第二节 会计估计及其变更 …… (137)
第三节 会计差错及其更正 …… (138)
第四节 资产负债表日后事项 …… (140)
第八章 财务报表
第一节 财务报表概述 …… (142)
第二节 资产负债表 …… (142)
第三节 利润表 …… (148)
第四节 现金流量表 …… (150)
第五节 所有者权益变动表 …… (164)
第六节 附注 …… (166)
第三篇 管理会计学
第一章 总论
第一节 管理会计的产生和发展 …… (168)
第二节 管理会计的特征 …… (169)
第二章 成本性态分析
第一节 成本性态及其分类 …… (171)
第二节 成本性态分析与混合成本的分解 …… (177)
第三章 变动成本法
第一节 变动成本法的含义 …… (183)
第二节 变动成本法与完全成本法的区别 …… (183)
第三节 变动成本法的评价与应用 …… (191)

第四章　本量利分析
第一节　本量利分析概述 ……………………………………（194）
第二节　保本分析 ……………………………………（195）
第三节　保利分析 ……………………………………（198）
第四节　本量利分析的其他问题 ……………………………………（200）
第五章　短期决策分析
第一节　短期决策分析概述 ……………………………………（203）
第二节　短期决策分析方法及应用 ……………………………………（207）
第六章　长期投资决策分析
第一节　长期投资决策分析概述 ……………………………………（217）
第二节　长期投资决策的要素 ……………………………………（218）
第三节　长期投资决策分析的一般方法 ……………………………………（223）

第四篇　成本会计学

第一章　总　论
第一节　成本及其作用 ……………………………………（232）
第二节　成本会计的职能和种类 ……………………………………（233）
第三节　新制造环境与成本会计 ……………………………………（234）
第二章　成本核算基本原理
第一节　成本核算的要求 ……………………………………（237）
第二节　生产费用和期间费用的分类 ……………………………………（239）
第三节　成本核算的一般程序和主要账户 ……………………………………（240）
第三章　生产费用的核算
第一节　要素费用的核算 ……………………………………（242）
第二节　辅助生产费用的核算 ……………………………………（248）
第三节　制造费用的核算 ……………………………………（253）
第四节　生产费用在完工产品和在产品之间的分配 ……………………………………（257）
第四章　产品成本的核算
第一节　品种法 ……………………………………（264）
第二节　分批法 ……………………………………（272）
第三节　分步法 ……………………………………（279）
第四节　分类法 ……………………………………（296）
第五节　定额法 ……………………………………（298）
第六节　作业成本法 ……………………………………（303）
第五章　产品成本分析
第一节　产品成本分析概述 ……………………………………（309）
第二节　全部产品成本分析 ……………………………………（313）
第三节　主要产品单位成本分析 ……………………………………（316）

模拟试题 ……………………………………………………………………（323）

附表
（一）复利终值系数表 ……………………………………………………（364）
（二）复利现值系数表 ……………………………………………………（365）
（三）年金终值系数表 ……………………………………………………（366）
（四）年金现值系数表 ……………………………………………………（368）

第一篇

会计学基础

第一章　总　论

第一节　会计的含义

越来越多的公司通过媒体直接向社会公众披露信息，其中很大一部分是会计信息，作为一个社会人，我们作的很多决策都离不开这些信息，会计这个词与我们今天的生活已经高度关联。

一、会计是什么

会计是一个信息系统，提供有用的信息以帮助信息使用者作出正确的经济决策是会计信息系统的根本目标。

任何经济组织为了加强管理，均需要建立有效的管理信息系统，会计信息系统是其中涉及面最广的子系统，从原始数据的取得、加工处理到输出信息，需要经过会计确认、计量、记录和报告等一系列工作环节。

（一）会计信息系统的服务对象

每个企业在经营过程中都不可避免地要和许多利益主体打交道，图 1-1-1 列示了与企业打交道的主要利益关系人。企业会计信息系统为这些利益主体提供以货币为主要计量单位的财务信息。

从图 1-1-1 可以看出，企业的会计信息系统应该服务于下述两个方面。

1. 投资者、债权人、政府、社会公众等

投资者是企业资本的提供者，没有投资者提供资本，企业不可能存在，投资者投资的目的是为了实现资本的保值增值。近年来，随着我国市场经济的深入发展，投资者队伍日益壮大，他们需要会计信息来帮助决策，比如决定是否应当买进、持有或者卖出企业的股票或者股权，他们还需要信息来帮助其评估企业支付股利的能力等。由于现代企业主要采用公司组织形式，公司组织所有权和经营权相分离是其基本特点，因此投资者还需要借助会计信息来及时了解企业管理层保管、使用资产的情况，以便于评价企业管理层的责任履行情况和经营业绩，并决定是否需要调整投资、是否需要加强企业内部控制和其他制度建设、是否需要

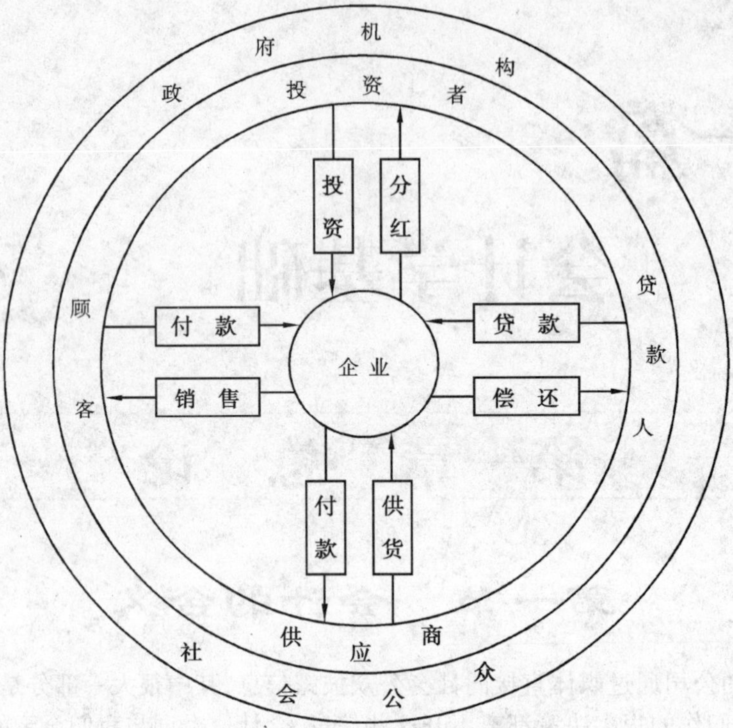

图 1-1-1 企业相关利益主体

更换管理层等。

企业贷款人、供应商等通常十分关心企业的偿债能力和财务风险,他们需要了解企业的信誉、资产与负债情况,资产的质量、获利能力以及产生现金流量的能力等,借此来评估企业能否如期支付贷款本金及其利息、能否如期支付所欠购货款等,所以,企业若要获得贷款或商业信用,必然要向债权人提供会计信息,企业的信息是债权人进行贷款决策和信用决策的重要依据。

企业生产经营的好坏和经济效益的高低,直接影响整个国民经济的稳定和发展。国家进行宏观经济管理和调控,必须关注经济资源的公平分配、市场经济秩序的公正有序、宏观决策信息的真实可靠等,有关政府机构,如财政、税收、审计、行业主管部门、证券监管部门等,代表国家履行相应的管理职能,企业应及时向其提供相关的会计信息,以满足国家宏观经济管理和调控的需要。

社会公众越来越关心企业的生产经营活动,如他们会关注企业的实力、形象、服务,关注企业产品的价格、质量,也会关注企业对所在地经济作出的贡献等,因此企业提供有关发展前景及能力、经营效益及效率等方面的信息,可以满足社会公众的需要。另外,企业的顾客、员工等也是企业会计信息的使用者。

以上这些信息使用者对会计信息的需求虽然有所不同,但由于投资者是企业的出资人,向投资者提供信息是企业会计信息系统的必尽之责和首要任务。通常情况下,如果能够满足投资者的会计信息需求,也就可以满足其他使用者的大部分信息需求。

2. 企业内部管理层

会计信息系统是企业管理信息系统最重要的组成部分，是企业经营决策和日常经营管理最重要的信息支持系统，会计信息是企业加强经营管理、提高经济效益的重要基础。所以满足企业内部经济管理的需要也是会计的重要目标。

上述第一方面的会计信息使用者是企业外部的信息使用者，第二方面的会计信息使用者是企业内部的信息使用者，他们所需的会计信息各有侧重。因此，企业的会计信息系统又有两大分支：财务会计系统和管理会计系统。财务会计的目标是向投资者、债权人、政府部门和社会公众等外部信息使用者提供与企业财务状况、经营成果和现金流量等有关的会计信息，反映企业管理层受托责任履行情况，有助于这些外部信息使用者作出经济决策。因财务会计系统侧重为企业外部信息使用者服务，故又称为对外报告会计，其信息载体是财务报告。管理会计的目标是向企业内部管理层提供经营管理的详细信息，侧重为企业内部信息使用者服务，其信息不对外公开，故又称为对内报告会计。

本篇阐述的基本原理属于财务会计范畴，后面将分篇详述财务会计与管理会计不同的理论和方法。

（二）会计信息的质量要求

会计信息质量要求是对企业财务报告中所提供会计信息质量的基本要求，会计信息要对信息使用者进行经济决策有用，应该具备的基本要求包括可靠性、相关性、可理解性、可比性、实质重于形式、重要性、谨慎性和及时性等八个方面。

1. 可靠性

可靠性要求企业应当以实际发生的交易或者事项为依据进行确认、计量和报告，如实反映符合确认和计量要求的各项会计要素及其他相关信息，保证会计信息真实可靠、内容完整。

可靠性要求企业的会计信息必须能确切地反映经济活动的本来面貌，必须是真实的、可核实的。如果企业提供的会计信息是虚假的、歪曲的，没有如实反映企业的实际情况，其危害性很大，甚至会误导信息使用者，导致决策的失误。因此，可靠性是会计信息的生命。

为了贯彻可靠性要求，企业应当做到：

（1）以实际发生的交易或者事项为依据进行确认、计量，不得根据虚构的、没有发生的或者尚未发生的交易或者事项进行确认、计量和报告。

（2）财务报告的内容应当保持完整，不能随意遗漏或者减少应予披露的信息，与使用者决策相关的信息都应当充分披露。

2. 相关性

相关性要求企业提供的会计信息应当与信息使用者的经济决策需要相关，有助于他们对企业过去、现在或者未来的情况作出评价或者预测。

会计信息是否有用，是否具有价值，关键是看其与使用者的决策需要是否相关，是否有助于他们的决策。相关的会计信息应当能够有助于使用者评价企业过去的决策，证实或者修正过去的有关预测，因而具有反馈价值；相关的会计信息还应当具有预测价值，有助于使用者根据财务报告所提供的会计信息预测企业未来的财务状况、经营成果和现金流量。

因此，企业在提供会计信息的过程中，应当充分考虑信息使用者的信息需求。但相关性是以可靠性为基础的，也就是说，会计信息在可靠性前提下，尽可能地做到相关性，以满足信息使用者的决策需要。如果将两者对立起来，追求会计信息的相关性而不具备可靠性，或者会计信息是可靠的但与决策无关，意味着对决策者都没有实际意义。

3. 可理解性

可理解性要求企业提供的会计信息应当清晰明了，便于信息使用者理解和使用。会计信息要对使用者有用，前提是应能够被使用者理解，不能理解的信息，质量再好也没有用。而信息的可理解性，不仅取决于信息本身的特性，而且与使用者的理解力有关。我们不能设想信息使用者都精通会计专业知识，也不能设想他们对一般经济常识毫无所知。因此，提供的会计信息，对于那些对企业经济活动具有合理程度的知识，并愿意用合理的精力去研究信息的使用者来说，应当是可以理解的。即使是某些复杂的信息，如交易本身较为复杂或者会计处理较为复杂，企业也应当在财务报告中予以充分披露。

4. 可比性

可比性要求企业提供的会计信息应当相互可比，主要包括两层含义。

（1）不同时期之间的可比性。可比性要求同一企业不同时期发生的相同或者相似的交易或者事项，应当采用一致的会计政策，不得随意变更。目的是便于信息使用者比较企业不同时期的会计信息，了解企业财务状况、经营成果、现金流量的变化趋势，客观地评价过去、预测未来，从而做出决策。但是，满足这一可比性要求，并非表明企业永远不能变更会计政策，如果按照规定或者在会计政策变更后可以提供更可靠、更相关的会计信息，则可以变更会计政策，同时应将有关会计政策变更的情况在财务报告中加以说明。

（2）不同企业之间的可比性。可比性还要求不同企业发生的相同或者相似的交易或者事项，应当采用规定的会计政策，确保会计信息口径一致、相互可比。如果一个企业的信息与其他企业的同类信息相互可比，该信息的有用性会大大提高，它可更好地帮助信息使用者比较评价不同企业的财务状况、经营成果和现金流量情况，便于他们更好地决策。

5. 实质重于形式

实质重于形式要求企业应当按照交易或者事项的经济实质进行会计确认、计量和报告，不应仅以交易或者事项的法律形式为依据。

企业发生的交易或事项在多数情况下其经济实质和法律形式是一致的，但在有些情况下也会出现不一致。例如一家航空公司向某租赁公司融资租赁了20架飞机，虽然这些飞机租赁期间内从法律上来看所有权属于租赁公司，但实质上由该航空公司控制，所以应当按照经济实质对其进行会计处理。

6. 重要性

重要性要求企业提供的会计信息应当反映与企业财务状况、经营成果和现金流量有关的所有重要交易或者事项。

企业的经济活动纷繁复杂，不分轻重主次将所有经济数据全部转化为会计信息提供给信息使用者，既不符合成本效益原则，也是没有必要的。但是如果企业将应提供的会计信息省略、遗漏、错报会影响信息使用者的判断和决策，该信息就是重要的，必须要提供。重要性的应用需要依赖职业判断，企业应当根据其所处环境和实际情况，从项目的性质和金额大小两方面加以判断。

7. 谨慎性

谨慎性要求企业对交易或者事项进行会计确认、计量和报告时保持应有的谨慎，不应高估资产或者收益、低估负债或者费用。

市场经济环境下，企业的生产经营活动面临着许多不确定性，谨慎性要求企业在面临不确定因素的情况下，应当保持谨慎，充分考虑各种风险和损失，不高估资产或者收益，不低估负债或者费用。如考虑应收款项可能收不回来，企业应估计坏账损失；考虑售出产品可能发生返修等情况，企业应对售出商品所提供的产品质量保证责任加以估计。

谨慎性要求与可靠性要求从表面上看有些冲突，但实质上它是对风险的充分考虑，而风险是客观存在的，所以谨慎性要求也不是允许企业可以设置秘密准备。如果企业故意低估资产或者收入，或者故意高估负债或者费用，扭曲企业实际的财务状况和经营成果，将有违可靠性和相关性要求，会对信息使用者的决策产生误导，这是违背会计信息质量要求的。

8. 及时性

及时性要求企业对于已经发生的交易或者事项，应当及时进行确认、计量和报告，不得提前或者延后。

及时性是指在失去对决策的影响能力以前将信息提供给决策者。即使是可靠的、相关的会计信息，如果不及时提供，就失去了时效性，对于使用者的效用就大大降低，甚至不再具有实际意义。为了避免原本与决策相关可靠的信息失去效用，应及时提供会计信息，一方面，企业对发生的交易或者事项要及时进行会计处理，另一方面，要把会计信息及时传递给信息使用者。

上述八个方面中，可靠性、相关性、可理解性和可比性是会计信息的首要质量要求，是企业财务报告中所提供会计信息应具备的基本质量特征；实质重于形式、重要性、谨慎性和及时性是会计信息的次级质量要求，是对可靠性、相关性、可理解性和可比性等要求的补充和完善，尤其是在对某些特殊交易或者事项进行处理时，需要根据这些要求来把握其会计处理原则；另外，及时性还是会计信息相关性和可靠性的制约因素，企业需要在相关性和可靠性之间寻求一种平衡，以确定信息及时披露的时间。

二、会计干什么

会计能干什么？即会计具有哪些职能？马克思在《资本论》中将会计的职能概括为“对过程的控制和观念总结”，《中华人民共和国会计法》对会计基本职能的表述是：会计核算和会计监督。

1. 会计核算

会计核算是指以货币为主要计量单位，对各组织的经济活动进行真实的记录、计算、分类、汇总，将经济活动的具体情况加工转换成会计信息，提供给各信息使用者。它是会计工作的起点和基础。

会计核算必须依据实际发生的经济业务事项进行，每项经济业务发生或完成后，都应取得和填制会计凭证，办理会计手续，并审核无误后才能进入账簿系统进行加工，以保证会计信息的可靠性。另外，会计核算要全面进行，不能遗漏，要连续核算，不能间断，要采用科学的方法系统核算，从而将大量分散的数据进行分类、汇总，使之成为易于理解的、有序的、能说明全面情况的信息。

2. 会计监督

会计监督是指在会计核算的同时,依据国家会计规范和单位内部会计制度及财务计划,对各项经济活动进行监督,以保证其合法、合理、高效地运行。它是会计工作的灵魂与核心。

会计监督包括事后监督、事中监督和事前监督。事后监督是对已经发生的经济活动及结果进行审查、分析,分析有关指标的执行情况,找出差异的原因,提出改进的措施;事中监督是指对正在发生的经济活动进行审查,及时纠正偏差,发挥控制经济活动进程的作用;事前监督是在经济活动开始前进行的监督,即审查将要发生的经济活动是否符合有关的法令、政策的规定,是否符合经济规律的要求。

3. 会计核算和监督的内容

会计核算和监督的内容,即会计对象。会计的对象是资金运动,不断变化和内容多样是其显著特点。

企业的资金运动从筹集资金开始,企业筹集资金有两种基本方式:一种方式是投资者投入资金,另一种方式是向债权人借入资金。投资者投入的资金是企业的资本金,它是企业从事生产经营活动最原始、最基本的资金来源,随着企业资金增值,投资者可以获得投资收益。负债经营是现代企业经常和普遍的做法,向债权人借入资金可以增加企业的资金,扩大企业规模,但企业必须按照约定还本付息。所以筹集资金会引起企业一系列的资金活动,如资金进入、利润分配、债务偿还、利息支付等,这些活动是企业会计核算和会计监督的重要内容。

企业取得资金以后,要按照企业的经营目标运用资金,不同企业资金的具体用途不一样。以工业企业为例,如食品加工企业、服装加工企业等,其产品加工过程比较简单,汽车制造企业、家电制造企业等,其产品生产过程比较复杂,但无论简单还是复杂,资金在经营过程中,一般都要经过采购、生产、销售三个阶段,周而复始地循环周转,资金在运动中不断地改变形态,由货币资金转化为储备资金、由储备资金转化为生产资金、由生产资金转化为成品资金、再由成品资金转化为货币资金,同时这些资金形态在空间上是并存的。企业运用资金的目的是为了获得更多的资金,实现资金的增值,取得经济效益,所以运用资金也会引起企业一系列的资金活动,如材料的采购、产品生产成本的归集、销售收入的实现、各项费用的发生、税金的缴纳、利润的计算等,这些活动都是企业会计核算和会计监督的重要内容。

【例1-1-1】20××年2月1日,A,B,C三家企业分别投资400 000元、500 000元、600 000元货币资金新建ABC儿童服装加工厂。2月5日,ABC儿童服装加工厂向银行借款1 000 000元,其中200 000元期限为9个月,800 000元期限为两年。该厂建造厂房,购买设备,购买各种面料、辅料等原材料,经过加工,生产出儿童服装,通过销售将垫支的资金收回,并实现利润。只要企业按市场需求经济有效地组织生产,上述生产经营活动就会持续不断地进行下去。

三、会计核算的基本前提

会计核算的基本前提又称为会计基本假设,它是对会计核算所处时间、空间环境等所作的合理设定,具体包括会计主体、持续经营、会计分期和货币计量四个方面。

1. 会计主体

会计主体是指企业会计确认、计量和报告的空间范围。在会计主体假设下,企业应当对其本身发生的交易或者事项进行会计确认、计量和报告。企业是一个特定的主体,是独立于所有者和其他企业之外的经济实体,在企业会计处理时不能将它们之间的经济业务混淆起来,这样才能客观、准确地反映企业的财务状况、经营成果和现金流量,才能向财务报告使用者提供反映企业本身这个特定对象的会计信息。

明确界定会计主体是开展会计确认、计量和报告工作的重要前提,它规定了会计工作的空间范围。确定了会计主体,才能划定会计所要处理的各项交易或事项的范围边界,才能将某个会计主体的经济活动与其所有者的经济活动以及其他会计主体的经济活动区分开来。例如,企业所有者向银行借款 100 万元投入企业作为企业的资本,那么企业只要确认、计量和报告收到所有者的投入资本,而不必处理所有者向银行借款的事项,向银行借款是企业所有者的经济活动,不是企业的行为。

会计主体不同于法律主体。一般来说,法律主体必然是一个会计主体,例如一个企业作为一个法律主体,应当建立财务会计系统,独立反映其财务状况、经营成果和现金流量。但是会计主体不一定是法律主体,例如就企业集团而言,为了全面反映企业集团的财务状况、经营成果和现金流量,有必要将企业集团作为一个会计主体,编制合并财务报表,但是企业集团却不是法律主体。

2. 持续经营

持续经营是指在可以预见的将来,企业会持续经营下去,不会停业,也不会大规模削减业务。在持续经营假设下,会计确认、计量和报告应当以企业持续、正常的生产经营活动为前提。虽然会计主体客观上存在着不确定性,既可能持续经营下去,也可能终止,但持续经营应是企业生存过程中基本和主要的状态。

持续经营假设从时间上规定了会计处理的正常区间范围。企业在持续经营期间,资产将按照预计寿命使用,负债按照约定偿还,收入、费用按照正常的影响确认为各期损益;但企业如果终止清算,显然不能再按持续经营假设选择会计确认、计量和报告的原则与方法,以免误导会计信息使用者的经济决策。

3. 会计分期

会计分期假设是在会计主体持续经营的前提下,为了让信息使用者及时了解企业的情况而将持续经营的整个区间人为地加以划分,据以结算盈亏,按期编报财务报告。会计期间通常分为年度和中期。《中华人民共和国会计法》中明确规定:会计年度自公历 1 月 1 日起至 12 月 31 日止。中期是指短于一个完整的会计年度的报告期间,包括半年度、季度和月度等,其起讫日期均按公历起讫日期确定。

4. 货币计量

货币计量是指会计主体在会计确认、计量和报告时以货币为计量单位,反映会计主体的生产经营活动。《中华人民共和国会计法》明确规定:会计核算以人民币为记账本位币,业务收支以人民币以外的货币为主的单位,可以选定其中一种货币作为记账本位币,但是编报的财务会计报告应当折算为人民币。

在有些情况下,统一采用货币计量也存在缺陷,某些影响企业财务状况和经营成果的因素,如企业经营战略、研发能力、市场竞争力、人力资源等,往往难以用货币来计量,但这些信息对于使用者决策来讲也很重要,企业可以在财务报告中披露有关非财务信息来弥补。

企业在进行会计计量时,一般应当采用历史成本,采用重置成本、可变现净值、现值、公允价值计量的,应当保证所确定的金额能够取得并可靠计量。

上述四项会计假设具有相互依存的关系，会计主体明确了会计确认、计量、报告的空间范围，它是其他假设的基础，没有会计主体，就不会有持续经营，没有持续经营，就不会有会计分期；持续经营和会计分期明确了特定主体会计确认、计量、报告的时间范围，货币计量为特定主体会计确认、计量、报告提供了计量手段。

第二节 会计要素与会计等式

一、会计要素

由于资金运动内容繁多、涉及面广，因此必须对它们进行分类。会计要素就是对资金运动进行的基本分类，是会计对象的具体内容。企业的会计要素包括资产、负债、所有者权益、收入、费用和利润。

（一）资产

资产是指企业过去的交易或者事项形成的、并由企业拥有或者控制的、预期会给企业带来经济利益的资源。它具有以下特征：

1. 资产能够直接或间接地给企业带来经济利益

所谓经济利益是指直接或间接流入企业的现金或现金等价物，资产导致经济利益流入企业的方式多种多样。【例 1-1-1】中 ABC 儿童服装加工厂的货币资金、厂房设备、面料辅料、生产完工的服装和正在加工中的服装等都是该企业的资产。

2. 资产是为企业所拥有或控制的

企业拥有资产，资产产生的经济利益就能够流入企业。有些资产虽然不为企业所拥有，但企业能够支配这些资产，其产生的经济利益也能够流入企业。如果某项资源企业不能拥有或控制，就不能确认为企业的资产。【例 1-1-1】中作为 ABC 儿童服装加工厂的投资人，A，B，C 三家企业投入的总计1 500 000元货币资金是 ABC 儿童服装加工厂的资产，但 A，B，C 三家企业各自的厂房设备等只是它们各自的资产，而不是 ABC 儿童服装加工厂的资产。

3. 资产是由过去的交易或事项形成的

现实的资产才能给企业带来经济利益，只有过去发生的交易或事项才能形成现实的资产。已列入企业计划或已签订合同但尚未实施交易的，不能确认为企业的资产。

资产按流动性可分为流动资产和非流动资产。

流动资产是指可以在一年或超过一年的一个营业周期内变现或耗用的资产，包括库存现金、银行存款、应收及预付款项、存货等。非流动资产是指除流动资产以外的资产，包括长期股权投资、固定资产、无形资产等。【例 1-1-1】中 ABC 儿童服装加工厂的货币资金、面料辅料、生产完工的服装和正在加工中的服装等都是该企业的流动资产，厂房设备则是该企业的固定资产。

（二）负债

负债是指企业过去的交易或者事项形成的预期会导致经济利益流出企业的现时义务。它具有以下特征：

1. 负债必须是企业承担的现时义务

现时义务是指企业在现行条件下已承担的义务，未来发生的交易或者事项形成的义务，不属于现时义务，不应当确认为负债。这里所指的义务可以是法定义务，也可以是推定义务。法定义务是指具有约束力的合同或者法律法规规定的义务，通常必须依法执行，例如企业购买原材料形成的应付账款、向银行借入款项形成的借款、按照税法规定应当交纳的税款等，均属于企业的法定义务，需要依法予以偿还。推定义务是指根据企业多年来的习惯做法、公开的承诺或者公开宣布的政策而导致企业将承担的责任，例如某企业多年来对于售出商品提供一定期限内的售后保修服务，那么保修期内为售出商品提供的保修服务就属于推定义务，应当将其确认为负债。

2. 负债预期会导致经济利益流出企业

预期会导致经济利益流出企业也是负债的一个本质特征，只有企业在履行义务时会导致经济利益流出企业的，才符合负债的定义，如果不会导致企业经济利益流出，就不符合负债的定义。在履行义务清偿负债时，导致经济利益流出企业的形式多种多样，例如用现金偿还或以实物资产形式偿还，以提供劳务形式偿还，以部分转移资产、部分提供劳务形式偿还，将负债转为资本等。

3. 负债必须是由企业过去的交易或者事项形成的义务

只有过去已经发生的交易或者事项才形成企业的现时义务，企业计划中或谈判中的交易不能确认为企业的负债。

负债按流动性可分为流动负债和非流动负债。

流动负债是指将在一年(含一年)或超过一年的一个营业周期内偿还的债务，包括短期借款、应付票据、应付账款、预收账款、应付职工薪酬、应交税费、应付股利和一年内到期的长期负债等。

非流动负债是指长期负债，即偿还期在一年或超过一年的一个营业周期以上的债务，包括长期借款、应付债券、长期应付款等。

根据【例 1-1-1】的资料，ABC 儿童服装加工厂向银行借款1 000 000元，其中200 000元期限为 9 个月的负债是流动负债，800 000元期限为两年的负债是长期负债。

（三）所有者权益

所有者权益是所有者对企业净资产享有的权益，其金额为资产减去负债后的余额，从性质上体现为所有者对企业资产的剩余权益。它具有以下特征：

(1) 除非发生减资、清算，否则企业没有偿还所有者权益的义务。

(2) 企业清算时，只有清偿所有的负债后，所有者权益才返还所有者。

(3) 所有者权益反映的是产权关系，所有者有权参与企业的利润分配。

所有者权益包括实收资本(包括股本)、资本公积、盈余公积和未分配利润，其中盈余公积和未分配利润又合称为留存收益。

根据【例 1-1-1】的资料，新建的 ABC 儿童服装加工厂所有者权益为 A，B，C 三家企业分别投入的400 000元、500 000元、600 000元货币资金，即实收资本1 500 000元。该工厂以后经营中实现的利润会增加所有者权益，当然，若发生亏损自然会减少所有者权益。

（四）收入

收入是指企业在销售商品、提供劳务及让渡资产使用权等日常活动中所形成的经济利益的总流入。它具有以下特征：

(1) 收入从企业日常经营活动中产生，而不是来自偶发的交易或事项。

(2) 收入可能表现为资产的增加或负债的减少，或二者兼而有之。

(3) 收入能引起所有者权益的增加，但与所有者投入资本无关。

(4) 收入不包括为第三方代收的款项。

(5) 收入包括主营业务收入和其他业务收入。

(五) 费用

费用是指企业在销售商品、提供劳务等日常活动中所发生的经济利益的总流出。它具有以下特征：

(1) 费用是由企业日常经营活动引起的经济利益的流出，而不是由于偶发的交易或事项引起的经济利益的流出。

(2) 费用可能表现为资产的减少或负债的增加，或二者兼而有之。

(3) 费用将引起所有者权益的减少，但与向所有者分配利润无关。

(六) 利润

利润是指企业在一定会计期间的经营成果，是收入与费用配比之后的结果，企业偶然获取的利得（即营业外收入）和发生的损失（即营业外支出）对当期利润也会发生影响。

利润的确认与计量取决于收入和费用、直接计入当期利润的利得和损失的确认与计量。若偶发交易或事项较少，利润主要取决于收入与费用相减后的净额，收入大于费用为盈利，将引起所有者权益增加，收入小于费用为亏损，将引起所有者权益减少。

利润有三个层次，包括营业利润、利润总额和净利润。营业利润是日常经营活动中实现的各项收入与相应的费用配比之后的结果，利润总额由营业利润和营业外收支净额构成，净利润是利润总额扣除所得税费用后的金额。

以上六个会计要素可分为两大类，即反映企业财务状况的会计要素和反映企业经营成果的会计要素。资产、负债和所有者权益反映企业的财务状况，收入、费用和利润反映企业的经营成果。

二、会计等式

会计要素之间有着十分密切的联系。任何一个企业为了进行生产经营活动，都需要拥有一定的资产。资产不可能凭空产生，其形成必然有一定的来源：要么是企业的投资者提供的，要么是债权人提供的。由于企业的投资者和债权人为企业提供了资产，他们就对企业的资产拥有了求偿权。他们提供了多少资产，相应就拥有多少权益。资产与权益是相互依存的，没有无资产的权益，也没有无权益的资产。投资者是企业的所有者，其权益称为所有者权益，债权人权益即企业的负债。所以资产、负债、所有者权益之间必然存在以下关系：

$$资产 = 负债 + 所有者权益 \tag{1}$$

上面的关系式称为会计等式。

根据【例 1-1-1】的资料，20××年 2 月 1 日，ABC 儿童服装加工厂拥有货币资金 1 500 000元，它是由 A，B，C 三家企业分别投资600 000元、500 000元、400 000元形成的，属于所有者权益。20××年 2 月 1 日，ABC 儿童服装加工厂的会计等式如下：

资产（1 500 000）= 负债（0）+ 所有者权益（1 500 000）

2月5日，ABC儿童服装加工厂的货币资金增加了1 000 000元，它是向银行借款1 000 000元形成的，属于负债。20××年2月5日，ABC儿童服装加工厂的会计等式如下：

资产(2 500 000)＝负债(1 000 000)＋所有者权益(1 500 000)

随着企业生产经营活动的进行，企业一方面取得收入，因而增加了资产或减少了负债；另一方面要发生费用，因而减少了资产或增加了负债。所以在期末结账之前，会计等式表现为公式(2)的形式：

资产＝负债＋所有者权益＋(收入－费用)　　(2)

到了会计期末，结算出本期利润(收入－费用＝利润)，并按规定程序进行分配，剩余的又归入所有者权益项目，这样在期末结账后，会计等式又恢复到公式(1)的形式。

【例1-1-2】某企业20××年1月1日资产、负债及所有者权益的余额如表1-1-1。

表1-1-1

资　产	余　额	负债及所有者权益	余　额
银行存款	200 000	短期借款	200 000
原材料	110 000	应付账款	100 000
库存商品	190 000	长期借款	400 000
固定资产	700 000	实收资本	500 000
总　计	1 200 000	总　计	1 200 000

资产、负债、所有者权益之间的数量关系为：

资产(1 200 000)＝负债(700 000)＋所有者权益(500 000)

该企业1月份发生以下经济业务：

(1) 1月2日购入原材料8 000元，货款暂欠。

这笔经济业务发生后，资产中的原材料增加8 000元，负债中的应付账款增加8 000元，会计等式两边同时增加了8 000元。资产、负债、所有者权益之间的数量关系变为：

资产(1 208 000)＝负债(708 000)＋所有者权益(500 000)

(2) 1月4日接收某投资者追加的投资500 000元存入银行。

这笔经济业务发生后，资产中的银行存款增加500 000元，所有者权益中的实收资本增加500 000元，会计等式两边同时增加了500 000元。资产、负债、所有者权益之间的数量关系变为：

资产(1 708 000)＝负债(708 000)＋所有者权益(1 000 000)

(3) 1月10日以银行存款归还短期借款200 000元。

这笔经济业务发生后，资产中的银行存款减少200 000元，负债中的短期借款减少200 000元，会计等式两边同时减少了200 000元。资产、负债、所有者权益之间的数量关系变为：

资产(1 508 000)＝负债(508 000)＋所有者权益(1 000 000)

(4) 1月15日从开户银行提取现金800元。

这笔经济业务发生后，资产中的现金增加800元，银行存款减少800元，会计等式左边资产内部项目有增有减，增减金额均为800元。资产、负债、所有者权益之间的数量关系没

有变化,仍为:

资产(1 508 000) = 负债(508 000) + 所有者权益(1 000 000)

(5) 1月20日经有关各方同意,将前欠某单位的300 000元长期借款转为该单位对本企业的投资,已办理有关手续。

这笔经济业务发生后,负债中的长期借款减少300 000元,所有者权益中的实收资本增加300 000元,会计等式右边即负债及所有者权益项目有增有减,增减金额均为300 000元。资产、负债、所有者权益之间的数量关系变为:

资产(1 508 000) = 负债(208 000) + 所有者权益(1 300 000)

(6) 1月30日销售一批商品,货款100 000元全部收到存入银行,该批商品的销售成本为60 000元。

这笔经济业务发生后,资产中的银行存款增加100 000元,库存商品减少60 000元,所有者权益中的本年利润增加40 000元(收入100 000元 - 费用60 000元),会计等式两边同时增加了40 000元。资产、负债、所有者权益之间的数量关系变为:

资产(1 548 000) = 负债(208 000) + 所有者权益(1 340 000)

以上所有经济业务发生后,资产、负债、所有者权益之间的数量关系及各自的结构如表1-1-2。

表 1-1-2

资产	余额	负债及所有者权益	余额
库存现金	800	短期借款	0
银行存款	599 200	应付账款	108 000
原材料	118 000	长期借款	100 000
库存商品	130 000	实收资本	1 300 000
固定资产	700 000	本年利润	40 000
总计	1 548 000	总计	1 548 000

综上所述,企业不管发生怎样的经济业务,它们所引起的资金运动对会计等式的影响不外乎以下四种类型(表1-1-3):

一是等式两边即资产和负债及所有者权益双方同时等额增加;

二是等式两边即资产和负债及所有者权益双方同时等额减少;

三是等式左边即资产内部有的项目增加,有的项目减少,增减的金额相等;

四是等式右边即负债及所有者权益有的项目增加,有的项目减少,增减的金额相等。

表 1-1-3

经济业务类型	资产	══	负债 + 所有者权益
1	增加		增加
2	减少		减少
3	增加、减少		
4			增加、减少

即经济业务发生后,无论是对会计等式两边产生影响,还是只影响会计等式一边,都不会改变会计等式的平衡关系,所以会计等式又称为会计恒等式。

第三节　会计科目和账户

一、会计科目

前已述及，六个会计要素是对会计对象的基本分类，但每个会计要素的内容是非常丰富的。以资产为例，企业的资产既包括现金、银行存款、各种应收款，又包括库存材料物资、厂房、机器设备、运输车辆等，它们各有特点，具体用途不同，管理要求也不相同。因此，为了提供全面、系统的会计信息，便于管理，必须对它们冠以不同的名称，进行分类核算。会计科目是对会计要素具体内容的进一步分类。

（一）设置会计科目的原则

统一性和灵活性相结合是企业设置会计科目应遵循的基本原则。

为了保证会计科目的科学性、会计信息的可比性，企业必须根据国家统一规定设置会计科目。财政部颁布的《企业会计准则——应用指南》中明确规定了156个会计科目的名称、编号及各科目的用途，这些科目涵盖了各类企业的交易或者事项。一般工商企业常用会计科目见表1-1-4。

表1-1-4

常用会计科目表

顺序	编号	会计科目名称	顺序	编号	会计科目名称
		一、资产类	21	1501	持有至到期投资
1	1001	库存现金	22	1502	持有至到期投资减值准备
2	1002	银行存款	23	1503	可供出售金融资产
3	1012	其他货币资金	24	1511	长期股权投资
4	1101	交易性金融资产	25	1512	长期股权投资减值准备
5	1121	应收票据	26	1601	固定资产
6	1122	应收账款	27	1602	累计折旧
7	1123	预付账款	28	1603	固定资产减值准备
8	1131	应收股利	29	1604	在建工程
9	1132	应收利息	30	1605	工程物资
10	1221	其他应收款	31	1606	固定资产清理
11	1231	坏账准备	32	1701	无形资产
12	1401	材料采购	33	1702	累计摊销
13	1402	在途物资	34	1703	无形资产减值准备
14	1403	原材料	35	1801	长期待摊费用
15	1404	材料成本差异	36	1811	递延所得税资产
16	1405	库存商品	37	1901	待处理财产损溢
17	1406	发出商品			二、负债类
18	1407	商品进销差价	38	2001	短期借款
19	1408	委托加工物资	39	2201	应付票据
20	1471	存货跌价准备	40	2202	应付账款

续表

顺序	编号	会计科目名称	顺序	编号	会计科目名称
41	2203	预收账款	58	5101	制造费用
42	2211	应付职工薪酬	59	5201	劳务成本
43	2221	应交税费	60	5301	研发支出
44	2231	应付利息			五、损益类
45	2232	应付股利	61	6001	主营业务收入
46	2241	其他应付款	62	6051	其他业务收入
47	2501	长期借款	63	6101	公允价值变动损益
48	2502	应付债券	64	6111	投资收益
49	2701	长期应付款	65	6301	营业外收入
50	2702	未确认融资费用	66	6401	主营业务成本
51	2901	递延所得税负债	67	6402	其他业务成本
		三、所有者权益类	68	6403	营业税金及附加
52	4001	实收资本(或股本)	69	6601	销售费用
53	4002	资本公积	70	6602	管理费用
54	4101	盈余公积	71	6603	财务费用
55	4103	本年利润	72	6701	资产减值损失
56	4104	利润分配	73	6711	营业外支出
		四、成本类	74	6801	所得税费用
57	5001	生产成本	75	6901	以前年度损益调整

企业可以在不违反会计准则中确认、计量和报告规定的前提下，根据本单位的实际情况系统设置会计科目，也可以自行增设、分拆、合并会计科目，企业不存在的交易或者事项，可以不设置相关会计科目。会计科目编号供企业填制会计凭证、登记会计账簿、查阅会计账目、采用会计软件系统参考，企业可结合实际情况自行确定会计科目编号。

（二）会计科目的分类

1. 按反映的经济内容分类

会计科目按其反映的经济内容不同，可分为资产类、负债类、所有者权益类、成本类、损益类。

(1) 资产类科目包括流动资产和非流动资产两类，各类别由若干具体会计科目组成，如流动资产类包括库存现金、银行存款、原材料等科目，非流动资产类包括长期股权投资、固定资产、无形资产等科目。

(2) 负债类科目分为流动负债和非流动负债两类，分别由若干具体会计科目组成，如流动负债类包括短期借款、应付账款等科目，非流动负债类包括长期借款、应付债券、长期应付款等科目。

(3) 所有者权益类科目包括实收资本、资本公积、盈余公积、本年利润和利润分配等。

(4) 成本类科目包括生产成本、制造费用、劳务成本等，主要为工业企业设置。

(5) 损益类科目包括收入和费用两类，收入类包括主营业务收入、其他业务收入等，费用类包括主营业务成本、其他业务成本、管理费用等。

2. 按反映经济内容的详细程度分类

会计科目按反映经济内容的详细程度，可分为总分类科目和明细科目，明细科目又可分为二级明细科目和三级明细科目，大型企业根据需要甚至可以设置四级、五级明细科目。总分类科目又称为一级科目，它是对会计要素的具体内容进行的总括分类。二级明细科目是对总分类科目的进一步分类，三级明细科目是对二级明细科目的进一步分类，依此类推。

例如“应交税费”科目是总分类科目，反映企业总的应交税费，该科目下设“应交增值税”、“应交营业税”、“应交消费税”、“应交所得税”等若干二级明细科目，反映企业具体应交的各种税费；在“应交增值税”二级明细科目下，又设置了“进项税额”、“销项税额”等三级明细科目，更加详细地反映企业应交增值税的情况。再如“库存商品”科目是总分类科目，反映企业库存的各种商品的汇总情况，其下可以根据不同的类别设置二级明细科目，再按品种设置三级明细科目，以反映各类商品、各种商品的具体情况。

二、账户

1. 设置账户的意义

会计科目仅仅是对会计核算的内容进行分类，为了全面、连续、系统地反映企业的资金运动，还必须根据会计科目在账簿中开设账户。账户是根据会计科目设置的，具有一定格式和结构，用于分类核算会计要素具体内容增减变动情况及结果的载体，它是会计最基本的汇总工具。根据总分类科目设置的，称为总分类账户，对经济业务进行总分类核算，提供总括的核算指标。根据明细科目设置的，称为明细账户，对经济业务进行明细核算，提供详细的核算指标。

例如“原材料”账户是总分类账户，用来核算企业库存的各种材料总的金额增减变动情况及结果，其下可按材料的保管地点、类别、品种、规格设置若干材料明细账户，材料明细账户既记载各种材料的金额增减变动情况，又记载各种材料的实物数量增减变动情况，为企业管理提供详细的信息。

2. 账户的格式和结构

账户是用来记载会计要素具体内容增减变动情况及结果的，因此尽管账户的格式多样，但一般说来不外乎以下主要内容：

（1）账户的名称，即会计科目；

（2）日期和摘要，反映账户记录的日期和经济业务的内容；

（3）凭证号数，反映账户记录的依据；

（4）增加和减少的金额；

（5）余额。

上述五项内容的核心是后两项的确定，因为不管什么账户，都必须提供经济业务的数量变化情况。经济业务的数量变化无非是增加和减少两种情况，因此通常将账户中记载数量变化的部分划分为左右两方，一方登记增加额，另一方登记减少额。

账户中本期增加的金额称为本期增加发生额，本期减少的金额称为本期减少发生额，增减相抵后的差额称为余额，余额的方向一般与记录增加额的方向相同。余额按其表示的时间不同，分为期初余额和期末余额，本期的期末余额即为下期的期初余额。因此，账户中记录的金额包括期初余额、本期增加发生额、本期减少发生额和期末余额四项指标，它们之间的基本关系如下：

期末余额＝期初余额＋本期增加发生额－本期减少发生额

【例 1-1-3】某企业“库存现金”账户 1 月 31 日余额为 450 元,2 月 3 日从银行提取现金 900 元,2 月 10 日一职工出差预借差旅费 800 元,2 月 20 日出售废旧物资收到现金 50 元。

根据上述资料,可以得出该账户:

2 月 1 日期初余额为 450 元;

2 月份本期增加发生额为 950 元(900 元 + 50 元);

2 月份本期减少发生额为 800 元;

2 月末期末余额为 600 元(450 元 + 950 元 - 800 元)。

由于账户余额的方向一般与记录增加额的方向相同,所以上述四项指标可以在下面简化的格式(表 1-1-5)中进行描述。这个简化格式反映了账户的基本结构,由于其形状像英文的大写字母“T”而被称为 T 形账户,又因像汉字“丁”字而被称为丁字形账户。在这个简化格式中,如果左方记录增加,则右方记录减少,余额一般在左方;如果右方记录增加,则左方记录减少,余额一般在右方。至于究竟哪一方记增加,哪一方记减少,取决于所采用的记账方法和账户的性质。

表 1-1-5

(左方)	账户名称(会计科目)	(右方)

第二章　借贷记账法

第一节　借贷记账法的含义

一、记账方法

设置了会计科目并根据会计科目开设账户之后，就需要采用一定的记账方法将会计要素具体内容的增减变动登记在账户中。记账方法有两类，一类是单式记账法，另一类是复式记账法。

经济业务发生之后一般只在一个账户中进行登记的方法称为单式记账法。这种记账方法不能反映经济业务的来龙去脉，各账户的记录之间没有联系，因而不能全面、系统地反映会计要素的增减变动情况，也不便于检查账户记录的正确性。现代企业一般不采用单式记账法。

对每项经济业务所引起的资金运动，都要以相等的金额，同时在两个或两个以上相互联系的账户中进行登记的方法称为复式记账法。采用复式记账法，需要记录每笔交易或事项的双重影响。例如用现金购买材料，既要在库存现金账户中登记现金的减少，又要在原材料账户中记录材料的增加；购买材料货款暂欠，既要在原材料账户中记录材料的增加，又要在应付账款账户中记录应付账款的增加；用现金偿还应付账款，既要在库存现金账户中登记现金的减少，又要在应付账款账户中记录应付账款的减少。这种记账方法不但能全面、清晰地反映经济业务的来龙去脉，而且使各账户的记录之间形成有机联系，便于相互核对和检查账户记录的正确性、真实性。

会计等式所揭示的会计要素之间的数量平衡关系和增减变化的相互联系是复式记账法的理论基础。

复式记账法又分为借贷记账法、增减记账法和收付记账法等。借贷记账法是国际上普遍采用的复式记账法，我国《企业会计准则》明确规定会计记账应采用借贷记账法。

二、借贷记账法的含义

13 至 15 世纪，地中海沿岸一些城市的手工业和商业日趋发达，经济也日趋繁荣，从而诞生了科学的借贷记账法。1494 年，意大利数学家帕乔利所著的《算术、几何、比及比例概要》一书问世，书中系统地论述了借贷复式记账法，借贷记账法从此在世界广为传承。

借贷记账法是以“借”、“贷”为记账符号，以会计等式为理论依据，对每项经济业务都在两个或两个以上账户中，以相等的金额全面地、相互联系地加以记录的一种复式记账法。

“借”、“贷”二字作为记账符号在借贷记账法下已不再表示原来的字意，而是用来反映资金的增减变动，在资产类账户，“借”表示增加，“贷”表示减少；在负债及所有者权益类账户，“借”表示减少，“贷”表示增加。

借贷记账法下，账户的基本结构分为"借方"和"贷方"，左方为借方，右方为贷方。本期在借方登记的金额称为本期借方发生额，本期在贷方登记的金额称为本期贷方发生额。具体格式如表 1-2-1。

表 1-2-1

借方	账户名称（会计科目）	贷方

第二节 借贷记账法的特点

一、账户结构

由于账户性质不同，"借"、"贷"表示增减变动也不相同，所以各类账户的具体结构各有特点。

1. 资产类账户

资产类账户的结构是：借方记录资产的增加额，贷方记录资产的减少额，若有余额，一般为借方余额，表示资产的结余数额。

资产类账户期初余额、本期借方发生额、本期贷方发生额和期末余额的关系如下：

期初借方余额 + 本期借方发生额 - 本期贷方发生额 = 期末借方余额

表 1-2-2 反映借贷记账法下资产类账户的基本结构。

表 1-2-2

借方	资产类账户 贷方
期初余额	
本期增加额	本期减少额
本期发生额合计	本期发生额合计
期末余额	

【例 1-2-1】根据【例 1-1-3】的资料，采用借贷记账法登记的"库存现金"账户如表 1-2-3。

表 1-2-3

借方	库存现金	贷方	
期初余额	450		
本期发生额：从银行提现金	900	本期发生额：职工出差借款	800
出售废旧物资	50		
本期发生额合计	950	本期发生额合计	800
期末余额	600		

2. 负债类账户

负债类账户的结构是：贷方记录负债的增加额，借方记录负债的减少额，若有余额，一般为贷方余额,表示负债的结余数额。

负债类账户期初余额、本期借方发生额、本期贷方发生额和期末余额的关系如下:

期初贷方余额 + 本期贷方发生额 - 本期借方发生额 = 期末贷方余额

表 1-2-4 反映借贷记账法下负债类账户的基本结构。

表 1-2-4

借方	负债类账户　贷方
	期初余额
本期减少额	本期增加额
本期发生额合计	本期发生额合计
	期末余额

【例 1-2-2】某企业 1 月 1 日“短期借款”账户贷方余额为300 000元,1 月 10 日以银行存款归还到期短期借款200 000元,1 月 20 日向银行借入短期借款150 000元。采用借贷记账法登记的“短期借款”账户如表 1-2-5。

表 1-2-5

借方	短期借款		贷方
		期初余额	300 000
本期发生额:归还借款	200 000	本期发生额:向银行借款	150 000
本期发生额合计	200 000	本期发生额合计	150 000
		期末余额	250 000

3. 所有者权益类账户

所有者权益类账户的结构是:贷方记录所有者权益的增加额,借方记录所有者权益的减少额,若有余额,一般为贷方余额,表示所有者权益的结余数额。

所有者权益类账户期初余额、本期借方发生额、本期贷方发生额和期末余额的关系如下:

期初贷方余额 + 本期贷方发生额 - 本期借方发生额 = 期末贷方余额

表 1-2-6 反映借贷记账法下所有者权益类账户的基本结构。

表 1-2-6

借方	所有者权益类账户　贷方
	期初余额
本期减少额	本期增加额
本期发生额合计	本期发生额合计
	期末余额

【例 1-2-3】某企业 1 月 1 日“实收资本”账户贷方余额为3 000 000元,1 月 10 日接受投资2 000 000元。采用借贷记账法登记的“实收资本”账户如表 1-2-7。

表 1-2-7

借方	实收资本	贷方
	期初余额	3 000 000
	本期发生额:接受投资	2 000 000
	本期发生额合计	2 000 000
	期末余额	5 000 000

4. 成本类账户

成本类账户的结构是:借方记录发生的各项成本即成本的增加额,贷方记录完工结转的成本即成本的减少额,若有余额,一般为借方余额,表示尚未完成的在产品或劳务的成本数额。

成本类账户期初余额、本期借方发生额、本期贷方发生额和期末余额的关系如下:

期初借方余额 + 本期借方发生额 - 本期贷方发生额 = 期末借方余额

表 1-2-8 反映借贷记账法下成本类账户的基本结构。

表 1-2-8

借方	成本类账户 贷方
期初余额	
本期增加额	本期减少额
本期发生额合计	本期发生额合计
期末余额	

5. 损益类账户

损益类账户包括收入和费用两类。

收入类账户的结构是:贷方记录收入的增加额,借方记录收入的减少额,期末时,应将账户贷方与借方的差额转入所有者权益类本年利润账户,转销数记入账户的借方,结转后期末无余额。

费用类账户的结构是:借方记录费用的增加额,贷方记录费用的减少额,期末时,应将账户借方与贷方的差额转入所有者权益类本年利润账户,转销数记入账户的贷方,结转后期末无余额。

表 1-2-9、表 1-2-10 分别反映借贷记账法下收入类和费用类账户的基本结构。

表 1-2-9

借方	收入类账户 贷方
本期减少和转销额	本期增加额
本期发生额合计	本期发生额合计

表 1-2-10

借方	费用类账户 贷方
本期增加额	本期减少和转销额
本期发生额合计	本期发生额合计

综上所述，借贷记账法下所有账户的基本结构都分为借方和贷方，但借方和贷方反映的内容随账户的性质不同而不同。用丁字形账户表示全部账户的基本结构，见表1-2-11。

表1-2-11

借方　　　　账户名称	贷方
资产、成本、费用增加额 负债及所有者权益减少额 收入减少和转销额	负债及所有者权益、收入增加额 资产、成本减少额 费用减少和转销额

二、记账规则

所谓记账规则，就是运用借贷记账法记账时必须遵循的规则。借贷记账法的记账规则是：有借必有贷，借贷必相等。

根据前述经济业务的四种类型和“借”、“贷”记账符号表示的含义，每一项经济业务发生后都必定要按借贷相反的方向同时记入两个或两个以上相互联系的账户，并且记入借方的金额合记一定等于记入贷方的金额合计。概括起来就是：有借必有贷，借贷必相等。

现仍以【例1-1-2】六笔经济业务为例说明借贷记账法的记账规则。

(1) 1月2日购入原材料8 000元，货款暂欠。

根据前面的分析，这笔经济业务发生后，资产和负债同时增加了8 000元，具体应通过“原材料”账户的借方登记原材料增加8 000元，通过“应付账款”账户的贷方登记应付账款增加8 000元。见表1-2-12。

表1-2-12

借方　原材料	贷方	借方　应付账款	贷方
(1) 8 000			(1) 8 000

(2) 1月4日接收某投资者追加的投资500 000元存入银行。

根据前面的分析，这笔经济业务发生后，资产和所有者权益同时增加了500 000元，具体应通过“银行存款”账户的借方登记银行存款增加500 000元，通过“实收资本”账户的贷方登记实收资本增加500 000元。见表1-2-13。

表1-2-13

借方　银行存款	贷方	借方　实收资本	贷方
(2) 500 000			(2) 500 000

(3) 1月10日以银行存款归还短期借款200 000元。

根据前面的分析，这笔经济业务发生后，资产和负债同时减少了200 000元，具体应通过“银行存款”账户的贷方登记银行存款减少200 000元，通过“短期借款”账户的借方登记短期借款减少200 000元。见表1-2-14。

表 1-2-14

借方	短期借款	贷方	借方	银行存款	贷方
（3）200 000					（3）200 000

（4）1 月 15 日从开户银行提取现金 800 元。

根据前面的分析，这笔经济业务发生后，资产内部项目增减变动了 800 元，具体应通过“库存现金”账户的借方登记现金增加 800 元，通过“银行存款”账户的贷方登记银行存款减少 800 元。见表1-2-15。

表 1-2-15

借方	库存现金	贷方	借方	银行存款	贷方
（4）800					（4）800

（5）1 月 20 日经有关各方同意，将前欠某单位的300 000元长期借款转为该单位对本企业的投资，已办理有关手续。

根据前面的分析，这笔经济业务发生后，负债及所有者权益项目增减变动了300 000元，具体应通过“长期借款”账户的借方登记长期借款减少300 000元，通过“实收资本”账户的贷方登记实收资本增加300 000元。见表 1-2-16。

表 1-2-16

借方	长期借款	贷方	借方	实收资本	贷方
（5）300 000					（5）300 000

（6）1 月 30 日销售一批商品，货款100 000元全部收到存入银行，该批商品的销售成本为60 000元。

根据前面的分析，这笔经济业务发生后，本期收入增加了100 000元，资产中银行存款增加了100 000元；本期销售成本增加了60 000元，资产中库存商品减少了60 000元。具体应通过“主营业务收入”账户的贷方登记收入增加100 000元，通过“银行存款”账户的借方登记银行存款增加100 000元；通过“主营业务成本”账户的借方登记销售成本增加60 000元，通过“库存商品”账户的贷方登记库存商品减少60 000元。见表 1-2-17 和表 1-2-18。

表 1-2-17

借方	银行存款	贷方	借方	主营业务收入	贷方
（6-1）100 000					（6-1）100 000

表 1-2-18

借方	主营业务成本	贷方	借方	库存商品	贷方
（6-2）60 000					（6-2）60 000

三、账户对应关系和会计分录

1. 账户对应关系

从前面六笔业务可以看出,在运用借贷记账法的记账规则记录一笔经济业务时,在有关账户之间形成了应借、应贷的相互关系,账户之间的这种相互关系通常被称为账户对应关系,存在对应关系的账户互称为对应账户。

借贷记账法下的账户对应关系有以下四种情形:

第一种是一个账户的借方同另一个账户的贷方发生对应关系;

第二种是一个账户的借方同几个账户的贷方发生对应关系;

第三种是几个账户的借方同一个账户的贷方发生对应关系;

第四种是几个账户的借方同几个账户的贷方发生对应关系。

在以上四种账户对应关系中,前三种对应关系都比较清晰,第四种多借多贷的对应关系比较复杂。通过账户对应关系,不仅可以全面了解经济业务的来龙去脉,还可以利用这种关系检查经济业务的处理是否合法、合理,检查会计记录的正确性。

2. 会计分录

为了保证会计核算的正确性,在每项经济业务发生之后、登记账户之前,应按借贷记账法的记账规则,首先在记账凭证中编制会计分录,然后再根据记账凭证中的会计分录登记账簿。

所谓会计分录,是指明某项经济业务所涉及的账户名称、借贷方向及其金额的记录。

按借贷记账法的记账规则,根据【例 1-1-2】六笔经济业务,应分别编制会计分录如下:

(1) 借: 原材料	8 000	
贷: 应付账款		8 000
(2) 借: 银行存款	500 000	
贷: 实收资本		500 000
(3) 借: 短期借款	200 000	
贷: 银行存款		200 000
(4) 借: 库存现金	800	
贷: 银行存款		800
(5) 借: 长期借款	300 000	
贷: 实收资本		300 000
(6－1) 借: 银行存款	100 000	
贷: 主营业务收入		100 000
(6－2) 借: 主营业务成本	60 000	
贷: 库存商品		60 000

会计分录按涉及账户的多少分为简单会计分录和复合会计分录两种。

所谓简单会计分录,是指只涉及两个对应账户的会计分录,即一借一贷的会计分录,它反映前面第一种账户对应关系,上述六笔业务的会计分录都是简单会计分录。

复合会计分录,是指涉及两个以上对应账户的会计分录,即一借多贷、多借一贷的会计分录或多借多贷的会计分录。它反映前面第二种、第三种、第四种账户对应关系。

一项经济业务发生后究竟是编制简单会计分录还是复合会计分录，完全取决于这项业务本身。既不能人为地将多项经济业务的简单会计分录合并成复合会计分录，甚至是多借多贷的会计分录，也不能将一项需要编制复合会计分录的经济业务人为分割成若干简单会计分录。

会计分录的书写格式通常是：上借下贷、左右错开、各自对齐、金额相等。

四、试算平衡

借贷记账法在处理每一笔经济业务时，都必须遵循“有借必有贷，借贷必相等”的记账规则，因此，在一定时期内所有账户的借方发生额合计数与贷方发生额合计数必然相等。根据会计等式的恒等原理，所有账户的借方期末余额合计数与贷方期末余额合计数也必然相等。

所谓试算平衡，就是利用账户本期发生额和余额各自存在的数量关系，检查和验算账户记录是否正确的一种方法。实际工作中通常是通过编制试算平衡表进行试算平衡的。

试算平衡的公式是：

所有账户期初借方余额合计 = 所有账户期初贷方余额合计

所有账户本期借方发生额合计 = 所有账户本期贷方发生额合计

所有账户期末借方余额合计 = 所有账户期末贷方余额合计

根据【例 1-1-2】资料，将有关账户的期初余额和本期发生额全部登账并结出期末余额，见表 1-2-19。根据表 1-2-19 编制试算平衡表，见表 1-2-20。

表 1-2-19

原材料

借方	贷方
期初余额 110 000	
（1）8 000	
本期发生额 8 000	
期末余额 118 000	

应付账款

借方	贷方
	期初余额 100 000
	（1）8 000
	本期发生额 8 000
	期末余额 108 000

银行存款

借方	贷方
期初余额 200 000	（3）200 000
（2）500 000	（4）800
（6-1）100 000	
本期发生额 600 000	本期发生额 200 800
期末余额 599 200	

实收资本

借方	贷方
	期初余额 500 000
	（2）500 000
	（5）300 000
	本期发生额 800 000
	期末余额 1 300 000

库存现金

借方	贷方
（4）800	
本期发生额 800	
期末余额 800	

短期借款

借方	贷方
	期初余额 200 000
（3）200 000	
本期发生额 200 000	
	期末余额 0

借方　　库存商品　　贷方

借方	贷方
期初余额　190 000	
	(6-2) 60 000
	本期发生额　60 000
期末余额　130 000	

借方　　长期借款　　贷方

借方	贷方
	期初余额　400 000
(5) 300 000	
本期发生额　300 000	
	期末余额　100 000

借方　　主营业务成本　　贷方

借方	贷方
(6-2) 60 000	
本期发生额　60 000	
期末余额　60 000	

借方　　主营业务收入　　贷方

借方	贷方
	(6-1) 100 000
	本期发生额　100 000
	期末余额　100 000

借方　　固定资产　　贷方

借方	贷方
期初余额　700 000	
期末余额　700 000	

表 1-2-20　　试算平衡表

账户名称	期初余额		本期发生额		期末余额	
	借方	贷方	借方	贷方	借方	贷方
库存现金	0		800	0	800	
银行存款	200 000		600 000	200 800	599 200	
原材料	110 000		8 000	0	118 000	
库存商品	190 000		0	60 000	130 000	
固定资产	700 000		0	0	700 000	
主营业务成本	0		60 000	0	60 000	
主营业务收入		0	0	100 000		100 000
短期借款		200 000	200 000	0		0
应付账款		100 000	0	8 000		108 000
长期借款		400 000	300 000	0		100 000
实收资本		500 000	0	800 000		1 300 000
总计	1 200 000	1 200 000	1 168 800	1 168 800	1 608 000	1 608 000

需要指出的是，编制试算平衡表是检查和验算账户记录是否正确的一种方法，如果借贷合计不等，则肯定存在记账错误。但并不是说试算平衡表的结果平衡就意味着所有账户记录完全正确，对于错记借贷方向、错记账户、错记相等的金额、遗漏或重记交易事项等差错，试算平衡表并不能予以揭示。

第三节　借贷记账法的应用

下面以【例 1-1-1】ABC 儿童服装加工厂发生的主要经济业务为例，系统说明借贷记账法的应用。

一、筹资业务

【例 1-2-4】收到 A,B,C 三家企业投入的货币资金1 500 000元,存入银行。

借: 银行存款 1 500 000
　贷: 实收资本 1 500 000

【例 1-2-5】向银行借款1 000 000元,其中200 000元期限为 9 个月,800 000元期限为两年。

借: 银行存款 1 000 000
　贷: 短期借款 200 000
　　长期借款 800 000

二、采购业务

【例 1-2-6】购买机器设备,价款500 000元,通过银行转账支付。

借: 固定资产 500 000
　贷: 银行存款 500 000

【例 1-2-7】购入原材料,买价300 000元,进项税额51 000元,货款通过银行转账支付100 000元,其余暂欠,材料已验收入库。

借: 原材料 300 000
　应交税费——应交增值税(进项税额) 51 000
　贷: 银行存款 100 000
　　应付账款 251 000

【例 1-2-8】通过银行转账偿还前欠货款251 000元。

借: 应付账款 251 000
　贷: 银行存款 251 000

三、生产经营业务

1. 领用材料

【例 1-2-9】仓库发出材料1 000千克,单价 30 元,其中生产产品耗用 800 千克,车间一般耗用 150 千克,企业管理部门耗用 50 千克。

借: 生产成本 24 000
　制造费用 4 500
　管理费用 1 500
　贷: 原材料 30 000

2. 结算工资

【例 1-2-10】结算本月职工工资68 400元,其中:生产工人工资57 000元,车间管理人员工资9 120元,企业行政管理人员工资2 280元。

借: 生产成本 57 000
　制造费用 9 120
　管理费用 2 280

贷：应付职工薪酬　　68 400

【例 1-2-11】从银行提取现金60 000元，以备发放职工工资。

借：库存现金　　60 000

贷：银行存款　　60 000

【例 1-2-12】以现金发放本月职工工资60 000元。

借：应付职工薪酬　　60 000

贷：库存现金　　60 000

3．其他费用

【例 1-2-13】通过银行转账支付本月水电费8 000元，其中生产车间耗用6 000元，行政管理部门耗用2 000元。

借：制造费用　　6 000

管理费用　　2 000

贷：银行存款　　8 000

【例 1-2-14】4、5 月份每月预提借款利息 900 元。

借：财务费用　　900

贷：应付利息　　900

【例 1-2-15】6 月份支付第二季度借款利息3 000元。

借：财务费用　　1 200

应付利息　　1 800

贷：银行存款　　3 000

【例 1-2-16】6 月份支付下半年书报订阅费3 600元。

借：预付账款　　3 600

贷：银行存款　　3 600

【例 1-2-17】7 月份摊销应由本月负担的书报订阅费 600 元。

借：管理费用　　600

贷：预付账款　　600

【例 1-2-18】厂部行政管理人员李涛出差，预借差旅费 500 元，以现金支付。

借：其他应收款　　500

贷：库存现金　　500

【例 1-2-19】李涛出差回来，报销差旅费 460 元，交回现金 40 元，结清前借款项。

借：管理费用　　460

库存现金　　40

贷：其他应收款　　500

【例 1-2-20】按规定计提本月固定资产折旧12 000元，其中：车间用固定资产计提折旧10 000元，行政管理部门用固定资产计提折旧2 000元。

借：制造费用　　10 000

管理费用　　2 000

贷：累计折旧　　12 000

4. 产品完工

【例 1-2-21】生产完工一批产品，验收入库，成本65 000元。

借：库存商品 65 000
　贷：生产成本 65 000

5. 实现销售

【例 1-2-22】销售一批产品，价款80 000元，增值税额13 600元，款项收到存入银行。

借：银行存款 93 600
　贷：主营业务收入 80 000
　　应交税费——应交增值税（销项税额） 13 600

【例 1-2-23】销售一批产品，价款70 000元，增值税额11 900元，款项尚未收到。

借：应收账款 81 900
　贷：主营业务收入 70 000
　　应交税费——应交增值税（销项税额） 11 900

【例 1-2-24】销售产品发生运费1 000元，以银行存款支付。

借：销售费用 1 000
　贷：银行存款 1 000

【例 1-2-25】结转销售产品的制造成本90 000元。

借：主营业务成本 90 000
　贷：库存商品 90 000

第三章　会计循环(上)

企业对经济业务的会计处理都需要经过填制和审核凭证、登记账簿、编制会计报表等一系列程序,这套程序在每个会计期间内周而复始、循环往复,因此称为会计循环。由于会计循环的内容较多,特分两章叙述。编制会计报表环节,将在财务会计篇里详细阐述,这里恕不涉及。

第一节　会计凭证

一、会计凭证的概念和种类

会计凭证是记录经济业务事项的发生和完成情况,明确经济责任,并作为记账依据的书面证明。会计凭证包括原始凭证和记账凭证,原始凭证是会计核算的原始凭据,记账凭证是以原始凭证为依据填制的,是登记账簿的直接依据,两者有着密切的联系。

企业发生任何经济业务,如财产物资的增减、货币资金的收支、各种债权债务的结算等,都必须由经办该项经济业务的有关人员填制或取得原始凭证,以书面形式完整地反映、证明经济业务的发生或完成情况,详细说明经济业务的内容,并在凭证上签名或盖章,明确经济责任。

对取得或填制的原始凭证,必须经专人审核并签名或盖章,以保证所发生经济业务的真实性、合理性和合法性,并由会计人员据此填制记账凭证。只有经审核无误的会计凭证,才能作为登记账簿的依据。填制和审核会计凭证是会计循环的起点,是对企业经济活动进行核算和监督的重要环节。

1. 原始凭证

原始凭证又称单据,是指在经济业务发生或者完成时取得或填制的,用以记录和证明经济业务已经发生或者完成,明确经济责任,并具有法律效力的书面证明。原始凭证反映了经济业务的本来面貌,是会计核算的原始资料,是检查会计信息真实性、合理性和合法性的重要依据。

2. 记账凭证

记账凭证,是指会计人员根据审核无误的原始凭证或原始凭证汇总表进行归类、整理而编制的,有明确会计分录并作为登记账簿依据的会计凭证。

原始凭证种类繁多,格式不一,且来自不同的单位,它只表明经济业务的原貌,不反映其归类的会计科目和记账方向,直接据此登记账簿,容易造成差错和混乱。因此,必须根据原始凭证所反映的经济业务按会计核算方法的要求,将其归类、整理编制成记账凭证,再据以记账。从而记账凭证成为登记账簿的直接依据,原始凭证则成为记账凭证的附件,是账簿记录的原始依据。所以,记账凭证具有分类归纳原始凭证和满足登记账簿需要的作用。

3. 原始凭证和记账凭证的联系与区别

原始凭证和记账凭证都是会计凭证，记账凭证是根据原始凭证编制的，原始凭证是记账凭证的依据，这是它们的联系。它们的区别表现在以下几方面：

(1) 填制人员不同。原始凭证是由业务经办人员填制的；而记账凭证则一律由会计人员填制。

(2) 填制依据不同。原始凭证是根据已经发生或完成的经济业务填制的；而记账凭证是根据审核后的原始凭证填制的。

(3) 填制方式不同。原始凭证仅记录、证明经济业务发生或完成情况，由于经济业务的多样性，原始凭证的填制方式也是多样的；记账凭证是按照登记账簿的要求，对原始凭证所反映的经济业务进行归类、整理，确定账户名称、记账方向和金额，一般都是统一格式。

(4) 作用不同。原始凭证是填制记账凭证的依据；记账凭证是登记账簿的依据。

原始凭证记载的是经济信息，记账凭证记载的是会计信息。因此，依据原始凭证编制记账凭证的过程实质上是经济信息转换为会计信息的过程。

二、原始凭证的填制和审核

(一) 原始凭证的分类

1. 原始凭证按其取得的来源不同，可分为外来原始凭证和自制原始凭证

外来原始凭证是指同外单位发生经济业务往来时，从外单位取得的原始凭证，如购货时取得的增值税专用发票，付款时取得的收据，办理结算时取得的银行结算单据，出差时取得的车船票、机票等。自制原始凭证是指本单位内部有关部门和经办人员在执行或完成某项经济业务时所填制的原始凭证，如材料入库时由仓库保管人员填制的收料单、生产领用材料时填制的领料单、出差人员回来报销差旅费时填制的差旅费报销单、计算和发放职工工资时编制的工资计算单等。

2. 原始凭证按其填制方法不同，可以分为一次凭证、累计凭证和汇总原始凭证

一次凭证是指填制手续一次完成的原始凭证，日常的原始凭证大多是一次凭证，如发票、收据、银行结算凭证等。累计原始凭证是指在一定时期内，连续记载同类重复发生的经济业务的原始凭证，这种凭证的填制手续不是一次完成的，而是把发生的同类经济业务连续登记在一张凭证上，可随时计算发生额累计数，直到期末计算总数后，凭证填制手续才算完成，才能作为记账依据，如“限额领料单”。使用累计凭证，可以减少凭证数量，简化凭证填制手续，同时可以随时将某项业务的实际数与定额或预算进行对比，有利于事前控制。汇总原始凭证，又称原始凭证汇总表，是将一定时期内若干同类性质的经济业务的多张原始凭证加以汇总而重新编制的凭证，如“商品销货汇总表”、“发出材料汇总表”等。编制汇总原始凭证，可以集中反映某类经济业务的总括情况，也可以简化编制记账凭证的手续。

(二) 原始凭证的基本内容

在实际工作中，记录经济业务的原始凭证是多种多样的，其具体内容、名称和格式不尽相同，但作为反映经济业务已经发生或完成并明确有关经济责任的书面文件，不论何种原始凭证都必须具备以下基本内容：

(1) 原始凭证的名称。

(2) 原始凭证的填制日期。

（3）填制原始凭证的单位名称或填制人姓名。

（4）接受原始凭证的单位名称。

（5）经济业务的基本内容以及数量、单价和金额等。

（6）有关经办人员的签名或盖章。

【例 1-3-1】江山印刷厂 20××年 10 月 8 日从新华造纸厂购入纸张 100 件，每件 500 元，支付货款时取得新华造纸厂开出的增值税专用发票一张，如表 1-3-1 所示。

表 1-3-1

增值税专用发票

开票日期：20××年　10月8日　　　　　　　　　　　　　　No:3842658

<table>
<tr><td rowspan="2">购货单位</td><td>名　称</td><td colspan="3">江山印刷有限公司</td><td colspan="9">纳税人登记号</td><td colspan="10">2136526306458</td></tr>
<tr><td>地址、电话</td><td colspan="3">江陵市中山路 126 号</td><td colspan="9">开户银行及账号</td><td colspan="10">农行江中分理处 102036400032</td></tr>
<tr><td colspan="2" rowspan="2">商品或劳务名称</td><td rowspan="2">计量单位</td><td rowspan="2">数量</td><td rowspan="2">单价</td><td colspan="9">金　额</td><td rowspan="2">税率(%)</td><td colspan="9">金　额</td></tr>
<tr><td>百</td><td>十</td><td>万</td><td>千</td><td>百</td><td>十</td><td>元</td><td>角</td><td>分</td><td>百</td><td>十</td><td>万</td><td>千</td><td>百</td><td>十</td><td>元</td><td>角</td><td>分</td></tr>
<tr><td colspan="2">60 克书写纸</td><td>件</td><td>100</td><td>500</td><td></td><td></td><td>5</td><td>0</td><td>0</td><td>0</td><td>0</td><td>0</td><td>0</td><td>17</td><td></td><td></td><td></td><td>8</td><td>5</td><td>0</td><td>0</td><td>0</td><td>0</td></tr>
<tr><td colspan="2"></td><td></td><td></td><td></td><td></td><td></td><td></td><td></td><td></td><td></td><td></td><td></td><td></td><td></td><td></td><td></td><td></td><td></td><td></td><td></td><td></td><td></td><td></td></tr>
<tr><td colspan="2"></td><td></td><td></td><td></td><td></td><td></td><td></td><td></td><td></td><td></td><td></td><td></td><td></td><td></td><td></td><td></td><td></td><td></td><td></td><td></td><td></td><td></td><td></td></tr>
<tr><td colspan="2">合　计</td><td></td><td>100</td><td>500</td><td></td><td>¥</td><td>5</td><td>0</td><td>0</td><td>0</td><td>0</td><td>0</td><td>0</td><td></td><td></td><td></td><td>¥</td><td>8</td><td>5</td><td>0</td><td>0</td><td>0</td><td>0</td></tr>
<tr><td colspan="2">价税合计（大写）</td><td colspan="22">零仟零佰零拾伍万捌仟伍佰零拾零元零角零分　¥ 58500.00</td></tr>
<tr><td rowspan="2">销货单位</td><td>名　称</td><td colspan="3">新华造纸厂</td><td colspan="9">纳税人登记号</td><td colspan="10">3568935680763</td></tr>
<tr><td>地址、电话</td><td colspan="3">东山市江边路 32 号</td><td colspan="9">开户银行及账号</td><td colspan="10">工行城北分理处 21135611020315</td></tr>
</table>

第二联：发票联　购货方记账

收款人：张强　　　　　　　　　　　　开票单位（未盖章无效）

【例 1-3-2】江山印刷厂胶印车间陈飞 20××年 10 月 23 日领用 60 克书写纸 100 令，每令单价 50 元，2 号仓库保管员张芳填制"领料单"并发出材料，如表 1-3-2 所示。

表 1-3-2

领　料　单

领料部门：胶印车间　　　　　　　　　　　　　　编号：A201

用　　途：制本　　　20××年 10 月 23 日　　　　　　仓库：2 号库

材料编号	名称及规格	计量单位	数量		单价	金额
			请领	实发		
x-26	60 克书写纸	令	100	100	50	5 000.00
备注					合计	5 000.00

记账：××　　　发料：张芳　　　审批：××　　　领料：陈飞

（三）填制原始凭证的要求

原始凭证是会计核算的重要原始资料，是具有法律效力的书面证明，因此，填制原始凭证时必须符合以下基本要求。

1. 真实合法

原始凭证必须根据经济业务的实际发生或完成情况填制或取得,内容必须真实合法。

2. 责任明确

从外单位取得的原始凭证必须有填制单位的公章或专用章;对外开出的原始凭证,必须加盖本单位的公章或专用章;从个人取得的原始凭证必须有填制人员的签名或盖章;自制的原始凭证,必须有经办单位领导人或者指定的经办人的签名或盖章。

3. 内容完整

原始凭证的名称和内容,必须按照规定的格式和要求逐项填写齐全,不得省略或遗漏,填写的依据、程序和手续必须完备,符合内部牵制的原则。

(1) 凡填有大写和小写金额的原始凭证,大写与小写金额必须相符。购买实物的原始凭证,必须有验收证明。支付款项的原始凭证,必须有收款单位和收款人的收款证明。

(2) 一式几联的原始凭证,应当注明各联的用途,只能以一联作为报销凭证。一式几联的发票和收据,必须用双面复写纸(发票和收据本身具备复写纸功能的除外)套写,并连续编号。作废时应当加盖"作废"戳记,连同存根一起保存,不得撕毁。

(3) 发生销货退回的,除填制退货发票外,还必须有退货验收证明;退款时,必须取得对方的收款收据或者汇款银行的凭证,不得以退货发票代替收据。

(4) 职工公出借款凭据,必须附在记账凭证之后。收回借款时应当另开收据或者退还借据副本,不得退还原借款收据。

(5) 经上级有关部门批准的经济业务,应当将批准文件作为原始凭证附件。如果批准文件需要单独归档的,应当在凭证上注明批准机关名称、日期和文件字号。

4. 字迹清晰、工整、规范

(1) 阿拉伯数字应当一个一个地写,不得连笔写。阿拉伯金额数字前面应当书写货币币种符号或者货币名称简写和币种符号,如人民币符号"¥"。币种符号与阿拉伯数字之间不得留有空白。凡阿拉伯数字前面有币种符号的,数字后面不再写货币单位。

(2) 所有以元为单位的阿拉伯数字,除表示单位等情况外,一律填写到角、分;无角、分的,角位和分位可写"00",或者符号"-"。

(3) 汉字大写数字金额如零、壹、贰、叁、肆、伍、陆、柒、捌、玖、拾、佰、仟、万、亿等,一律用正楷或行书体书写,不得用〇、一、二、三、四、五、六、七、八、九、十等简化字代替,不得任意自造简化字。大写金额数字到元或者角为止的,在"元"或者"角"字之后应当写"整"字或者"正"字;大写金额数字有分的,分字后面不写"整"字或者"正"字。

(4) 大写金额数字前未印有货币名称的,应当加填货币名称,货币名称与数字之间不得留有空白。

(5) 阿拉伯金额数字中间有"0"时,汉字大写金额要写"零"字;阿拉伯数字金额中间连续有几个"0"时,汉字大写金额中可以只写一个"零"字;阿拉伯金额数字元位是"0",或者数字中间连续有几个"0"、元位也是"0"但角位不是"0"时,汉字大写金额可以只写一个"零"字,也可以不写"零"字。

5. 填制及时

各经办业务的部门应当在经济业务实际发生或完成时，及时填制或取得原始凭证并送交会计机构，以便会计核算及时进行。

（四）原始凭证的审核

为了正确反映并监督经济业务，保证会计核算资料的真实、合法、准确，会计审核人员必须严格审核原始凭证。

1. 真实性审核

真实性审核主要包括审核原始凭证本身是否真实以及原始凭证反映的经济业务内容是否真实两个方面，即确定原始凭证是否虚假、是否存在伪造或涂改等情况；核实原始凭证是否真实地反映了经济业务的发生或完成情况，有否巧立名目、虚报冒领等情况。

2. 合法性审核

合法性审核即根据国家有关政策、法规、制度，审核经济业务内容是否合理、合法，是否符合有关规定，有否违反财经制度的现象；审核经济业务的内容是否符合有关的审批权限和手续，是否符合规定的开支标准等，是否存在擅自扩大开支范围、提高开支标准、滥发钱物等情况。

3. 完整性审核

完整性审核是根据原始凭证的基本内容要求，审核原始凭证的内容是否填写齐全，有关经办人员是否都已签名或盖章，是否经过主管人员审批同意，手续是否完备等。

4. 正确性审核

正确性审核主要是审核原始凭证的摘要和数字及其他项目是否准确，数量、单价、金额、合计数的计算有无差错，大写与小写金额是否相符等。

原始凭证的审核是一项十分严肃的工作，会计审核人员必须坚持原则，履行职责。《中华人民共和国会计法》第十四条规定：会计机构、会计人员必须按照国家统一的会计制度的规定对原始凭证进行审核，对不真实、不合法的原始凭证有权不予接受，并向单位负责人报告；对记载不准确、不完整的原始凭证予以退回，并要求按照国家统一的会计制度规定更正、补充。原始凭证记载的各项内容均不得涂改；原始凭证有错误的，应当由出具单位重开或更正，更正处应加盖出具单位印章。原始凭证金额有错误的，应当由出具单位重开，不得在原始凭证上更正。

三、记账凭证的填制和审核

（一）记账凭证的分类

记账凭证是对经济业务归类、整理，明确会计分录的凭证，按其反映的经济业务内容是否与货币资金有关，记账凭证可分为收款凭证、付款凭证和转账凭证。

收款凭证是用于反映现金及银行存款收款业务的记账凭证，又分为现金收款凭证和银行存款收款凭证两种。根据现金收款业务的原始凭证填制的收款凭证，称为现金收款凭证；根据银行存款收款业务的原始凭证填制的收款凭证，称为银行存款收款凭证。

付款凭证是用于反映现金及银行存款付款业务的记账凭证，又分为现金付款凭证和银行存款付款凭证。根据现金支付业务的原始凭证填制的付款凭证，称为现金付款凭证；根据银行存款支付业务的原始凭证填制的付款凭证，称为银行存款付款凭证。

对于现金及银行存款之间发生的收付业务，如从银行提取现金或将现金存入银行，为避免重复记账，一般只编制付款凭证，不编制收款凭证，即将现金存入银行时，编制现金付款凭证；从银行提取现金时，编制银行存款付款凭证。

转账凭证是用于记录不涉及现金及银行存款收付业务的记账凭证，是根据有关转账业务的原始凭证填制的。

也有很多企业记账凭证不分为收款凭证、付款凭证和转账凭证，而是以一种通用格式记录、反映各种经济业务内容。

（二）记账凭证的基本内容

尽管记账凭证的格式有多种，但都必须具备下列基本内容：

（1）记账凭证的名称。

（2）记账凭证的编制日期和编号。

（3）经济业务的内容摘要。

（4）会计科目及记账方向。

（5）记账金额。

（6）所付原始凭证的张数。

（7）填制凭证人员、稽核人员、记账人员、会计主管人员等的签名和盖章。收、付款的记账凭证，还应有出纳人员的签名和盖章。

【例1-3-3】20××年6月25日，职工李木报销差旅费900元，交回现金100元。填制记账凭证（通用格式）如表1-3-3所示。

表 1-3-3　　记账凭证

20××年6月25日　　字第 16 号

摘要	总账科目	明细科目	记账	借方金额									记账	贷方金额								
				百	十	万	千	百	十	元	角	分		百	十	万	千	百	十	元	角	分
李木报差旅费	管理费用	差旅费						9	0	0	0	0										
	库存现金							1	0	0	0	0										
	其他应收款	李木															1	0	0	0	0	0
合计						¥	1	0	0	0	0	0				¥	1	0	0	0	0	0

附件 1 张

财务主管×× 记账×× 出纳× × 审核 ×× 制单××

（三）记账凭证的填制要求

记账凭证作为对经济业务进行分类核算、确定会计分录的凭证，同时也是款项收付、账簿记录的依据，因此必须按照规定的格式和内容，及时、完整地填制。

1. 依据要真实

编制记账凭证的依据是原始凭证，但必须是记录真实、符合手续的经审核无误的原始凭证。

2. 内容要完整

记账凭证的各项内容要齐全，不得漏填和错填，包括日期、摘要、会计科目、金额、编号、附件张数和责任人签字等。

3. 填制要及时

会计人员对所发生的经济业务,应按规定要求及时填制记账凭证,与现金及银行存款收付业务有关的原始凭证,应当天编制记账凭证;对非现金、银行存款收付业务,要定期根据原始凭证编制记账凭证。

4. 书写要规范

记账凭证的各项内容,都要按规定填写。

(1) 凭证摘要简明。记账凭证的摘要栏要用简明扼要的语言,准确表达出经济业务的主要内容,以便于查阅凭证和登记账簿。

(2) 科目运用准确。必须按规定的会计科目,根据经济业务内容,正确编制会计分录并注明记账方向,以保证会计核算的正确性。

(3) 凭证顺序编号。各单位应根据本单位的经济业务繁简程度、人员分工等情况,选择便于记账、查账、稽核等的编号方法,按月顺序编号,即每月都从1号编起。若一笔经济业务需填制多张记账凭证的,可采用分数编号法编号。如8号经济业务需填制3张记账凭证,可以编写成$8\frac{1}{3}$、$8\frac{2}{3}$、$8\frac{3}{3}$。

(4) 核算手续严密。记账凭证填制完经济业务后,如有空行,应当自最后一笔金额数字下的空行处至合计数上的空行处划线注销。

(5) 机制记账凭证要求。实行会计电算化的单位,其机制记账凭证应符合记账凭证的一般要求,打印出来的机制记账凭证要加盖制单人员、审核人员、记账人员和会计主管人员的印章或签字,以加强审核,明确责任。

(四) 记账凭证的审核

记账凭证是登记账簿的直接依据,为保证会计核算的正确,必须严格按要求填制记账凭证并对记账凭证进行审核。记账凭证的审核主要包括以下内容:

1. 编制依据是否规范

审核记账凭证是否附有原始凭证,所附原始凭证的内容和张数是否与记账凭证的内容相符,手续是否规范、齐全并符合有关规定。

2. 会计科目是否准确

审核应借应贷会计科目的名称是否正确,对应关系是否清楚,账户核算的内容是否符合会计规范。

3. 金额计算是否准确

审核经济业务的借贷方金额是否相等,一级账户金额与所属明细账户金额是否相等。

4. 填制项目是否齐全

审核记账凭证所填写的项目是否齐全,主要指填制凭证的日期、摘要、会计科目与细目的名称、金额、凭证编号、附件张数、有关人员签章等。

记账凭证在审核过程中若发现错误,应及时查明原因并按规定方法和要求重新填制或办理更正手续。只有经过审核无误的记账凭证,才能作为记账的依据。

第二节 会计账簿

一、会计账簿的概念和种类

会计账簿简称账簿，是由具有一定格式、互相联系的若干账页组成的，以审核无误的会计凭证为登记依据，用以全面、系统、序时、分类记录各项经济业务的簿册。

在上节中我们已经知道，经济业务可以通过会计凭证的填制反映出来。但会计凭证数量多、资料分散，每张凭证只能记载个别的经济业务，所提供的资料是零星的。为了将分散在凭证中的大量会计信息进行归类和系统化，在会计工作中必须设置和登记会计账簿。通过账簿记录，对经济业务既可以进行序时核算，又可以进行分类核算；既可以提供各项总括的核算资料，又可以提供明细核算资料。这样，不但可以全面系统地记录和反映资金的增减变动情况，同时也为会计报表的编制提供依据。设置和登记会计账簿是会计核算的专门方法之一。

账簿按用途不同，分为序时账簿、分类账簿和备查账簿。

1. 序时账簿

序日账簿又称日记账，是对各项经济业务按发生时间的先后顺序，逐日逐笔连续进行登记的账簿。按其记录内容的不同，又分为普通日记账和特种日记账。

普通日记账是用来登记全部经济业务发生情况的日记账；特种日记账是用来记录某一类经济业务发生情况的日记账，通常把某一类比较重要的经济业务，按照业务发生的先后顺序记入账簿中，如库存现金日记账和银行存款日记账。

2. 分类账簿

分类账簿按其反映指标的详细程度划分，分为总分类账簿和明细分类账簿两种。

总分类账簿简称总账，是根据总分类科目开设的，用以记录全部经济业务总括核算资料的分类账簿。明细分类账簿简称明细账，是根据总账科目所属的明细科目开设，用以记录某一类经济业务详细核算资料的分类账。

3. 备查账簿

备查账簿又称辅助账簿，是对某些未能在日记账和分类账中记录或记录不全的经济业务进行补充登记的账簿。它主要是为经济管理提供必要的信息，如应收票据登记簿、受托加工材料登记簿等。

账簿按外表形式的不同可分为订本式、活页式和卡片式三种。订本式账簿是在启用前进行顺序编号并固定装订成册的账簿，一般用于库存现金日记账、银行存款日记账和总分类账等。活页式账簿是指账页可以随时取出或增添的账簿，主要用于一般的明细分类账，如原材料、产成品等明细账。卡片式账簿是由专门格式、分散的卡片作为账页组成的账簿，一般用卡片箱装置，可以随取随放，它实际上也是一种活页账，固定资产明细账一般采用这种形式。

二、账簿的设置与登记

企业必须根据自身的业务特点及经营管理的需要，设置相应的账簿体系及具体的账簿。

（一）日记账的设置与登记

企业必须设置“库存现金日记账”和“银行存款日记账”，用以逐日逐笔反映现金和银行存款的收付情况。

1. 库存现金日记账

库存现金日记账是专门记录现金收付情况的特种日记账，其账本形式必须采用订本式，账页格式一般采用三栏式，也可采用多栏式等其他形式。三栏式是指在一张账页上分设“借方”、“贷方”和“余额”三栏。为了清晰地反映现金收付业务的具体内容，在“摘要”栏后，还专设“对方科目”栏，登记对方科目名称。库存现金日记账通常由出纳人员根据审核后的现金收款凭证、现金付款凭证、银行存款付款凭证（提现业务）逐日逐笔按顺序逐项登记。

2. 银行存款日记账

银行存款日记账是专门记录银行存款收付情况的特种日记账，其账本形式必须采用订本式，账页格式一般采用三栏式，也可采用多栏式等其他形式。三栏式银行存款日记账的格式与三栏式库存现金日记账相类似，但增设了“结算凭证种类及号数”栏，目的是为了便于和银行对账，也便于反映银行存款收付所采用的结算方式。银行存款日记账通常由出纳人员根据审核后的银行存款收款凭证、银行存款付款凭证、现金付款凭证（存现业务）逐日逐笔按顺序逐项登记。

在实际工作中，为了贯彻内部控制原则，实行钱、账分管，出纳人员不得负责登记库存现金日记账和银行存款日记账以外的任何账簿。出纳人员登记库存现金日记账和银行存款日记账后，应将各种收付款凭证交由会计人员，会计人员据以登记总分类账及有关的明细分类账。通过库存现金和银行存款总账与日记账的定期核对，可以达到控制库存现金日记账和银行存款日记账的目的。

（二）分类账的设置与登记

1. 总分类账

总分类账是按照总分类账户分类登记全部经济业务的账簿，一般采用“借方”、“贷方”、“余额”三栏式的订本账。在总分类账中，应按照会计科目的编码顺序分设账户，并为每个账户预留若干账页。由于总分类账能够全面、总括地反映经济活动情况，并为编制会计报表提供资料，因而任何企业都要设置总分类账。总分类账可以按记账凭证逐笔进行登记，也可按记账凭证汇总进行登记，具体登记方法根据企业采用的账务处理程序不同而定。

记账凭证账务处理程序是一种直接根据记账凭证登记总分类账的账务处理程序，它是最基本的核算程序，其他核算程序是在这一核算程序的基础上发展形成的。该程序的特点是直接根据记账凭证登记总分类账，因此，总分类账可以比较详细地记录和反映经济业务的发生情况，但登记总分类账的工作量比较大。记账凭证账务处理程序一般适合于规模不大、经济业务比较简单的企业。

科目汇总表账务处理程序是一种根据记账凭证编制科目汇总表，再根据科目汇总表来登记总分类账的账务处理程序。该程序的特点是先根据记账凭证按相同的科目定期归类汇总编制科目汇总表，再根据科目汇总表登记总分类账，从而简化了总分类账的登记工作。科目汇总表账务处理程序一般适用于经济业务繁多的企业。

汇总记账凭证账务处理程序是一种根据记账凭证编制汇总记账凭证，再根据汇总记账凭证登记总分类账的账务处理程序。该程序的特点是先根据记账凭证定期编制汇总记账凭证，再根据汇总记账凭证月终时一次登记总账。采用该程序，把若干记账凭证上的数据汇总起来，月终一次记入总分类账，可以简化总分类账的登记工作。汇总记账凭证账务处理程序一般适用于生产经营规模较大、业务较多的企业。

下面举例说明银行存款日记账的登记方法、科目汇总表的编制方法以及根据科目汇总表登记总分类账的方法。

【例 1-3-4】某企业 20××年 3 月初“银行存款”账户的余额为100 000元，3 月份发生下列经济业务（不考虑增值税）。假设该企业按月编制科目汇总表。

（1）2 日收到投资者投入原材料500 000元，材料已经验收入库。

（2）4 日购买一台设备，价款30 000元，以银行存款支付。

（3）6 日购买一批原材料，货款200 000元，尚未支付。

（4）10 日从银行提取现金1 500元备用。

（5）15 日向银行借入三年期借款200 000元。

（6）16 日销售一批产品，货款200 000元，只收到一半存入银行，其余尚未收到。

（7）18 日职工王某出差预借差旅费1 000元，以现金支付。

（8）20 日以银行存款偿还应付材料货款50 000元。

（9）24 日吴经理出差回来报销差旅费1 200元，以现金给付。

（10）27 日收回以前销货款100 000元，存入银行。

根据上述业务编制记账凭证（以会计分录表示）如下：

（1）借：原材料	500 000	
贷：实收资本		500 000
（2）借：固定资产	30 000	
贷：银行存款		30 000
（3）借：原材料	200 000	
贷：应付账款		200 000
（4）借：库存现金	1 500	
贷：银行存款		1 500
（5）借：银行存款	200 000	
贷：长期借款		200 000
（6）借：应收账款	100 000	
银行存款	100 000	
贷：主营业务收入		200 000
（7）借：其他应收款	1 000	
贷：库存现金		1 000
（8）借：应付账款	50 000	
贷：银行存款		50 000
（9）借：管理费用	1 200	
贷：库存现金		1 200

（10）借：银行存款　　　　　　　　　　　　　　　　100 000

　　　贷：应收账款　　　　　　　　　　　　　　　　100 000

根据银行存款收付款凭证登记银行存款日记账如表1-3-4。

表1-3-4

银行存款日记账

20××年		凭证		摘要	结算凭证		对方科目	借方	贷方	借或贷	余额
月	日	种类	号数		种类	号数					
3	1			上月结存						借	100 000
	4	银付	1	购买设备	转支	005	固定资产		30 000	借	70 000
	10	银付	2	提取现金	现支	11	库存现金		1 500	借	68 500
	15	银收	1	向银行借款			长期借款	200 000		借	268 500
	16	银收	2	销售商品			主营业务收入	100 000		借	368 500
	20	银付	3	偿还货款	转支	006	应付账款		50 000	借	318 500
	27	银收	3	收回货款	托收		应收账款	100 000		借	418 500
	31			本月合计				400 000	81 500	借	418 500

根据记账凭证编制科目汇总表如表1-3-5。

表1-3-5

科目汇总表(20××年3月)

账户名称	本期借方发生额合计	本期贷方发生额合计
库存现金	1 500	2 200
银行存款	400 000	81 500
原材料	700 000	
固定资产	30 000	
应收账款	100 000	100 000
其他应收款	1 000	
管理费用	1 200	
主营业务收入		200 000
应付账款	50 000	200 000
长期借款		200 000
实收资本		500 000
合计	1 283 700	1 283 700

根据科目汇总表登记银行存款总分类账，见表1-3-6。

表1-3-6

银行存款

20××年		凭证号数	摘要	借方	贷方	借或贷	余额
月	日						
3	1	/	月初余额			借	100 000
	31	科目汇总表	本月汇总发生	400 000	81 500	借	418 500

2. 明细分类账

明细分类账是按照明细分类账户详细记录某类经济业务的账簿。明细分类核算可以提供更加具体和详细的会计信息。各企业在进行总分类核算的同时,应根据管理的需要设置若干必要的明细分类账,作为总分类账的补充。

明细分类账一般采用活页式账簿,也有的采用卡片式账簿。常用的账页格式有三栏式、多栏式、数量金额式等。

三栏式明细账页的格式与三栏式总账的格式基本相同,它只设"借方"、"贷方"和"余额"三个金额栏,不设数量栏,这种账页适用于只需提供金额信息的应收账款、应付账款等账户的明细核算。

多栏式明细分类账不是按明细科目分设账页,而是根据经济业务的特点和经营管理的需要,在一张账页内设若干专栏记录某一总账科目所属的各明细科目的内容。这种账页格式适用于只记金额,不记数量,而且在管理上需要了解其构成内容的费用、收入、利润等账户的明细核算,如"管理费用"、"主营业务收入"、"本年利润"等明细账户。

数量金额式明细账页的格式如表1-3-8、表1-3-9所示,它在收入、发出、结存三栏内,再分别设置数量、单价、金额等栏目,以便分别登记实物的数量和金额。这种账页适用于既要进行金额明细核算,也要进行数量明细核算的财产物资账户,如"原材料"、"库存商品"等账户的明细核算,它能提供各种财产物资收入、发出、结存等的数量和金额资料,满足管理的需要。

3. 总分类账和明细分类账的关系

总分类账和明细分类账都是用以提供会计核算指标的,但从其提供指标之间的关系来看,总分类账对其所属的明细分类账起着统驭和控制的作用,明细分类账对其总分类账起着补充和说明的作用。总分类账户与其所属的明细分类账户所反映的经济业务是相同的,登账时所依据的是同一原始凭证,分别以总括指标和详细指标的形式反映同一内容。为了使总分类账与其所属的明细分类账之间能起到统驭与补充的作用,便于账户核对,并确保核算资料的正确、完整,必须采用平行登记的方法,在总分类账及其所属的明细分类账中进行记录。

平行登记是指经济业务发生后,根据会计凭证,一方面要登记有关的总分类账户,另一方面要登记该总分类账户所属的各有关明细分类账户。具体要求如下:

(1) 依据相同。登记总分类账户与其所属的明细分类账户的原始依据必须一致,平行登记的各账簿所记录的经济业务的内容、性质、特征、金额以及发生业务的期间必须一致。

(2) 金额相等。根据有关凭证记入有关总分类账户与其所属的明细分类账户的金额必须相等。如总账账户所属明细账户不止一个,应使有关的全部明细账户金额的合计数与该总账账户所记金额保持相等。

(3) 方向相同。根据有关凭证记入有关总分类账户与其所属的明细分类账户的记账方向必须相同。

根据总分类账户与其所属的明细分类账户的平行登记规则记账后,总账与明细账之间产生了下列数量关系:

总账期初余额 = 所属明细账期初余额合计

总账本期发生额 = 所属明细账本期发生额合计

总账期末余额 = 所属明细账期末余额合计

在会计核算中,可以利用上述关系检查账簿记录的正确性。

下面以某企业的原材料核算为例，说明总分类账与明细分类账的平行登记方法。

【例 1-3-5】某企业 20××年 6 月初的"原材料"账户借方余额为 7 000 元，其中：

甲材料　30 吨　单价 200 元　计6 000元

乙材料　10 吨　单价 100 元　计1 000元

6 月份发生如下经济业务：

(1) 6 月 2 日向 A 厂购入材料6 000元，已验收入库，货款未付。其中：

甲材料　20 吨　单价 200 元　计4 000元

乙材料　20 吨　单价 100 元　计2 000元

(2) 6 月 10 日生产领用原材料3 000元。其中：

甲材料　10 吨　单价 200 元　计2 000元

乙材料　10 吨　单价 100 元　计1 000元

(3) 6 月 20 日向 B 厂购入材料 5 000 元，已验收入库，货款未付。其中：

甲材料　20 吨　单价 200 元　计4 000元

乙材料　10 吨　单价 100 元　计1 000元

根据以上经济业务编制记账凭证（以会计分录表示）如下，并登记原材料总账与明细账（数量金额式）（见表 1-3-7、表 1-3-8、表 1-3-9）。

(1) 借：原材料——甲材料	4 000	
——乙材料	2 000	
贷：应付账款		6 000
(2) 借：生产成本	3 000	
贷：原材料——甲材料		2 000
——乙材料		1 000
(3) 借：原材料——甲材料	4 000	
——乙材料	1 000	
贷：应付账款		5 000

表 1-3-7

总 分 类 账

会计科目：原材料

年		凭证		摘　要	借　方	贷　方	借或贷	余　额
月	日	种类	号数					
6	1			月初余额			借	7 000
6	2	（略）	（略）	购入材料，未付款	6 000		借	13 000
6	10			生产领用		3 000	借	10 000
6	20			购入材料，未付款	5 000		借	15 000
6	30			本月发生额及余额	11 000	3 000	借	15 000

表 1-3-8

原材料明细账

类别：材料　　　　编号：2136

品名或规格：甲材料　　　　存放地点：1 库

储备定额：　　　　计量单位：吨

年		凭证		摘要	收入			发出			结存		
月	日	种类	号数		数量	单价	金额	数量	单价	金额	数量	单价	金额
6	1			月初余额							30	200	6 000
6	2	（略）	（略）	购入材料	20	200	4 000				50	200	10 000
6	10			生产领用				10	200	2 000	40	200	8 000
6	20			购入材料	20	200	4 000				60	200	12 000
6	30			本月发生额及余额	40	200	8 000	10	200	2 000	60	200	12 000

表 1-3-9

原材料明细账

类别：材料　　　　编号：2137

品名或规格：乙材料　　　　存放地点：2 库

储备定额：　　　　计量单位：吨

年		凭证		摘要	收入			发出			结存		
月	日	种类	号数		数量	单价	金额	数量	单价	金额	数量	单价	金额
6	1			月初余额							10	100	1 000
6	2	（略）	（略）	购入材料	20	100	2 000				30	100	3 000
6	10			生产领用				10	100	1 000	20	100	2 000
6	20			购入材料	10	100	1 000				30	100	3 000
6	30			本月发生额及余额	30	100	3 000	10	100	1 000	30	100	3 000

将表 1-3-7、表 1-3-8、表 1-3-9 三张表联系起来可以看出，甲、乙材料明细账期初余额之和、期末余额之和、本期发生额之和与原材料总账相应指标相等。即：

期初余额：6 000（甲）+1 000（乙）=7 000（总）

借方本期发生额：8 000（甲）+3 000（乙）=11 000（总）

贷方本期发生额：2 000（甲）+1 000（乙）=3 000（总）

期末余额：12 000（甲）+3 000（乙）=15 000（总）

第四章　会计循环(下)

第一节　期末账项调整

一、权责发生制和收付实现制

企业为了及时提供会计信息,必须将连续不断、循环往复的生产经营过程划分为若干会计期间,分期进行会计核算。会计期间的划分必然会出现如何确认本期和非本期的收入、费用等问题。确认本期和非本期的收入、费用,有权责发生制和收付实现制之分。

1. 收付实现制

收付实现制是指在会计核算中,企业应以收入和费用的实收实付为标志来确认本期收入和费用。凡是本期收到的收入和支出的费用,不管其是否应归属于本期,都作为本期的收入和费用;凡是本期未收到的收入和未支出的费用,即使应归属于本期,也不作为本期的收入和费用。由于收付实现制是以现金收付为标准,所以又称现金制或实收实付制。

采用这种方法,由于按照现金收付日期确定收入和费用的归属期,因此,凡本期收到的收入,都作为本期收入;凡本期支付的费用,都作为本期费用。这些实收的收入和实付的费用日常均已登记入账,不存在对账簿记录进行期末账项调整的问题,账务处理比较简单。下面举例说明该种方法的使用。

【例 1-4-1】某企业 6 月份发生下列经济业务:

(1) 销售产品50 000元,货款存入银行。

(2) 出租闲置房屋一栋,本月应收租金5 000元,款项尚未收到。

(3) 预付 7 ~ 12 月份财产保险费12 000元。

(4) 本月支付第二季度短期借款利息6 000元,其中属于本月的利息为2 000元。

(5) 收回上月销货款18 000元。

(6) 预收客户货款10 000元,下个月交货。

按收付实现制原则确定企业本月收入和费用,分析如下:

(1) 货款50 000元本月已收到,所以此项收入属于本月收入。

(2) 租金5 000元本月未收到,所以此项收入不是本月收入。

(3) 本月已实际支付保险费12 000元,所以此项支出属于本月费用。

(4) 本月实际支付借款利息6 000元,所以此项支出属于本月费用。

(5) 本月实际收到了货款18 000元,所以此项收入属于本月收入。

(6) 本月实际收到了货款10 000元,所以此项收入属于本月收入。

本月收入 = 50 000 + 18 000 + 10 000 = 78 000(元)

本月费用 = 12 000 + 6 000 = 18 000(元)

由【例 1-4-1】可以看出,收付实现制下,将不应归属于本期的收入作为本期收入(业务

(6)预收的下期货款、业务(5)收回的上期货款),将不应由本期负担的费用作为本期费用(业务(3)预付的保险费、业务(4)支付的前两个月利息),将应归属于本期的收入不计入本期收入(业务(2)的应收租金),这样处理虽然很简单,但不能准确核算各期的经营成果。所以,我国企业会计准则规定企业的会计核算应以权责发生制为基础。

2. 权责发生制

权责发生制是指在会计核算中,企业应以收入和费用是否已经发生为标志来确定本期收入和费用。凡是本期已经实现的收入和已经发生的或应当负担的费用,不论款项是否收付,都应当作为本期的收入和费用处理;凡是不属于本期的收入和费用,即使款项已经在本期收付,也不能作为本期的收入和费用。由于权责发生制以应收应付为标准,所以又称应计制或应收应付制。

【例 1-4-2】以【例 1-4-1】的资料,按权责发生制原则确定企业本月收入和费用:

(1) 本月销售产品,货款50 000元已收到,此项收入属于本月收入。

(2) 本月应收租金5 000元,虽没有收到,但属于本月收入。

(3) 本月预付保险费12 000元,属于 7 ~ 12 月应该负担的费用,不属于本月费用。

(4) 本月支付第二季度短期借款利息6 000元,其中属于本月负担的利息为2 000元,所以只应将2 000元确定为本月费用。

(5) 本月收到上月货款18 000元,属于上月收入,不属于本月收入。

(6) 本月预收货款10 000元,应于下月交货时确认收入,不属于本月收入。

本月收入 = 50 000 + 5 000 = 55 000(元)

本月费用 = 2 000(元)

通过【例 1-4-1】和【例 1-4-2】可以看出,同样的资料在收付实现制和权责发生制下确认的收入、费用结果是大不相同的,利润也大相径庭,权责发生制的利润是53 000元,收付实现制的利润是60 000元。如表 1-4-1。

表 1-4-1

业务序号	权责发生制		收付实现制	
	收　入	费　用	收　入	费　用
(1)	50 000		50 000	
(2)	5 000			
(3)				12 000
(4)		2 000		6 000
(5)			18 000	
(6)			10 000	
合计	55 000	2 000	78 000	18 000
利　润	53 000		60 000	

权责发生制的核心是根据权责关系的实际发生和影响期间来确认企业的收入和费用,从而合理地确定各期的收入、费用,将费用与收入进行配比,正确地核算各期的经营成果。但采用权责发生制,在日常的会计核算中,日常记录并不能准确地反映本期的收入和费用,如有些款项虽然在本期收到,但它不属于本期的收入;有些款项虽然在本期支付,但它不属于本期的费用;有些前期收到的款项,应为本期的收入;有些前期付出的款项,应为本期的费

用;有些款项本期虽尚未收到,但应属于本期的收入;有些款项本期虽尚未支付,但应属于本期的费用。因此,应在会计期末按规定对有关账目进行调整。

二、期末账项调整

期末账项调整是指在权责发生制下,应于会计期末对有关账项进行调整,从而将本期应计收入和应计费用计入本期。期末账项调整的主要内容包括:

1. 应计收入的调整

应计收入的调整简单来说就是将有些前期收到的款项但应为本期的收入和有些款项本期虽尚未收到但应属于本期的收入计入本期,如【例 1-4-1】的业务(2)。

根据业务(2),6 月末应该编制如下会计分录:

借: 其他应收款　　5 000
　贷: 其他业务收入　　5 000

在本期收到但不属于本期收入的款项,则不能计入本期收入,如【例 1-4-1】的业务(5)、(6)。业务(5)收到的款项已在上个月确认为收入,6 月份收到时只能作为应收账款的收回;业务(6)收到的款项应作为预收账款,待下个月销售时再确认为当期收入。

根据业务(5),6 月份应该编制如下会计分录:

借: 银行存款　　18 000
　贷: 应收账款　　18 000

根据业务(6),6 月份应该编制如下会计分录:

借: 银行存款　　10 000
　贷: 预收账款　　10 000

2. 应计费用的调整

应计费用的调整简单来说就是将有些前期付出的款项但应该由本期负担的费用和有些款项本期虽尚未付出但应属于本期的费用计入本期,如【例 1-4-1】的业务(4)。

根据权责发生制,对于业务(4),4、5 月份应该预计利息费用,假设分别预计了2 000元,6 月份应该编制如下会计分录:

借: 应付利息　　4 000
　　财务费用　　2 000
　贷: 银行存款　　6 000

在本期付出但应由以后期间负担的款项,则不能计入本期费用,应作为预付款项,如【例 1-4-1】的业务(3)。

根据业务(3),企业 6 月份编制的会计分录为:

借: 预付账款　　12 000
　贷: 银行存款　　12 000

7 ~ 12 月份每月末编制的调整分录为:

借: 管理费用　　2 000
　贷: 预付账款　　2 000

关于期末账项调整下面再举一例。

【例 1-4-3】甲企业 1 月初向乙企业租入一台其闲置的制造设备,合同约定租期一年,每月租金3 000元,每季末支付本季度租金。

甲企业有关会计分录如下(以第一季度为例):

1 月末、2 月末确认本月应付租金:

借:制造费用	3 000	
贷:其他应付款		3 000

3 月末支付本季度租金:

借:制造费用	3 000	
其他应付款	6 000	
贷:银行存款		9 000

若 3 月末没有支付租金(由于资金紧张,与乙企业商量,4 月份支付租金),则:

借:制造费用	3 000	
贷:其他应付款		3 000

4 月份支付租金时:

借:其他应付款	9 000	
贷:银行存款		9 000

乙企业有关会计分录如下(也以第一季度为例):

1 月末、2 月末确认本月应收租金:

借:其他应收款	3 000	
贷:其他业务收入		3 000

3 月末收到本季度租金:

借:银行存款	9 000	
贷:其他业务收入		3 000
其他应收款		6 000

若 3 月末没有收到甲企业支付的租金则:

借:其他应收款	3 000	
贷:其他业务收入		3 000

4 月份收到租金时:

借:银行存款	9 000	
贷:其他应收款		9 000

第二节　对账与结账

一、对账

在会计核算工作中,由于多种原因,可能会出现账簿记录错误的情况,为了确保账簿记录准确无误,保证据此编制的会计报表真实可靠,必须对账簿记录进行核对,即对账。对账工作包括账证核对、账账核对、账实核对。

1. 账证核对

将会计账簿记录与有关的原始凭证、记账凭证相核对，检查账证是否相符。

2. 账账核对

将不同会计账簿进行核对，检查账簿之间的有关记录是否相符。具体包括：所有总账账户的借方期末余额合计数与所有总账账户的贷方期末余额合计数核对，有关总账账户与其所属的明细账户核对，有关总账与相关的日记账核对，会计部门的财产物资明细账与财产物资保管和使用部门的有关账卡核对。

3. 账实核对

将各种财产物资的账面余额与财产物资的实存数额进行核对，检查账实是否相符。具体包括：库存现金日记账账面余额与库存现金实际库存数相核对，银行存款日记账账面余额与银行对账单相核对，各种财物明细账账面余额与财物实存数额相核对，各种应收、应付款明细账账面余额与有关债务人、债权人的账目核对等。账实核对一般通过财产清查进行。

二、错账更正法

在账证核对、账账核对过程中发现的账簿记录错误，应按规定的方法进行更正，不得涂改、挖补或用涂改液消除字迹。

1. 划线更正法

划线更正法，又称红线更正法。对账中，如果发现账簿记录有错误，而其所依据的记账凭证没有错误，即纯属记账时文字或数字的笔误，应采用划线更正的方法进行更正。

具体方法是：将错误的文字或数字划一条红色横线注销，但必须使原有字迹仍可辨认，以备查考；然后在同一行内用蓝字或黑字将正确的文字或数字填写在划线的上方位置，并由更正人员在更正处盖章，以明确责任。

采用划线更正法进行错账更正时应注意：对于文字差错，可只划去错误的部分，不必将与错字相关联的其他文字划去；对于数字差错，应将错误的金额全部划线，不得只更正错误数额中的个别数字。

2. 红字更正法

红字更正法，又称红字冲销法或冲减法。在会计上，以红字记录表明对原记录的冲销或冲减。红字更正法适用于以下两种情况：

一是对账中，如果发现记账凭证的应借应贷会计科目或记账方向有错误，从而造成了账簿记录错误，应采用红字更正法进行更正。

具体方法是：首先用红字金额填制一张与原错误凭证所记载的借贷方向、应借应贷会计科目完全相同的冲账记账凭证，在摘要栏中注明“注销某月某日某号凭证”字样，并据以用红字登记入账，冲销原有错误的账簿记录；然后用蓝字或黑字填制一张正确的记账凭证，在摘要栏中注明“订正某月某日某号凭证”字样，并据以用蓝字或黑字登记入账。下面举例说明。

【例1-4-4】以转账支票支付下年度报刊杂志费800元，在填制记账凭证时误记入“管理费用”账户并据以登记入账，其错误凭证所反映的分录为：

(1) 借:管理费用　　800
　　贷:银行存款　　800

该分录应借会计科目错误,应该借记"预付账款"账户。在更正时,应用红字金额编制如下冲账记账凭证:

(2) 借:管理费用　　$\boxed{800}$
　　贷:银行存款　　$\boxed{800}$

(注:"□"表示红字,下同)

根据冲账记账凭证以红字金额记账后,表明已全部冲销原有错误记录,然后用蓝字或黑字填制如下正确的记账凭证,并登记入账。

(3) 借:预付账款　　800
　　贷:银行存款　　800

以上有关账户的更正记录(用丁字形账户表示)如表1-4-2。

表1-4-2

管理费用	
(1)800	
(2)$\boxed{800}$	

预付账款	
(3)800	

银行存款	
	(1) 800
	(2) $\boxed{800}$
	(3) 800

二是对账中,如果发现记账凭证的应借应贷会计科目、记账方向都没有错误,只是所记金额大于应记金额,从而造成了账簿记录错误,也应采用红字更正法进行更正。

具体方法是:将多记的金额用红字填制一张与原错误记账凭证所记载的借贷方向、应借应贷会计科目完全相同的冲销记账凭证,在摘要栏中注明"冲销某月某日某号凭证多记金额",并据以入账,以冲销多记金额,从而得出正确金额。

【例1-4-5】生产产品领用材料400元,在填制记账凭证时,误记金额为4 000元,其错误凭证所反映的分录为:

(1) 借:生产成本　　4 000
　　贷:原材料　　4 000

该分录应借应贷会计科目、借贷方向均无错误,只是金额多记3 600元。在更正时,应将多记金额用红字编制如下冲销凭证:

(2) 借:生产成本　　$\boxed{3\ 600}$
　　贷:原材料　　$\boxed{3\ 600}$

以上有关账户的更正记录(用丁字形账户表示)如表1-4-3。

表 1-4-3

生产成本	
（1）4 000	
（2）[3 600]	

原材料	
	（1）4 000
	（2）[3 600]

根据更正错账的记账凭证以红字金额记账后，即可反映其正确金额为 400 元。

3. 补充登记法

补充登记法，又称蓝字补记法。对账中，如果发现记账凭证的应借应贷会计科目、记账方向都没有错误，只是所记金额小于应记金额，从而造成了账簿记录错误，应采用补充登记法进行更正。

具体方法是：将少记的金额用蓝字填制一张与原错误记账凭证所记载的借贷方向、应借应贷会计科目完全相同的记账凭证，在摘要栏中注明"补记某月某日某号凭证少记金额"，并据以入账，以补记少记金额，从而得出正确金额。

【例 1-4-6】预计本月银行借款利息1 400元，在填制记账凭证时，误记金额为 400 元，其错误凭证所反映的分录为：

（1）借：财务费用　　　　400

　　　贷：应付利息　　　　400

该分录应借应贷会计科目、借贷方向均无错误，只是金额少记 1 000 元。在更正时，应将少记金额用蓝字或黑字编制如下记账凭证：

（2）借：财务费用　　　　1 000

　　　贷：应付利息　　　　1 000

以上有关账户的更正记录（用丁字形账户表示）如表 1-4-4。

表 1-4-4

财务费用	
（1）400	
（2）1 000	

应付利息	
	（1）400
	（2）1 000

根据更正错账的记账凭证以蓝字或黑字记账后，即可反映其正确金额为1 400元。

三、财产清查

财产清查是指通过对企业的库存现金、实物等财产的盘点以及对银行存款、往来款项的核对，查明其实有数与账存数是否相符，并查明账实不符原因的一种会计核算方法。

（一）造成账实不符的原因

（1）财产物资收发时，由于计量、计算和检查不准确而造成品种、规格、数量、质量上的差错。

（2）财产物资收发过程中，发生错收、错付或在凭证、账簿中出现漏记、重记或错记。

（3）财产物资在保管过程中发生自然损溢如干耗、消蚀、升重等自然现象而导致的数量或质量上的变化，这种变化在日常会计核算中是不反映的。

(4) 因管理不善造成财产物资损坏、变质、短缺以及货币资金和往来款项的差错。

(5) 银行存款、往来款项会计处理过程中存在的未达账项。

(6) 不法分子贪污盗窃、营私舞弊等造成财产物资损失。

(7) 自然灾害造成非常损失。

由于以上原因的存在,就需要对各项财产物资定期或不定期地进行盘点或核对,对账实不符造成的差异,则要调整账簿记录,保证账实相符,并查明原因和责任,保护财产物资的安全,维护财经纪律。

(二) 财产清查的种类

1. 按清查范围分类

财产清查按清查范围,可分为全面清查和局部清查。

全面清查是对所有的财产物资进行全面清查、盘点和核对。由于全面清查的内容多、范围广、工作量很大,一般在年终决算前,或在开展清产核资以及单位撤销、合并、改组、改变隶属关系和开展全面资产评估时才采用。

局部清查是根据需要,对一部分财产物资所进行的盘点与核对。一般情况下,对于流动性较大的材料物资,除年度清查外,年内还要轮流盘点或重点抽查;对于各种贵重物资,每月都应清查盘点一次;对于现金,应每日清点;对于银行存款,每月至少要同银行核对一次;对应收账款,应该定期与客户核对。

2. 按清查时间分类

财产清查按清查时间,可分为定期清查和不定期清查。

定期清查是在规定时间对财产物资所进行的清查,一般是在年度、半年度、季度或月度终了时进行。

不定期清查是指根据实际情况的需要而临时进行的财产清查,通常在更换财产物资保管人员、财产物资发生非常损失、单位撤销、合并、改组、改变隶属关系等情况下进行。

(三) 财产清查前的准备工作

为了做好财产清查工作,使其发挥应有的积极作用,在进行清查前,必须充分做好准备,包括组织准备和业务准备等。

1. 组织准备

在进行财产清查前要根据财产清查工作的实际需要建立财产清查工作小组,由企业主要领导负责,财会部门、财产管理、财产使用等有关部门共同参与,以保证财产清查工作在统一领导下有条不紊、协调一致地进行。财产清查工作小组的主要任务是制定计划、调配人员、确定方法、组织清查。

2. 业务准备

(1) 清查前必须把有关账目登记齐全,结出余额,并核对清楚,做到账证相符、账账相符,为财产清查提供准确、可靠的账存数。

(2) 清查前必须对所要清查的财产物资进行整理、排列,标明品种、规格、结存数量等,保证清查工作顺利进行。

(3) 清查前必须按标准计量校正各种度量衡器具,减少误差。

(4) 清查前必须准备好各种空白的清查盘存报告表。

（四）财产清查的实施

1. 货币资金的清查

货币资金的清查包括库存现金和各种银行存款的清查。

（1）库存现金的清查。库存现金的清查是通过实地盘点的方法，确定库存现金的实存数，再与库存现金日记账的账面余额进行核对，以查明账实是否相符。库存现金的清查除了每日由出纳人员自己进行清点外，按照内部控制的要求，还需要建立由他人进行的不定期盘点制度，确保现金账面余额与实际库存相符。如发现不符，应及时查明原因，作出处理。

（2）银行存款的清查。银行存款的清查是通过核对的方法，将开户银行送来的对账单与本企业银行存款日记账的账面余额相核对，以查明账实是否相符。核对前，应先详细检查本企业银行存款日记账的正确性和完整性，然后再与开户银行送来的对账单逐笔核对，确定双方记账的正确性。但即使本企业和银行记账均无误，由于办理结算手续和凭证传递等原因形成未达账项的影响，银行对账单上的余额与本企业银行存款日记账的余额往往也会不一致。

所谓未达账项，是指由于双方记账时间不一致而发生的，一方已经登记入账，另一方因尚未接到有关凭证而未登记入账的款项。企业与银行之间的未达账项，主要有四种情形：企业已收款入账，登记银行存款增加，而开户银行尚未入账；企业已付款入账，登记银行存款减少，而开户银行尚未入账；开户银行已收款入账，登记企业存款增加，而企业尚未入账；开户银行已付款入账，登记企业存款减少，而企业尚未入账。

由于存在未达账项，某一时点企业的银行存款日记账余额可能大于或小于开户银行的对账单余额。按照内部控制的要求，企业应当指定出纳以外的专人定期核对银行账户，每月至少核对一次，编制银行存款余额调节表。银行存款余额调节表的编制，是以双方账面余额为基础，各自分别加上对方已收款入账而自己尚未入账的数额，减去对方已付款入账而自己尚未入账的数额。

在双方记账都不发生错误的前提下，调节后的存款余额应该相等，该数额就是企业银行存款的实有数额。如果调节后的存款数额仍不相等，应查明原因，及时处理。

【例1-4-7】某企业月末银行存款日记账的账面余额为70 000元，银行送来的对账单上存款余额为76 000元，经逐笔核对，发现有以下未达账项：

一是企业于月末开出转账支票3 000元，持票人尚未向银行办理转账手续，银行尚未入账。

二是企业于月末存入从其他单位收到的转账支票5 000元，银行尚未入账。

三是企业委托银行代收外地销货款10 000元，银行已经收到入账，但企业尚未收到收款通知，尚未入账。

四是银行代企业支付水电费2 000元，但企业尚未收到付款通知，尚未入账。

根据上述资料，编制银行存款余额调节表如表1-4-5所示。

表 1-4-5

银行存款余额调节表

20××年×月×日

项　　目	金额	项　　目	金额
企业银行存款日记账的账面余额	70 000	银行对账单的存款余额	76 000
加:银行已记增加,企业未记增加的款项	10 000	加:企业已记增加,银行未记增加的款项	5 000
减:银行已记减少,企业未记减少的款项	2 000	减:企业已记减少,银行未记减少的款项	3 000
调节后的存款余额	78 000	调节后的存款余额	78 000

值得注意的是,未达账项不是错账、漏账,因此,不能把银行存款余额调节表作为原始凭证并据此进行账务处理,双方账面仍保持原有的余额,待收到有关凭证之后,再与正常业务一样进行处理。调节表只是起到检查账簿记录的作用。

2. 实物财产的清查

企业各种财产物资的实物形态、体积重量、堆放方式不完全相同,因而应采用不同的清查方法,一般包括实地盘点法、技术推算法和抽样盘点法等。

实地盘点法是对各项实物逐一清点或用计量器具确定其实存数量的方法,这种方法适用范围较为广泛,大部分财产物资清查都可采用此方法。技术推算法是通过量方、计尺等技术方法推算有关财产物资实有数量的方法,这种方法适用于大量成堆的难以逐一清点的财产物资的清查,如堆存的煤或沙石等。抽样盘点法是指对某些价值较小、数量又较多、不便于逐一进行清点的财产,可先从其总体或总量中抽取少量样本,确定样本的数量,从而推算出总体数量的一种方法,这种方法适用于数量较多、价值较低、难以逐一清点的财产物资的清查。

(1) 存货的清查。存货的清查是指对原材料、在产品、库存商品、低值易耗品、包装物等的清查。存货清查应按下列程序进行:

首先,要由清查人员协同材料物资保管人员在现场对材料物资采用相应的清查方法进行盘点,确定其实有数量,并同时检查其质量情况。

其次,对盘点的结果要如实地登记在盘存单上,并由盘点人员和实物保管人员签章,以明确经济责任。

最后,根据盘存单和相应的材料物资账簿的记录情况填制账存实存对比表,确定存货盘盈盘亏具体结果。

(2)固定资产的清查。固定资产的清查是指对企业房屋及建筑物、机器设备、运输设备、工具器具等所实施的清查。固定资产在企业的资产总额中占有很大的比重,因此每年至少要清查一次。

固定资产的清查要求是:首先,应查明固定资产的实物是否与账面记录相符,严防出现固定资产的流失情况;其次,要查明固定资产在保管、维护保养及核算上存在的问题,保证企业固定资产核算的正确性;最后,清查固定资产的使用情况,如发现长期闲置、封存或使用率不高、结构不合理、生产能力不均衡等问题,应及时处理,保证其合理、有效地使用。

固定资产通常采用实地盘点法清查，具体方法是：将固定资产明细账上的记录情况与固定资产实物逐一核对，包括明细账上所列固定资产的类别、名称、编号等；如发现固定资产盘亏或毁损情况，要进一步查明该项固定资产的原值、已提折旧额等；如发现固定资产盘盈，要对其估价，以编制固定资产盘盈、盘亏报告单。

3. 往来款项的清查

往来款项的清查是指对各种应收款、应付款、预收款、预付款的清查。其清查一般是采用同对方核对账目的方法进行。

具体方法是：在各种往来款项全部登记入账的基础上，逐户编制一式两联的对账单，送交对方单位进行核对，收到对方的回单后，应编制往来款项清查报告单。往来款项和对方单位核对时也有未达账项的情形，在对未达账项进行调节以后，若还有不符的账目应及时查明原因，加以处理。

（五）财产清查结果的处理

财产清查结果处理指的是发生盘盈、盘亏、毁损情况的处理。当实存数大于账存数时，称为盘盈；当实存数小于账存数时，称为盘亏；虽然实存数等于账存数，但实存的财产物资发生损坏，不能正常使用，称为毁损。

对财产清查中发现的盘盈、盘亏、毁损等情况，应当查明原因，并根据企业的管理权限，经批准后于期末结账前处理完毕。一般而言，存货盘盈冲减管理费用，存货盘亏、毁损应当扣除过失人赔偿、保险公司赔偿和残料价值，净损失属于非正常损失的计入营业外支出，属于一般经营损失的计入管理费用；固定资产盘盈计入以前年度损益调整，固定资产盘亏计入营业外支出。具体会计处理分两个步骤进行：

（1）审批之前，根据财产清查中反映财产盘盈、盘亏或毁损数字的原始凭证编制记账凭证，据以登记有关账簿，调整账簿记录，使各项财产物资的账存数与实存数一致。

（2）审批之后，再根据批准的处理决定，编制记账凭证，分别记入有关账户。

为了核算和监督企业在财产清查中查明的财产盘盈、盘亏和毁损及其处理情况，应设置“待处理财产损溢”账户，该账户属双重性质的账户，借方用来登记发生的各项财产盘亏、毁损数和经批准处理盘盈财产的转销数；贷方用来登记发生的各项财产盘盈数（固定资产盘盈除外）和经批准处理的盘亏、毁损财产转销数。本账户处理前的借方余额，表示尚待处理的净损失，处理前的贷方余额，表示尚待处理的净溢余，期末处理后本账户应无余额。如果期末结账前尚未经批准的，在对外提供财务会计报告时应先处理，不保留余额，并在会计报表附注中说明，其后批准处理的金额若与已处理的金额不符，差额调整会计报表相关项目的年初数。

【例1-4-8】某企业某日进行现金清查，发现现金长款85元。

发现现金溢余应编制如下会计分录：

借：库存现金　　85

　贷：待处理财产损溢　　85

若查明该笔现金溢余应支付给有关人员或单位，应编制如下会计分录：

借：待处理财产损溢　　85

　贷：其他应付款——应付现金溢余　　85

若报经批准作为营业外收入处理，应编制如下会计分录：

借：待处理财产损溢　　85

　贷：营业外收入——现金溢余　　85

【例1-4-9】某企业某日进行现金清查，发现现金短款90元。

发现现金短缺应编制如下会计分录：

借：待处理财产损溢　　90

　贷：库存现金　　90

若经检查，属于出纳员责任，应由其赔偿。编制如下会计分录：

借：库存现金（或其他应收款）　　90

　贷：待处理财产损溢　　90

【例1-4-10】某企业在财产清查中发现甲材料盘盈200千克，每千克14元。

审批前应编制如下会计分录：

借：原材料——甲材料　　2 800

　贷：待处理财产损溢　　2 800

经批准冲减管理费用，作如下会计分录：

借：待处理财产损溢　　2 800

　贷：管理费用　　2 800

【例1-4-11】某企业在财产清查中发现A材料盘亏80千克，每千克20元，增值税税率17%。

审批前作如下会计分录：

借：待处理财产损溢　　1 872

　贷：原材料——A材料　　1 600

　　　应交税金——应交增值税（进项税额转出）　　272

经查明意外灾害造成损失为45千克，保险公司应赔偿600元；过失人造成的毁损25千克，应由其赔偿；一般损耗为10千克。

根据批准处理意见，作如下会计分录：

借：管理费用　　200

　　营业外支出　　572

　　其他应收款——×过失人　　500

　　　　　　　——保险公司　　600

　贷：待处理财产损溢　　1 872

【例1-4-12】某企业在财产清查中发现账外设备一台，其市场价值为6 000元，估计已磨损价值为1 500元。

固定资产盘盈不通过"待外理财产损溢"账户核算，应该作为前期会计差错记入"以前年度损益调整"。

会计分录如下：

借：固定资产　　4 500

　贷：以前年度损益调整　　4 500

【例1-4-13】某企业在财产清查中，发现盘亏设备一台，账面原价为7 000元，已提折旧3 000元。

审批前作如下会计分录：

借：待处理财产损溢　　4 000

　　累计折旧　　3 000

　贷：固定资产　　7 000

审批后作如下会计分录：

借：营业外支出　　4 000

　贷：待处理财产损溢　　4 000

四、结账

结账就是在将一定时期内发生的经济业务全部入账的基础上，计算各账户的本期发生额、累计发生额和期末余额，结束本期账户记录的工作。各单位应当按照规定定期结账，按结账期间的不同，结账有月结、年结等。

1. 月结

对不需要按月结计本期发生额的账户，如各项应收应付款明细账、各项财产物资明细账等，由于每次记账后，都要随时结出余额，而每月最后一笔余额即为月末余额，因此月末结账时，只需要在最后一笔业务记录之下通栏划单红线，不需要再结计一次余额。

库存现金、银行存款日记账和需要按月结计发生额的收入、费用等明细账，月末结账时，要在最后一笔业务记录之下通栏划单红线，结出本月借方发生额、贷方发生额和期末余额，在摘要栏内注明“本月合计”字样，并在下面通栏再划单红线。

对需要结出本年累计发生额的某些明细账户，在按照上述方法结出本月合计后，应在下一行结出自年初起至本月末止的累计数额，并在摘要栏内注明“本年累计”字样，然后在下面通栏再划单红线。

总账账户每月只需结出月末余额。

2. 年结

年度终了结账时，所有总账账户都应当结出全年发生额和年末余额，在摘要栏内注明“本年合计”字样，并在合计数下通栏划双红线，表示结束全年账户记录。有余额的账户要将余额结转下年，其方法是将余额直接记入下一会计年度新账的第一行余额栏内，并在摘要栏注明“上年结转”字样。

第二篇 财务会计学

第一章 总 论

第一节 财务会计的基本特征

财务会计是主要为企业外部信息使用者定期提供财务信息的信息系统，它具有以下几个基本特征：

一、财务会计着重提供财务信息

财务会计只对已发生或已完成的能用货币表现的交易或事项予以确认、计量、记录和报告，因此，财务会计提供的主要信息必然是财务信息。

二、财务会计主要为外部信息使用者提供信息

财务会计提供的信息虽可供企业外部和内部使用，但财务会计信息的使用者主要来自于企业外部，如投资者、债权人、政府部门、社会公众等，财务会计提供的财务信息是信息使用者进行投资决策、信贷决策、税务征管决策、证券上市许可和证券交易管理决策以及其他经济决策的依据。

三、财务会计提供信息的主要载体是财务报表

财务会计提供信息的主要形式和对外传递的主要手段是财务报表，由资产负债表、利润表、现金流量表、所有者权益（股东权益）变动表、附注构成。

四、财务会计有一套约定俗成的程序和方法

财务会计在以货币为主要计量单位核算经济业务的过程中，从原始凭证的审核与记账凭证的填制到账簿的登记和报表的编制，已形成了一套比较科学的、统一的、定型的会计处理程序和方法。

五、财务会计必须遵循统一的规范

财务会计必须遵循的统一规范包括会计法律规范、会计准则规范、会计基础工作规范

等。会计法律规范如《中华人民共和国会计法》等;会计准则规范包括会计基本准则和会计具体准则,如《企业会计准则——基本准则》、《企业会计准则第1号——存货》等。

第二节　财务会计的内容

财务会计主要是运用财务会计理论与方法体系对某一会计主体发生的会计事项进行确认、计量、记录和报告。财务会计分为中级财务会计和高级财务会计。

中级财务会计所处理的会计事项是以会计主体、持续经营、会计分期、货币计量四项基本会计假设为基础的一般事项,即企业经营过程中通常存在的会计事项,而非特殊时期或特殊环境下出现的特殊事项。高级财务会计着重研究企业因各种原因所面临的特殊事项的会计处理。例如,对于持续经营的企业来说,其会计事项的确认、计量、记录和报告属于中级财务会计的内容;当有证据表明某一企业无法持续经营而面临破产清算时,企业必须依法进入清算程序,对清算期间会计事项的处理则属于高级财务会计的内容。再如,典型的会计主体是一个独立核算的企业,企业集团的出现使会计主体突破了某一企业的概念。因为母公司本身是一个会计主体,这一会计主体下的每一子公司及其他分支机构也是一个会计主体,站在集团的角度看,会计服务对象的空间范围显然是由母公司以及其下属单位构成的整体。母公司本身以及母公司下属子公司的财务报表的编制属于中级财务会计的内容,而企业集团合并报表的编制则属于高级财务会计的内容。

本篇介绍中级财务会计的内容,按资产、负债、所有者权益、收入、费用、利润这六个会计要素以及每一要素下的具体项目的确认、计量、记录和报告进行阐述,资产分流动资产和非流动资产两章论述,负债、所有者权益各设一章,收入、费用和利润合设一章,然后阐述会计调整,在此基础上,介绍财务报表的编制方法。

第二章 流动资产的核算

流动资产是指可以在一年或超过一年的一个营业周期内变现、出售或耗用的资产，主要包括货币资金、交易性金融资产、应收及预付款项、存货等。

第一节 货币资金的核算

一、货币资金的内容及特点

货币资金是企业生产经营过程中停留在货币形态的那部分资金，主要包括库存现金、银行存款和其他货币资金。

货币资金的主要特点体现在以下三个方面：① 流动性强；② 与其他经济业务的联系广泛；③ 国家的宏观管理要求严格。

二、库存现金的核算

（一）库存现金的管理

库存现金是企业存放于财会部门由出纳员保管的货币。根据国务院颁布的《现金管理暂行条例》和中国人民银行颁布的《现金管理实施办法》，我国现金管理规定如下：

1. 货币资金的收付应该尽量通过银行结算

2. 严格控制现金的使用范围

企业使用现金仅限于以下情况：① 职工工资、津贴；② 个人劳务报酬；③ 根据国家规定颁发给个人的科学技术、文化艺术、体育等各种奖金；④ 各种劳保、福利费用以及国家规定的对个人的其他支出；⑤ 向个人收购农副产品和其他物资的价款；⑥ 出差人员必须随身携带的差旅费；⑦ 结算起点（1 000 元）以下的零星支出；⑧经中国人民银行确定需要支付现金的其他支出。

3. 正确核定库存现金的限额

库存现金限额是单位用于零星开支允许留存现金的最高数额。这一限额一般不超过企业 3 天的日常零星开支需要；距离银行较远且交通不便的企业，可以适当放宽，但最多不得超过 15 天的日常零星开支需要。

4. 不准坐支现金

开户单位支付现金，可以从本单位库存现金中支付或从开户银行提取，不得从本单位的现金收入中直接支付，即不得“坐支”现金。

5. 现金管理的其他规定

企业应配备专职出纳员。出纳人员在现金收付工作中，不准以白条顶替库存现金；不准挪用现金；不准私人借用公款；不准单位之间套换现金；不准假造用途套取现金；不准将单位收入的现金以个人名义存储；不准用本单位银行账户代其他单位存入或支取现金；不准保留账外现金；不准以任何票证代替现金。

（二）备用金的核算

备用金是指财会部门按企业有关规定，拨付给所属报账单位和企业内部有关业务和职能部门用于日常零星开支的备用现金。

备用金可以根据不同情况采取定额备用金制和非定额备用金制两种。

1. 定额备用金制

它是指根据使用部门工作的实际需要，先核定其备用金定额并依此拨付备用金，使用后再拨付现金补足其定额的制度。

2. 非定额备用金制

它是指为了满足临时性需要而暂付给有关部门和个人现金，使用后实报实销的制度。

备用金的核算，企业可以通过"其他应收款——备用金"账户进行核算，也可单独设置"备用金"账户进行核算。

【例 2-2-1】20××年 3 月，新华公司后勤部门预借 600 元备用金，4 月份，后勤部门到财务科报销购买的办公用品费 500 元。

① 拨付备用金时：

借：其他应收款——备用金——后勤部门	600	
贷：库存现金		600

② 报销办公用品费时，如采用定额备用金制：

借：管理费用	500	
贷：库存现金		500

③ 报销办公用品费时，如采用非定额备用金制：

借：管理费用	500	
库存现金	100	
贷：其他应收款——备用金——后勤部门		600

三、银行存款的核算

（一）银行存款账户的开设和使用

银行存款是指企业存放于银行以及其他金融机构的货币资金。企业应按照《银行账户管理办法》的规定开设和使用基本存款账户、一般存款账户、临时存款账户和专用存款账户。

基本存款账户是指企业办理日常转账结算和现金收付的账户。企业的工资、奖金等现金的支取，只能通过基本存款账户办理。一个企业只能选择一家银行的一个营业机构开立一个基本存款账户，不允许在多家银行机构开立多个基本存款账户。

一般存款账户是企业在基本存款账户之外办理银行借款转存、与企业不在同一地点的附属非独立核算单位开立的账户。该账户可以办理转账结算和现金缴存，但不能支取现金。

临时存款账户是企业因临时生产经营活动的需要而开立的账户，该账户既可以办理转账结算，又可以根据现金管理规定办理现金收付。

专用存款账户是企业因特定用途需要开立的账户，企业的销货款不得转入专用存款账户。

(二)银行转账结算方式

银行结算是指单位或个人在社会经济活动中使用票据、信用卡和汇兑、托收承付、委托收款等方式进行货币给付及其资金清算的行为。

1. 支票结算方式

支票是单位和个人签发的,委托办理支票存款业务的银行在见票时无条件支付确定金额给收款人或持票人的票据。支票结算方式是同城结算中应用比较广泛的一种结算方式。

支票上印有“现金”字样的称为现金支票,现金支票只能用于支取现金。支票上印有“转账”字样的称为转账支票,转账支票只能用于转账。支票上未印有“现金”或“转账”字样的为普通支票,普通支票既可以用于支取现金,也可以用于转账。普通支票左上角划两条平行线的,称为划线支票,划线支票只能用于转账,不能支取现金。

出票人签发空头支票,银行除退票外,还按票面金额处以5%但不低于1 000元的罚款;持票人有权要求出票人赔偿支票金额2%的赔偿金。支票的提示付款期限为自出票日起10日内。

2. 银行本票结算方式

银行本票是指由银行签发的,承诺自己在见票时无条件支付确定的金额给收款人或持票人的票据。银行本票结算方式在同城中使用。

银行本票有定额本票和不定额本票两种。定额本票面额为1 000元、5 000元、10 000元和50 000元。在票面上划去转账字样的为现金本票,申请人或收款人为单位的,银行不予签发现金银行本票。

银行本票的提示付款期限为自出票日起最长不超过2个月。

3. 银行汇票结算方式

银行汇票是指汇款人将款项交存当地银行,由出票银行签发的,由其在见票时按照实际结算金额无条件支付给收款人或出票人的票据。银行汇票的付款期限为自出票日起1个月内。

4. 商业汇票结算方式

商业汇票是出票人签发的,委托付款人在指定日期无条件支付确定金额给收款人或者持票人的票据。商业汇票结算方式在同城、异地均可使用。

商业汇票的付款期限最长不得超过6个月。商业汇票的提示付款期限自汇票到期日起10日内。商业汇票按其承兑人的不同,分为商业承兑汇票和银行承兑汇票。

5. 汇兑结算方式

汇兑是指汇款人委托银行将其款项支付给异地收款人的一种结算方式。单位和个人各种款项的结算,均可使用汇兑结算方式。汇兑分为信汇、电汇两种,由汇款人选择使用。

6. 托收承付结算方式

托收承付是收款单位根据购销双方签订的经济合同发货后,委托其开户银行向异地付款单位收取款项,付款人根据经济合同核对单据或验货后,向其开户银行承认付款的一种结算方式。

采用这种结算方式须具备三个条件:① 订有经济合同;② 必须是商品交易以及商品交易而产生的劳务供应款项;③ 必须具有商品确已发运的有效证件。

托收承付结算方式每笔托收金额起点为10 000元,新华书店系统每笔托收金额起点为

1 000 元。承付货款分为验单付款和验货付款两种。验单付款承付期为 3 天;验货付款承付期为 10 天。付款人开户银行对付款人逾期支付的款项,应当根据逾期付款金额和逾期天数,按每天万分之五计算逾期付款赔偿金。

7. 委托收款结算方式

委托收款是收款人委托银行向付款人收取款项的结算方式。单位和个人凭已承兑商业汇票、债券、存单等付款人债务证明办理款项的结算,均可以使用委托收款结算方式。委托收款结算方式在同城、异地均可使用。

四、其他货币资金的核算

其他货币资金是指企业除现金和银行存款以外的货币性资产。主要包括外埠存款、银行汇票存款、银行本票存款、信用卡存款、信用证保证金存款和存出投资款等。

信用卡是指商业银行向个人和单位发行的,凭以向特约单位购物、消费和向银行存取现金,且具有消费信用的特制载体卡片。信用卡按使用对象分为单位卡和个人卡;按信用等级分为金卡和普通卡。单位卡账户的资金一律从其基本存款账户转账存入,不得交存现金,不得将销货收入的款项存入其账户。单位卡一律不得用于 10 万元以上的商品交易、劳务供应款项的结算,不得支取现金。信用卡在规定的限额和期限内允许善意透支,透支期限最长为 60 天。

信用证保证金存款是指采用信用证结算方式的企业为开具信用证而按规定存入银行的信用证保证金。

存出投资款是指企业已存入证券公司但尚未进行投资的现金。

下面以银行汇票为例说明其他货币资金的核算。

【例 2-2-2】20××年 3 月 1 日,新华公司填具银行汇票申请书向开户银行申请签发银行汇票 20 000 元,收到银行签发的银行汇票和解讫通知书。8 日,以此汇票支付购材料款 17 550 元,取得的增值税专用发票上注明的原材料价款为 15 000 元,增值税额为 2 550 元,余额 2 450 元退回。(新华公司原材料采用实际成本计价核算。)

① 收到银行签发的银行汇票和解讫通知书时:

借:其他货币资金——银行汇票	20 000	
贷:银行存款		20 000

② 收到转来的有关发票账单时:

借:在途物资	15 000	
应交税费——应交增值税(进项税额)	2 550	
贷:其他货币资金——银行汇票		17 550

③ 采购完毕收回余款,接到开户银行通知时:

借:银行存款	2 450	
贷:其他货币资金——银行汇票		2 450

第二节 应收及预付款项的核算

一、应收票据的核算

1. 应收票据的种类

应收票据是指企业销售商品、提供劳务或让渡资产使用权等而收到的商业汇票。应收票据按照票据是否计息,分为带息票据和不带息票据两种。应收票据按照票据承兑人的不同,分为商业承兑汇票和银行承兑汇票。商业承兑汇票是由付款人签发并承兑,或由收款人签发交由付款人承兑的汇票。银行承兑汇票是指由在承兑银行开立存款账户的存款人签发,由承兑银行承兑的票据。

2. 应收票据到期日的确定

应收票据的期限有按月表示和按日表示两种。按月表示时,票据到期日以签发日数月后的对日计算,而不论各月份实际日历天数多少。如果票据签发日为某月份的最后一天,其到期日应为若干月后的最后一天。按日表示时,可采用“算尾不算头”或“算头不算尾”的方法,按照实际天数计算票据到期日。

3. 应收票据贴现的核算

应收票据贴现是指企业将持有的未到期的票据转让给银行,银行按票据的到期值扣除贴现日至到期日的利息后,将余额付给企业的融资行为,是企业与贴现银行之间就票据权利所作的一种转让。有关计算公式如下:

票据到期值 = 票据面值 ×(1 + 票面利率 × 票据期限)

贴现息 = 票据到期值 × 贴现率 × 贴现期

贴现净额 = 票据到期值 - 贴现息

【例 2-2-3】新华公司 4 月 25 日销售 A 产品一批给前进工厂,增值税专用发票上注明的产品销售收入为 10 000 元,增值税额为 1 700 元,同日收到一张期限为 3 个月、面值为 11 700 元的不带息商业承兑汇票。

① 4 月 25 日收到票据时:

借:应收票据　　11 700

　贷:主营业务收入　　10 000

　　　应交税费——应交增值税(销项税额)　　1 700

② 7 月 25 日票据到期收到款项时:

借:银行存款　　11 700

　贷:应收票据　　11 700

③ 7 月 25 日票据到期未能收到款项时:

借:应收账款　　11 700

　贷:应收票据　　11 700

④ 如新华公司 5 月 16 日向银行贴现,贴现率为 6%:

贴现天数为 70 天,其中:5 月份 15 天,6 月份 30 天,7 月份 25 天。(本例按“算尾不算

头”的方法计算）

贴现息 = 11 700 × 6% ÷ 360 × 70 = 136.50（元）

贴现净额 = 11 700 − 136.5 = 11 563.50（元）

借：银行存款　　11 563.50

　　财务费用　　136.50

　贷：应收票据　　11 700

二、应收账款的核算

应收账款是企业因销售商品、提供劳务而形成的债权。

1. 销售折扣

销售折扣是企业为了推销商品和及早收回货款而给予购货方的利益，包括商业折扣和现金折扣。商业折扣是指企业为适应市场供需情况或针对不同的购货单位，按标明的售价给予的折扣优惠。商业折扣对应收账款的入账价值没有影响。

现金折扣是企业为了鼓励购货单位在一定期限内尽早偿还货款而给予的折扣优惠。如企业对某客户销售时，双方约定信用期限为 30 天，为了鼓励客户尽早付款，企业提出若客户在 10 天内付款可获得 2% 的现金折扣条件，即客户在 10 天内付款只需付 98% 的款项，但 10 天后付款则没有优惠，这种现金折扣可表示为“2/10，n/30”。

在现金折扣的情况下，应收账款的核算有总额法和净额法两种。根据《企业会计准则第 14 号——收入》的规定，企业应收账款的入账价值应按总额法确认。

总额法是将未扣减现金折扣前的金额即总额作为实际售价，据以确认应收账款的入账价值。在这种方法下，将实际发生的现金折扣视为销货企业的理财费用，在实际发生时计入财务费用。总额法能够全面反映销售过程，但在顾客可能享受现金折扣的情况下，会引起应收账款和销售收入的高估。例如，期末结账时，有些应收账款还没有超过折扣期限，销货企业无法确切地知道客户是否会享受现金折扣。如果有一部分客户可能享受现金折扣，企业的应收账款和销售收入就会因为入账时按总额确认而虚增。

净额法是按扣减现金折扣后的金额即净额作为应收账款的入账价值，可以避免总额法的不足，但由于期末结账时，对已超过折扣期但顾客尚未付款的应收账款，应对顾客未享受的现金折扣进行调整，操作起来比较麻烦。

2. 应收账款核算举例

【例 2-2-4】新华公司销售给大华工厂商品一批，货款 20 000 元，增值税 3 400 元，付款条件为“2/10，n/30”，折扣期内收到款项的一半，余额在信用期内收到。

总额法下：

① 销售商品时，按总额入账：

借：应收账款——大华工厂　　23 400

　贷：主营业务收入　　20 000

　　　应交税费——应交增值税（销项税额）　　3 400

② 折扣期内收到款项的一半时，大华工厂取得现金折扣 200（10 000 × 2%）元，新华公司计入财务费用：

借：银行存款　　11 500

财务费用 200

贷：应收账款——大华工厂 11 700

③ 信用期内收到款项的另一半时：

借：银行存款 11 700

贷：应收账款——大华工厂 11 700

净额法下：

① 销售商品时，按净额入账：

借：应收账款——大华工厂 23 000

贷：主营业务收入 19 600

应交税费——应交增值税（销项税额） 3 400

② 折扣期内收到款项的一半时：

借：银行存款 11 500

贷：应收账款——大华工厂 11 500

③ 信用期内收到款项的另一半时，大华工厂放弃现金折扣200（10 000×2%）元，新华公司冲减财务费用：

借：银行存款 11 700

贷：应收账款——大华工厂 11 500

财务费用 200

三、坏账的核算

1. 坏账的确认条件

无法收回的应收账款在会计上称为坏账，因坏账产生的损失称为坏账损失。按照我国现行会计制度的规定，确认坏账的标准有两个：① 因债务人破产或死亡，以其破产财产或者遗产清偿后，仍然不能收回的应收账款。② 因债务人逾期未履行偿债义务，且有明显迹象表明无法收回（如超过3年不能收回）的应收账款。

2. 坏账的核算方法

坏账的核算方法有直接转销法和备抵法两种。企业会计准则规定，企业只能采用备抵法进行会计处理。

备抵法是按期估计坏账损失计入当期资产减值损失，形成坏账准备，当某一应收账款全部或部分被确认为坏账时，将其金额冲减坏账准备并相应转销应收账款的方法。备抵法符合谨慎性原则和配比原则的要求，避免企业虚列资产。备抵法下估计坏账损失的方法一般有应收账款余额百分比法、账龄分析法和赊销百分比法。

应收账款余额百分比法是按照应收账款期末余额的一定百分比来估计坏账损失的方法。账龄分析法是以各应收账款账龄的长短、特性及其收回的可能性为依据估计坏账损失的方法。赊销百分比法是按当期赊销金额的一定百分比估计坏账损失的方法，赊销百分比法不需要调整坏账准备余额。

下面以应收账款余额百分比法为例予以说明。

【例2-2-5】新华公司2007年年末应收账款余额为1 000 000元，2008年发生坏账损失6 000元，2008年年末应收账款余额为1 200 000元，2009年发生坏账损失3 000元，2009年年末应收账款余额为800 000元,2010年收回2009年已冲销的应收账款2 000元,2010年年末应收账款余额为900 000元,该企业计提坏账准备的比例为5‰。

① 2007年年末提取坏账准备时,计提的坏账准备为5 000(1 000 000×5‰)元:

借:资产减值损失　　5 000

　贷:坏账准备　　5 000

② 2008年发生坏账损失时:

借:坏账准备　　6 000

　贷:应收账款　　6 000

③ 2008年年末,其"坏账准备"账户应保持的贷方余额为6 000(1 200 000×5‰)元,而"坏账准备"账户的实际余额为借方1 000(5 000－6 000)元,所以2008年年末应提坏账准备7 000(6 000＋1 000)元。

借:资产减值损失　　7 000

　贷:坏账准备　　7 000

④ 2009年发生坏账损失时:

借:坏账准备　　3 000

　贷:应收账款　　3 000

⑤ 2009年年末,"坏账准备"账户应保持的贷方余额为4 000(800 000×5‰)元,"坏账准备"账户的实际余额为贷方3 000(6 000－3 000)元,所以2009年年末应提坏账准备1 000(4 000－3 000)元。

借:资产减值损失　　1 000

　贷:坏账准备　　1 000

⑥ 2010年收回2009年已冲销的应收账款时,应借记"应收账款"账户,贷记"坏账准备"账户,同时借记"银行存款"账户,贷记"应收账款"账户。

借:应收账款　　2 000

　贷:坏账准备　　2 000

借:银行存款　　2 000

　贷:应收账款　　2 000

⑦ 2010年年末,"坏账准备"账户应保持的贷方余额为4 500(900 000×5‰)元,现有贷方余额6 000(4 000＋2 000)元,所以年末应冲减坏账准备1 500(6 000－4 500)元。

借:坏账准备　　1 500

　贷:资产减值损失　　1 500

四、预付账款核算

预付账款是企业为取得生产经营所需要的原材料、物品或接受劳务等而按合同预先付给供应单位的货款,通过"预付账款"账户核算,预付货款不多的企业也可不设置"预付账款"账户,通过"应付账款"账户进行核算。

【例2-2-6】新华公司20××年3月5日根据合同规定向光明工厂预付购买甲材料的货款20 000元,6月5日收到甲材料,货款30 000元,增值税5 100元,当即开出支票补付15 100元。(新华公司原材料按实际成本计价进行核算)

① 3 月 5 日预付货款时：

借：预付账款　　20 000

　贷：银行存款　　20 000

② 6 月 5 日收到材料并补付货款时：

借：原材料　　30 000

　　应交税费——应交增值税（进项税额）　　5 100

　贷：预付账款　　35 100

借：预付账款　　15 100

　贷：银行存款　　15 100

如光明工厂只能供货 15 000 元，增值税 2 550 元，退回 2 450 元，则新华公司 6 月 5 日收到材料及退回款项时，编制会计分录如下：

借：原材料　　15 000

　　应交税费——应交增值税（进项税额）　　2 550

　贷：预付账款　　17 550

借：银行存款　　2 450

　贷：预付账款　　2 450

第三节　存货的核算

一、存货的概念与分类

存货是指企业在生产经营过程中持有以备出售的产成品或商品，处在生产过程中的在产品或提供劳务过程中耗用的材料和物资等。包括各种原材料、辅助材料、包装物、低值易耗品、委托加工材料、在产品、产成品和商品等。

存货按其存放地点分为库存存货、在途存货、委托加工存货、委托代销存货、寄存的存货五类。

二、存货的计价

（一）收入存货的计价

（1）外购存货：以外购成本入账，包括买价、有关税金和采购费用，即买价、运杂费、运输途中的合理损耗、入库前挑选整理费用以及按规定计入成本的税金等。

（2）加工取得的存货：包括直接材料、直接人工、制造费用等。

（3）投资者投入的存货：以投资各方确认价值计价。

（4）债务重组增加的存货：按公允价值计价。

（5）以非货币资产换入存货：按换出资产公允价值减去可抵扣增值税进项税额，加上应支付的相关税费计价。

（6）盘盈的存货：按重置成本计价。

（7）企业合并增加的存货：同一控制下的企业合并，存货按账面价值计价；非同一控制下的企业合并,存货按公允价值计价。

(二) 发出存货的计价

1. 个别计价法

个别计价法是以每次(批)收入存货的实际成本作为计算各该次(批)发出存货成本的依据。该方法计算比较准确,但工作量较大,适用于数量不多、单位价格昂贵的存货。

2. 先进先出法

先进先出法是假定先收到的存货先发出,并根据这种假定的存货流转次序对发出存货进行计价的一种方法。采用先进先出法,可以随时结转存货发出成本,但较繁琐;如果存货收发业务较多且存货单价不稳定时,其工作量较大。在物价持续上升时期,采用先进先出法计量的期末存货成本接近于市价,而发出成本偏低,利润偏高。

【例 2-2-7】新华公司 20××年 9 月份 A 材料的收发情况如下:9 月初结存 200 公斤,每公斤 20 元;9 月 5 日购入 200 公斤,每公斤 22 元;9 月 10 日领用 300 公斤;9 月 15 日购入 400 公斤,每公斤 25 元;9 月 20 日领用 180 公斤;9 月 25 日领用 100 公斤。采用先进先出法时,发出和结存材料的成本如表 2-2-1 所示。

表 2-2-1

单元:元

20××年		凭证号数	摘要	收入			发出			结存		
月	日			数量	单价	金额	数量	单价	金额	数量	单价	金额
9	1		期初余额							200	20	4 000
	5	(略)	购入	200	22	4 400				200	20	4 000
										200	22	4 400
	10		领用				200	20	4 000			
							100	22	2 200	100	22	2 200
	15		购入	400	25	10 000				100	22	2 200
										400	25	10 000
	20		领用				100	22	2 200			
							80	25	2 000	320	25	8 000
	25		领用				100	25	2 500	220	25	5 500
	30		合计	600		14 400	580		12 900	220	25	5 500

3. 月末一次加权平均法

月末一次加权平均法是指在月末以月初结存存货数量和本月购入存货的数量作为权数,一次计算月初结存存货和本月收入存货的加权平均单位成本,从而确定本月发出存货成本和月末结存存货成本的一种方法。加权平均法比较简便,有利于简化成本计算工作,但不利于存货成本的日常管理与控制。其计算公式为:

$$加权平均单价 = \frac{期初结存存货实际成本 + 本期收入存货实际成本}{期初结存存货数量 + 本期收入存货数量}$$

本期发出存货实际成本 = 本期发出存货数量 × 加权平均单价

$$期末结存存货实际成本 = 期末结存存货数量 \times 加权平均单价 = \begin{matrix}期初结存存\\货实际成本\end{matrix} + \begin{matrix}本期收入存\\货实际成本\end{matrix} - \begin{matrix}本期发出存\\货实际成本\end{matrix}$$

【例2-2-8】资料见例2-2-7，采用月末一次加权平均法时，本月发出和结存材料的成本计算如下：

加权平均单价 = (4 000 + 14 400) ÷ (200 + 600) = 23(元)

本月发出材料成本 = 580 × 23 = 13 340(元)

月末结存材料成本 = 220 × 23 = 4 000 + 14 400 − 13 340 = 5 060(元)

4. 移动加权平均法

移动加权平均法是指每次购入的存货入库后，要以新入库存货的数量加原结存存货数量作为权数，去除本次收入存货和原结存存货成本，并以此对下一次发出存货进行计价的一种方法。移动加权平均法只适用于永续盘存制。采用移动平均法能够保证管理当局及时了解存货的结存情况，计算的平均单位成本以及发出和结存的存货成本比较客观。但由于每次收货都要计算一次平均单价，计算工作量较大，对收发货较频繁的企业不适用。其计算公式为：

$$\begin{matrix}移动加权\\平均单价\end{matrix} = \frac{本次存货入库前结存存货的实际成本 + 本次收入存货的实际成本}{本次存货入库前结存存货的数量 + 本次收入存货的数量}$$

【例2-2-9】资料见例2-2-7，采用移动加权平均法时，发出和结存材料的成本计算如下：

第一次收货后的加权平均单价 = (4 000 + 4 400) ÷ (200 + 200) = 21(元)

9月10日发出材料成本 = 300 × 21 = 6 300(元)

9月10日结存材料成本 = 100 × 21 = 2 100(元)

第二次收货后的加权平均单价 = (2 100 + 10 000) ÷ (100 + 400) = 24.2(元)

9月20日发出材料成本 = 180 × 24.2 = 4 356(元)

9月20日结存材料成本 = 320 × 24.2 = 7 744(元)

9月25日发出材料成本 = 100 × 24.2 = 2 420(元)

9月25日结存材料成本 = 220 × 24.2 = 5 324(元)

本月发出材料总成本 = 6 300 + 4 356 + 2 420 = 13 076(元)

月末结存材料成本 = 5 324(元)

三、原材料的核算

(一) 原材料按实际成本计价的核算

原材料按实际成本计价下应设置“原材料”、“在途物资”等账户。原材料按实际成本计价核算时，在结算凭证到达，同时原材料也已验收入库的情况下，借记“原材料”、“应交税费——应交增值税(进项税额)”等账户，贷记“银行存款”、“应付票据”、“应付账款”等账户；而在结算凭证先到，原材料后到的情况下，先暂借记“在途物资”账户，待原材料运到验收入库时，再借记“原材料”账户，原材料的运费可按7%计算进项税额准予抵扣。

【例2-2-10】宏远工厂原材料按实际成本计价进行核算，20××年6月发生下述经济业务：

(1) 1日，从光明工厂购入甲材料一批，专用发票上记载的货款为30 000元，增值税

5 100 元，前已付款 20 000 元，材料已验收入库。编制会计分录如下：

借：原材料——甲材料　　30 000
　　应交税费——应交增值税（进项税额）　　5 100
　贷：预付账款　　35 100

（2）5 日，从前进工厂购入乙材料一批，增值税专用发票上注明的材料价款为 50 000 元，增值税 8 500 元，购进材料支付运费 1 000 元，装卸费 300 元，全部款项用银行存款支付，材料尚未到达。

原材料实际成本 = 50 000 + 1 000 × 93% + 300 = 51 230（元）

原材料增值税进项税额 = 8 500 + 1 000 × 7% = 8 570（元）

借：在途物资　　51 230
　　应交税费——应交增值税（进项税额）　　8 570
　贷：银行存款　　59 800

（3）6 日，从胜利工厂购入甲材料 100 吨，每吨含税价格 2 340 元，全部款项开给承兑的商业汇票，材料尚未到达。

每吨不含税价格 = 2 340 ÷（1 + 17%）= 2 000（元）

原材料实际成本 = 100 × 2 000 = 200 000（元）

原材料增值税进项税额 = 340 × 100 = 34 000（元）

借：在途物资　　200 000
　　应交税费——应交增值税（进项税额）　　34 000
　贷：应付票据　　234 000

（4）18 日，从前进工厂购入的乙材料验收入库。

借：原材料——乙材料　　51 230
　贷：在途物资　　51 230

（5）25 日，从胜利工厂购入的甲材料运到，验收入库后的合格品为 95 吨，短少 5 吨。后查明原因，短少 5 吨系被盗所致，保险公司同意赔款 9 000 元。

入库甲材料实际成本 = 2 000 × 95 = 190 000（元）

短少甲材料实际成本 = 2 000 × 5 = 10 000（元）

借：原材料——甲材料　　190 000
　　待处理财产损溢——待处理流动资产损溢　　10 000
　贷：在途物资　　200 000

短少甲材料增值税进项税额转出额 = 340 × 5 = 1 700（元）

计入“营业外支出”账户的金额为 = 10 000 − 9 000 + 1 700 = 2 700（元）

借：其他应收款　　9 000
　　营业外支出　　2 700
　贷：待处理财产损溢——待处理流动资产损溢　　10 000
　　　应交税费——应交增值税（进项税额转出）　　1 700

（6）30 日，采用委托收款结算方式从红星工厂购入乙材料一批，材料验收入库，月末发票账单尚未收到，暂估价为 5 000 元。

在原材料先到，结算凭证后到的情况下，为简化核算，平时不做账务处理，待结算凭证到达后,按结算凭证到达并同时原材料也已验收入库的情况处理。但月底结算凭证未到,为了反映企业存货和负债的情况,则应估价入账,下月初再将其用红字冲回。估价入账时编制如下会计分录:

借: 原材料　　5 000

　贷: 应付账款——暂估应付账款　　5 000

(7) 30 日,根据"发料凭证汇总表"的记录,本月基本生产车间领用甲材料 50 000 元,车间管理部门领用甲材料 2 000 元,企业管理部门领用甲材料 1 200 元,销售部门领用甲材料 1 800 元。

借:生产成本　　50 000

　制造费用　　2 000

　管理费用　　1 200

　销售费用　　1 800

　贷: 原材料——甲材料　　55 000

(二) 原材料按计划成本计价的核算

1. 核算特点

原材料按计划成本计价的核算,是指原材料的日常收发及结存,无论是总分类核算还是明细分类核算,均按照计划成本进行核算的方法。其特点是:收发凭证按原材料的计划成本计价,原材料总分类账和明细分类账均按计划成本登记,原材料的实际成本与计划成本的差异,通过"材料成本差异" 账户核算。月份终了,通过分配材料成本差异,将发出原材料的计划成本调整为实际成本。计划单位成本除有特殊情况作相应调整外,在年度内一般不作变动。

2. 账户设置

原材料按计划成本计价下应设置"原材料"、"材料采购"、"材料成本差异"账户。

(1)"原材料" 账户。该账户借方登记入库材料的计划成本,贷方登记发出材料的计划成本,期末余额在借方,反映企业库存材料的计划成本。

(2)"材料采购" 账户。该账户借方登记采购材料的实际成本,贷方登记入库材料的计划成本。借方大于贷方表示超支,从该账户贷方转入"材料成本差异" 账户的借方;贷方大于借方表示节约,从该账户借方转入"材料成本差异" 账户的贷方;期末为借方余额,反映企业未入库材料即在途物资的实际成本。

(3)"材料成本差异" 账户。该账户反映企业各种已入库材料的实际成本与计划成本的差异,借方登记超支差异,贷方登记节约差异及发出材料应负担的成本差异(超支用蓝字,节约用红字)。期末如为借方余额,表示企业库存材料的超支差异;如为贷方余额,表示企业库存材料的节约差异。

3. 发出材料实际成本的计算

原材料按计划成本计价核算下,通过计算材料成本差异率以计算发出材料应负担的差异额,发出材料的计划成本加上发出材料应负担的成本差异即为发出材料的实际成本。

$$\text{材料成本差异率} = \frac{\text{月初结存材料的成本差异} + \text{本月收入材料的成本差异}}{\text{月初结存材料的计划成本} + \text{本月收入材料的计划成本}} \times 100\%$$

发出材料应负担的成本差异 = 发出材料的计划成本 × 材料成本差异率

发出材料的实际成本 = 发出材料的计划成本 + 发出材料应负担的成本差异

4. 核算举例

【例2-2-11】新华公司对原材料采用计划成本进行核算，该企业20××年3月初有关资料为："原材料"账户借方余额26 000元，"材料成本差异"账户贷方余额1 800元，3月份发生下列经济业务：

(1) 1日，用银行存款向长江工厂购入原材料一批，取得的增值税专用发票上注明的原材料价款32 000元，增值税额5 440元，材料已验收入库，该批材料的计划成本为34 000元。

借：材料采购　　32 000
　　应交税费——应交增值税(进项税额)　　5 440
　贷：银行存款　　37 440

(2) 8日，向前进工厂购入原材料一批，取得的增值税专用发票上注明的原材料价款22 400元，增值税额3 808元，开出并承兑商业汇票，材料已验收入库，该批材料的计划成本为20 000元。

借：材料采购　　22 400
　　应交税费——应交增值税(进项税额)　　3 808
　贷：应付票据　　26 208

(3) 25日，向胜利工厂购入原材料一批，取得的增值税专用发票上注明的原材料价款10 000元，增值税额1 700元，开出转账支票支付，该批材料的计划成本为12 000元，材料尚未验收入库。

借：材料采购　　10 000
　　应交税费——应交增值税(进项税额)　　1 700
　贷：银行存款　　17 000

(4) 31日，企业采用托收承付结算方式购入原材料一批，材料已验收入库，发票账单未到，月末按计划成本20 000元估价入账。

原材料按计划成本计价核算，在原材料先到结算凭证后到的情况下，其账务处理和按实际成本计价核算相似，月底以计划成本估价入账，下月初再将其用红字冲回。估价入账时编制如下会计分录：

借：原材料　　20 000
　贷：应付账款——暂估应付账款　　20 000

(5) 31日，结转入库材料的计划成本及材料成本差异。

经济业务(1)、(2)的原材料验收入库，其计划成本共为：34 000 + 20 000 = 54 000(元)，原材料按计划成本验收入库的会计分录如下：

借：原材料　　54 000
　贷：材料采购　　54 000

经济业务(1)、(2)的原材料的实际成本为：32 000 + 22 400 = 54 400(元)，实际成本与计划成本的差异为：54 400 − 54 000 = 400(元)。该差异为超支差异，结转入库原材料成本超支差异的会计分录如下：

借：材料成本差异　　400

贷：材料采购　　400

若为节约差异,则借记“材料采购”账户,贷记“材料成本差异”账户。

(6) 31 日,汇总本月领用原材料的计划成本为 60 000 元,其中基本生产车间生产产品领用 50 000 元,车间管理部门领用原材料 6 000 元,企业行政管理部门领用原材料 3 000 元,销售部门领用原材料 1 000 元。

领用原材料按计划成本结转,会计分录如下:

借：生产成本——基本生产成本　　50 000
　　制造费用　　6 000
　　管理费用　　3 000
　　销售费用　　1 000
　贷：原材料　　60 000

材料成本差异率 = (-1 800 + 400) ÷ (26 000 + 54 000) = -1.75%

领用材料应负担的成本差异结转记入“材料成本差异”账户贷方,超支用蓝字,节约用红字。结转领用原材料成本节约差异的会计分录如下:

借：生产成本——基本生产成本　　[875]
　　制造费用　　[105]
　　管理费用　　[52.5]
　　销售费用　　[17.5]
　贷：材料成本差异　　[1 050]

四、其他存货的核算

(一) 周转材料的核算

1. 包装物的核算

包装物是企业在生产经营活动中为了包装本企业的产品或商品而储备的各种包装容器,如箱、瓶、坛、袋等。包装物属于企业的周转材料,企业应设置“周转材料”账户进行核算,也可单设“包装物”账户进行核算。外购、自制包装物的核算与原材料核算类似。耗用包装物的核算原则如下:① 生产过程中用于包装产品作为产品组成部分的包装物,领用时计入生产成本。② 随同商品产品出售而不单独计价的包装物,领用时计入销售费用。③ 随同商品产品出售而单独计价的包装物,领用时计入其他业务成本。④ 出租、出借包装物,分别计入其他业务支出、销售费用。

以下举例说明出租包装物的会计处理。

【例 2-2-12】新华公司出租给新华工厂库存未用铁桶 100 个,每个成本 10 元,采用一次摊销法进行摊销,每个包装物收取押金 12 元存入银行,并收取租金每个铁桶 8 元存入银行,增值税率为 17%。租赁期满,收回出租铁桶 80 个,经查已不能再使用,残值 80 元验收入库;尚有 20 个铁桶未能收回,按合同规定没收其押金。

① 发出包装物时:

借：其他业务成本　　1 000

贷：周转材料——包装物　　1 000

② 收到包装物押金时：

借：银行存款　　1 200

贷：其他应付款　　1 200

③ 收到租金收入时：

借：银行存款　　936

贷：其他业务收入　　800

应交税金——应交增值税（销项税额）　　136

④ 退回及没收包装物押金时：

没收包装物押金的不含税收入 = 12 × 20 ÷ (1 + 17%) = 205.13（元）

没收包装物押金收入应纳增值税 = 205.13 × 17% = 34.87（元）

借：其他应付款　　1 200

贷：银行存款　　960

其他业务收入　　205.13

应交税金——应交增值税（销项税额）　　34.87

⑤ 包装物残值入库时：

借：原材料　　80

贷：其他业务成本　　80

2. 低值易耗品

低值易耗品是指单位价值较低、使用年限较短、不能作为固定资产的各种用具、物品，如工具、管理用具、玻璃器皿等。低值易耗品属于企业的周转材料，企业应设置“周转材料”账户进行核算，也可单设“低值易耗品”账户进行核算。

低值易耗品的摊销方法有一次摊销法、五五摊销法等。一次摊销法在领用低值易耗品时将其全部价值一次计入成本费用；五五摊销法则在领用低值易耗品时摊销其价值的一半，在报废时摊销其价值的另一半。五五摊销法下需在“周转材料——低值易耗品”账户下设置“在库”、“在用”、“摊销”三个明细账户。

以下举例说明低值易耗品五五摊销法下的会计处理。

【例 2-2-13】新华公司基本生产车间 3 月份领用工具 20 只，每只成本 100 元，采用五五摊销法。5 月份，有 6 只专用工具报废，残值 50 元入库。

① 领用低值易耗品时：

借：周转材料——低值易耗品——在用　　2 000

贷：周转材料——低值易耗品——在库　　2 000

同时，摊销低值易耗品成本的 50%，摊销时借记“制造费用”等账户，贷记“周转材料——低值易耗品——摊销”账户：

借：制造费用　　1 000

贷：周转材料——低值易耗品——摊销　　1 000

② 5 月份，6 只专用工具报废时，应摊销低值易耗品成本的另外 50%：

借：制造费用　　300

贷：周转材料——低值易耗品——摊销　　300

同时,转销低值易耗品成本及其已摊销价值,将“在用”、“摊销”两个明细账户对冲:

借:周转材料——低值易耗品——摊销　　600

　贷:周转材料——低值易耗品——在用　　600

③ 低值易耗品残值入库时:

借:原材料　　50

　贷:制造费用　　50

(二)委托加工物资的核算

委托加工物资是指企业委托外单位加工的物资。企业委托外单位加工的物资,其实际成本包括:① 加工中实际耗用物资的实际成本;② 支付的加工费用及应负担的运杂费等;③ 支付的税金,包括委托加工物资应负担的增值税和消费税。

凡属加工物资收回后直接用于销售的,其所负担的消费税应计入加工物资成本;如果收回的加工物资用于连续生产的,应将所负担的消费税先计入“应交税费——应交消费税”账户的借方,按规定用以抵扣加工的消费品销售后所负担的消费税。

【例 2-2-14】新华公司本月发出木材 6 立方米,计划单位成本 700 元,材料成本差异率为 2%,委托光明工厂代为加工木箱 500 个,每个计划单位成本 13 元,通过银行支付委托加工材料往返的运费 100 元,支付加工费用 1 500 元,增值税 255 元,木箱运回验收入库。

① 发出材料时:

借:委托加工物资　　4 284

　贷:原材料　　4 200

　　材料成本差异　　84

② 支付运费时:

借:委托加工物资　　100

　贷:银行存款　　100

③ 支付加工费用及增值税时:

借:委托加工物资　　1 500

　应交税费——应交增值税(进项税额)　　255

　贷:银行存款　　1 755

④ 木箱入库时:

借:周转材料——包装物　　6 500

　贷:委托加工物资　　5 884

　　材料成本差异　　616

五、存货盘盈盘亏的核算

存货的盘盈、盘亏和毁损,应通过“待处理财产损溢”账户进行核算。

【例 2-2-15】新华公司库存商品因洪水毁损一批,其实际成本为 50 000 元,经确认所耗用外购材料的增值税为 5 100 元。保险公司同意赔偿损失 48 000 元,产品残料估价 5 000 元入库。

① 库存商品毁损时:

借:待处理财产损溢——待处理流动资产损溢　　55 100

贷：库存商品　　50 000

　　应交税费——应交增值税（进项税额转出）　　5 100

② 查明原因处理时，残值记入“原材料”账户，未收到的保险公司赔款记入“其他应收款”账户，差额记入“营业外支出”账户：

借：原材料　　5 000

　　其他应收款　　48 000

　　营业外支出　　2 100

贷：待处理财产损溢——待处理流动资产损溢　　55 100

六、存货跌价准备的核算

企业应当定期或至少每年度终了对存货进行全面清查，如有因存货毁损、陈旧过时或销售价格低于成本等而使存货成本高于可变现净值的，应按可变现净值低于存货成本的部分，计提存货跌价准备。

存货的可变现净值是存货的估计售价减去至完工时估计将要发生的成本、估计的销售费用以及相关税费后的金额。

比较存货成本与可变现净值孰低的方法有单项比较法、分类比较法和总额比较法三种。

【例 2-2-16】新华公司有 A、B、C、D 四种存货，分属甲、乙两类；期末采用“成本与可变现净值孰低法”计价，2010 年年末各种存货的结存数量、成本与市场售价的资料如表 2-2-2 所示。

表 2-2-2

存货期末结存数量、单位成本与单位售价表

金额：元

项目		结存数量（件）	单位成本	单位售价
甲类	A 商品	150	1 400	1 600
	B 商品	90	1 700	1 400
乙类	C 商品	180	1 100	1 150
	D 商品	60	1 800	1 600

新华公司已与大华工厂签订了一份不可撤销合同，约定 2011 年 3 月初，新华公司需向大华工厂销售 A 商品 160 件，单位售价 1 550 元；销售 C 商品 120 件，单位售价 1 200 元。此外，根据企业销售部门提供的资料，向客户销售 A 商品，发生的运费等销售费用平均为每件 50 元。

根据上述资料，新华公司存货期末成本和可变现净值如表 2-2-3 所示。

表 2-2-3

存货可变现净值与成本比较表

金额单位：元

项目		成本	可变现净值	单项比较法	分类比较法	总额比较法
甲类	A 商品	210 000	225 000	210 000		
	B 商品	153 000	126 000	126 000		
	小计	363 000	351 000		351 000	

续表

项	目	成 本	可变现净值	单项比较法	分类比较法	总额比较法
乙类	C商品	198 000	213 000	198 000		
	D商品	108 000	96 000	96 000		
	小计	306 000	309 000		306 000	
合	计	669 000	660 000	630 000	657 000	660 000

存货可变现净值计算过程如下:

A商品:(1 550 - 50) ×150 = 225 000(元)

B商品: 1 400 ×90 = 126 000(元)

C商品: 1 200 ×120 + 1 150 ×60 = 213 000(元)

D商品: 1 600 ×60 = 96 000(元)

由表2-2-3可知,单项比较法确定的期末存货成本最低,为630 000元;分类比较法次之,为657 000元;总额比较法最高,为660 000元。相应计提的存货跌价准备为39 000元。12 000元和9 000元。

按单项比较法,新华公司账务处理如下:

借: 资产减值损失　　39 000

　贷: 存货跌价准备　　39 000

存货确认跌价损失后,如有客观证据表明该已计提跌价准备的存货价值得以恢复,且客观上与确认该损失后发生的事项有关,应在原已计提的存货跌价准备金额内,将原确认的跌价损失予以转回。

转回存货跌价准备的账务处理如下:

借:存货跌价准备

　贷: 资产减值损失

第四节　交易性金融资产的核算

证券投资是指企业以购买股票、债券、基金的方式直接投资于证券市场。证券投资按投资的目的分为交易性金融资产、可供出售金融资产、持有至到期投资和长期股权投资。

凡是购入后用于近期出售来获取价差的股票、债券、基金,都应确认为交易性金融资产。交易性金融资产投资无论是初始投资还是在报表日均按公允价值计量。为反映企业交易性金融资产的购买、持有、出售及其公允价值变动情况,会计上设置"交易性金融资产"账户进行核算。"交易性金融资产"账户按类别和品种设置"成本"和"公允价值变动"两个明细账户,分别反映交易性金融资产的取得成本(即取得时的公允价值)和持有期间的公允价值变动。企业取得交易性金融资产时,按其公允价值,借记"交易性金融资产"账户,发生的交易费用计入当期损益。资产负债表日,按编表日的公允价值调整交易性金融资产的账面价值,公允价值与其账面价值的差额作为当期损益记入"公允价值变动损益"账户。交易性金融资产终止确认时,按已入账的成本从"交易性金融资产"下的"成本"明细账户贷方转出,并相应结转"交易性金融资产"下的"公允价值变动"明细账户。

【例 2-2-17】新华公司 20××年 5 月 13 日购入江海公司的股票 20 万股，每股买价 30 元（其中包括已宣告而未发放的股利 1 元），另外支付手续费及印花税 20 000 元，全部款项从新华公司在证券公司开设的存款户中支付。

① 新华公司购入股票时：

借：交易性金融资产——江海公司股票（成本）	5 800 000	
应收股利——江海公司	200 000	
投资收益	20 000	
贷：银行存款		6 020 000

② 实际收到股利时：

借：银行存款	200 000	
贷：应收股利——江海公司		200 000

【例 2-2-18】接上例，新华公司持有江海公司的 20 万股股票 20××年 12 月 31 日的收盘价为每股 35 元。

新华公司资产负债表日编制如下调整分录：

借：交易性金融资产——江海公司股票（公允价值变动）	1 200 000	
贷：公允价值变动损益		1 200 000

第三章 非流动资产的核算

第一节 可供出售金融资产的核算

一、可供出售金融资产的确认与计量

对于管理当局没有明确持有期限的股票、债券、基金投资以及管理上明确作为可供出售金融资产管理的投资,会计上应确认为可供出售金融资产。

在计量方面,可供出售金融资产与交易性金融资产相比既有共同点,也有不同点。二者的共同点在于:无论是可供出售金融资产还是交易性金融资产,其初始投资和资产负债表日均按公允价值计量。二者的不同点在于:取得交易性金融资产发生的交易费用计入当期损益,但为取得可供出售金融资产而发生的交易费用直接计入所取得的可供出售金融资产的价值;交易性金融资产公允价值变动差额计入当期损益,可供出售金融资产公允价值变动差额不作为损益处理,而是作为直接计入所有者权益的利得计入资本公积。

二、可供出售金融资产的核算

为反映企业持有可供出售金融资产的购入、持有、出售以及持有期内的公允价值变动情况,会计上设置"可供出售金融资产"账户进行核算。并按可供出售金融资产类别和品种,分别设置"成本"、"利息调整"、"应计利息"、"公允价值变动"明细账户进行明细核算。

企业取得可供出售金融资产时,应按其公允价值与交易费用之和,借记"可供出售金融资产——成本"账户,按已到付息期但尚未领取的利息或已宣告但尚未发放的现金股利,借记"应收利息"或"应收股利"账户,按实际支付的金额,贷记"银行存款"账户。对于购入的债券而言,若实际支付的价款与债券的面值加上应收利息之和有差额,按差额借记或贷记"可供出售金融资产——利息调整"账户。

资产负债表日,按编表日的公允价值调整可供出售金融资产的账面价值,公允价值上升时,借记"可供出售金融资产——公允价值变动"账户,贷记"资本公积"账户;公允价值下降时,借记"资本公积"账户,贷记"可供出售金融资产——公允价值变动"账户。

【例2-3-1】新华公司20××年8月15日从二级市场购入大阳公司股票100万股,每股市价20元,另支付手续费及印花税100 000元。初始确认时,该股票指定为可供出售金融资产。新华公司购入大阳公司股票时,作如下会计分录:

借:可供出售金融资产——大阳公司股票(成本)　　20 100 000

　贷:银行存款　　20 100 000

【例2-3-2】20××年12月31日,新华公司持有大阳公司的100万股股票市价升为每股26元。新华公司公允价值调整的会计分录如下:

借：可供出售金融资产——大阳公司股票（公允价值变动）　　5 900 000
　贷：资本公积——其他资本公积　　5 900 000

第二节　持有至到期投资的核算

一、持有至到期投资的确认与计量

持有至到期投资是指到期日固定、回收金额固定或可确定，且企业有明确意图和能力持有至到期的非衍生金融资产。

取得持有至到期投资时按取得时的公允价值计量，其后续计量采用摊余成本。持有至到期投资与交易性金融资产、可供出售金融资产在报表编制日的计量方面存在的区别是：交易性金融资产和可供出售金融资产在资产负债表日按报表编制日的公允价值计量，而持有至到期投资则按报表编制日的摊余成本计量。

二、持有至到期投资的核算

为了反映持有至到期投资业务，企业应设置“持有至到期投资”账户，因为按票面利率和市场利率是否相同，债券分为平价发行、溢价发行、折价发行（有关内容参见第四章第二节），持有至到期投资则存在平价购入、溢价购入、折价购入三种情况，因此，持有至到期投资需按投资的类别和品种，分别设“成本”、“利息调整”、“应计利息”等明细账户进行明细分类核算。

企业购入债券时，应按债券面值，借记“持有至到期投资——成本”账户，按实际支付的全部价款，贷记“银行存款”账户；发生的溢价，借记“持有至到期投资——利息调整”账户；发生的折价，贷记“长期债权投资——利息调整”账户。期末，企业应根据持有债券的面值和票面利率计算当期债券投资应计利息，并作为投资收益，借记“应收利息”或“持有至到期投资——应计利息”账户，贷记“投资收益”账户。溢价分摊时，借记“投资收益”账户，贷记“持有至到期投资——利息调整”账户。折价分摊时，借记“持有至到期投资——利息调整”账户，贷记“投资收益”账户。实际工作中，债券计息和溢折价的摊销往往合并编制会计分录。

1. 持有至到期投资平价购入情况下的核算

【例2-3-3】新华公司20××年1月1日以1 000 000元购入延中公司当日发行的四年期到期一次还本债券，该债券票面利率和市场利率均为10%，面值总额为1 000 000元，债券的利息每半年支付一次。

① 购入债券时：

借：持有至到期投资——延中公司债券（成本）　　1 000 000
　贷：银行存款　　1 000 000

② 每半年计息时：

借：应收利息——延中公司　　50 000
　贷：投资收益　　50 000

③ 收到利息时：

借：银行存款　　50 000

　贷：应收利息——延中公司　　50 000

④ 到期收到本金及利息时：

借：银行存款　　1 050 000

　贷：持有至到期投资——延中公司债券（成本）　　1 000 000

　　　应收利息——延中公司　　50 000

2．持有至到期投资溢价购入情况下的核算

【例 2-3-4】若上例中市场利率为 6%，新华公司 20××年 1 月 1 日以 1 140 385 元溢价购入债券，其他情况不变。

① 购入债券时：

借：持有至到期投资——延中公司债券（成本）　　1 000 000

　　持有至到期投资——延中公司债券（利息调整）　　140 385

　贷：银行存款　　1 140 385

② 每半年计息并摊销溢价时：

溢价的摊销有直线法和实际利率法。实际利率法摊销见第四章第二节【例 2-4-14】，本例采用直线法。

直线法是将债券溢价或折价金额平均摊入各期的方法。采用直线法时，每半年摊销的溢价相同，为 17 548（140 385 ÷8）元。（本例保留至个位数，尾差最后半年调整，下同）

借：应收利息——延中公司　　50 000

　贷：持有至到期投资——延中公司债券（利息调整）　　17 548

　　　投资收益　　32 452

每期收到利息、到期收到本金及利息同【例 2-3-3】。

3．持有至到期投资折价购入情况下的核算

【例 2-3-5】若【例 2-3-3】中市场利率为 12%，新华公司 20××年 1 月 1 日以 937 890 元折价购入债券，其他情况不变。

① 购入债券时：

借：持有至到期投资——延中公司债券（成本）　　1 000 000

　贷：银行存款　　937 890

　　　持有至到期投资——延中公司债券（利息调整）　　62 110

② 每半年计息并摊销折价时：

实际利率法下折价的摊销参见第四章第二节【例 2-4-15】，本例仍采用直线法摊销折价，每半年摊销的折价为 7 764（62 110 ÷8）元。

借：应收利息——延中公司　　50 000

　　持有至到期投资——延中公司债券（利息调整）　　7 764

　贷：投资收益　　57 764

每期收到利息、到期收到本金及利息同【例 2-3-3】。

注意事项：

（1）持有至到期投资应以取得时的公允价值和相关交易费用之和作为初始投资成本。交易费用包括支付给代理机构、咨询公司、券商的手续费、税金及其他必要支出，不包括债券溢价、债券折价、融资费用、内部管理成本及其他与交易不直接相关的费用。

(2) 长期债券若是到期一次付息,则计算利息不通过"应收利息"账户核算,而应计入"持有至到期投资——应计利息"账户。

(3) 购入债券实际支付的价款中含有的尚未到期的债券利息,即发行日至购买日之间的利息,计入"应收利息"或"持有至到期投资——应计利息"账户。

如新华公司20××年4月1日购入延中公司1月1日发行的四年期一次还本债券,该债券票面利率为10%,面值总额为1 000 000元,债券的利息每半年支付一次,以1 165 385元购入。发行日至购买日之间的利息25 000(1 000 000×10%×3÷12)元,计入"应收利息"账户。编制会计分录如下:

借:持有至到期投资——延中公司债券(成本)	1 000 000	
应收利息——延中公司	25 000	
持有至到期投资——债券投资(利息调整)	140 385	
贷:银行存款		1 165 385

三、持有至到期投资减值准备的核算

企业应当在资产负债表日对持有至到期投资的账面价值进行测试,有客观证据表明该金融资产发生减值的,应当计提减值准备。

计提持有至到期投资减值准备的账务处理如下:

借:资产减值损失

　贷:持有至到期投资减值准备

持有至到期投资确认减值损失后,如有客观证据表明该已计提减值准备的持有至到期投资价值得以恢复,且客观上与确认该损失后发生的事项有关,应在原已计提的减值准备金额内,将原确认的减值损失予以转回。

转回持有至到期投资减值准备的账务处理如下:

借:持有至到期投资减值准备

　贷:资产减值损失

第三节　长期股权投资的核算

一、长期股权投资核算方法的选择

长期股权投资包括长期股票投资和其他长期股权投资两类。长期股票投资是指通过购买股票的方式向被投资企业投入长期资本。其他投资是指企业在联营、合营过程中以现金、固定资产等实物投资或以无形资产投资。

长期股权投资核算方法有成本法和权益法两种。投资企业与被投资企业关系是确定长期股权投资核算方法的重要依据。根据投资企业投资额占被投资企业有表决权资本总额的比例以及对被投资方的影响程度,可将投资企业与被投资企业的关系分为控制、共同控制、重大影响和无重大影响四种类型。长期股权投资核算方法的选择如下:

（1）投资企业能够对被投资单位实施控制的长期股权投资，采用成本法核算。

（2）投资企业对被投资单位具有共同控制或重大影响的长期股权投资，采用权益法核算。

（3）投资企业对被投资单位不具有共同控制或重大影响，并且在活跃市场中没有报价、公允价值不能可靠计量的长期股权投资，采用成本法核算。

二、长期股权投资核算的成本法

成本法是指以长期股权投资的实际成本的增减作为登记“长期股权投资”账户的依据，发生长期股权投资时记入该账户借方，减少投资时记入该账户贷方，借方余额表示实际的投资成本。长期股权投资入账后，除实际投资额发生增减变动外，一般不得调整长期投资的账面价值。“长期股权投资”账户投资金额不受被投资企业权益变动的影响，被投资企业发生盈亏时，成本法下不予确认，被投资企业宣告发放现金股利时投资企业作投资收益入账。

【例 2-3-6】新华公司 20××年 1 月 8 出资 5 000 万元购买延中公司股份，占延中公司 10% 的股权。年终，延中公司实现净利润 6 000 000 元，并宣告分派现金股利 3 000 000 元。

新华公司按成本法核算如下：

① 购入股票时：

借：长期股权投资——对延中公司投资　　50 000 000

　贷：银行存款　　50 000 000

② 延中公司实现净利润时新华公司不进行账务处理。

③ 延中公司宣告分派现金股利时，新华公司应收的现金股利为 300 000（3 000 000 × 10%）元：

借：应收股利——延中公司　　300 000

　贷：投资收益——股票投资收益　　300 000

④ 收到发放的现金股利时：

借：银行存款　　300 000

　贷：应收股利——延中公司　　300 000

三、长期股权投资核算的权益法

权益法是指长期股权投资以初始投资成本计量后，在投资持有期间根据投资企业享有被投资单位所有者权益的份额的变动对投资的账面价值进行调整的方法。在权益法下，“长期股权投资”账户的金额要随受资企业的盈亏状况以及其他原因引起的所有者权益变动状况进行相应调整，以完整反映投资企业在被投资企业中的实际权益。长期股权投资采用权益法核算时，“长期股权投资”账户按被投资单位分别以“成本”、“损益调整”、“其他权益变动”进行明细核算。

【例 2-3-7】若【例 2-3-6】中，新华公司占延中公司 20% 的股权。

新华公司按权益法核算如下：

① 购入股票时：

借：长期股权投资——对延中公司投资（成本）　　50 000 000

　贷：银行存款　　50 000 000

② 延中公司实现净利润 6 000 000 元时，新华公司按其份额入账，入账金额为 1 200 000（6 000 000×20%）元：

借：长期股权投资——对延中公司投资（损益调整）　　1 200 000
　贷：投资收益　　1 200 000

③ 延中公司宣告分派现金股利时，新华公司应收的现金股利为 600 000（3 000 000×20%）元：

借：应收股利——延中公司　　600 000
　贷：长期股权投资——对延中公司投资（损益调整）　　600 000

④ 收到发放的现金股利时：

借：银行存款　　600 000
　贷：应收股利——延中公司　　600 000

需在说明的是，在权益法下，取得长期股权投资时，长期股权投资的投资成本与应享有被投资企业可辨认净资产公允价值的份额可能一致，也可能不一致。应分别不同的情况进行账务处理。

（1）在取得投资时，如果投资成本与应享有被投资企业可辨认净资产公允价值的份额一致，"长期股权投资"账户所记载的金额既是初始投资成本，也是投资企业应享有被投资企业可辨认净资产公允价值的数额。

（2）如果投资成本与应享有被投资企业可辨认净资产公允价值的份额不一致，投资企业用权益法核算长期股权投资时，应对这一差额做相应的处理：

① 长期股权投资的初始投资成本若大于投资时应享有被投资单位可辨认净资产公允价值份额，按实际的初始投资成本记入"长期股权投资"账户下的成本明细账。

② 长期股权投资的初始投资成本小于投资时应享有被投资单位可辨认净资产公允价值份额的，按应享有被投资单位可辨认净资产公允价值的份额借记"长期股权投资——成本"账户，按其差额贷记"营业外收入"账户。

【例 2-3-8】新华公司 20××年 1 月 5 日出资 650 万元购买中远公司股份，占中远公司股份总额的 40%，款项用存款支付。新华公司能够对中远公司施加重大影响，中远公司可辨认净资产公允价值数额为 1 500 万元。在本例中，由于新华公司的初始投资成本 650 万元大于享有中远公司可辨认净资产公允价值数额 600（1 500×40%）万元，则按初始投资成本作为长期股权投资的入账价值。

新华公司投资时的会计分录为：

借：长期股权投资——对中远公司投资（成本）　　6 500 000
　贷：银行存款　　6 500 000

设新华公司出资 550 万元购买中远公司股份，由于新华公司的初始投资成本 550 万元小于享有中远公司可辨认净资产公允价值数额 600 万元，差额 50 万元贷记"营业外收入"账户。则新华公司投资时的会计分录为：

借：长期股权投资——对中远公司投资（成本）　　6 000 000
　贷：银行存款　　5 500 000
　　　营业外收入　　500 000

四、长期股权投资减值准备的核算

企业应当在资产负债表日对长期股权投资的账面价值进行检查，有客观证据表明发生减值的，应当计提减值准备。

计提长期股权投资的账务处理如下：

借：资产减值损失

　贷：长期股权投资减值准备

长期股权投资减值损失一经确认，在以后会计期间不得转回。

第四节　固定资产的核算

一、固定资产的分类

固定资产是指为生产商品、提供劳务、出租或经营管理而持有的使用寿命超过一个会计年度的有形资产。

固定资产按经济用途分为生产经营用和非生产经营用固定资产；按使用情况分为使用中、未使用、不需要固定资产；按所有权分为自有和租入固定资产。

实务中，通常对固定资产按经济用途和使用情况进行综合分类，分成以下七类：生产经营用固定资产、非生产经营用固定资产、租出固定资产、未使用固定资产、不需用固定资产、融资租入固定资产和土地。

二、固定资产的计价

(1) 外购的固定资产：其成本包括买价、相关税费、使固定资产达到预定可使用状态前所发生的可归属于该项固定资产的其他支出。

(2) 自行建造的固定资产：实际发生的全部支出。

(3) 投资者投入的固定资产：投资合同或协议约定的价值加上应支付的相关税费。

对于特殊行业存在弃置义务的特定固定资产，确定其初始入账成本时，还应考虑弃置费用。

三、固定资产增加的核算

为了核算固定资产增加的业务，企业应设置“固定资产”、“在建工程”、“工程物资”等账户。

1. 购置固定资产的核算

自2009年1月1日起，我国采用国际上广泛使用的消费型增值税，企业购进固定资产所发生的增值税可以抵扣，但这里的固定资产不含房屋建筑物，仅指：① 机器、机械、运输工具以及其他与生产经营有关的设备、工具、器具；② 不属于生产经营主要设备的物品。

企业购入的不需要安装的设备等固定资产时，借记“固定资产”、“应交税费——应交增值税(进项税额)”账户，贷记“银行存款”等账户。购入需要安装的设备时，借记“在建工程”、“应交税费——应交增值税（进项税额）”账户；在安装完成交付使用时，再从“在建工程”账户转入“固定资产”账户。下面举例说明购入需要安装的固定资产的核算。

【例2-3-9】新华公司购入一台需要安装的设备，增值税专用发票上注明的设备买价为50 000元，增值税8 500元，用银行存款支付包装运杂费3 000元，支付安装费8 000元。该机器设备安装完工后交付使用。

① 购入固定资产，支付买价及包装运杂费时：

借：在建工程	53 000	
应交税费——应交增值税（进项税额）	8 500	
贷：银行存款		61 500

② 支付安装费时：

借：在建工程	8 000	
贷：银行存款		8 000

③ 安装完工交付使用时：

借：固定资产	61 000	
贷：在建工程		61 000

2. 自行建造固定资产的核算

企业自行建造固定资产，主要有自营和出包两种方式。无论采用哪种方式，均应先记入“在建工程”账户，在完工时再从“在建工程”账户转入“固定资产”账户。在自营方式下，为工程购买的物资应通过“工程物资”账户核算。下面举例说明自营工程的核算。

【例2-3-10】新华公司自行建造仓库一座，购入为工程准备的各种物资600 000元，支付的增值税为102 000元，全部用于工程建设。领用本企业生产的水泥一批，实际成本80 000元，售价为100 000元，增值税率为17%。支付工程人员薪酬136 800元，为工程发生的应当资本化的长期借款利息支出60 000元，以银行存款支付其他费用80 000元，工程完工交付使用。

① 购入为工程准备的各种物资时：

借：工程物资	702 000	
贷：银行存款		702 000

② 领用工程物资时：

借：在建工程	702 000	
贷：工程物资		702 000

③ 领用本企业生产的水泥时，应按售价计算交纳的增值税17 000（100 000×17%）元：

借：在建工程	97 000	
贷：库存商品		80 000
应交税费——应交增值税（销项税额）		17 000

④ 分配工程人员薪酬时：

借：在建工程	136 800	
贷：应付职工薪酬		136 800

⑤ 计算工程借款利息时：

借：在建工程	60 000	

贷：长期借款——应计利息　　60 000

⑥ 支付其他费用时：

借：在建工程　　80 000

贷：银行存款　　80 000

⑦ 工程完工交付使用时：

借：固定资产　　1 075 800

贷：在建工程　　1 075 800

3．非货币性交易取得固定资产的核算

当企业用非货币资产换入固定资产时，如果两项资产的交易具有商业实质，应该以换出资产的公允价值确定换入资产的入账价值。公允价值是指在公平交易中，熟悉情况的交易双方，自愿进行资产交换或债务清偿的金额。

【例 2-3-11】新华公司以生产经营过程中使用的一台设备交换大华工厂生产的一批办公家具，换入的办公家具作为固定资产管理。设备的账面原价 110 000 元，在交换日的累计折旧为 35 000 元，公允价值为 80 000 元。办公家具的账面原价为 90 000 元，在交换日的公允价值为 80 000 元，计税价格等于公允价值。

新华公司的账务处理如下：

① 借：固定资产清理　　75 000

累计折旧　　35 000

贷：固定资产——设备　　110 000

② 借：固定资产　　80 000

应交税费——应交增值税（进项税额）　　13 600

贷：固定资产清理　　75 000

营业外收入　　18 600

四、固定资产折旧的核算

（一）固定资产折旧的范围

固定资产折旧是指在固定资产的使用寿命内，按照确定的方法对应计折旧额进行的系统分摊。其中，应计折旧额，指应当计提折旧的固定资产的原价扣除其预计净残值后的余额，如果已对固定资产计提减值准备，还应当扣除已计提的固定资产减值准备累计金额；使用寿命，指固定资产预计使用的期限，有些固定资产的使用寿命也可以用该资产所能生产的产品或提供服务的数量来表示。

在确定计提折旧的范围时应注意以下几点：

（1）固定资产应当按月初数为基础计提折旧。当月增加的固定资产，当月不提折旧；当月减少的固定资产，当月照提折旧。

（2）固定资产提足折旧后，不论能否继续使用，均不再计提折旧，提前报废的固定资产也不再补提折旧。

（3）已达到预定可使用状态但尚未办理竣工决算的固定资产，应当按照估计价值确定其成本，并计提折旧。

（二）固定资产折旧的计算方法

固定资产折旧的计算方法包括年限平均法、工作量法、双倍余额递减法和年数总和法等。

1. 年限平均法

年限平均法是将固定资产的应计折旧额均衡地分摊到固定资产预计使用寿命内的一种方法，采用该方法计算的每期折旧额均是相等的。计算公式如下：

$$年折旧率=\frac{固定资产原值-(预计残值收入-预计清理费用)}{预计使用年限\times 固定资产原值}$$

$$=(1-预计净残值率)\div 预计使用年限$$

月折旧率＝年折旧率÷12

年折旧额＝固定资产原值×年折旧率

月折旧额＝固定资产原值×月折旧率＝年折旧额÷12

【例2-3-12】新华公司某台设备原值200 000元，预计清理费用5 000元，预计残值11 000元，预计使用5年。采用年限平均法计算的年折旧率和年折旧额如下：

年折旧率＝(200 000－11 000＋5 000)÷(200 000×5)＝19.4%

年折旧额＝200 000×19.4%＝38 800(元)

2. 工作量法

工作量法是根据实际工作量计算每期应提固定资产折旧额的一种方法。计算公式如下：

单位工作量折旧额＝固定资产原价×(1－预计净残值率)÷预计工作总量

某项固定资产月折旧额＝该项固定资产当月工作量×每单位工作量折旧额

【例2-3-13】新华公司一辆运货卡车的原值为150 000元，预计总行驶里程为500 000公里，预计报废时的净残值率为5%，本月行驶8 000公里。该辆汽车的月折旧额计算如下：

单位里程折旧额＝150 000×(1－5%)÷500 000＝0.285(元/公里)

本月折旧额＝8 000×0.285＝2 280(元)

3. 双倍余额递减法

双倍余额递减法是指在不考虑固定资产预计净残值的前提下，根据每期期初固定资产原价减去累计折旧后的金额和双倍直线折旧率计提折旧的方法。计算公式为：

双倍直线折旧率＝2÷预计使用年限×100%

年折旧额＝固定资产期初净值×双倍直线折旧率

月折旧额＝年折旧额÷12

需要注意的是，实行双倍余额递减法计提折旧的固定资产，应当在其预计使用年限到期前两年内，将固定资产净值扣除预计净残值后的余额平均摊销。计算公式如下：

固定资产最后两年的年折旧额＝(固定资产期初净值－预计净残值)÷2

下例中第四、第五年的折旧额＝(43 200－6 000)÷2＝18 600(元)

【例2-3-14】根据【例2-3-12】资料，采用双倍余额递减法计算的年折旧率和年折旧额如表2-3-1所示。

表 2-3-1

单位：元

年　份	期初净值	年折旧率	年折旧额	累计折旧	期末净值
1	200 000	40%	80 000	80 000	120 000
2	120 000	40%	48 000	128 000	72 000
3	72 000	40%	28 800	156 800	43 200
4	43 200	—	18 600	175 400	24 600
5	24 600	—	18 600	194 000	6 000

4. 年数总和法

年数总和法又称年限合计法，是指按照固定资产应计折旧总额和某年尚可使用年数占预计使用年限的年数总和的比重计提折旧的方法。计算公式如下：

$$年折旧率=\frac{预计使用年限-已使用年数}{预计使用年限\times(预计使用年限+1)\div 2}\times 100\%$$

$$=\frac{尚可使用年限}{预计使用年限的年数总和}\times 100\%$$

年折旧额 = 应计折旧总额 × 年折旧率

【例 2-3-15】根据【例 2-3-12】资料，采用年数总和法计算的年折旧率和年折旧额如表 2-3-2 所示。

表 2-3-2

单位：元

年　份	应计折旧总额	折旧率	年折旧额	累计折旧额
1	194 000	5/15	64 666.67	64 666.67
2	194 000	4/15	51 733.33	116 400
3	194 000	3/15	38 800	155 200
4	194 000	2/15	25 866.67	181 066.67
5	194 000	1/15	12 933.33	194 000

（三）固定资产折旧的核算

企业一般按月计提折旧，计提固定资产折旧时，借记“制造费用”、“销售费用”、“管理费用”、“其他业务成本”等账户，贷记“累计折旧”账户。

五、固定资产减值准备的核算

企业的固定资产应当在期末时按照账面价值与可收回金额孰低计量，对可收回金额（指资产的公允价值减去处置费用后的净额与预期从该资产的持续使用和使用寿命结束时的处置中形成的预计未来现金流量的现值进行比较，两者之间较高者）低于账面价值的差额，应计提固定资产减值准备。账面价值是指账面余额减去相关的备抵项目后的净额，账面价值不等于净值，固定资产原价扣除累计折旧后为净值，净值再扣除减值准备后为账面价值

（净额）。账面余额是指账面实际余额，不扣除作为备抵的项目如累计折旧、减值准备等。

计提固定资产减值的账务处理如下：

借：资产减值损失

　贷：固定资产减值准备

固定资产减值损失一经确认，在以后会计期间不得转回。

六、固定资产处置的核算

企业发生出售、报废、毁损、对外投资、非货币性资产交换、债务重组等处置固定资产的会计事项，应通过"固定资产清理"账户进行核算。

"固定资产清理"账户借方登记因出售、报废、毁损、对外投资、非货币性资产交换、债务重组等而转入清理的固定资产净值、发生的清理费用、出售固定资产应交的营业税等；贷方登记出售固定资产的价款、发生的残料价值和变价收入等。出售、报废、毁损固定资产在进行上述账务处理后，"固定资产清理"账户借方大于贷方表示净损失，从本账户贷方转入"营业外支出"账户的借方；贷方大于借方表示净收益，从本账户借方转入"营业外收入"账户的贷方。

【例2-3-16】新华公司20××年4月份将一台不需用的设备出售，该设备的原价为300 000元，已提折旧81 000元。清理该设备发生费用3 000元以银行存款支付，取得出售收入230 000元存入银行，营业税税率为5%。该企业应编制如下会计分录：

① 固定资产转入清理时：

借：固定资产清理	219 000	
累计折旧	81 000	
贷：固定资产		300 000

② 支付清理费用时：

借：固定资产清理	3 000	
贷：银行存款		3 000

③ 取得出售收入时：

借：银行存款	230 000	
贷：固定资产清理		230 000

④ 根据出售收入计算营业税，营业税为11 500（230 000×5%）元：

借：固定资产清理	11 500	
贷：应交税费——应交营业税		11 500

⑤ 结转出售固定资产发生的净损失，净损失为3 500（219 000＋3 000－230 000＋11 500）元：

借：营业外支出——处置非流动资产损失	3 500	
贷：固定资产清理		3 500

第五节 无形资产的核算

一、无形资产概述

1. 无形资产的内容与特征

无形资产是指企业拥有或控制的没有实物形态的可辨认非货币性资产，包括专利权、非专利技术、商标权、著作权、特许权、土地使用权等。无形资产的特征有：① 具有可辨认性；② 不具有实物形态；③ 属于非货币性资产。

2. 无形资产入账价值的确定

企业取得的无形资产应当按照成本确认入账价值。无形资产的成本按来源不同分别予以确定：

（1）外购无形资产的成本，包括购买价款、相关税费以及直接归属于使该项资产达到预定用途所发生的其他支出。

（2）自行开发的无形资产，其成本包括自满足开发阶段支出资本化条件后至达到预定用途前所发生的支出总额（含开发阶段支出），但是对于以前期间已经费用化的支出不再调整。

（3）投资者投入的无形资产，其成本的确定方法与固定资产相同。

3. 无形资产的摊销

无形资产摊销是指将取得无形资产发生的支出在其预计的使用期限内摊入成本费用。使用寿命不确定的无形资产则不需要摊销；使用寿命有限的无形资产需要在估计的使用寿命内采用系统的方法进行摊销。

无形资产的摊销方法主要有直线法、生产总量法等。对受技术进步因素影响较大的专利权和专有技术等无形资产，也可采用类似固定资产加速折旧的方法进行摊销。

二、无形资产的核算

为了反映无形资产业务，企业应设置“无形资产”等账户。企业购入、接受投资无形资产时，借记“无形资产”账户，贷记“银行存款”、“实收资本”等账户。

自行开发无形资产时，为了反映自行开发无形资产过程中发生的各项支出，企业应设置“研发支出”账户，并按“费用化支出”与“资本化支出”两个项目进行明细核算。企业在研究开发无形资产过程中发生的支出，满足资本化条件的，应借记“研发支出——资本化支出”账户，不满足资本化条件的，应借记“研发支出——费用化支出”账户，贷记“原材料”、“银行存款”、“应付职工薪酬”等账户。期末按费用化总额借记“管理费用”账户，贷记“研发支出——费用化支出”账户。当研究开发项目达到预定用途形成无形资产的，按资本化总额借记“无形资产”账户，贷记“研发支出——资本化支出”账户。

企业摊销无形资产价值时，借记“管理费用”等账户，贷记“累计摊销”账户。企业出售无形资产时，按实际取得的出售收入，借记“银行存款”账户，按计提的摊销及减值准备，借记“累计摊销”、“无形资产减值准备”账户，按无形资产账面余额，贷记“无形资产”账户，按应支付的相关税金，贷记"应交税费"等账户，按其差额，贷记"营业外收入——处置非流动资产利得"账户或借记"营业外支出——处置非流动资产损失"账户。企业出租无形资产时，收取或确认租金收入时，借记"银行存款"、"其他应收款"等账户，贷记"其他业务收入"账户；出租无形资产摊销借记"其他业务成本"账户，贷记"累计摊销"账户。

【例2-3-17】新华公司从外单位购入一项商标权，以银行存款支付价款240万元，该商标权的使用寿命为10年。

① 购入商标权时：

借：无形资产——商标权　　2 400 000

　贷：银行存款　　2 400 000

② 每月摊销无形资产时，其摊销价值为20 000（2 400 000 ÷ 10 ÷ 12）元：

借：管理费用　　20 000

　贷：累计摊销　　20 000

【例2-3-18】新华公司自行研究开发某项技术，研究开发过程中领用原材料成本100 000元（假设全部为资本化支出所耗用），原材料进项税额转出17 000元，应付职工薪酬130 000元，以银行存款支付其他费用70 000元，共计317 000元（其中，符合资本化条件的支出为237 000元）。该项技术开发成功并获得了专利，申请专利过程中以银行存款支付注册费6 000元，律师费9 000元。

① 支付研究开发费时：

借：研发支出——资本化支出　　237 000

　　　　　　——费用化支出　　80 000

　贷：原材料　　100 000

　　　应交税费——应交增值税（进项税额转出）　　17 000

　　　银行存款　　70 000

　　　应付职工薪酬　　130 000

② 支付注册费、律师费时：

借：研发支出——资本化支出　　15 000

　贷：银行存款　　15 000

③ 期末转销费用化支出时：

借：管理费用　　80 000

　贷：研发支出——费用化支出　　80 000

④ 形成无形资产时：

借：无形资产——专利权　　252 000

　贷：研发支出——资本化支出　　252 000

【例2-3-19】新华公司将一项专利权出租给大华工厂使用，该专利权账面余额为600万元，摊销期限为10年，取得出租收入100万元存入银行。

① 出租专利权时：

借：银行存款　　1 000 000

　贷：其他业务收入　　1 000 000

② 每月摊销无形资产时：

借：其他业务成本　　50 000

　贷：累计摊销　　50 000

【例 2-3-20】新华公司将拥有的一项非专利技术出售，取得收入 300 万元，应交的营业税为 15 万元。该非专利技术的账面余额为 500 万元，累计摊销额为 250 万元，已计提的减值准备为 20 万元。

新华公司处置该无形资产时作如下会计分录：

借：银行存款　　3 000 000

　　累计摊销　　2 500 000

　　无形资产减值准备　　200 000

　贷：无形资产　　5 000 000

　　　应交税费——应交营业税　　150 000

　　　营业外收入——处置非流动资产利得　　550 000

企业应当在资产负债表日判断资产是否存在可能发生减值的迹象。有确凿证据表明资产存在减值迹象的，应当进行减值测试，估计资产的可收回金额。资产的可收回金额应当根据资产的公允价值减去处置费用后的净额与资产预计未来现金流量的现值两者之间较高者确定。在上述减值测试后，资产的可收回金额低于其账面价值的，应计提无形资产减值准备。

计提无形资产减值准备的账务处理如下：

借：资产减值损失——无形资产减值损失

　贷：无形资产减值准备

无形资产减值损失一经确认，在以后会计期间不得转回。

第四章　负债的核算

负债是指过去的交易或者事项形成的、预期会导致经济利益流出企业的现时义务。负债按流动性可分为流动负债和长期负债。

第一节　流动负债的核算

一、流动负债概述

流动负债是指在一年内或超过一年的一个营业周期内偿还的债务。

按金额可确定的程度，流动负债分为应付金额确定的流动负债、应付金额视经营情况而定的流动负债、应付金额需予估计的流动负债。

按形成的原因，流动负债分为营业活动产生的流动负债、收益分配形成的流动负债、融资活动形成的流动负债。

二、短期借款的核算

短期借款是指企业向银行或其他金融机构等借入的期限在一年以下（含一年）的各种借款。

企业从银行或其他金融机构取得短期借款时，借记“银行存款”账户，贷记“短期借款”账户；利息一般按季支付，月底计算利息时，借记“财务费用”账户，贷记“应付利息”账户；季末支付利息时，根据以前月份利息借记“应付利息”账户，根据当月利息借记“财务费用”账户，根据应付利息总额，贷记“银行存款”账户；借款到期偿还本金时，应借记“短期借款”账户，贷记“银行存款”账户。

三、应付票据的核算

应付票据是指企业采用商业汇票支付方式购买材料、商品和接受劳务供应等而开出、承兑的商业汇票。

【例 2-4-1】前进工厂向新华公司购入一批原材料，增值税专用发票上注明的材料货款10 000 元，增值税额为 1 700 元，同日开出并承兑一张期限为三个月、面值为 11 700 元的不带息商业承兑汇票，原材料已验收入库。（前进工厂原材料按实际成本计价进行核算）

① 开出票据时：

借：原材料	10 000	
应交税费——应交增值税（进项税额）	1 700	
贷：应付票据		11 700

② 票据到期支付款项时：

借：应付票据　　11 700
　贷：银行存款　　11 700

③ 票据到期未能支付款项时：

借：应付票据　　11 700
　贷：应付账款　　11 700

四、应付账款的核算

应付账款是企业在正常生产经营过程中，因购买商品、原材料或接受劳务供应等而应付给供应单位的款项。

在有现金折扣的情况下，应付账款的核算也有总额法和净额法之分。总额法下，应付账款按发票总金额入账，企业在折扣期内付款得到的现金折扣作为理财收益处理；净额法下，应付账款按扣除现金折扣后的金额入账，企业因未能在折扣期内付款而丧失的现金折扣则作为理财费用处理。企业会计准则规定采用总额法进行核算。

【例2-4-2】大华工厂向新华公司购入原材料一批，货款20 000元，增值税3 400元，大华工厂原材料按实际成本计价进行核算，原材料已验收入库。付款条件为"2/10，n/30"，折扣期内支付款项的一半，另一半在信用期内支付。

总额法下：

① 购入材料时：

借：原材料　　20 000
　　　应交税费——应交增值税（进项税额）　　3 400
　贷：应付账款　　23 400

② 折扣期内支付款项的一半时，大华工厂取得的现金折扣为200（10 000×2%）元：

借：应付账款　　11 700
　贷：银行存款　　11 500
　　　财务费用　　200

③ 信用期内支付款项的另一半时：

借：应付账款　　11 700
　贷：银行存款　　11 700

净额法下：

① 购入材料时，原材料入账价值为19 600元（20 000×98%），增值税进项税额仍为3 400元，应付账款入账价值为两者的合计数。

借：原材料　　19 600
　　应交税费——应交增值税（进项税额）　　3 400
　贷：应付账款　　23 000

② 折扣期内支付款项的一半时：

借：应付账款　　11 500
　贷：银行存款　　11 500

③ 信用期内支付款项的另一半时，大华工厂放弃的现金折扣为200（10 000×2%）元：

借：应付账款——新华公司　　11 500

财务费用	200
贷：银行存款	11 700

五、预收账款的核算

预收账款是企业按照合同规定，向购货单位预先收取的款项。预收货款不多的企业也可不设置“预收账款”账户，通过“应收账款”账户进行核算。

【例 2-4-3】光明工厂 20××年 3 月 5 日根据合同规定向新华公司预收购买甲产品的货款 20 000 元，6 月 5 日发出甲产品，货款 30 000 元，增值税 5 100 元，当即收到新华公司开出的支票补付货款 15 100 元。

① 收到预收货款时：

借：银行存款　　20 000

　贷：预收账款　　20 000

② 发出产品并收到补付货款时：

借：预收账款　　35 100

　贷：主营业务收入　　30 000

　　　应交税费——应交增值税（销项税额）　　5 100

借：银行存款　　15 100

　贷：预收账款　　15 100

如光明工厂只能供货 15 000 元，增值税 2 550 元，退回 2 450 元，则 6 月 5 日发出产品及退回余款时，编制会计分录如下：

借：预收账款　　17 550

　贷：主营业务收入　　15 000

　　　应交税费——应交增值税（销项税额）　　2 550

借：预收账款　　2 450

　贷：银行存款　　2 450

六、应付职工薪酬的核算

职工薪酬是企业为获得职工提供的劳务而给予各种形式的报酬以及其他相关支出。职工薪酬的内容包括：① 职工工资、资金、津贴与补贴；② 职工福利费；③ 社会保险费；④ 住房公积金；⑤ 工会经费与职工教育经费；⑥ 非货币性福利；⑦ 解除劳动关系补偿；⑧ 股利支付。

职工工资包括计时工资和计件工资。职工薪酬中的奖金是指支付给职工的超额劳动报酬和增收节支的劳动报酬，如生产奖、节约奖、劳动竞赛奖以及其他的经常性奖金，不包括根据规定颁发的创造发明奖、自然科学奖、科技进步奖、合理化建议以及技术改进奖等。

为了进行应付职工薪酬的核算，企业应设置“应付职工薪酬”账户。薪酬分配时，借记“生产成本”、“制造费用”、“管理费用”、“销售费用”等账户，贷记“应付职工薪酬”账户，发放职工薪酬时，借记“应付职工薪酬”账户，贷记“银行存款”、“库存现金”等账户。

【例 2-4-4】20××年 3 月，新华公司应发工资 100 万元，其中生产工人工资 50 万元，车间管理人员工资 15 万元，厂部管理人员工资 20 万元，专设销售机构人员工资 10 万元，在建工程人员工资5万元。根据所在地政府规定，企业分别按工资总额的10%、12%、2%分别计提医疗保险费、养老保险费、失业保险费，按工资总额的24%计提社会保险费，按工资总额的10.5%计提住房公积金。企业内设医务室，预计20××年应承担职工福利费金额为职工工资总额的4%。此外，公司的工会经费、职工教育费分别按工资总额的2%和1.5%计提。根据上述资料，计算20××年3月新华公司应付职工薪酬如表2-4-1所示。

表 2-4-1

应付职工薪酬表

新华公司　　20××年3月　　金额单位：元

薪酬列支 应付薪酬	其中					合　计
	生产成本	制造费用	管理费用	销售费用	在建工程	
工资	500 000	150 000	200 000	100 000	50 000	1 000 000
职工福利费 （工资总额×4%）	20 000	6 000	8 000	4 000	2 000	40 000
社会保险费 （工资总额×24%）	120 000	36 000	48 000	24 000	12 000	240 000
住房公积金 （工资总额×10.5%）	52 500	15 750	21 000	10 500	5 250	105 000
工会经费 （工资总额×2%）	10 000	3 000	4 000	2 000	1 000	20 000
职工教育经费 （工资总额×1.5%）	7 500	2 250	3 000	1500	750	15 000
合　计	710 000	213 000	284 0000	142 000	71 000	1 420 000

① 新华公司分配职工薪酬费用时：

借：生产成本　　710 000

　　制造费用　　213 000

　　销售费用　　284 000

　　管理费用　　142 000

　　在建工程　　71 000

　贷：应付职工薪酬——工资　　1 000 000

　　　　——职工福利费　　40 000

　　　　——社会保险费　　240 000

　　　　——住房公积金　　105 000

　　　　——工会经费　　20 000

　　　　——职工教育经费　　15 000

②从应付职工薪酬中扣还或代扣的各种款项如职工房租、代垫的职工家属医药费、个人所得税等时：

借：应付职工薪酬——工资

　贷：其他应收款——职工房租

其他应收款——代垫医药费

应交税费——应交个人所得税

③发放职工薪酬时：

借：应付职工薪酬——工资

贷：银行存款或库存现金

④ 按照国家规定向经办机构或管理机构缴纳社会保险费和住房公积金时：

借：应付职工薪酬——社会保险费

——住房公积金

贷：银行存款

⑤ 按规定用途使用职工福利费、工会经费与职工教育经费时：

借：应付职工薪酬——职工福利费

——工会经费

——职工教育经费

贷：银行存款或库存现金

七、应交税费的核算

（一）应交增值税的核算

增值税是指对销售货物、进口货物以及提供加工、修理修配劳务的增值部分征收的一种流转税。增值税的纳税人是指在我国境内销售货物、进口货物以及提供加工、修理修配劳务的单位和个人。

按照纳税人的经营规模及会计核算的健全程度，增值税的纳税人分为一般纳税人与小规模纳税人两类。小规模纳税人是指年应税销售额小于规定额度（从事货物生产或提供应税劳务的，年应税销售额为100万元；从事货物批发或零售的，年应税销售额为180万元），并且会计核算不健全的纳税人；年应税销售额超过规定额度的个人、非企业性单位，不经常发生应税行为的企业，视同小规模纳税人。

1. 一般纳税企业增值税的核算

增值税的计算有直接计算法和间接计算法两种。直接计算法是指先计算增值额，再根据增值额计算增值税。间接计算法是指从应税销售收入的应纳税款中扣除外购商品的已纳税款，从而求得货物新增价值部分应交纳的增值税，又称扣税法，我国现行增值税对一般纳税人采用扣税法计算。计算公式如下：

应交增值税 = 当期销项税额 - 当期进项税额

增值税为价外税，税率一般为17%，部分货物实行13%的低税率。扣税法下的销项税额应以不含税的销售额及规定的税率计算。

进项税额的抵扣，必须以合法的扣税凭证为依据。收购免税农产品（废旧物资），以相关凭证注明农产品买价及13%的扣除率计算进项税额；购进应税货物支付的运输费用，根据运费结算单据所列运费金额及7%的扣除率计算进项税额。

第三章第四节已介绍，我国采用国际上广泛使用的消费型增值税，企业购进固定资产所发生的增值税可以抵扣，但这里的固定资产不含房屋建筑物。

企业购进货物，须待货物验收入库后，才能申报抵扣进项税额；在途或待点验货物的进项税额当期不予抵扣。

企业购进货物用于免税项目、非应税项目、集体福利或个人消费等，所发生的进项税额不能抵扣；企业购进货物、加工的在产品和产成品等发生的非正常损失，所发生的进项税额不予抵扣。

为了核算企业应交增值税的发生、抵扣、交纳、退税及转出等情况，企业应设置"应交税费"账户，并在"应交税费"账户下设置"应交增值税"明细账户。在"应交增值税"明细账内，应设置"进项税额"、"销项税额"、"出口退税"、"进项税额转出"、"已交税金"等专栏。

【例2-4-5】新华公司为一般纳税企业，该企业5月份购入原材料一批，货款200 000元，增值税34 000元，款项已支付，材料已验收入库，原材料按实际成本计价核算。月内房屋建筑物维修领用原材料2 000元，其购入时支付的增值税340元，本月销售产品的收入为600 000元，增值税率为17%，款项尚未收到。本月以银行存款66 000元交纳增值税，该企业月初"应交税费——应交增值税"的贷方余额为5 000元。

① 购入原材料时：

借：原材料	200 000	
应交税费——应交增值税（进项税额）	34 000	
贷：银行存款		234 000

② 房屋建筑物维修领用原材料时，由于原材料改变用途，其购进时的进项税额不能抵扣，应从进项税额中转出：

借：在建工程	2 340	
贷：原材料		2 000
应交税费——应交增值税（进项税额转出）		340

③ 销售商品时：

借：应收账款	702 000	
贷：主营业务收入		600 000
应交税费——应交增值税（销项税额）		102 000

④ 交纳增值税时：

借：应交税费——应交增值税（已交税金）	66 000	
贷：银行存款		66 000

月末"应交税费"账户应交增值税明细账的余额为贷方7 340（5 000 + 2 340）元。

2. 小规模纳税企业增值税的核算

小规模纳税企业按照销售额和一定的征收率计算应交纳的增值税，不享有进项税额的抵扣权，其购进货物和接受应税劳务时支付的增值税，直接计入有关货物和劳务的成本。销售货物和提供应税劳务时只能使用普通发票，不得使用增值税专用发票。小规模纳税企业的增值税征收率为3%。小规模纳税企业应交增值税的计算公式如下：

$$应交增值税 = 不含税的销售额 \times 征收率$$

小规模纳税企业只需在"应交税费"账户下设置"应交增值税"明细账户，不需要在"应交增值税"明细账户中设置专栏。该账户贷方登记应交纳的增值税，借方登记已交纳的增值税，期末贷方余额为尚未交纳的增值税，借方余额为多交纳的增值税。

【例2-4-6】宏星工厂为小规模纳税人，原材料按实际成本计价核算，5月份购入原材料一批,货款 50 000 元,增值税 8 500 元,企业开出承兑的商业汇票,材料已验收入库。本月该企业销售产品的含税价格为 82 400 元,款存银行。以银行存款交纳增值税。

① 购入原材料时:

借:原材料　　58 500

　贷:应付票据　　58 500

② 销售商品时:

不含税的销售额 = 82 400 ÷ (1 + 3%) = 80 000(元)

应交增值税 = 80 000 × 3% = 2 400(元)

借:银行存款　　82 400

　贷:主营业务收入　　80 000

　贷:应交税费——应交增值税　　2 400

③ 交纳增值税时:

借:应交税费——应交增值税　　2 400

　贷:银行存款　　2 400

(二) 应交营业税的核算

营业税的纳税人是在我国境内提供应税劳务、出租或出售无形资产或销售不动产的单位和个人。其中:应税劳务是指金融保险业、服务业、交通运输业、建筑业、邮电通信业、文化体育业和娱乐业等行业的劳务,不包括加工、修理修配等劳务。

营业税以营业额作为计税依据,营业额是指纳税人提供应税劳务、出租或出售无形资产和销售不动产而向对方收取的全部价款和价外费用,税率从 3% 到 20% 不等。计算公式如下:

应纳税额 = 营业额 × 营业税税率

【例 2-4-7】某运输公司某月营运收入为 600 000 元,适用的营业税税率为 3%,该公司应交营业税的会计处理如下:

应交营业税 = 600 000 × 3% = 18 000(元)

借:营业税金及附加　　18 000

　贷:应交税费——应交营业税　　18 000

(三) 应交消费税的核算

消费税是对生产、委托加工及进口应税消费品(主要指烟、酒、饮料、高档次及高能耗的消费品)征收的一种税。

消费税并非在应税消费品的所有环节征收,而只在其生产、委托加工或进口环节实行单环节征税。消费税的计算有从价定率、从量定额两种方法,计算公式如下:

从价定率下的应纳消费税税额 = 销售额 × 税率

从量定额下的应纳消费税税额 = 销售数量 × 单位税额

计算公式中的销售额为纳税人销售应税消费品向购买方收取的全部价款及价外费用,如价外收取的基金、集资费、返还利润、违约金、手续费、包装费等,不包括向购买方收取的增值税款。

【例 2-4-8】新华公司销售摩托车 20 辆,每辆实际销售价格 7 020 元(含增值税),款已收讫。摩托车的增值税税率为 17%,消费税税率为 10%,单位制造成本为 3 500 元。

① 销售商品时：

不含增值税的销售额 = 7 020 × 20 ÷ (1 + 17%) = 120 000(元)

应交增值税 = 120 000 × 17% = 20 400(元)

借：银行存款　　140 400

　贷：主营业务收入　　120 000

　　　应交税费——应交增值税(销项税额)　　20 400

② 计算消费税时：

应交消费税税额 = 120 000 × 10% = 12 000(元)

借：营业税金及附加　　12 000

　贷：应交税费——应交消费税　　12 000

③ 结转已售产品制造成本时：

借：主营业务成本　　70 000

　贷：库存商品　　70 000

(四) 应交城市维护建设税的核算

城市维护建设税是以增值税、消费税、营业税为计税依据征收的一种税。其纳税人为交纳增值税、消费税、营业税的单位和个人，税率因纳税人所在地不同而异，分为7%、5%、1%三档。计算公式如下：

$$\text{应交城市维护建设税} = \left(\text{本期应交的增值税} + \text{本期应交的营业税} + \text{本期应交的消费税}\right) \times \text{适用税率}$$

企业计算出应交城市维护建设税时，借记“营业税金及附加”账户，贷记“应交税费——应交城市维护建设税”账户。

【例2-4-9】新华公司本期实际应上交增值税400 000元，消费税240 000元，营业税160 000元。该企业适用的城市维护建设税税率为7%。

① 计算应交的城市维护建设税时：

应交城市维护建设税 = (400 000 + 240 000 + 160 000) × 7% = 56 000(元)

借：营业税金及附加　　56 000

　贷：应交税费——应交城市维护建设税　　56 000

② 用银行存款上交城市维护建设税时：

借：应交税费——应交城市维护建设税　　56 000

　贷：银行存款　　56 000

(五) 应交教育费附加的核算

教育费附加以增值税、消费税、营业税为计算依据，计算公式如下：

$$\text{应交教育费附加} = \left(\text{本期应交的增值税} + \text{本期应交的营业税} + \text{本期应交的消费税}\right) \times \text{附加率}3\%$$

企业计算出教育费附加时，借记“营业税金及附加”账户，贷记“应交税费——应交教育费附加”账户。

【例2-4-10】资料见【例2-4-9】，新华公司在计算教育费附加时：

应交教育费附加 = (400 000 + 240 000 + 160 000) × 3% = 24 000(元)

借：营业税金及附加　　24 000

贷：应交税费——应交教育费附加　　24 000

八、债务重组的核算

债务重组是指债务人发生财务困难的情况下，债权人按照其与债务人达成的协议或法院的裁决作出让步的事项。债务重组有以下四种方式：① 以资产清偿债务。② 债务转为资本。③ 修改其他债务条件。④ 以上两种或两种以上方式的组合。企业因债务重组产生的收益计入"营业外收入——债务重组利得"账户，因债权重组产生的损失计入"营业外支出——债权重组损失"账户。

【例 2-4-11】大阳工厂因发生暂时性财务困难，无力支付新华公司 8 月 10 日到期的应付账款 160 000 元，经与新华公司协商进行债务重组，大阳工厂以产品抵偿新华公司债务。该产品的公允价值是 100 000 元，增值税税率是 17%，该产品成本为 80 000 元，假设这部分产品计提了存货跌价准备为 1 000 元，新华公司为债权计提了 3 000 元坏账准备。

大阳工厂账务处理如下：

借：应付账款—新华公司　　160 000
　贷：主营业务收入　　100 000
　　　应交税费——应交增值税（销项税额）　　17 000
　　　营业外收入——债务重组利得　　43 000
借：主营业务成本　　79 000
　　存货跌价准备　　1 000
　贷：库存商品　　80 000

新华公司账务处理如下：

借：库存商品　　100 000
　　应交税费——应交增值税（进项税额）　　17 000
　　坏账准备　　3 000
　　营业外支出——债权重组损失　　40 000
　贷：应收账款——大阳工厂　　160 000

第二节　长期负债的核算

一、长期负债概述

1. 长期负债的分类

长期负债是指偿还期在一年或超过一年的一个营业周期以上的债务，包括长期借款、长期应付债券、长期应付款和预计负债等。

长期负债按偿还方式，分为定期偿还的长期负债、分期偿还的长期负债；按是否有担保物，分为有担保物的长期负债、无担保物的长期负债。

2. 借款费用的处理方法

借款费用是指企业发生的、与借入资金相关的利息和其他费用，主要内容包括利息、应付债券溢价或折价的摊销、与举借债务相关的辅助费用、外币借款的汇兑差额等。

借款费用的处理原则是:企业发生的借款费用,可直接归属于符合资本化条件的资产购建或生产的,应当予以资本化,计入相关资产成本;其他借款费用,应当在发生时根据其发生额确认为费用,计入当期损益。借款费用的具体处理方法如下:

(1) 为购进或生产符合资本化条件的资产而发生的专门借款,在资产达到预定可使用或可销售状态之前发生的借款费用,予以资本化,计入所购建或生产的资产成本;在达到资产预定可使用或可销售状态之后发生的借款费用,作为财务费用计入当期损益。

(2) 不是用于购建或生产符合资本化条件所发生的借款费用,属于筹建期间发生的,作为开办费处理;属于正常经营过程中发生的,计入当期损益。

3. 借款费用资本化的条件

因专门借款而发生的借款费用,应当在同时具备下面三个条件时开始资本化:

(1) 资产支出已经发生。这里的资产支出只包括为购建或生产符合资本化条件的资产而以支付现金、转让非现金资产或承担带息债务形式发生的支出。

(2) 借款费用已经发生。

(3) 为使资产达到预定可使用或可销售状态所必要的购建或者生产活动已经开始。

4. 借款费用暂停资本化的时间

在建工程发生中断,借款费用应分两种情况进行处理:

(1) 中断时间较短(小于3个月,含3个月),从重要性原则考虑,不论其中断原因如何,中断期间所发生的借款费用继续资本化。

(2) 中断时间较长,则需视施工中断原因决定该期间的借款费用是否暂停资本化。

① 属于正常情况的中断,如中断是使购建的固定资产达到预定可使用状态所必需的程序,或者中断是由于可预见的不可抗力的因素如雨季或冰冻季节等影响造成,则中断期间所发生的借款费用继续资本化。

② 发生非正常中断如企业与施工方发生了工程质量纠纷,或工程用料没有及时供应,或资金周转发生了困难,或施工发生了安全事故等,并且中断时间连续超过3个月的,应当暂停借款费用的资本化,其中断期间发生的借款费用直接计入当期费用。

5. 借款费用资本化金额的确定

为购建或生产符合资本化条件的资产而借入专门借款的,应以专门借款当期实际发生的利息费用,减去尚未运用的借款资金存入银行取得的利息收入或进行暂时性投资取得的投资收益后的金额确定。上述资产的购建或生产占用了一般借款的,企业应当根据累计资产支出超过专门借款部分的资产支出加权平均数乘以所占用的一般借款的资本化率,计算确定一般借款应予资本化的利息金额。资产支出加权平均数的计算公式如下:

$$\begin{matrix}\text{资产支出}\\\text{加权平均数}\end{matrix}=\sum\left(\begin{matrix}\text{每笔资产}\\\text{支出金额}\end{matrix}\times\begin{matrix}\text{每笔资产支出}\\\text{实际占用的天数}\end{matrix}\div\begin{matrix}\text{会计期间}\\\text{涵盖的天数}\end{matrix}\right)$$

【例2-4-12】20××年1月1日新华公司动工兴建一栋办公楼,工期预计在2011年6月30日完工,工程采用出包方式,每季初支付工程进度款。工厂为建造办公楼于20××年1月1日专门借款2 000万元,借款期限为2年,年利率为6%。除上述专门借款外,该办公楼的建造还占用了工厂一笔一般借款,该借款于20××年7月1日取得,本金1 000万元,3年期,年利率8%。上述借款的利息按年支付。此外,对未用借款新华公司将其以活期存款形式存在银行,年利率 1.2%。

20××年度新华公司为建造该办公楼的支出金额如表 2-4-2 所示。

表 2-4-2

在建办公楼资产支出表

金额单位:万元

日　期	每期资产支出金额	资产累计支出金额	专门借款余额
1月1日	800	800	1 200
4月1日	900	1 700	300
7月1日	500	2 200	-200
10月1日	300	2 500	-500

根据上述资料,新华公司 20××年度应支付银行借款利息为:

2 000×6% +1 000×8% ÷2 =160(万元)

新华公司 20××年建办公楼借款利息资本化金额的计算如下:

① 专门借款利息资本化金额为:

专门借款利息资本化金额 =2 000×6% -(1 200 +300)×1.2% ÷4 =115.50(万元)

② 一般借款资本化金额:

一般借款的资产支出加权平均数 $=200\times\frac{80}{360}+500\times\frac{90}{360}=225$(万元)

应予资本化的一般借款利息金额 =225×8% =18(万元)

③ 办公楼应予资本化的借款利息为:

资本化借款利息 =115.50 +18 =133.50(万元)

新华公司应作如下会计分录:

借:在建工程	1 335 000	
财务费用	265 000	
贷:应付利息		1 600 000

如新华公司该项工程 4 月 1 日至 7 月 1 日因施工安全发生了非正常中断,4 月 1 日资产支出金额为 0,7 月 1 日资产支出金额为 1 400 万元。因为是非正常中断,且中断时间连续超过 3 个月,应当暂停借款费用的资本化,其中断期间发生的借款费用直接计入当期费用。则新华公司 20××年借款利息资本化金额计算如下:

资本化借款利息 =2 000×6% -2 000×6% ÷4 -1 200×1.2% ÷4 +18 =104.40(万元)

需要注意的是,在应予资本化的每一会计期间,企业借款费用的资本化金额不得超过当期相关借款实际发生的利息费用。

二、长期借款的核算

长期借款是指企业向银行或其他金融机构借入的期限在 1 年以上(不含 1 年)的各项借款。企业应设置"长期借款"总分类账户,并按贷款单位和贷款种类,分别"本金"、"利息调整"、"应计利息"等进行明细核算。企业从银行或其他金融机构取得长期借款时,借记

"银行存款"账户,贷记"长期借款——本金"账户;计算利息时,借记"财务费用"、"在建工程"账户,贷记"应付利息"、"长期借款——应计利息"账户;分期支付利息时,借记"应付利息",贷记"银行存款"账户;到期还本付息时,借记"长期借款——本金"、"应付利息"或"长期借款——应计利息"账户,贷记"银行存款"账户。

三、应付债券的核算

(一)应付债券概述

公司债券是企业依照法定程序发行,约定在一定期限内还本付息的有价证券。企业发行的偿还期超过一年的债券,构成长期负债,会计上作为"应付债券"核算。

公司债券按有无抵押分为抵押债券和信用债券,按是否记名分为记名债券和不记名债券,按还本方式分为一次还本债券和分期还本债券,按实际发行价格分为平价债券、溢价债券、折价债券。

企业发行债券时,若债券票面利率和市场利率相同,则按面值发行债券;若债券票面利率高于市场利率,则溢价发行债券;若债券票面利率低于市场利率,则折价发行债券。溢价对发行债券的企业来说,是为以后各期多付利息而预先取得的补偿;对购买债券的企业来说,则是为以后各期多得利息而预先付出的代价。折价对发行债券的企业来说,是为以后各期少付利息而预先付出的代价;对购买债券的企业来说,则是为以后各期少得利息而得到的预先补偿。

(二)应付债券的核算

为了全面地反映和监督企业应付债券的发行、计息、溢价折价的摊销及还本付息的情况,应设置"应付债券"账户。该账户的贷方登记应付债券的本金和利息,借方登记归还的债券本金和利息,期末贷方余额表示企业尚未归还的债券本金和利息。在"应付债券"账户下应设置"面值"、"利息调整"、"应计利息"三个明细账户。

企业发行债券时,按实际收到的全部价款借记"银行存款"账户,按债券面值贷记"应付债券——面值"账户,发生的溢价贷记"应付债券——利息调整"账户,发生的折价借记"应付债券——利息调整"账户。期末,企业应根据持有债券的面值和票面利率计算当期应计利息,计息时借记"在建工程"或"财务费用"账户,贷记"应付利息"或"应付债券——应计利息"账户。溢价分摊时,借记"应付债券——利息调整"账户,贷记"在建工程"或"财务费用"账户。折价分摊时,借记"在建工程"或"财务费用"账户,贷记"应付债券——利息调整"账户。实际工作中,债券计息和溢折价的摊销往往合并编制会计分录。

1. 债券按面值发行的核算

【例2-4-13】延中公司20××年1月1日以1 000 000元的价格发行四年期到期一次还本的债券,该债券票面利率和市场利率均为10%,面值总额为1 000 000元,债券的利息每半年支付一次,该债券筹集的资金用于购建固定资产。

① 发行债券时:

借:银行存款	1 000 000	
贷:应付债券——面值		1 000 000

② 每半年计息时:

借:在建工程	50 000	

贷：应付利息　　50 000

③ 支付利息时：

借：应付利息　　50 000

贷：银行存款　　50 000

④ 到期支付本金及利息时：

借：应付债券——面值　　1 000 000

应付利息　　50 000

贷：银行存款　　1 050 000

2. 债券溢价发行的核算

【例 2-4-14】若【例 2-4-13】中市场利率为6%，延中公司20××年1月1日以1 140 385元的价格溢价发行债券，其他情况不变。

① 发行债券时：

借：银行存款　　1 140 385

贷：应付债券——面值　　1 000 000

应付债券——利息调整　　140 385

② 每半年计息并摊销溢价时：

第三章第二节已作介绍，溢折价的摊销有直线法和实际利率法。直线法下溢价的摊销参见【例 2-3-4】，本例采用实际利率法。

实际利率法是将期初应付债券的摊余成本乘以实际利率，计算各期的实际利息费用；再与按面值及票面利率计算的各期应付利息比较，两者之差即为各期应分摊的溢价或折价额。按照会计准则，溢折价摊销应采用实际利率法。有关计算如下：

每期应付债券利息＝债券面值×票面利率

每期实际利息费用＝债券期初摊余成本×实际利率

每期分摊溢价或折价金额＝各期应付债券利息－当期实际利息费用

采用实际利率法分摊债券溢价的计算如表 2-4-3 所示。（计算结果保留至个位数，下同）

表 2-4-3

利息费用计算——实际利率法

金额单位：元

期数	应付利息 ①＝面值×5%	实际利息费用 ②＝上期⑤×3%	溢价摊销额 ③＝①－②	未摊销溢价 ④＝上期④－③	摊余成本⑤＝面值＋④ 或＝上期⑤－③
				140 385	1 140 385
1	50 000	34 212	15 788	124 597	1 124 597
2	50 000	33 738	16 262	108 335	1 108 335
3	50 000	33 250	16 750	91 585	1 091 585
4	50 000	32 748	17 252	74 333	1 074 333
5	50 000	32 230	17 770	56 563	1 056 563

续表

期数	应付利息 ①=面值×5%	实际利息费用 ②=上期⑤×3%	溢价摊销额 ③=①-②	未摊销溢价 ④=上期④-③	摊余成本⑤=面值+④ 或=上期⑤-③
6	50 000	31 697	18 303	38 260	1 038 260
7	50 000	31 148	18 852	19 408	1 019 408
8	50 000	30 592*	19 408	0	1 000 000
合计	400 000	259 615	140 385		

* 因计算尾差,最后一期利息费用系倒计求得。

第一个半年计息并摊销溢价时:

借:在建工程　　34 212

　　应付债券——利息调整　　15 788

　贷:应付利息　　50 000

第二个半年计息并摊销溢价时:

借:在建工程　　33 738

　　应付债券——利息调整　　16 262

　贷:应付利息　　50 000

由此可见,实际利率法下每次摊销溢价的金额不同,这里不再一一列出。

每期支付利息、到期支付本金及利息同【例 2-4-13】。

【例 2-4-15】若【例 2-4-13】中市场利率为 12%,延中公司 20××年 1 月 1 日以 937 890 元的价格折价发行债券,其他情况不变。

①发行债券时:

借:银行存款　　937 890

　　应付债券——利息调整　　62 110

　贷:应付债券——面值　　1 000 000

② 每年末计息并摊销折价时:

直线法下折价的摊销参见第三章第二节【例 2-3-5】,本例采用实际利率法摊销折价,采用实际利率法分摊债券折价的计算如表 2-4-4 所示。

表 2-4-4

利息费用计算——实际利率法

金额单位:元

期数	应付利息 ①=面值×5%	实际利息费用 ②=上期⑤×6%	折价摊销额 ③=①-②	未摊销折价 ④=上期④-③	摊余成本⑤=面值-④ 或=上期⑤+③
				62 110	937 890
1	50 000	56 273	6 273	55 837	944 163
2	50 000	56 650	6 650	49 187	950 813
3	50 000	57 049	7 049	42 138	957 862

续表

期数	应付利息 ①=面值×5%	实际利息费用 ②=上期⑤×6%	折价摊销额 ③=①-②	未摊销折价 ④=上期④-③	摊余成本⑤=面值-④ 或=上期⑤+③
4	50 000	57 472	7 472	34 666	965 334
5	50 000	57 920	7 920	26 746	973 254
6	50 000	58 395	8 395	18 351	981 649
7	50 000	58 899	8 899	9 452	990 548
8	50 000	59 452 *	9 452	0	1 000 000
合计	400 000	462 110	62 110		

* 因计算尾差,最后一期利息费用系倒计求得。

第一个半年计息并摊销折价时:

借:在建工程　　56 273

　贷:应付债券——利息调整　　6 273

　　应付利息　　50 000

第二个半年计息并摊销折价时:

借:在建工程　　56 650

　贷:应付债券——利息调整　　6 650

　　应付利息　　50 000

以后各期计息并摊销折价的分录不再列出,每期支付利息、到期支付本金及利息同【例2-4-13】。

四、长期应付款的核算

长期应付款主要包括采用补偿贸易方式引进国外设备价款、应付融资租入固定资产的租赁费等。采用补偿贸易方式引进设备时,企业可先取得设备,设备投产后,用其生产的产品偿还设备价款。融资租入固定资产实质上是以分期付款的方式取得资产,也是资产使用在前,款项支付在后。因此,上述两种方式下,企业尚未支付的设备价款和尚未支付的融资租赁费,形成企业的一项长期负债,会计上称为长期应付款。

长期应付款通过“长期应付款”账户核算,该账户贷方登记长期应付款发生数,借方登记长期应付款归还数,余额为尚未归还的长期应付款数。

五、或有负债和预计负债的核算

或有负债是企业过去的交易或事项形成的潜在义务,其存在须通过未来不确定事项的发生或不发生予以证实;或过去的交易或事项形成的现时义务,履行该义务不是很可能导致经济利益流出企业,或者该现时义务的金额不能可靠计量。

或有负债包括两类义务:一类是潜在义务;另一类是特殊的现时义务。

或有负债作为特殊的现时义务,其特殊性在于:该现时义务的履行不是很可能(大于0小于或等于50%)导致经济利益流出企业,或者该现时义务的金额不能可靠计量。

或有负债的特点：① 过去的交易或事项形成；② 结果具有不确定性；③ 结果只能由事项的未来发生或不发生来证实。

或有负债按其发生与企业自身行为的关系，可分为直接或有负债和间接或有负债两类。常见的直接或有负债有：① 追加税款；② 未决诉讼；③ 产品质量保证；④ 环境污染整治等。常见的间接或有负债有：① 已贴现的商业承兑汇票；② 提供债务担保；③ 应收账款抵借等。

企业不应当确认或有负债。如果或有负债对应的潜在义务转化为现时义务，又很可能导致经济利益流出企业，且该项负债的金额能够可靠计量，则企业应将该义务确认为一项负债，会计上称为预计负债。预计负债应同时具备以下三个条件：

（1）该义务是企业承担的现时义务，从而与作为潜在义务的或有负债相区别。

（2）该义务的履行很可能导致经济利益流出企业，这里的"很可能"指发生的可能性为"大于50%、小于或等于95%"。

（3）该义务的金额能够可靠地计量。

【例2-4-16】新华公司20××年8月将所持大通公司承兑的商业汇票向银行申请贴现，贴现期75天，该汇票到期值为200 000元。10月底，新华公司得知大通公司财务困难，估计无法偿付即将到期的票据款。

新华公司于10月底将已贴现的商业承兑汇票确认为预计负债时作会计分录如下：

借：应收账款——大通公司　　200 000

　贷：预计负债　　200 000

该汇票到期，新华公司将票款支付给贴现银行时：

借：预计负债　　200 000

　贷：银行存款　　200 000

第五章　所有者权益的核算

所有者权益是指企业资产扣除负债后由所有者享有的剩余权益。公司的所有者权益又称为股东权益。所有者权益的来源包括所有者投入的资产、直接计入所有者权益的利得和损失、留存收益等。所有者权益可分为实收资本(股本)、资本公积、盈余公积、未分配利润等部分。其中,盈余公积和未分配利润又统称为留存收益。

第一节　实收资本的核算

一、实收资本概述

实收资本亦称股本,是指投资者或股东按照企业章程,或者合同、协议的约定,实际投入企业的资本数额。它是投资者或股东对企业筹集注册资本的出资额,也是企业注册登记的法定资本总额的来源。

按照我国有关法律规定,投资者设立企业首先必须投入资本,各投资者或股东的出资额构成企业的资本总额,经工商行政管理部门认可后即为注册资本。如果投资者或股东一次足额缴付资本,企业的实收资本或股本与注册资本一致;有时投资者或股东是按企业生产经营不同阶段的需要分期投入资本,这样,在投资者或股东未足额缴付资本之前,实收资本或股本一般小于注册资本。企业增加或者减少注册资本,应当依法向企业登记机关办理变更登记。投资者或股东向企业投入的资本,由企业长期使用,除企业清算或按法律程序减资外,一般情况下不得抽回,如果抽逃资金,要受到相应的处罚。

根据《中华人民共和国公司法》(以下简称《公司法》)的有关规定,有限责任公司注册资本的最低限额为人民币 3 万元,公司全体股东的首次出资额不得低于注册资本的 20%,也不得低于法定注册资本的最低限额,其余部分由股东自公司成立之日起 2 年内缴足(投资公司可以在 5 年内缴足)。有限责任公司股东可以用货币出资,也可以用实物、知识产权、土地使用权等可以用货币估价并可以依法转让的非货币性资产作价出资。全体股东的货币出资金额不得低于有限责任公司注册资本的 30%。

根据我国《公司法》的规定,股份有限公司注册资本的最低限额为人民币 500 万元。股份有限公司的设立有两种方式:一是发起设立,即由发起人认购所有要发行的全部股份;二是募集设立,即由发起人认购一部分股份,剩余股份向社会公开募集或者向特定对象募集。在采用发起方式设立时,发起人的首次出资额不得低于注册资本的 20%,其余部分由发起人自公司成立之日起 2 年内缴足(投资公司可以在 5 年内缴足)。在采用募集方式设立时,发起人认购的股份不得低于股份总数的 35%。

股份有限公司最显著的特点就是将企业的全部资本划分为等额股份,并通过发行股票的方式来筹集资本。股票的面值与股份总数的乘积即为股本。根据《公司法》的规定,股本总额应等于企业的注册资本。

二、实收资本的核算

为了反映和监督投资者投入资本的增减变动情况,除股份有限公司以外,其他各类企业应设置"实收资本"账户。该账户的贷方登记企业收到的所有者投入企业的各种资产的价值,借方登记企业按法定程序减资时所减少的注册资本数额,期末贷方余额反映企业期末实收资本实有数额。

股份有限公司应设置"股本"账户,该账户贷方登记公司股本的增加数额,借方登记公司按照法定程序经批准减少的股本数额,期末贷方余额反映企业期末股本实有数额。

【例 2-5-1】新华公司由新盛、大华、大阳三个公司共同投资设立,注册资本为 10 000 000 元。根据出资协议,新盛公司以现金出资 5 100 000 元,款项已存入银行;大华公司以一套不需要安装的全新设备出资,协商确定的价值为 3 000 000 元;大阳公司以现金和一批原材料出资,出资现金 730 000 元已存入银行,该批原材料经确认的价值为 1 000 000 元,经税务部门认定应交增值税额为 170 000 元,大阳公司已开具了增值税专用发票。

借:银行存款	5 830 000	
固定资产	3 000 000	
原材料	1 000 000	
应交税费——应交增值税(进项税额)	170 000	
贷:实收资本——新盛公司		5 100 000
实收资本——大华公司		3 000 000
实收资本——大阳公司		1 900 000

【例 2-5-2】中远股份公司委托甲证券公司代理发行普通股 10 000 000 股,每股面值 1 元,每股发行价格 8 元。合同规定,中远股份公司按发行收入的 1% 向甲证券公司支付发行费用,从发行收入中抵扣。股票已发行成功,股款已划入中远股份公司的银行账户。

股份有限公司在核定的股本总额及核定的股份总额的范围内发行股票时,应在实际收到现金资产时进行会计处理,即按实际收到的款项,借记"银行存款"等账户,按每股面值和核定的股份总额的乘积,贷记"股本"账户,按其差额在扣除手续费、佣金等发行费用后,贷记"资本公积——股本溢价"账户。

中远公司发行股票实际收到的价款 $=8\times10\ 000\ 000\times(1-1\%)=79\ 200\ 000$(元)

中远公司应记入"资本公积"账户的金额 $=(8-1)\times10\ 000\ 000-8\times10\ 000\ 000\times1\%=69\ 200\ 000$(元)

借:银行存款	79 200 000	
贷:股本		10 000 000
资本公积——股本溢价		69 200 000

第二节　资本公积的核算

一、资本公积概述

资本公积是企业收到投资者的超出其在企业注册资本(或股本)中所占份额的投资,以及直接计入所有者权益的利得和损失等。资本公积包括资本溢价(或股本溢价)和直接计入所有者权益的利得和损失等。

二、资本公积的核算

为了反映企业资本公积的增减变动情况,企业应设置"资本公积"账户,该账户贷方核算资本公积的增加数额,借方核算资本公积的减少数额,期末贷方余额为企业资本公积结余数额。

1. 资本溢价或股本溢价

资本溢价是指投资者缴付企业的出资额大于其在企业注册资本中所占份额的数额。在企业有新的投资者加入时,由于企业进行正常生产经营后其资本利润率通常要高于企业初创阶段,另外,新投资者加入企业后对企业的内部积累如盈余公积、未分配利润等也要分享,所以,新加入的投资者往往要付出大于原投资者的出资额,才能取得与原投资者相同的出资比例。投资者投入的等于按其投资比例计算的出资额,应计入"实收资本"账户,大于部分应计入"资本公积"账户。

【例2-5-3】苏通公司原来由三个所有者投资组成,每一所有者投资2 000 000元,经营一年后,同意光明公司加入该企业,经协商企业将注册资本增加到8 000 000元,光明公司缴入2 500 000元拥有苏通公司25%的股份。在这种情况下,苏通公司收到光明公司投入的2 500 000元资本时,只能将2 000 000元作为实收资本入账,另外500 000元作为资本溢价,记入"资本公积"账户。其会计分录如下:

借:银行存款	2 500 000	
贷:实收资本——光明公司		2 000 000
资本公积——资本溢价		500 000

股本溢价是指股份有限公司溢价发行股票时实际收到的款项超过股票面值总额的数额。股份有限公司以发行股票的方式筹集股本,股票可以按面值发行,也可以按溢价发行,我国目前不准许折价发行。在按股票面值发行股票的情况下,企业发行股票取得的收入,应全部记入"股本"账户;在溢价发行股票的情况下,企业发行股票取得的收入,等于股票面值的部分记入"股本"账户,超出股票面值的溢价收入记入"资本公积"账户。股本溢价的会计处理,本章第一节已作了介绍。

2. 其他资本公积

其他资本公积是指除上述资本溢价(或股本溢价)项目以外所形成的资本公积,主要包括因各种原因直接计入所有者权益的利得和损失。如:

(1) 长期股权投资采用权益法核算的,在持股比例不变的情况下,被投资单位除净损益以外所有者权益的其他变动,企业按持股比例计算应享有的份额,增加或减少长期股权投资账面价值的同时,增加或减少资本公积。

(2)可供出售金融资产在持有期内,期末计价采用公允价值的,公允价值变动损益计入资本公积。

(3)企业将作为存货的房地产转换为采用公允价值模式计量的投资性房地产时,转换日的公允价值大于存货原账面价值的差额,计入资本公积。

【例2-5-4】新华公司年末可供出售金融资产的公允价值为300万元,账面价值为280万元。

借:可供出售金融资产——公允价值变动　　200 000
　贷:资本公积——其他资本公积　　200 000

【例2-5-5】新华公司持有明远公司30%的股份。明远公司20××年度直接计入所有者权益的利得与直接计入所有者权益的损失抵消后引起所有者权益净增加400万元。

新华公司按30%的持股比例计算出长期股权投资的调增额为120万元,账务处理如下:

借:长期股权投资——对明远公司投资(其他权益变动)　　1 200 000
　贷:资本公积——其他资本公积　　1 200 000

(三)资本公积使用的核算

根据我国《公司法》的有关规定,公司经股东大会或类似机构决议批准,可将资本公积用于转增资本(或股本)。公司以资本公积转增资本(或股本)时,应按各投资人的原出资比例,借记“资本公积——资本溢价”或“资本公积——股本溢价”科目,贷记“实收资本”或“股本”科目。

【例2-5-6】新华公司为一股份有限公司,经股东大会决议批准,将资本公积(股本溢价)500万元转增资本,在原注册资本中新盛、大华、大阳三个公司所占比例分别为51%、30%、19%。该公司按法定程序已办完增资手续。新华公司编制会计分录如下:

借:资本公积——股本溢价　　5 000 000
　贷:股本——大华公司　　2 550 000
　　　　——大通公司　　1 500 000
　　　　——大阳公司　　950 000

第三节　留存收益的核算

一、留存收益概述

留存收益是指公司历年生产经营活动中实现净利润的留存额。公司创造的净利润,一部分以股利的方式分派给股东,作为股东进行风险投资的回报;一部分则留存下来,用于扩大生产经营规模,以便在今后为股东创造出更多的利润,或者用于建立风险基金,弥补将来可能出现的亏损。在我国,留存收益包括盈余公积和未分配利润。

二、留存收益的核算

1. 盈余公积的核算

盈余公积金是公司从当年所得税后利润中提取的留在企业中具有专门用途的部分。盈余公积金分为法定盈余公积金和任意盈余公积金。法定盈余公积金是根据国家有关法律法规的要求和规定的比例从当年净利润中提取的，我国《公司法》规定，公司制企业应当按照净利润的10%提取法定盈余公积，非公司制企业根据需要按不低于10%的比例提取，法定盈余公积金累计金额达到注册资本的50%时可以不再提取。任意盈余公积金由公司章程或股东大会决议提取和使用。

企业提取的盈余公积金可用于弥补亏损、转增资本，股份有限公司还可以按照股东大会决议发放股利。盈余公积金弥补亏损、转增资本和发放现金股利或利润时，以弥补亏损、转增资本和发放现金股利或利润后的余额不得低于注册资本的25%为限。

为了反映和监督盈余公积的提取和使用等增减变动情况，公司应设置"盈余公积"账户，并在"盈余公积"账户下设置"法定盈余公积"和"任意盈余公积"两个明细账户。该账户贷方登记企业按照规定提取的各项盈余公积的数额，借方登记企业将盈余公积用于弥补亏损、转增资本以及分配股利而减少盈余公积的数额，期末贷方余额表示企业提取尚未转出的盈余公积结存数。

企业提取各项盈余公积时，借记"利润分配——提取法定盈余公积"、"利润分配——提取任意盈余公积"账户，贷记"盈余公积——法定盈余公积"、"盈余公积——任意盈余公积"账户。企业用盈余公积弥补亏损，应借记"盈余公积"账户，贷记"利润分配"账户，但在账务处理上并不直接贷记"利润分配"账户下的"未分配利润"明细账户，而是记入"利润分配"账户下的"盈余公积补亏"明细账户的贷方，结转"利润分配"账户时再从"盈余公积补亏"明细账户的借方转入"未分配利润"明细账户的贷方。企业用提取的盈余公积转增资本时，应按照批准的转增资本数额，借记"盈余公积"账户，贷记"实收资本"账户。企业经股东大会或类似机构决议，用盈余公积分配现金股利或利润时，应借记"盈余公积"账户，贷记"应付股利"等账户。

【例2-5-7】经股东大会批准，红星公司用以前年度提取的法定盈余公积弥补当期亏损，当期弥补亏损的数额为500 000元。

① 记入"利润分配——盈余公积补亏"明细账户时：

借：盈余公积——法定盈余公积	500 000	
贷：利润分配——盈余公积补亏		500 000

② 结转"利润分配——未分配利润"明细账户时：

借：利润分配——盈余公积补亏	500 000	
贷：利润分配——未分配利润		500 000

【例2-5-8】新华公司经股东大会批准，在本期将法定盈余公积600 000元用于转增资本，在原注册资本中新盛、大华、大阳三个公司所占比例分别为51%、30%、19%。编制会计分录如下：

借：盈余公积——法定盈余公积	600 000	
贷：实收资本——新盛公司		306 000

实收资本——大华公司 180 000

实收资本——大阳公司 114 000

【例2-5-9】华通公司按10送2的方案用盈余公积发放股票股利,参照股票市价确定的派送价格为每股13元,股票面值为1元,发放股票股利前的普通股总数为1 000万股。本次发放股票股利总数为200万股。在发放股票股利所需的资金中,1 800万元来源于法定盈余公积,800万元来源于任意盈余公积。则该公司应作以下会计分录:

借:盈余公积——法定盈余公积 18 000 000

——任意盈余公积 8 000 000

贷:股本——普通股 2 000 000

资本公积——股本溢价 24 000 000

【例2-5-10】华通公司经股东大会决议,决定用任意盈余公积分派现金股利,金额为50万元。应作如下会计分录:

借:盈余公积——任意盈余公积 500 000

贷:应付股利 500 000

2. 未分配利润的核算

未分配利润是企业实现的净利润经过弥补亏损、提取盈余公积和向投资者分配利润后留存在企业的、历年结存的利润,它是企业所有者权益的组成部分,通过"利润分配——未分配利润"明细账户进行核算。"利润分配——未分配利润"账户的借方登记转入的本年亏损额,以及"利润分配"账户下其他有关明细账户转入的金额,贷方登记转入的本年利润额以及"利润分配"账户其他有关明细账户转入的金额。"利润分配——未分配利润"账户的余额如果在贷方,即为累积未分配利润;如果在借方,即为累积未弥补亏损。对于未弥补亏损可以用以后年度实现的税前利润进行弥补,但弥补期限不得超过五年。

企业计提盈余公积及未分配利润的核算将在第六章第四节举例介绍。

第六章　收入、费用和利润的核算

第一节　收入的核算

一、收入的定义及分类

收入是指企业在日常活动中所形成的、会导致所有者权益增加的、与所有者投入资本无关的经济利益的总流入。

（一）收入按企业从事日常活动的性质，可分为销售商品收入、提供劳务收入和让渡资产使用权等取得的收入

1. 销售商品的收入

销售商品收入是指企业通过销售商品实现的收入，如工业企业制造并销售产品、商业企业销售商品等实现的收入。

2. 提供劳务的收入

提供劳务收入是指企业通过提供劳务实现的收入，如咨询公司提供咨询服务、广告公司提供广告服务、软件开发公司为客户开发软件等实现的收入。

3. 让渡资产使用权的收入

让渡资产使用权收入是指企业通过让渡资产使用权实现的收入，如商业银行对外贷款、租赁公司出租资产等所实现的收入。

（二）收入按企业经营业务的重要性不同，可分为基本业务收入与其他业务收入两类

1. 基本业务收入

基本业务收入又称主营业务收入，是企业主体业务活动产生的收入，如工业企业的产品销售收入、商业企业的商品销售收入、商业银行的利息收入、安装公司的安装收入等。基本业务收入在企业的营业收入中占有较大比重，对企业损益的形成有较大影响。

2. 其他业务收入

其他业务收入是指主营业务以外，企业附带经营的业务产生的收入，如工商企业出租资产的租金收入，提供运输、修理等服务收入。附营业务收入在企业的营业收入中所占比重一般不大，相对居于次要地位。

二、销售商品收入的核算

（一）销售商品收入的确认与计量

企业在销售商品时，确认收入的条件是：① 企业已将商品所有权上的风险和报酬转移给购货方；② 企业既没有保留通常与所有权相联系的继续管理权，也没有对已售出的商品实施控制；③ 收入的金额能够可靠地计量；④ 相关的经济利益很可能流入企业；⑤ 相关的

已发生或将发生的成本能够可靠地计量。企业销售商品只有同时符合所规定的上述五个确认条件时,才能予以确认。

销售商品收入的金额应根据企业与购货方签订的合同或协议金额确定。无合同或协议的,销售商品收入的金额应根据购销双方都能同意或接受的价格确定,但不包括企业为第三方或客户代收的一些款项。

企业在确定销售商品收入的金额时,不应考虑预计可能发生的现金折扣、销售折让。现金折扣实际上是企业为了尽快回笼资金而发生的理财费用,应在实际发生时计入当期财务费用。销售折让是企业因售出商品质量不合格等原因而在售价上给予的减让,应在实际发生时冲减当期销售收入。除了现金折扣与销售折让外,企业还可能为客户提供商业折扣,商业折扣不构成最终成交价格的一部分,销售商品收入的金额应是扣除商业折扣后的净额。

(二) 销售商品收入的会计处理

1. 一般销售商品业务的会计处理

为了进行销售商品业务的核算,企业应设置"主营业务收入"、"主营业务成本"等账户。

销售商品收入在确认时,应按确定的收入金额与应收取的增值税,借记"应收账款"、"应收票据"、"银行存款"等账户,按应收取的增值税,贷记"应交税费——应交增值税(销项税额)"账户,按确定的收入金额,贷记"主营业务收入"账户;同时,按销售商品的实际成本,借记"主营业务成本"等账户,贷记"库存商品"等账户。

【例 2-6-1】新华公司 12 月 5 日销售给大华工厂 A 产品一批共 4 500 台,每台售价 200 元,单位成本 150 元,增值税税率为 17%,企业开出支票代垫运费 8 000 元。企业已向银行办理了托收手续。

① 销售实现时:

借: 应收账款	1 061 000	
贷: 主营业务收入		900 000
应交税费——应交增值税(销项税额)		153 000
银行存款		8 000

② 结转成本时:

借: 主营业务成本	675 000	
贷: 库存商品		675 000

对于企业在销售收入确认之后发生的销售折让,应在实际发生时冲减发生当期的收入,发生销售折让时,如按规定允许扣减当期销项税额的,应同时用红字冲减"应交税费——应交增值税"账户的"销项税额"专栏。但是,如果发生销售折让时,企业尚未确认销售商品收入,则应直接按扣除折让后的金额确认销售商品收入。

【例 2-6-2】新华公司 12 月 8 日销售给延中公司 A 产品 1 500 台,每台售价为 200 元,单位成本 150 元,增值税税率为 17%。增值税发票上的售价为 300 000 元,增值税税额为 51 000元。12 月 15 日货到后,延中公司认为 A 产品外观存在问题,要求在价格上给予 5% 的折让。经查明,延中公司提出的销售折让要求符合原合同的约定,新华公司同意给予 5% 的销货折让并办妥了相关手续。12 月 18 日,款项收讫存入银行。

① 销售实现时:

借: 应收账款	351 000	

贷：主营业务收入　　300 000

　　应交税费——应交增值税(销项税额)　　51 000

② 结转成本时：

借：主营业务成本　　225 000

　贷：库存商品　　225 000

③ 发生销售折让时：

借：主营业务收入　　15 000

　贷：应收账款　　17 550

　　应交税费——应交增值税(销项税额)　　[2 550]

④ 实际收到款项时：

借：银行存款　　333 450

　贷：应收账款　　333 450

企业销售商品除了可能发生销售折让外，还有可能发生销售退回。销售退回是指企业售出的商品由于质量、品种不符合要求等原因而发生的退货。销售退回可能发生在企业确认收入之前，这种处理比较简单，只需将发出商品的成本转回“库存商品”账户。如企业确认收入后，又发生销售退回的，不论是当年销售的，还是以前年度销售的，一般均应冲减退回当月的销售收入，同时冲减退回当月的销售成本；企业发生销售退回时，如按规定允许扣减当期销项税额的，应同时用红字冲减“应交税费——应交增值税”账户的“销项税额”专栏。

【例 2-6-3】新华公司 2010 年 12 月 20 日销售给大明公司 A 产品 1 000 台，每台售价 200 元，单位成本 150 元，增值税率为 17%。增值税发票上的售价为 200 000 元，增值税额为 34 000 元。大明公司于 12 月 27 日付款。2011 年 3 月 15 日，该批产品因质量出现严重问题被退回，新华公司同意并办妥了有关手续，并将所收货款退回。新华公司应作如下会计分录：

① 2010 年 12 月 20 日销售实现时：

借：应收账款　　234 000

　贷：主营业务收入　　200 000

　　应交税费——应交增值税(销项税额)　　34 000

借：主营业务成本　　150 000

　贷：库存商品　　150 000

② 2010 年 12 月 27 日收到货款时：

借：银行存款　　234 000

　贷：应收账款　　234 000

③ 2011 年 3 月 15 日销售退回时：

借：主营业务收入　　200 000

　贷：银行存款　　234 000

　　应交税费——应交增值税(销项税额)　　[34 000]

借：库存商品　　150 000

　贷：主营业务成本　　150 000

2. 分期收款销售的会计处理

分期收款销售是指商品一次交付、货款分期收回的一种销售方式。其特点是所售的商品价值较大，如房产、汽车、重型设备等；收款期较长（通常超过3年），相应地，收回货款的风险比较大。分期收款销售，实质是销货方向购货方提供免息的信贷。对这种融资性质的销售业务，企业应按照合同或协议规定的应收金额的公允价值（一般为商品现销价格）确定收入金额；应收金额与其公允价值的差额，在合同或协议期间内进行摊销，冲减当期财务费用。

采用分期收款销售方式的企业，应设置"长期应收款"、"未实现融资收益"等账户。企业采用分期收款销售方式在确认收入时，应按应收合同或协议价款，借记"长期应收款"账户，按应收合同或协议价款的公允价值（折现值），贷记"主营业务收入"账户，按其差额贷记"未实现融资收益"账户。结转发出商品实际成本时，借记"主营业务成本"账户，贷记"库存商品"账户。收款时借记"银行存款"账户，贷记"长期应收款"账户。分摊未实现融资收益时，借记"未实现融资收益"账户，贷记"财务费用"账户。

【例2-6-4】20××年1月3日，新华公司采用分期收款方式向大华工厂销售大型设备一套，合同约定销售价格为2 000万元，分5年于每年12月31日等额收取。该大型设备成本为1 560万元。现销方式下，该设备的销售价格为1 600万元。新华公司发出商品时开出增值税专用发票，注明的增值税税额为340万元，增值税税额于销售设备时全额收现。

根据上述资料，新华公司的会计处理如下：

① 新华公司应当确认的销售商品收入为1 600万元，企业于20××年年初确认销售实现时：

借：长期应收款	20 000 000	
银行存款	3 400 000	
贷：主营业务收入		16 000 000
未实现融资收益		4 000 000
应交税费——应交增值税（销项税额）		3 400 000

同时结转销售成本：

借：主营业务成本	15 600 000	
贷：库存商品		15 600 000

② 新华公司采用实际利率法分摊应收金额与其公允价值的差额即未实现融资收益400万元，用插值法计算出折现率即实际利率为7.93%。每期分摊的未实现融资收益如表2-6-1所示。

表2-6-1

新华公司分期收款销售未实现融资收益计算表

20××年12月　　　　金额单位：元

期数	各期收款 ①	确认融资收入 ②＝上期④×7.93%	已收本金 ③＝①－②	摊余金额 ④＝上期④－本期③
				16 000 000
1	4 000 000	1 268 800	2 731 200	13 268 800

续表

期数	各期收款 ①	确认融资收入 ② = 上期④ ×7.93%	已收本金 ③ = ① - ②	摊余金额 ④ = 上期④ - 本期③
2	4 000 000	1 052 216	2 947 784	10 321 016
3	4 000 000	818 457	3 181 543	7 139 473
4	4 000 000	566 160	3 433 840	3 705 633
5	4 000 000	294 367 *	3 705 633	0
合 计	20 000 000	4 000 000	16 000 000	

* 因计算尾差,最后一期融资收入系倒计求得。

③ 20 × × 年 12 月末,收到本期货款 4 000 000 元时:

借:银行存款 4 000 000

贷:长期应收款 4 000 000

④ 同时,应分摊融资收益 1 268 800 元,冲减当期财务费用,分摊融资收益时:

借:未实现融资收益 1 268 800

贷:财务费用 1 268 800

以后各期收款的会计分录相同,分摊融资收益的账务处理虽金额不同,但会计科目相同,这里不再一一列出。

未实现融资收益还可采用直线法进行摊销,即按收账期平均摊销。为了简化核算,在采用实际利率法与直线法摊销两者摊销结果相差不大的情况下,可采用直线法摊销。

三、提供劳务收入的核算

(一) 提供劳务收入的确认与计量

提供劳务的种类很多,如旅游、运输、饮食、广告、咨询、代理、培训、产品安装等。有的劳务一次就能完成,且一般为现金交易,如饮食、理发、照相等;有的劳务需要花费一段较长的时间才能完成,如安装、旅游、培训、远洋运输等。企业应根据劳务完成时间的不同,分别下列情况确认劳务收入:

(1) 在同一会计期间内开始并完成的劳务,应在劳务完成时确认收入,确认的金额为合同或协议总金额,确认原则可参照销售商品收入的确认原则。

(2) 如劳务的开始和完成分属不同的会计期间,在提供劳务交易的结果能作出可靠估计的情况下,应当在资产负债表日按完工百分比法确认收入。完工百分比法是指按照劳务的完成程度确认收入和费用的方法。当以下条件均能满足时,劳务交易的结果能够可靠地估计:

① 收入的金额能够可靠地计量;

② 相关的经济利益很可能流入企业;

③ 交易的完工进度能够可靠地确定;

④ 交易中已发生和将发生的成本能够可靠地计量。

(3) 如劳务的开始和完成分属不同的会计期间,且企业在资产负债表日提供劳务交易结果不能可靠估计的,即不能同时满足上述四个条件的,企业不能采用完工百分比法确认提

供劳务收入。此时,企业应当正确预计已经发生的劳务成本能否得到补偿,分别按下列情况处理:

① 已经发生的劳务成本预计全部能够得到补偿的,应按已收或预计能够收回的金额确认提供劳务收入,并结转已经发生的劳务成本;

② 已经发生的劳务成本预计只能部分得至补偿的,应按已收或预计能够得到补偿的劳务成本金额确认提供劳务收入,并结转已经发生的劳务成本;

③ 已经发生的劳务成本预计全部不能得到补偿的,应将已经发生的劳务成本计入当期损益,不确认提供劳务收入。

(二) 提供劳务收入的会计处理

1. 劳务完成时确认收入的会计处理

对于一次就能完成的劳务,企业应在提供劳务完成时确认收入及相关成本,,借记“应收账款”、“银行存款”等账户,贷记“主营业务收入”、“其他业务收入”等账户;对于发生的有关支出,借记“主营业务成本”、“其他业务成本”等账户,贷记“银行存款”等账户。

对于持续一段时间但在同一会计期间内开始并完成的劳务,企业应在为提供劳务发生相关支出时确认劳务成本,借记“劳务成本”账户,劳务完成时再确认劳务收入,并结转相关劳务成本,借记“主营业务成本”、“其他业务成本”等账户,贷记“劳务成本”账户。

【例 2-6-5】某企业于 20××年 3 月 10 日接受一项设备安装任务,该安装任务可一次完成,合同总收入 16 000 元,实际发生成本 12 000 元。安装业务属于该企业的主营业务。企业应在安装完成时作如下分录:

① 确认所提供劳务的收入:

借:银行存款(或应收账款)　　16 000

　贷:主营业务收入　　16 000

② 发生并确认有关成本费用:

借:主营业务成本　　12 000

　贷:银行存款等　　12 000

若上述安装任务需花费一段时间(不超过本会计期间)才能完成,则应在发生有关支出时:

借:劳务成本　　12 000

　贷:银行存款等　　12 000

待安装完成确认所提供劳务的收入并结转该项劳务总成本时:

借:银行存款(或应收账款)　　16 000

　贷:主营业务收入　　16 000

借:主营业务成本　　12 000

　贷:劳务成本　　12 000

2. 按完工百分比法确认收入的会计处理

对于预收的款项,应借记“银行存款”账户,贷记“预收账款”或“应收账款”账户;对于所发生的成本,借记“劳务成本”账户,贷记“银行存款”等账户;确认本期的劳务收入时,按确定的金额借记“预收账款”、“应收账款”或“银行存款”账户,贷记“主营业务收入”账户;确认本期的费用时,按确定的金额借记“主营业务成本”账户,贷记“劳务成本”账户。

完工百分比法下,劳务收入和相关的费用应按下列公式计算:

本期确认的收入 = 劳务总收入 × 本期末止劳务的完成程度 − 以前期间已确认的收入

本期确认的费用 = 劳务总成本 × 本期末止劳务的完成程度 − 以前期间已确认的费用

在劳务总收入和总成本能够可靠计量的情况下,关键是确定劳务的完成程度。企业应根据所提供劳务的特点,选择确定劳务完成程度的方法,包括通过对已经完成的工作或工程的测量确定完成程度,或按已经提供的劳务量(如已完成的工作时间)占应提供劳务总量(如完成此项劳务所需的总的工作时间)的百分比确定完成程度,或按已经发生的成本占估计总成本的百分比确定完成程度。

【例2-6-6】某企业于20××年10月1日为客户研制一项软件,工期为5个月,合同总收入600 000元,至12月末已发生成本270 000元(设均为开发人员薪酬),预收账款375 000元。预计开发完成该项软件的总成本为375 000元。经专业测量师测量,至当年末软件的开发程度为70%。该企业应作如下会计处理:

① 发生成本时:

借:劳务成本　　270 000

　贷:应付职工薪酬　　270 000

② 预收款项时:

借:银行存款　　375 000

　贷:预收账款　　375 000

③ 确认该项劳务的本期收入和费用:

按软件的开发程度确定完成程度,该企业当年应确认的收入为:

600 000×70% −0 =420 000(元)

当年应确认的费用为:

375 000 ×70% −0 =262 500(元)

借:预收账款　　420 000

　贷:主营业务收入　　420 000

借:主营业务成本　　262 500

　贷:劳务成本　　262 500

四、让渡资产使用权所取得收入的核算

让渡资产使用权收入主要包括利息收入和使用费收入两类。使用费收入主要指让渡无形资产使用权的使用费收入,出租资产收取的租金、进行债权投资收取的利息、进行股权投资取得的现金股利,也构成让渡资产使用权收入。

让渡资产使用权收入同时满足下列条件的,才能予以确认:一是相关的经济利益很可能流入企业;二是收入的金额能够可靠地计量。

让渡资产使用权所取得收入的有关例题,参见本篇第三章第五节。

第二节 费用的核算

一、费用的概念

费用是企业在日常活动中发生的、会导致所有者权益减少的、与向所有者分配利润无关的经济利益的总流出，主要包括营业成本和期间费用。

1. 营业成本

营业成本包括主营业务成本（产品或商品销售成本、提供劳务成本）和其他业务成本。

主营业务成本是指企业在销售商品、提供劳务及让渡资产使用权等日常活动中所发生的各种耗费。以制造业为例，主营业务成本即所售产品完工时的制造成本，一般包括以下几项内容：

（1）直接材料。指企业在生产产品和提供劳务过程中所消耗的，直接用于产品生产，构成产品实体的原料及主要材料、外购半成品、修理用备件、包装物、有助于产品形成的辅助材料以及其他直接材料费用。

（2）直接人工。指企业在生产产品和提供劳务过程中发生的，直接从事产品生产的职工薪酬。

（3）其他直接费用。指企业发生的除直接材料费用和直接人工费用以外的，与生产商品或提供劳务有直接关系的费用。直接费用应当根据实际发生数进行核算，并按照成本计算对象进行归集，直接计入产品的生产成本。

（4）制造费用。指企业为生产产品和提供劳务而发生的各项间接费用，包括职工薪酬、折旧费、修理费、办公费、水电费、物料消耗、劳动保护费、季节性和修理期间的停工损失等。但不包括企业行政管理部门为组织和管理生产经营活动而发生的管理费用。

其他业务成本是指为取得其他业务收入而发生的相应支出，包括销售材料、提供劳务、出租资产等而发生的相关成本、费用。

2. 期间费用

期间费用是指企业在当期发生的、不能直接归入某种产品的、直接计入损益的各项费用。期间费用包括销售费用、管理费用和财务费用。

二、生产成本的核算

1. 生产成本核算的一般程序

（1）区分应计入产品成本的费用和不应计入产品成本的费用；

（2）将应计入本期产品成本的各种费用在各种产品之间进行归集和分配，计算出各种产品成本；

（3）对既有完工产品又有在产品的产品，采用一定的方法计算出该种完工产品的成本。

2. 生产成本的会计处理

为了核算企业进行工业性生产发生的各项生产费用的归集、分配、结转情况，企业应设置“生产成本”、“制造费用”等账户。

企业发生的各项生产费用,应按成本核算对象分别归集。对于发生的能直接归属于特定成本核算对象的直接材料、直接人工等直接费用,直接计入生产成本,借记"生产成本"账户,贷记"银行存款"、"原材料"、"应付职工薪酬"等账户;对于发生的无法直接判断其应归属的成本核算对象的间接费用,先在制造费用中归集,借记"制造费用"账户,贷记"银行存款"、"原材料"、"应付职工薪酬"、"累计折旧"等账户,月度终了再采用一定的方法在各成本核算对象之间进行分配,计入各成本核算对象的成本,借记"生产成本"账户,贷记"制造费用"账户。

企业已经生产完成并验收入库的产成品,应于月度终了,按实际成本借记"库存商品"等账户,贷记"生产成本"账户。

三、期间费用的核算

1. 销售费用的核算

销售费用是指企业在销售商品、提供劳务和让渡资产使用权过程中发生的各项费用以及专设销售机构的各项经费。包括运输费、装卸费、包装费、保险费、展览费、广告费、租赁费(不包括融资租赁费)以及为销售本企业商品而专设的销售机构(含销售网点、售后服务网点等)的职工薪酬、业务费、折旧费等费用。

为了反映和监督销售费用的发生和结转情况,企业应设置"销售费用"账户。企业发生的各项销售费用,借记"销售费用"账户,贷记"库存现金"、"银行存款"、"应付职工薪酬"等账户。期末,应将"销售费用"账户余额转入"本年利润"账户,借记"本年利润"账户,贷记"销售费用"账户。

2. 管理费用的核算

管理费用是指企业为组织和管理生产经营活动所发生的费用,包括企业的董事会和行政管理部门在企业的经营管理中发生的,或者应由企业统一负担的公司经费(包括行政管理部门职工薪酬、修理费、物料消耗、办公费和差旅费等)、工会经费、聘请中介机构费、咨询费(含顾问费)、诉讼费、业务招待费、房产税、车船使用税、土地使用税、印花税、技术转让费、矿产资源补偿费、无形资产摊销、职工教育经费、研究与开发费、排污费、存货盘亏或盘盈(不包括应计入营业外支出的存货损失)等费用。

为了反映和监督管理费用的发生和结转情况,企业应设置"管理费用"账户。企业发生各项管理费用时,借记"管理费用"账户,贷记"库存现金"、"银行存款"、"原材料"、"应付职工薪酬"、"累计折旧"、"累计摊销"、"应交税费"等账户。期末,应将"管理费用"账户余额转入"本年利润"账户,借记"本年利润"账户,贷记"管理费用"账户。

3. 财务费用的核算

财务费用是指企业为筹集生产经营所需资金等而发生的费用,包括应作为期间费用的利息支出(减利息收入)、汇兑损失(减汇兑收益)、金融机构手续费以及筹集生产经营资金发生的其他费用等。

为了反映和监督企业财务费用的发生和结转情况,企业应设置"财务费用"账户。企业发生各项财务费用时,借记"财务费用"账户,贷记"银行存款"、"应付利息"等账户;企业发生利息收入、汇兑收益时,借记"银行存款"等账户,贷记"财务费用"账户。期末,应将"财务费用"账户余额转入"本年利润"账户,借记"本年利润"账户,贷记"财务费用"账户。

第三节 所得税的核算

我国会计准则规定,企业所得税的会计处理采用资产负债表债务法。资产负债表债务法是从资产负债表出发,比较期末资产负债表上列示的资产、负债按照企业会计准则规定确定的账面价值与按照税法规定确定的计税基础,对于两者之间的差异作为暂时性差异,根据暂时性差异确认递延所得税资产或递延所得税负债;同时按税法规定计算当期应交的所得税;在此基础上确认每一期间利润表上的所得税费用。

一、资产、负债的计税基础与暂时性差异

(一)资产的计税基础

资产的计税基础是指企业在收回资产账面价值的过程中,计算应纳税所得额时按照税法规定可从应税经济利益中抵扣的金额,也即某项资产在未来期间计税时可在税前扣除的金额。计税基础是从纳税角度考虑,假设企业按照税法规定进行核算所提供的资产负债表中资产、负债应有的金额。就资产而言,初始确认时,其计税基础一般为取得成本。在资产持续持有过程中,可在未来期间税前扣除的金额是指资产的取得成本减去以前期间按照税法规定已在税前扣除的累计金额后的余额。由此可得:

资产项目的计税基础 = 资产的取得成本 - 以前期间按照税法规定已在税前扣除的累计金额

(二)负债的计税基础

负债的计税基础是指负债的账面价值减去未来期间计算应纳税所得额时按照税法规定可予抵扣的金额。一般情况下,负债的确认与偿还不影响企业损益,也不会影响其应纳税所得额,未来期间计算应纳税所得额时按照税法规定可予抵扣的金额为零。但在某些情况下,某些负债如预收账款、预计负债等的确认可能会影响企业的损益,进而影响不同期间的应纳税所得额,使得其计税基础与账面价值之间产生差额。负债项目计税基础的计算公式如下:

负债项目的计税基础 = 账面价值 - 未来清偿期间可在税前扣除的金额

(三)暂时性差异

暂时性差异是指资产、负债的账面价值与其计税基础之间的差异。前已述及,账面价值是指资产、负债按照企业会计准则规定核算的结果,也即资产负债表上的期末金额;计税基础则是指资产、负债按照税法规定核算的结果,即从税法的角度来看,企业持有的有关资产、负债在期末的应有金额。

资产、负债项目的暂时性差异 = 资产、负债各自的账面价值 - 资产、负债各自的计税基础

暂时性差异分为应纳税暂时性差异、可抵扣暂时性差异两种。

1. 应纳税暂时性差异

应纳税暂时性差异是指在确定未来收回资产或清偿负债期间的应纳税所得额时,将产生应税金额的暂时性差异;该差异在未来期间转回时,会增加转回期间的应纳税所得额和应

交所得税。应纳税暂时性差异产生于以下情况：

（1）资产的账面价值大于其计税基础。一项资产的账面价值代表的是企业在持续使用及最终出售该项资产时会取得的经济利益的总额，而计税基础代表的是一项资产在未来期间可予税前扣除的总金额。资产的账面价值大于其计税基础，该项资产未来期间产生的经济利益不能全部税前抵扣，两者之间的差额需要缴税，产生应纳税暂时性差异。

【例2-6-7】新华公司某环保用固定资产原值300万元，预计使用10年，净残值为0。会计上采用年限平均法计提折旧，税法规定该类环保用固定资产采用加速折旧法计提的折旧可予税前扣除，该企业在计税时采用双倍余额递减法计提折旧，净残值为0。

固定资产账面价值 $=300-300\div10=270$（万元）

固定资产计税基础 $=300-300\times20\%=240$（万元）

上例中，该项固定资产期末账面价值270万元，计税基础240万元。这意味着该项固定资产未来使用期间能在税前扣除的金额只有240万元，差额30万元将于未来期间计入企业的应纳税所得额，增加未来期间的应交所得税，故产生应纳税暂时性差异30万元。

（2）负债的账面价值小于其计税基础。一项负债的账面价值为企业预计在未来期间清偿该项负债时的经济利益流出，而其计税基础代表的是账面价值在扣除税法规定未来期间允许税前扣除的金额之后的差额。因负债的账面价值与其计税基础不同产生的暂时性差异实质上是税法规定就该项负债在未来期间可以税前扣除的金额。负债的账面价值小于其计税基础，则意味着就该项负债在未来期间可以税前抵扣的金额为负数，即应在未来期间应纳税所得额的基础上调增，增加应纳税所得额和应交所得税金额，产生应纳税暂时性差异。

2. 可抵扣暂时性差异

可抵扣暂时性差异是指在确定未来收回资产或清偿负债期间的应纳税所得额时，将产生可抵扣金额的暂时性差异；该差异在未来期间转回时，会减少转回期间的应纳税所得额和应交所得税。可抵扣暂时性差异产生于以下情况：

（1）资产的账面价值小于其计税基础。从经济含义来看，资产在未来期间产生的经济利益少，按照税法规定允许税前扣除的金额多，则企业在未来期间可以减少应纳税所得额和应交所得税，形成可抵扣暂时性差异。

【例2-6-8】新华公司某固定资产300万元，预计使用10年，净残值为0。会计上按双倍余额递减法计提折旧，税法规定采用年限平均法计提折旧。

固定资产账面价值 $=300-300\times20\%=240$（万元）

固定资产计税基础 $=300-300\div10=270$（万元）

该项固定资产期末账面价值240万元，计税基础是270万元，则该项固定资产在未来使用期间可获得税前扣除的金额为270万元，也即不仅账面价值240万元在未来可全部获得税前扣除，而且现在及以前期间使用该项资产发生的价值转移还有30万元可转至以后期间获得税前扣除，从而减少未来期间的应纳税所得额和应交所得税，故产生可抵扣暂时性差异30万元。

（2）负债的账面价值大于其计税基础。负债产生的暂时性差异实质上是税法规定就该项负债可以在未来期间税前扣除的金额。一项负债的账面价值大于其计税基础，意味着未来期间按照税法规定构成负债的全部或部分金额可以自未来应税经济利益中扣除，减少未来期间的应纳税所得额和应交所得税，产生可抵扣暂时性差异。

【例2-6-9】新华公司20××年因销售产品承诺提供3年的保修服务,在当年度利润表中确认了20万元的销售费用,同时确认了预计负债。按照税法规定,与产品售后服务相关的费用在实际发生时允许税前扣除。

预计负债账面价值=20(万元)

预计负债计税基础=20-20=0(万元)

该项负债账面价值大于计税基础产生的20万元暂时性差异,会减少未来期间的应纳税所得额和应交所得税,形成可抵扣暂时性差异。

【例2-6-10】新华公司20××年12月12日自客户收到一笔合同预付款,金额为20万元,作为预收账款核算。因不符合收入的确认条件,会计上将其作为负债核算;按照税法规定,该款项应计入取得当期应纳税所得额计算交纳所得税。

预收账款账面价值=50(万元)

预收账款计税基础=50-50=0(万元)

该项负债账面价值大于计税基础产生的50万元暂时性差异,会减少未来期间的应纳税所得额和应交所得税,形成可抵扣暂时性差异。

三、递延所得税资产与递延所得税负债

1. 递延所得税资产

资产、负债的账面价值与其计税基础不同产生可抵扣暂时性差异的,在估计未来期间能够取得足够的应纳税所得额用以抵减该可抵扣暂时性差异时,应当以很可能取得用来抵扣可抵扣暂时性差异的应纳税所得额为限,确认相关的递延所得税资产。

递延所得税资产是根据可抵扣暂时性差异及适用税率计算、减少未来期间应交所得税的金额。计算公式如下:

递延所得税资产=可抵扣暂时性差异×预计转回期间的所得税税率

【例2-6-8】中,某固定资产的账面价值240万元,计税基础270万元,资产的账面价值小于其计税基础,形成可抵扣暂时性差异,应确认递延所得税资产。

【例2-6-9】中,预计负债账面价值大于其计税基础产生的20万元,【例2-6-10】中,预收账款账面价值大于其计税基础产生的50万元,均形成可抵扣暂时性差异,应确认递延所得税资产。

2. 递延所得税负债

应纳税暂时性差异在转回期间将增加未来期间企业的应纳税所得额和应交所得税,导致企业经济利益的流出,从其发生当期看,构成企业应支付税金的义务,应作为递延所得税负债确认。

递延所得税负债是根据应纳税暂时性差异及适用税率计算的、增加未来期间应交所得税的金额。计算公式如下:

递延所得税负债=应纳税暂时性差异×预计转回期间的所得税税率

【例2-6-7】中,某固定资产的账面价值270万元,计税基础240万元,资产的账面价值大于其计税基础,形成应纳税暂时性差异,应确认递延所得税负债。

四、当期应交所得税与所得税费用

（一）当期应交所得税

当期应交所得税是指企业根据税法规定确定的、根据当期发生的交易或事项计算的、应交纳给税务部门的所得税金额。现阶段，我国实行财务会计与纳税会计有限度分离的所得税会计模式，即企业未单独设置纳税会计对应税收入、不征税收入及准予扣除的成本、费用等进行专门核算；纳税时，一般是在当期会计利润的基础上，根据税法的规定进行相应调整，确定当期纳税所得额，再计算当期应交所得税。

应交所得税 = 应纳税所得额 × 所得税税率

应纳税所得额 = 会计税前利润 + 税法规定的调整增加额 − 税法规定的调整减少额

1. 税法规定应予调整增加的内容

（1）某些费用或支出，会计上已从利润总额中扣除，但税法规定不可扣除。一是企业因违反法律、行政法规而交付的罚金、罚款、被没收财物的损失以及税款滞纳金，非广告性质的赞助支出，非公益性的捐赠支出等，会计上已计入当期损益，减少会计利润，但税法规定这些支出一律不得从税前扣除。二是会计上核算的某些费用，税法按规定标准列支，超过部分不得从纳税所得额中扣除。例如：① 与企业生产经营活动有关的业务招待费，按实际发生额的60%扣除，且最高不得超过当年销售（营业）收入的5‰；② 企业（指非金融企业）向非金融企业借款的利息支出，按金融企业同期同类贷款利率计算；③ 职工福利费、工会经费和职工教育经费，分别按工资薪金总额的14%、2%、2.5%提取；④ 广告费和业务宣传费，按当年销售（营业）收入的15%扣除；⑤ 公益性的捐赠支出，按企业年度利润总额的12%计列。除广告费和业务宣传费的超支部分可在以后纳税年度结转扣除外，上述各项的超支金额均不允许扣除。

（2）某些收入，会计上不予确认，但属于应税收入。如视同销售业务，会计上对视同销售转出资产有的按账面价值转账，不产生会计利润；但税法规定应将资产售价（公允价值）与成本的差异计入应税利润，计算交纳所得税，如典型的例子是对外捐赠非现金资产。

2. 税法规定应予调整减少的内容

（1）免税收入。某些收入，会计上已计入了当期利润，但税法规定免征所得税，如企业购买国债的利息收入以及取得的股息、红利等权益性投资收入。对利息收入免征所得税，是为了鼓励企业购买。企业进行股权投资从被投资企业分得的现金股利，因属于税后利润，为避免重复纳税，投资方不再交纳所得税。只有当投资企业的所得税税率高于被投资企业时，才需补交差额。

（2）企业发生的经营亏损，税法规定可以递转后期，即可用以后盈利年度的税前利润弥补，我国规定连续弥补期限不得超过5年。

3. 其他

某些收支，会计与税法规定的入账时间不一致，调整时，有时应增加应纳税所得额，有时应减少应纳税所得额。主要有：

（1）对各项资产计提的损失准备，会计上作为资产减值损失计入当期损益；但税法对任何预计的资产减值准备一律不予扣除。

（2）对交易性金融资产持有期内确认的公允价值变动损益，会计上直接计入当期利润表；税法则规定于投资处置时按实现的总收益一并纳税。

（3）固定资产折旧，会计采用的方法或折旧年限与税法规定的不一致，从而使会计折旧额与税法折旧额产生差额。

（4）无形资产摊销，会计上对研究阶段的支出采用“费用化”处理，直接计入当期损益，而开发阶段符合资本化条件的支出采用“资本化”处理。从税法的角度看，企业发生的无形资产研究开发支出可税前加计扣除，未形成无形资产研发支出计入当期损益的，在按规定据实扣除的基础上，再按研发费用的50%加计扣除；形成无形资产的，按其成本的150%摊销。因此，内部研发形成的无形资产的账面价值与计税基础会存在差异。另外，会计采用的无形资产摊销方法或摊销年限与税法规定的有时也会不一致，从而使会计摊销额与税法摊销额产生差额。

（二）当期所得税费用

利润表中的当期所得税费用，包括当期的应交所得税与递延所得税两部分内容。计算公式如下：

$$\text{当期所得税费用}=\text{当期应交所得税}+\text{递延所得税负债（期末余额}-\text{期初余额）}-\text{递延所得税资产（期末余额}-\text{期初余额）}$$

五、所得税的核算

1. 所得税核算的一般程序

企业进行所得税核算，一般应遵循以下程序：

（1）确定资产负债表中除递延所得税资产和递延所得税负债以外的其他资产和负债项目的账面价值。

（2）按照资产和负债计税基础的确定方法，以适用税法为基础，确定资产负债表中有关资产、负债项目的计税基础。

（3）比较资产、负债的账面价值与其计税基础，对两者之间存在差异的，分析其性质，分别确认为应纳税暂时性差异与可抵扣暂时性差异；确定资产负债表日与暂时性差异相关的递延所得税负债和递延所得税资产的余额，并与期初递延所得税资产、递延所得税负债的余额相比，确定当期递延所得税资产或递延所得税负债的增加金额或减少（应予转销的）金额。

（4）将会计利润调整为应纳税所得额，按照适用税率，计算确定当期的应交所得税。

（5）确定当期利润表中的所得税费用。

2. 所得税的会计处理

为了进行所得税核算，会计上分设“所得税费用”、“应交税费——应交所得税”、“递延所得税资产”、“递延所得税负债”等账户进行核算。

【例2-6-11】资料见【例2-6-7】，设新华公司当年实现利润100万元，企业所得税税率为25%，该企业“递延所得税资产”与“递延所得税负债”账户的年初余额均为0。

资产项目的暂时性差异＝该项资产的账面价值－该项资产的计税基础

＝270－240＝30（万元）

资产的账面价值大于其计税基础，为应纳税暂时性差异，形成递延所得税负债。账务处理如下：

应交所得税 =（100 − 30）× 25% = 17.5（万元）

递延所得税负债 = 30 × 25% = 7.5（万元）

借：所得税费用　　250 000

　贷：应交税费——应交所得税　　175 000

　　　递延所得税负债　　75 000

【例 2-6-12】资料见【例 2-6-8】，设新华公司当年实现利润 70 万元，企业所得税税率为 25%，该企业"递延所得税资产"与"递延所得税负债"账户的年初余额均为 0。

资产项目的暂时性差异 = 该项资产的账面价值 − 该项资产的计税基础

= 240 − 270 = −30（万元）

资产的账面价值小于其计税基础，为可抵扣暂时性差异，形成递延所得税资产。账务处理如下：

应交所得税 =（70 + 30）× 25% = 25（万元）

递延所得税资产 = 30 × 25% = 7.5（万元）

借：所得税费用　　175 000

　　递延所得税资产　　75 000

　贷：应交税费——应交所得税　　250 000

【例 2-6-13】2010 年新华公司实现税前利润 100 万元。经查，本年度确认的收支中，有购买国债的利息收入 80 000 元，支付罚金 10 000 元，前年底投入使用的一项设备，原价 300 万元，预计使用 10 年，会计上按双倍余额递减法计提折旧，税法规定采用年限平均法计提折旧。本年度利润表中列支年折旧费用 480 000 元，按税法规定应列支的年折旧额 300 000 元。公司所得税税率为 25%，采用资产负债表债务法核算，"递延所得税资产"账户的年初余额为 75 000 元，"递延所得税负债"账户的年初余额均为 0。假设该公司当年无其他纳税调整事项。

（1）本年末新华公司固定资产的账面价值 = 300 − 300 × 20% − 240 × 20% = 192（万元）

本年末新华公司固定资产的计税基础 = 300 − 300 ÷ 10 − 300 ÷ 10 = 240（万元）

本年末，固定资产的账面价值小于计税基础，产生可抵扣暂时性差异，金额 = 192 − 240 = −48（万元）

设备账面价值 192 万元小于计税基础 240 万元，产生可抵扣暂时性差异 48 万元，可减少未来期间的应纳税所得额与应交所得税，据此确认递延所得税资产 12（48 × 25%）万元。但"递延所得税资产"账户已有期初余额 7.5 万元，本期应增加递延所得税资产 4.5 万元。

（2）新华公司本年度的应纳税所得额 = 1 000 000 − 80 000（国债利息收入）+ 10 000（罚金）+ 480 000（会计折旧费）− 300 000（税法折旧费）= 1 110 000（元）

本年新华公司应交所得税 = 1 110 000 × 25% = 277 500（元）

新华公司 2010 年度所得税的账务处理如下：

借：所得税费用　　232 500

　　递延所得税资产　　45 000

　贷：应交税费——应交所得税　　277 500

第四节　利润的核算

一、利润的构成

利润是指企业一定会计期间的经营成果,包括营业利润、利润总额和净利润三个层次。

1. 营业利润

营业利润 = 营业收入 - 营业成本 - 营业税金及附加 - 销售费用 - 管理费用 - 财务费用 - 资产减值损失 + 公允价值变动收益(- 公允价值变动损失) + 投资收益(- 投资损失)

其中:

营业收入是指企业经营业务所确认的收入总额,包括主营业务收入和其他业务收入;

营业成本是指企业经营业务所发生的实际成本总额,包括主营业务成本和其他业务成本;

资产减值损失是指企业计提各项资产减值准备所形成的损失;

公允价值变动收益(或损失)是指企业交易性金融资产等公允价值变动形成的应计入当期损益的利得(或损失);

投资收益(或损失)是指企业以各种方式对外投资所取得的收益(或发生的损失)。

2. 利润总额

利润总额 = 营业利润 + 营业外收入 - 营业外支出

营业外收入和营业外支出是指企业发生的与其日常活动没有直接关系的各项利得和损失。

3. 净利润

净利润 = 利润总额 - 所得税费用

由于主营业务、期间费用和投资收益等内容的核算分别在本章及前面有关章节中详述,故下面仅就其他业务收入和其他业务成本、营业外收入和营业外支出等内容的核算予以介绍。

二、其他业务收入和其他业务成本的核算

其他业务收入是指企业主营业务以外附带经营的业务产生的收入,如原材料销售、包装物出租、固定资产出租、无形资产出租(即转让无形资产的使用权)、提供非工业性劳务等取得的收入。为了反映企业其他业务收入的取得及结转等情况,应设置“其他业务收入”账户,贷方登记企业取得的各项其他业务收入,借方登记期末转入“本年利润”账户的其他业务收入,结转后该账户应无余额。

其他业务成本是指企业主营业务以外附带经营的业务发生的成本,如工业企业销售原材料的成本、出租包装物的成本或摊销额、出租(经营性)固定资产的折旧额、出租无形资产(即转让无形资产的使用权)的摊销额、提供非工业性劳务等结转的成本等。为了反映企业其他业务成本的发生及结转等情况,应设置“其他业务成本”账户,借方登记企业结转或发生的其他业务成本,贷方登记期末转入“本年利润”账户的其他业务成本,结转后该账户应

无余额。

【例 2-6-14】新华公司销售一批原材料给长江工厂，售价为 20 000 元，增值税税额为 3 400元，收到为期三个月的承兑商业汇票一张，面额 23 400 元。该批原材料的实际成本为 18 000 元。其会计处理如下：

① 取得原材料销售收入时：

借：应收票据——长江工厂　23 400

　贷：其他业务收入　20 000

　　　应交税费——应交增值税（销项税额）　3 400

② 结转已售原材料的实际成本时：

借：其他业务成本　18 000

　贷：原材料　18 000

三、营业外收入和营业外支出的核算

1. 营业外收入的核算

营业外收入是指与企业生产经营活动无直接关系的各项利得，包括非流动资产处置利得、盘盈利得、罚没利得、债务重组利得、政府补助、接受捐赠利得等。

企业应设置“营业外收入”账户。当企业发生营业外收入时，借记“银行存款”、“库存现金”、“待处理财产损溢”、“固定资产清理”等账户，贷记“营业外收入”账户；期末应将“营业外收入”账户余额转入“本年利润”账户，借记“营业外收入”账户，贷记“本年利润”账户。结转后，“营业外收入”账户应无余额。

【例 2-6-15】新华公司取得罚款收入 8 000 元，款已存入银行。

借：银行存款　8 000

　贷：营业外收入　8 000

2. 营业外支出的核算

营业外支出是指与企业生产经营无直接关系的各项支出，包括非流动资产处置损失、盘亏损失、罚款支出、债务重组损失、公益性捐赠支出、非常损失等。

企业应设置“营业外支出”账户。当企业发生营业外支出时，借记“营业外支出”账户，贷记“银行存款”、“库存现金”、“待处理财产损溢”、“固定资产清理”等账户。期末应将“营业外支出”账户余额转入“本年利润”账户，借记“本年利润”账户，贷记“营业外支出”账户。结转后，“营业外支出”账户应无余额。

【例 2-6-16】新华公司将已经发生的原材料意外灾害损失 350 000 元转作营业外支出。

借：营业外支出　350 000

　贷：待处理财产损溢——待处理流动资产损溢　350 000

【例 2-6-17】新华公司以银行存款支付 50 000 元税款滞纳金。

借：营业外支出　50 000

　贷：银行存款　50 000

四、本年利润的核算

（一）结转本年利润的方法

会计期末结转本年利润的方法有表结法和账结法两种。

1. 表结法

表结法下，各损益类账户每月月末只需结计出本月发生额和月末累计余额，不结转到“本年利润”账户，只有在年末时才将全年累计余额转入“本年利润”账户。但每月月末要将损益类账户的本月发生额合计数填入利润表的本月数栏，同时将本月末累计余额填入利润表的本年累计数栏，通过利润表计算反映各期的利润或亏损。表结法下，年中损益类账户无需结转入“本年利润”账户，从而减少了转账环节和工作量，同时并不影响利润表的编制及有关损益指标的计算利用。

2. 账结法

账结法下，每月月末均需编制转账凭证，将在账上结计出的各损益类账户的余额转入“本年利润”账户。结转后“本年利润”账户的本月发生数反映当月实现的利润或发生的亏损，“本年利润”账户的余额反映本年累计实现的利润或发生的亏损。账结法在各月均可通过“本年利润”账户提供当月及本年累计的利润或亏损额，但增加了转账环节和工作量。

（二）结转本年利润的会计处理

企业应设置“本年利润”账户核算企业本年度实现的净利润或发生的净亏损。会计期末，企业应将各收入类账户的余额转入“本年利润”账户的贷方，借记有关收入类账户，贷记“本年利润”账户；将各费用类账户的余额转入“本年利润”账户的借方，借记“本年利润”账户，贷记各费用类账户。如果有关收入类账户为借方余额或有关费用类账户为贷方余额，则作相反的结转分录。结转后“本年利润”账户如为贷方余额，表示当年实现的净利润；如为借方余额，表示当年发生的净亏损。年度终了，企业还应将“本年利润”账户的本年累计余额转入“利润分配——未分配利润”账户。如为贷方余额，借记“本年利润”账户，贷记“利润分配——未分配利润”账户；如为借方余额，作相反的会计分录。结转后“本年利润”账户应无余额。

【例 2-6-18】新华公司有关损益类账户的年末余额如下（该企业采用表结法年末一次结转损益类账户）：

主营业务收入	45 000 000（贷）
主营业务成本	25 400 000（借）
营业税金及附加	1 800 000（借）
其他业务收入	350 000（贷）
其他业务成本	300 000（借）
销售费用	5 850 000（借）
管理费用	6 300 000（借）
财务费用	600 000（借）
资产减值损失	1 200 000（借）
公允价值变动损益	500 000（贷）
投资收益	800 000（贷）

营业外收入　400 000(贷)

营业外支出　500 000(借)

所得税费用　1 716 000(借)

① 结转各项收入类账户余额时：

借：主营业务收入	45 000 000	
其他业务收入	350 000	
公允价值变动损益	500 000	
投资收益	800 000	
营业外收入	400 000	
贷：本年利润		47 050 000

② 结转各项费用类账户余额时：

借：本年利润	43 666 000	
贷：主营业务成本		25 400 000
主营业务税金及附加		1 800 000
其他业务成本		300 000
销售费用		5 850 000
管理费用		6 300 000
财务费用		600 000
资产减值损失		1 200 000
营业外支出		500 000
所得税费用		1 716 000

③ 经过上述结转后，“本年利润”账户的贷方发生额合计 47 050 000 元，减去借方发生额合计 43 666 000 元即为净利润 3 384 000 元。

将“本年利润”账户年末余额 3 384 000 元转入“利润分配——未分配利润”账户：

借：本年利润	3 384 000	
贷：利润分配——未分配利润		3 384 000

五、利润分配的核算

1. 利润分配的程序

企业当年实现的净利润加上以前年度积累的未分配利润(或减去以前年度发生的尚未弥补的亏损)即为可供分配的利润。可供分配的利润按下列顺序分配：① 提取法定盈余公积；② 提取任意盈余公积；③ 向投资者分配利润。

第五章第三节已述及，企业未弥补亏损可以用以后年度实现的税前利润进行弥补，但弥补期限不得超过五年。

《公司法》规定，公司制企业应当按照净利润(减弥补以前年度亏损)的 10% 提取法定盈余公积，非公司制企业根据需要按不低于 10% 的比例提取。法定盈余公积金累计金额达到注册资本的 50% 时可以不再提取。值得注意的是，在计算提取法定盈余公积金的基数时，不应包括年初未分配利润。

公司制企业根据股东大会的决议，还可从税后利润中提取任意盈余公积。非公司制企业经类似权力机构批准,也可以提取任意盈余公积。法定盈余公积和任意盈余公积的区别在于各自计提的依据不同,前者以国家的法律法规为依据;后者由企业的权力机构自行决定。

企业提取的盈余公积金可用于弥补亏损、发放现金股利或利润等。盈余公积金弥补亏损、转增资本和发放现金股利或利润时,以弥补亏损、转增资本和发放现金股利或利润后的余额不得低于注册资本的25%为限。

2. 利润分配的核算

为了正确地核算企业利润的分配,企业应设置"利润分配"账户,并在"利润分配"账户下设置"提取法定盈余公积"、"提取任意盈余公积"、"应付现金股利"、"转作股本的股利"、"盈余公积补亏"、"未分配利润"等二级账户。企业进行利润分配时,借记"利润分配"账户,贷记"盈余公积"、"应付股利"等账户。年终,将"利润分配——提取法定盈余公积"、"利润分配——提取任意盈余公积"、"利润分配——应付现金股利"、"利润分配——转作股本的股利"等二级账户的余额转入"利润分配——未分配利润"二级账户;结转时,借记"利润分配——未分配利润"账户,贷记"利润分配——提取法定盈余公积"、"利润分配——提取任意盈余公积""、"利润分配——应付现金股利"、"利润分配——转作股本的股利"等账户,或借记"利润分配——盈余公积补亏"账户,贷记"利润分配——未分配利润"账户;结转后,除"利润分配——未分配利润"账户外,"利润分配"账户的其他二级账户均无余额。年末,"利润分配——未分配利润"账户的贷方余额表示历年积存的未分配利润,如为借方余额,则为历年积存的未弥补亏损。

【例2-6-19】资料见【例2-6-18】,新华公司按净利润的10%提取法定盈余公积金,另向投资者分配现金股利832 464元。

① 计提盈余公积时:

计提的法定盈余公积 = 3 384 000 × 10% = 338 400(元)

借:利润分配——提取法定盈余公积　　338 400

　贷:盈余公积——法定盈余公积　　338 400

② 向投资者分配股利时:

借:利润分配——应付现金股利　　832 464

　贷:应付股利　　832 464

③"利润分配"二级账户结转时:

借:利润分配——未分配利润　　1 170 864

　贷:利润分配——提取法定盈余公积　　338 400

　　利润分配——应付现金股利　　832 464

年末未分配利润 = 3 384 000 - 1 070 864 = 2 213 136(元)

第七章　会计调整

会计调整是指企业按照国家法律、行政法规和会计准则的要求，或者因企业经营管理环境的变化对企业原有的会计政策、会计估计进行变更，以及对发现的会计差错进行更正或对资产负债表日后事项作出处理。会计调整包括会计政策变更、会计估计变更、会计差错更正和资产负债表日后事项的处理。

第一节　会计政策及其变更

一、会计政策及其变更的概念

会计政策是指企业在会计确认、计量和报告过程中采用的原则、基础和会计处理方法，包括发出存货计价方法、长期股权投资的核算方法、投资性房地产的计量模式、固定资产初始计量、收入的确认、借款费用的处理、非货币性资产交换的计量、无形资产的确认、合并报表政策等。

会计政策变更，是指企业对相同的交易和事项由原来采用的会计政策改用另一种会计政策的行为，也就是说在不同会计期间实行不同的会计政策。

二、会计政策变更的条件

（1）法律和会计准则等行政法规、规章要求变更。

（2）变更会计政策后能够提供更可靠、更相关的信息。

三、会计政策变更的会计处理方法

1. 追溯调整法

追溯调整法是指对某项交易或事项变更会计政策时，视同该交易或事项初次发生时就开始采用新的会计政策，并以此对财务报表相关项目进行调整。即要求计算确定会计政策变更的累积影响数，也就是按照变更后会计政策对以前各期追溯计算的列报前期最早期初留存收益应有金额和现有金额之间的差额，并相应调整变更年度的期初留存收益以及会计报表的相关项目。

法律或会计准则等行政法规、规章要求变更会计政策的，若国家相关规定要求采用追溯调整法的，必须采用追溯调整法处理。企业按照可靠性和相关性的要求自行变更会计政策，应当采用追溯调整法进行处理。

2. 未来适用法

未来适用法是指将变更后的会计政策应用于变更日及以后发生的交易或者事项，或者在会计估计变更当期和未来期间确认会计估计变更累积影响数的方法。法律或会计准则等行政法规、规章要求变更会计政策的,若国家相关规定不须采用追溯调整法,企业可以采用未来适用法处理;企业因为会计政策变更能够提供更可靠、更相关的会计信息而改变会计政策的,应当采用追溯调整法,但在确定该项会计政策变更累积影响数不切实可行的情况下,可以采用未来适用法处理。

四、会计政策变更的披露

(1)会计政策变更的性质、内容和原因以及会计政策变更的累积影响数。

(2)当期和前期财务报表中受影响的项目和调整金额。

(3)如果企业无法合理确定会计政策变更的累积影响数,需在报表附注中披露累积影响数不能合理确定的事实和原因、采用新会计政策的时点以及新会计政策具体应用情况。

五、会计政策变更实例

【例2-7-1】新华公司于2008年1月1日对江海公司(上市公司)投资10 000 000元,虽占江海公司有表决权股份的20%,但对江海公司无重大影响且该股权在公开证券市场中没有报价,故采用成本法核算。2011年1月1日,由于被投资企业的股权结构发生变化,新华公司对江海公司具有了重大影响,新华公司对该项投资改用权益法核算。新华公司所得税率为25%,江海公司所得税率为15%,新华公司按10%的比例提取法定盈余公积。有关资料如表2-7-1所示。

表2-7-1

单位:元

年度	江海公司实现的净利润	新华公司确认的投资收益(成本法)
2008	5 100 000	0
2009	7 650 000	680 000
2010	10 200 000	850 000
合　计	22 950 000	1 530 000

新华公司采用追溯调整法确定累积影响数如表2-7-2所示。

表2-7-2

单位:元

年度	权益法下的投资收益	成本法下的投资收益	税前差异	所得税影响	税后差异(累积影响数)
2008	1 020 000	0	1 020 000	120 000	900 000
2009	1 530 000	680 000	850 000	100 000	750 000
2010	2 040 000	850 000	1 190 000	140 000	1 050 000
合　计	4 590 000	1 530 000	3 060 000	360 000	2 700 000

其中,所得税影响额计算过程如下:

将税前差异1 020 000按15%的税率换算成江海公司的税前利润为:

税前利润 $=\dfrac{1\ 020\ 000}{1-15\%}=1\ 200\ 000$(元)

计算所得税影响 $=1\ 200\ 000\times(25\%-15\%)=120\ 000$(元)

新华公司账务处理如下:

① 调整会计政策变更累积影响数:

借:长期股权投资——对江海公司投资(损益调整)　　3 060 000

　贷:应交税费——应交所得税　　360 000

　　利润分配——未分配利润　　2 700 000

② 调整利润分配:

借:利润分配——未分配利润　　270 000

　贷:盈余公积——法定盈余公积　　270 000

第二节　会计估计及其变更

一、会计估计的内容

会计估计是指企业对结果不确定的交易或事项以最近可利用的、可靠的信息为基础所作的判断。常见的会计估计包括:应收款项可能发生的坏账、应计折旧固定资产的使用年限、担保债务、无形资产的摊销年限等。

二、会计政策变更与会计估计变更的区分

区分会计政策变更和会计估计变更的基础是:会计确认基础、计量属性和列报项目是否发生变化。

1. 会计确认基础和列报项目是否发生变化

如果一项会计变更引起会计确认基础和列报项目发生变化,则属于会计政策变更。例如,企业内部的项目开发支出由原来的费用化改为资本化,由原来确认为费用改为确认为无形资产,并在资产负债表中以无形资产列报,这一会计变更属于会计政策变更。

2. 会计计量属性是否发生变化

如果一项会计变更起计量属性的变化,则该会计变更属于会计政策变更。例如,某一企业将投资性房地产由原来的成本计量模式改为公允价值计量模式,这种计量模式的改变属于会计政策变更。再如,企业将原来按双倍余值递减法计提折旧改为使用年限法计提折旧,该事项前后采用的两种计提折旧的方法都以历史成本为基础,对该事项的会计确认基础和列报项目也未发生变化,只是固定资产折旧、固定资产净值等相关金额发生了变化,这种会计变更属于会计估计变更。

三、会计估计变更的会计处理

会计估计变更应采用未来适用法,其处理方法为:

(1) 如果会计估计的变更仅影响变更当期,有关估计变更的影响应于当期确认。

(2) 如果会计估计的变更既影响变更当期又影响未来期间,有关会计估计变更的影响应在当期及以后各期确认。

在会计政策变更和会计估计变更很难区分的情况下,应当按照会计估计变更的处理方法进行处理。

四、会计估计变更的披露

(1) 会计估计变更的内容和理由。
(2) 会计估计变更对当期以及未来期间的影响数。
(3) 会计估计变更影响数不能确定的,则需披露不能确定的事实和原因。

五、会计估计变更实例

【例2-7-2】新华公司的一条在用生产线,原值为3 650 000元,预计净残值为50 000元,预计使用年限12年,前5年一直采用直线法计提折旧。本年初,考虑到技术进步和产品市场等因素,经过调查,决定将该生产线的使用年限由12年改为9年,预计净残值不变。

① 变更前:

固定资产年折旧额=(3 650 000-50 000)÷12=300 000(元)

第1—5年计提折旧的会计分录如下:

借:制造费用 300 000
　贷:累计折旧 300 000

② 变更后:

固定资产年折旧额=[(3 650 000-50 000)-300 000×5]÷(9-5)=525 000(元)

第6—9年计提折旧的会计分录如下:

借:制造费用 525 000
　贷:累计折旧 525 000

每年多计提的固定资产折旧=525 000-300 000=225 000(元)

每年减少的净利润=225 000×(1-25%)=168 750(元)

第三节　会计差错及其更正

一、会计差错的原因

会计差错是指企业会计核算过程中,在确认、计量、列报或披露方面出现的错误。产生会计差错的常见原因有:① 采用法律、法规不允许的会计政策;② 会计确认错误;③ 会计估计错误;④ 会计核算中计算错误;⑤ 期末应计项目与递延项目未予调整;⑥ 漏记已完成的交易;⑦ 对事实的忽视和误用。

二、会计差错更正的会计处理方法

会计差错包括本期发现属于本期的差错,也包括本期发现属于前期的差错。发现会计差错时，应根据差错的所属期间以及差错的性质及时纠正。

（一）本期差错

本期发现的、属于本期的会计差错，应调整本期相关项目。

（二）前期差错

本期发现的属于以前年度的会计差错，应区分非重大差错和重大差错，采用不同的处理方法。

1. 非重大会计差错

如果某一会计差错不足以影响财务报表使用者对企业财务状况、经营成果和现金流量作出正确判断，则该差错属于非重大差错。对于本期发现的、属于前期的非重大会计差错，不调整财务报表相关项目的期初数，只调整发现当期与前期相同的相关项目。其中对于直接影响损益的差错，应直接计入本期与前期相同的损益项目；对于不直接影响损益的，应调整本期与前期相同的资产负债表等相关项目。

2. 重大会计差错

重大会计差错是指企业发现的使公布的财务报表不再具有可靠性的会计差错。重大会计差错的金额一般比较大（通常某项交易或事项的金额占该类交易或事项金额的10%及10%以上，则认为金额比较大），如某企业提前确认未实现的营业收入占全部营业收入的10%及10%以上，则认为是重大会计差错。企业应当采用追溯重述法更正重大的前期差错。

追溯重述法是指在发现前期差错时，视同该项前期差错从未发生过，从而对财务报表相关项目进行更正的方法。对于发现的重大会计差错，如不影响损益，应调整财务报表相关项目的期初数；如果影响损益，应按其对损益的影响数调整发现当期期初的盈余公积和未分配利润，并相应调整应交税费，财务报表其他相关项目的期初数也应一并调整。

前期重大差错应采用追溯重述法更正，但是企业确定前期差错累积影响数不切实可行的除外。确定前期差错影响数不切实可行的，可以从可追溯重述的最早期间开始调整留存收益的期初余额，财务报表其他相关项目的期初余额也应一并调整；在确定前期差错影响数不切实可行的情况下，企业应采用未来适用法。

对于影响损益的前期会计重大差错的更正，应通过"以前年度损益调整"账户核算。

"以前年度损益调整"账户属于损益类账户，该账户核算企业本年度发生的调整以前年度损益的事项以及本年度发现的重要前期差错更正涉及调整以前年度损益的事项。企业调整增加以前年度利润或减少以前年度亏损，借记有关账户，贷记本账户；调整减少以前年度利润或增加以前年度亏损，借记本账户，贷记有关账户。由于以前年度损益调整增加的所得税费用，借记本账户，贷记"应交税费——应交所得税"账户；由于以前年度损益调整减少的所得税费用，借记"应交税费——应交所得税"账户，贷记本账户。经上述调整后，应将本账户的余额转入"利润分配——未分配利润"账户。本账户如为贷方余额，借记本账户，贷记"利润分配——未分配利润"账户；如为借方余额，作相反的会计分录。

三、会计差错更正实例

【例2-7-3】新华公司于2010年发现2009年将应计入工程成本的利息费用200 000元（该工程尚未达到预定可使用状态）计入了2009年度的损益。所得税税率为25%，新华公司按净利润10%的比例提取法定盈余公积。

① 分析调整项目：

增加工程成本	200 000 元
增加2009年度利润总额	200 000 元
增加应交税金	50 000 元
增加2009年度净利润	150 000 元
补提法定盈余公积	15 000 元
增加2009年年末未分配利润	135 000 元

② 新华公司账务处理如下：

借：在建工程　　200 000

　贷：以前年度损益调整　　200 000

借：以前年度损益调整　　50 000

　贷：应交税费——应交所得税　　50 000

借：以前年度损益调整　　15 000

　贷：盈余公积——法定盈余公积　　15 000

借：以前年度损益调整　　135 000

　贷：利润分配——未分配利润　　135 000

第四节　资产负债表日后事项

一、资产负债表日后事项的概念

资产负债表日后事项是指资产负债表日至财务报告批准报出日之间发生的需要调整或说明的有利或不利事项。资产负债表日后事项包括调整事项和非调整事项两类。

二、调整事项

调整事项是指资产负债表日后至财务报告批准报出日之间发生的、能对资产负债表日已存在情况提供进一步证据的事项。

1. 调整事项的类型

（1）资产负债表日后诉讼案件结案，法院判决证实了企业在资产负债表日已经存在现时义务，需要调整原先确认的与该诉讼案件相关的预计负债或确认一项新负债。

（2）资产负债表日后取得确凿证据，表明某项资产在资产负债表日发生了减值或者需要调整该项资产原先确认的减值金额。

（3）资产负债表日后进一步确定了资产负债表日前购入资产的成本或售出资产的收入。

（4）资产负债表日后发现了财务报表舞弊或差错。

（5）能为资产负债表日已存在的情况提供证据的其他事项。

2. 调整事项的会计处理

(1) 涉及损益的事项,通过"以前年度损益调整"账户核算。

(2) 涉及利润分配调整的事项,直接通过"利润分配——未分配利润"账户核算。

(3) 不涉及损益以及利润分配的事项,调整相关账户。

三、非调整事项

非调整事项指资产负债表日至财务报告批准报出日之间发生的、不影响资产负债表日存在状况,但不加以说明将会影响财务报告使用者作出正确估计和决策的事项。非调整事项通常包括自资产负债表日至财务会计报告批准报出日之间发生的如下事项:

(1) 资产负债表日后发生重大诉讼、仲裁、承诺。

(2) 资产负债表日后资产价格、税收政策、外汇汇率发生重大变化。

(3) 资产负债表日后因自然灾害导致资产发生重大损失。

(4) 资产负债表日后发行股票和债券以及其他巨额举债。

(5) 资产负债表日后资本公积转增资本。

(6) 资产负债表日后发生巨额亏损。

(7) 资产负债表日后发生企业合并或处置子公司。

对于非调整事项,需要在财务报表附注中说明其内容,估计其对财务状况及经营成果的影响。如果无法作出估计,应说明其原因。

四、股利

资产负债表日至财务报告批准报出日之间由董事会或类似机构所制定的利润分配方案中分配的股利或利润属于分配预案。现金股利分配预案不构成正式的负债,因此不作为资产负债表日的负债调整有关表内项目,但需要在资产负债表所有者权益中单独列示。股票股利则在财务报表附注中单独披露。

第八章　财务报表

第一节　财务报表概述

一、财务报表的概念及编制基础

财务报表是企业对外提供的反映企业某一特定日期财务状况和某一会计期间经营成果、现金流量的表式报告。企业的财务报表由资产负债表、利润表、现金流量表、所有者权益(股东权益)变动表、附注构成。

财务报表的编制基础为:① 真实的交易事项;② 完整的记录;③ 规定的方法;④ 编报前的准备工作。

二、财务报表的种类

(1) 企业财务报表按报送对象分为外部报表和内部报表。

(2) 财务报表按编报时间分为年度财务会计报表和中期财务会计报告。

年度财务会计报表是以会计年度为时间跨度编制的报表。年度财务报表至少应包括资产负债表、利润表、现金流量表、所有者权益(股东权益)变动表和附注。

中期财务会计报告是以短于一个会计年度的报告期间为基础编制的财务报表,包括月报、季报、半年报。中期财务报告至少包括:① 资产负债表;② 利润表;③ 现金流量表;④ 附注。

(3) 财务报表按编制主体分为个别会计报表和合并会计报表。

第二节　资产负债表

一、资产负债表的作用

资产负债表是总括反映企业某一特定日期全部资产、负债和所有者权益情况的报表。其作用有:① 整体上反映企业的资产总额以及这些资产的来源;② 揭示企业资产构成和负债构成,通过资产和负债的对比分析,反映企业的偿债能力;③ 反映所有者在企业中持有的权益以及权益的构成情况;④ 通过对前后连续的各期资产负债表进行比较分析,可以反映企业财务状况的变化趋势。

二、资产负债表的结构和项目排列

资产负债表有账户式(横式)和报告式(竖式)两种基本格式。我国企业的资产负债表通常采用账户式结构,上市公司在网上公布的资产负债表一般为报告式。

账户式资产负债表分左右两方,左边列示资产项目,右边列示负债和所有者权益项目。报告式资产负债表按照自上而下的顺序列示资产、负债、所有者权益各项目。

资产按其构成和流动性分为流动资产和非流动资产两大项。资产项目按变现能力即流动性大小排列:变现快者即流动性大的资产列前,变现慢者即流动性小的资产列后。即先流动资产如"货币资金"、"应收票据"等项目,后非流动资产如"可供出售金融资产"、"固定资产"等项目。

负债按流动性分为流动负债和长期负债两大项。负债按求偿权先后顺序排列,偿还期短者列前,偿还期长者列后。即先流动负债如"短期借款"、"应付票据"等项目,后长期负债如"长期借款"、"应付债券"等项目。

所有者权益按永久程度的高低排列:永久程度高者列前,永久程度低者列后。因此,它按照实收资本(股本)、资本公积、盈余公积和未分配利润项目的顺序列示。

三、资产负债表的编制方法

(一) 资产负债表的资料来源

资产负债表的各项目均需填列"年初数"和"期末数"两栏。其中:

"年初数"栏内各项数字,应根据上年末资产负债表的"期末数"栏内所列数字填列。如果本年度资产负债表规定的各项目的名称和内容与上年不一致,则应对上年年末资产负债表各项目的名称和数字按照本年度的规定进行调整,填入本表"年初数"栏内。

"期末数"则可为月末、季末或年末的数字,其资料来源有以下几个方面:

(1) 总账余额。资产负债表中的有些项目,可直接根据有关总账账户的余额填列,如"应收票据"、"短期借款"等;有些项目,则需根据几个总账账户的余额计算填列,如"货币资金"项目需根据"库存现金"、"银行存款"、"其他货币资金"三个总账账户余额合并填列。

(2) 明细账余额。有些项目,需要根据有关明细账户余额填列。如"应付账款"项目,需要根据"应付账款"和"预付账款"两个账户所属明细账户的期末贷方余额计算填列。

资产负债表的许多项目,需要依据总账和明细账两者的余额计算填列。如"长期借款"项目,根据"长期借款"总账账户余额扣除"长期借款"账户所属的明细账户中将在一年内到期的长期借款部分分析计算填列。

(3) 账户余额减去其备抵账户后的净额。如"固定资产"项目,根据"固定资产"账户期末余额,减去"累计折旧"及"固定资产减值准备"账户的期末余额后的净额填列。

(4) 备查登记簿记录。会计报表附注中的某些资料,需要根据备查登记簿中的记录编制。

(二) 资产负债表各项目的填列方法

下面就资产负债表中填制方法比较特殊的项目说明如下:

1. 资产项目

(1)"货币资金"项目。根据"库存现金"、"银行存款"、"其他货币资金"账户期末余额的合计数填列。

(2)"应收账款"项目。根据"应收账款"和"预收账款"账户所属各明细账户的期末借方余额合计减去"坏账准备"账户中有关应收账款计提的坏账准备期末余额后的金额填列。

如“应收账款”账户所属明细账户期末有贷方余额的,应在本表“预收账款”项目内填列。

(3)“其他应收款”项目。根据“其他应收款”账户的期末余额,减去“坏账准备”账户中有关其他应收款计提的坏账准备期末余额后的金额填列。

(4)“预付账款”项目。根据“预付账款”和“应付账款”账户所属各明细账户的期末借方余额合计数填列。如“预付账款”账户所属各明细账户期末有贷方余额的,应在本表“应付账款”项目内填列。

(5)“存货”项目。根据“在途物资”、“原材料”、“周转材料”、“库存商品”、“发出商品”、“委托加工物资”、“生产成本”等账户的期末余额合计,减去“存货跌价准备”账户期末余额后的金额填列。材料采用计划成本核算,以及库存商品采用售价核算的企业,还应加“材料采购”,加或减“材料成本差异”、“商品进销差价”账户期末余额后的金额填列。

(6)“一年内到期的非流动资产”项目。根据“可供出售金融资产”、“持有至到期投资”、“长期待摊费用”账户中一年内到期或分摊的数额填列。

(7)“可供出售金融资产”项目。根据“可供出售金融资产”账户的期末余额扣除一年内到期的可供出售金融资产后的数额,再减去“可供出售金融资产减值准备”账户的期末余额后的金额填列。

(8)“长期股权投资”项目。根据“长期股权投资”账户的期末余额减去“长期股权减值准备”账户的期末余额后的金额填列。

(9)“持有至到期投资”项目。根据“持有至到期投资”账户的期末余额扣除一年内到期的持有至到期投资后的数额,再减去“持有至到期投资减值准备”账户的期末余额后的金额填列。

(10)“长期待摊费用”项目。根据“长期待摊费用”账户的期末余额扣除一年内摊销的数额后的金额填列。

(11)“固定资产”项目。根据“固定资产”账户期末余额减去“累计折旧”及“固定资产减值准备”账户的期末余额后的金额填列。

(12)“在建工程”项目。根据“在建工程”账户的期末余额减去“在建工程减值准备”账户的期末余额后的金额填列。

(13)“无形资产”项目。根据“无形资产”账户期末余额减去“累计摊销”及“无形资产减值准备”账户的期末余额后的金额填列。

2. 负债项目

(1)“应付账款”项目。根据“应付账款”和“预付账款”账户所属各明细账户的期末贷方余额合计数填列。如“应付账款”账户所属明细账户期末有借方余额的,应在本表“预付账款”项目内填列。

(2)“预收账款”项目。根据“预收账款”和“应收账款”账户所属各明细账户的期末贷方余额合计数填列。如“预收账款”账户所属明细账户期末有借方余额的,应在本表“应收账款”项目内填列。

(3)“一年内到期的非流动负债”项目。根据“长期借款”、“应付债券”、“长期应付款”账户及其他长期负债中一年内到期偿还数的余额合并填列。

(4)“长期借款”项目。根据“长期借款”账户的期末余额减去一年内到期的长期借款后的金额填列。

（5）“应付债券”项目。根据“应付债券”账户的期末余额减去一年内到期的应付债券后的金额填列。

（6）“长期应付款”项目。根据“长期应付款”账户的期末余额减去一年内到期的长期应付款及“未确认融资费用”账户的期末余额后的金额填列。

3. 所有者权益项目

“未分配利润”项目。1—11 份根据“本年利润”账户和“利润分配”账户的余额计算填列。如为盈利企业，“未分配利润”项目根据“本年利润”账户的贷方余额减去“利润分配”账户的借方余额后的金额填列。12 月份根据“利润分配——未分配利润”账户期末余额填列。

四、资产负债表编制实例

【例 2-8-1】新华公司 2010 年 10 月 31 日有关资料如下：

（1）总分类账户期末余额如表 2-8-1 所示。

表 2-8-1

账户名称	借方余额	账户名称	贷方余额
库存现金	1 500	短期借款	80 000
银行存款	550 000	应付票据	200 000
其他货币资金	30 000	应付账款	600 000
交易性金融资产	24 800	预收账款	7 800
应收票据	45 000	应付职工薪酬	5 800
应收账款	800 000	应交税费	8 000
预付账款	5 000	应付利息	13 500
其他应收款	800	应付股利	30 000
材料采购	60 000	其他应付款	5 500
原材料	340 000	长期借款	1 200 000
材料成本差异	1 900	应付债券	1 600 000
库存商品	200 000	长期应付款	600 000
生产成本	80 000	实收资本	3 000 000
可供出售金融资产	320 000	资本公积	150 000
持有至到期投资	230 000	盈余公积	600 000
长期股权投资	456 000	本年利润	340 000
固定资产	3 800 000	坏账准备	3 400
在建工程	1 300 000	持有至到期投资减值准备	50 000
工程物资	55 000	长期股权投资减值准备	56 000
无形资产	500 000	累计折旧	200 000
长期待摊费用	80 000	固定资产减值准备	100 000
利润分配	150 000	无形资产减值准备	180 000
合　计	9 030 000	合　计	9 030 000

说明：

① 可供出售金融资产中一年内到期的金额为 100 000 元。

② 长期借款中一年内到期的金额为 400 000 元。

③ 应付债券中一年内到期的金额为 500 000 元。

(2) 有关明细分类账户期末余额如下:

应收账款——光明工厂	605 000 元(借)
应收账款——光华工厂	200 000 元(借)
应收账款——光阳工厂	5 000 元(贷)
预付账款——前进工厂	8 000 元(借)
预付账款——胜利工厂	3 000 元(贷)
应付账款——大明工厂	406 000 元(贷)
应付账款——大华工厂	200 000 元(贷)
应付账款——大阳工厂	6 000 元(借)
预收账款——延中工厂	11 800 元(贷)
预收账款——延东工厂	4 000 元(借)

根据上述资料,新华公司2010年10月31日的资产负债表中比较特殊的项目计算如下:

"货币资金"项目=1 500+550 000+30 000=581 500(元)

"应收账款"项目=605 000+200 000+4 000-3 400=805 600(元)

"预付账款"项目=8 000+6 000=14 000(元)

"存货"项目=60 000+340 000+1 900+200 000+80 000=681 900(元)

"长期股权投资"项目=456 000-56 000=400 000(元)

"一年内到期的非流动资产"项目=100 000(元)

"可供出售金融资产"项目=320 000-100 000=220 000(元)

"持有至到期投资"项目=230 000-50 000=180 000(元)

"长期股权投资"项目=456 000-56 000=400 000(元)

"固定资产"项目=3 800 000-200 000-100 000=3 500 000(元)

"无形资产"项目=500 000-180 000=320 000(元)

"应付账款"项目=406 000+200 000+3 000=609 000(元)

"预收账款"项目=11 800+5 000=16 800(元)

"一年内到期的非流动负债"项目=400 000+500 000=900 000(元)

"长期借款"项目=1 200 000-400 000=800 000(元)

"应付债券"项目=1 600 000-500 000=1 100 000(元)

"未分配利润"项目=340 000-150 000=190 000(元)

据此编制的新华公司2010年10月31日的资产负债表如表2-8-2所示。

表2-8-2

资产负债表

会企01表

编制单位:新华公司　　　　2010年10月31日　　　　单位:元

资　产	期末余额	年初余额	负债和所有者权益(或股东权益)	期末余额	年初余额
流动资产:			流动负债:		
货币资金	581 500		短期借款		80 000
交易性金融资产	24 800		交易性金融负债		

续表

资　　产	期末余额	年初余额	负债和所有者权益（或股东权益）	期末余额	年初余额
应收票据	45 000		应付票据		200 000
应收账款	805 600		应付账款		609 000
预付款项	14 000		预收款项		16 800
应收利息			应付职工薪酬		5 800
应收股利			应交费税		8 000
其他应收款	800		应付利息		13 500
存货	681 900		应付股利		30 000
一年内到期的非流动资产	100 000		其他应付款		5 500
其他流动资产			一年内到期的非流动负债		900 000
流动资产合计	2 253 600		其他流动负债		
非流动资产：			流动负债合计		1 868 600
可供出售金融资产	220 000		非流动负债：		
持有至到期投资	180 000		长期借款		800 000
长期应收款			应付债券		1 100 000
长期股权投资	400 000		长期应付款		600 000
投资性房地产			专项应付款		
固定资产	3 500 000		预计负债		
在建工程	1 300 000		递延所得税负债		
工程物资	55 000		其他非流动负债		
固定资产清理			非流动负债合计		2 500 000
生产性生物资产			负债合计		4 368 600
油气资产			所有者权益（或股东权益）		
无形资产	320 000		实收资本（或股本）		3 000 000
开发支出			资本公积		150 000
商誉			减：库存股		
长期待摊费用	80 000		盈余公积		600 000
递延所得税资产			未分配利润		190 000
其他非流动资产			所有者权益（或股东权益）合计		3 940 000
非流动资产合计	6 055 000				
资产总计	8 308 600		负债和所有者权益（或股东权益）合计		8 308 600

第三节 利润表

一、利润表的作用

利润表是反映企业在一定会计期间经营成果的报表。通过利润表可以从总体上了解企业收入、费用及净利润(或亏损)的实现及构成情况;同时,通过利润表提供的不同时期的比较数字(本月数、本年累计数、上年数),可以分析企业的获利能力及利润的未来发展趋势,了解投资者投入资本的保值增值情况。

二、利润表的结构

利润表一般采用报告式,其结构形式又有多步式利润表和单步式利润表两种。按照我国会计准则的规定,我国企业的利润表采用多步式编制。多步式利润表的主要编制步骤和内容如下:

第一步,以营业收入为基础,减去营业成本、营业税金及附加、销售费用、管理费用、财务费用、资产减值损失等,加公允价值变动收益或减公允价值变动损失,加投资收益或减投资损失,计算出营业利润。

第二步,以营业利润为基础,加上营业外收入,减去营业外支出,计算出利润总额。

第三步,以利润总额为基础,减去所得税费用,计算出净利润(或亏损)。

三、利润表的编制方法

1. 利润表各项目的填列方法

利润表中"营业税金及附加"、"销售费用"、"管理费用"、"财务费用"、"资产减值损失"、"公允价值变动收益"、"投资收益"、"营业外收入"、"营业外支出"、"所得税费用"等项目应根据相应的账户发生额分析填列;"营业收入"项目应根据"主营业务收入"、"其他业务收入"账户的发生额分析计算填列;"营业成本"项目应根据"主营业务成本"、"其他业务成本"账户的发生额分析计算填列;"营业利润"、"利润总额"、"净利润"则应计算填列。

2. 月份报表"本年累计数"栏各项目的填列方法

利润表"本年累计数"反映各项目自年初起至本月末止的累计实际发生数。根据上月利润表的"本年累计数"栏数字,加上本月利润表的"本月数"栏的数字,可以得出各项目的本月的"本年累计数",然后填入相应的项目内。

3. 年度利润表有关栏目的填列方法

在编制年度利润表时,应将"本月数"栏改成"上年数"栏,填列上年全年累计实际发生数,从而与"本年累计数"栏各项目进行比较。如果上年度利润表与本年度利润表的项目的名称和内容不相一致,则应对上年度报表项目的名称和数字按照本年度的规定进行调整,填入本表"上年数"栏内。12 月份利润表的"本年累计数",就是年度利润表的"本年累计数",可以直接转抄。

四、利润表编制实例

【例 2-8-2】新华公司 2010 年度损益类账户本年累计发生额资料见表 2-8-3。

表 2-8-3

2010 年度损益类账户本年累计发生额

单位：元

账户名称	借方发生额	贷方发生额
主营业务收入		45 000 000
主营业务成本	25 400 000	
营业税金及附加	1 800 000	
其他业务收入		350 000
其他业务成本	300 000	
销售费用	5 850 000	
管理费用	6 300 000	
财务费用	600 000	
资产减值损失	1 200 000	
公允价值变动收益		500 000
投资收益		800 000
营业外收入		400 000
营业外支出	500 000	
所得税费用	1 716 000	

根据上述资料编制新华公司 2010 年度利润表，如表 2-8-4 所示。

表 2-8-4

利润表

会企 02 表

编制单位：新华公司　　　　2010 年

单位：元

项　目	上年数	本年累计数
一、营业收入		45 350 000
减：营业成本		25 700 000
营业税金及附加		1 800 000
销售费用		5 850 000
管理费用		6 300 000
财务费用		600 000
资产减值损失		1 200 000
加：公允价值变动收益(损失以“－”号填列)		500 000
投资收益(损失以“－”号填列)		800 000
其中：对联营企业和合营企业的投资收益		
二、营业利润(亏损以“－”号填列)		5 200 000
加：营业外收入		400 000
减：营业外支出		500 000

续表

项　　目	上年数	本年累计数
其中：非流动资产处置损失		
三、利润总额（亏损总额以“-”号填列）		5 100 000
减：所得税费用		1 716 000
四、净利润（净亏损以“-”号填列）		3 384 000
五、每股收益		
（一）基本每股收益		
（二）稀释每股收益		

第四节　现金流量表

一、现金流量表的作用

现金流量表是指反映企业在一定会计期间现金和现金等价物流入和流出的报表。现金流量表反映企业的现金流量，有助于评价企业未来获取现金的能力；能够说明一定期间内现金流入和流出的原因，分析企业投资和理财活动对经营成果和财务状况的影响；反映企业的偿债能力、支付投资利润的能力，谨慎判断企业财务状况；分析净收益与现金流量间的差异，并解释差异产生的原因；通过对现金投资与融资、非现金投资与融资的分析，全面了解企业的财务状况。

二、现金流量表的编制基础

现金流量表是以现金为基础编制的。这里的现金是广义的概念，它包括现金及现金等价物。具体地讲，它是由库存现金、银行存款、其他货币资金和现金等价物几个部分组成的。其中现金等价物是指企业持有的期限短（通常指购买日起三个月内到期）、流动性强、易于转换为已知金额现金、价值变动风险很小的投资。现金等价物虽然不是现金，但当企业需要时可以随时变现为已知金额现金，具有很强的支付能力，因而可视同为现金。

现金流量表是以上述现金概念为基础编制的，值得注意的是：

（1）现金流量表反映需同时使现金项目与非现金项目产生增减变动的业务，对于仅涉及非现金各项目之间增减变动的业务，不影响现金流量净额，一般不予反映。

（2）有些涉及投资和筹资活动的业务，如债务转为资本、一年内到期的可转换公司债券、融资租入固定资产等，尽管不涉及当期的现金收支，却会对以后各期的现金流量产生影响，故也需要在现金流量表的补充资料中予以披露。而对于涉及现金收支的投资与筹资活动，应当直接在现金流量表内的“投资活动产生的现金流量”或“筹资活动产生的现金流量”中予以反映。

三、现金流量的分类

现金流量表通常将企业一定期间内产生的现金流量划分为经营活动产生的现金流量、

投资活动产生的现金流量和筹资活动产生的现金流量三类。

1. 经营活动产生的现金流量

经营活动是指企业投资活动和筹资活动以外的所有交易和事项。经营活动的现金流入主要是销售商品或提供劳务、税费返还收到的现金等；经营活动的现金流出主要是指购买商品或接受劳务、支付职工薪酬、支付各项税费以及支付的其他与经营活动有关的现金。通过经营活动产生的现金流量的计算，可以反映企业经营活动对现金流入和流出净额的影响程度。

2. 投资活动产生的现金流量

投资活动是指企业固定资产、无形资产和其他长期资产的购建和处置，以及不包括在现金等价物范围内的投资及其处置活动。投资活动的现金流入主要包括收回投资所收到的现金，取得投资收益所收到的现金，处置固定资产、无形资产和其他长期资产所收回的现金净额以及取得子公司及其他营业单位支付的现金净额等；投资活动的现金流出则是指购建固定资产、无形资产和其他长期资产所支付的现金，投资支付的现金，取得子公司及其他营业单位支付的现金净额以及支付的其他与投资活动有关的现金。因为现金等价物已视同现金，所以投资活动产生的现金流量中不包括现金转换现金等价物这类投资产生的现金流量。通过投资活动产生的现金流量的计算，可以分析企业经由投资获取现金流量的能力，以及投资产生的现金流量对企业现金流量净额的影响程度。

3. 筹资活动产生的现金流量

筹资活动是指导致企业资本及债务规模和构成发生变化的活动。筹资活动的现金流入主要包括吸收投资、取得借款所收到的现金以及收到的其他与筹资活动有关的现金；筹资活动的现金流出主要包括偿还债务、分配股利、利润或偿付利息所支付的现金以及支付的与筹资活动有关的现金等。通过筹资活动产生的现金流量的计算，可以分析企业筹资的能力，以及筹资产生的现金流量对企业现金流量净额的影响程度。

四、现金流量表的内容与编制方法

（一）经营活动产生的现金流量的内容与编制方法

经营活动产生的现金流量的编制方法有直接法和间接法两种。

1. 直接法

直接法是指通过现金收入和支出的主要类别直接反映来自企业经营活动的现金流量的方法。下面分别就经营活动产生的现金流入和现金流出的主要项目及其填列方法予以说明。

（1）“销售商品、提供劳务收到的现金”项目。本项目反映企业销售商品、提供劳务实际收到的现金（包括应向购买者收取的增值税销项税额），包括本期销售商品、提供劳务收到的现金，以及前期销售商品、提供劳务本期收到的现金和本期预收的款项，减去本期退回本期销售的商品和前期销售本期退回的商品支付的现金。企业销售材料和代购代销业务收到的现金，也在本项目反映。本项目可以根据“库存现金”、“银行存款”、“应收账款”、“应收票据”、“预收账款”、“主营业务收入”、“其他业务收入”等科目的记录分析填列。根据账户记录分析计算该项目的金额，通常可以采用以下计算公式：

$$\text{销售商品、提供劳务收到的现金} = \text{当期销售商品或提供劳务的现金收入} + \left(\text{应收账款期初余额} - \text{应收账款期末余额}\right) + \left(\text{应收票据期初余额} - \text{应收票据期末余额}\right) + \left(\text{预收账款期末余额} - \text{预收账款期初余额}\right) - \text{当期因销售退回而支付的现金} - \text{当期确认的坏账损失} + \text{当期收回前期核销的坏账损失}$$

上述公式的各项目，均包括与商品材料、售出代销商品销售收入和提供劳务收入同时收到的或应收的增值税销项税额。

（2）“收到的税费返还”项目。本项目反映企业收到返还的各种税费，包括收到返还的增值税、消费税、营业税、关税、所得税、教育费附加等。本项目可以根据“库存现金”、“银行存款”、“营业外收入”、“其他应收款”等科目的记录分析填列。

（3）“收到的其他与经营活动有关的现金”项目。本项目反映企业除了上述各项目以外所收到的其他与经营活动有关的现金，如罚款、流动资产损失中由个人赔偿的现金、经营租赁租金等。若某项其他与经营活动有关的现金流入金额较大，应单列项目反映。本项目可以根据“库存现金”、“银行存款”、“营业外收入”等科目的记录分析填列。

（4）“购买商品、接受劳务支付的现金”项目。本项目反映企业购买商品、接受劳务实际支付的现金（包括增值税进项税额），包括本期购买材料、商品、接受劳务支付的现金，以及本期支付前期购买商品、接受劳务的未付款项以及本期预付款项，减去本期发生的购货退回收到的现金。企业代购代销业务支付的现金，也在本项目反映。本项目可以根据“库存现金”、“银行存款”、“应付账款”、“应付票据”、“预付账款”、“主营业务成本”、“其他业务成本”等科目的记录分析填列。根据账户记录分析计算该项目的金额，通常可以采用以下计算公式：

$$\text{购买商品、接受劳务支付的现金} = \text{当期购买商品、接受劳务支付的现金} + \left(\text{应付账款期初余额} - \text{应付账款期末余额}\right) + \left(\text{应付票据期初余额} - \text{应付票据期末余额}\right) + \left(\text{预付账款期末余额} - \text{预付账款期初余额}\right) + \left(\text{存货期末余额} - \text{存货期初余额}\right) - \text{当期因购货退回的现金}$$

（5）“支付给职工以及为职工支付的现金”项目。本项目反映企业实际支付给职工以及为职工支付的现金，包括本期实际支付给职工的工资、奖金、各种津贴和补贴等，以及为职工支付的其他费用。企业代扣代缴的职工个人所得税，也在本项目反映。本项目不包括支付给离退休人员的各项费用及支付给在建工程人员的工资及其他费用。企业支付给离退休人员的各项费用（包括支付的统筹退休金以及未参加统筹的退休人员的费用），在“支付其他与经营活动有关的现金”项目反映；支付给在建工程人员的工资及其他费用，在“购建固定资产、无形资产和其他长期资产支付的现金”项目反映。本项目可以根据“应付职工薪酬”、“库存现金”、“银行存款”等科目的记录分析填列。

企业为职工支付的养老、失业等社会保险基金、补充养老保险、住房公积金、支付给职工的住房困难补助，以及企业支付给职工或为职工支付的其他福利费用等，应按职工的工作性质和服务对象，分别在本项目和“购建固定资产、无形资产和其他长期资产支付的现金”项目反映。

(6)“支付的各项税费”项目。本项目反映企业按规定支付的各种税费,包括企业本期发生并支付的税费,以及本期支付以前各期发生的税费和本期预交的税费,包括所得税、增值税、营业税、消费税、印花税、房产税、土地增值税、车船使用税、教育费附加、矿产资源补偿费等,但不包括计入固定资产价值、实际支付的耕地占用税,也不包括本期退回的增值税、所得税。本期退回的增值税、所得税在“收到的税费返还”项目反映。本项目可以根据“应交税费”、“库存现金”、“银行存款”等科目的记录分析填列。

(7)“支付的其他与经营活动有关的现金”项目。本项目反映企业除上述各项目外所支付的其他与经营活动有关的现金,如经营租赁支付的租金、支付的罚款、差旅费、业务招待费、保险费等。若其他与其他经营活动有关的现金流出较大,应单列项目反映。该项目可以根据“库存现金”、“银行存款”、“管理费用”、“营业外支出”等科目的记录分析填列。

2. 间接法

间接法是指以本期净利润为起点,调整不涉及现金的收入、费用、营业外收支以及经营性应收应付等项目的增减变动,调整不属于经营活动的现金收支项目,据此计算并列报经营活动产生的现金流量的方法。按间接法计算的经营活动的现金流量,有助于分析影响现金流量的原因以及从现金流量角度分析企业净利润的质量。

利润表中反映的净利润是按权责发生制确定的,其中有些收入、费用项目并没有实际发生现金流入和流出,通过对这些项目的调整,即可将净利润调节为经营活动的现金流量。采用间接法将净利润调节为经营活动的现金流量时,需要调整的项目可分为四大类:第一类是实际没有支付现金的费用;第二类是实际没有收到现金的收益;第三类是不属于经营活动的损益;第四类是经营性应收应付项目的增减变动。

(1) 资产减值准备。该项目反映企业本期实际计提的各项资产减值准备,包括坏账准备、存货跌价准备、长期股权投资减值准备、持有至到期投资减值准备、投资性房地产减值准备、固定资产减值准备、在建工程减值准备、无形资产减值准备、商誉减值准备、生产性生物资产减值准备、油气资产减值准备等。本项目可以根据“资产减值损失”科目的记录分析填列。

(2) 固定资产折旧、油气资产折耗、生产性生物资产折旧。该项目反映企业本期累计计提的固定资产折旧、油气资产折耗、生产性生物资产折旧。本项目可根据“累计折旧”、“累计折耗”等科目的贷方发生额分析填列。

(3) 无形资产摊销。该项目反映企业本期累计摊入成本费用的无形资产价值。本项目可以根据“累计摊销”科目的贷方发生额分析填列。

(4) 长期待摊费用摊销。该项目反映企业本期累计摊入成本费用的长期待摊费用。本项目可以根据“长期待摊费用”科目的贷方发生额分析填列。

(5) 处置固定资产、无形资产和其他长期资产的损失。该项目反映企业本期处置固定资产、无形资产和其他长期资产发生的净损失(或净收益)。如为净收益以“-”号填列。本项目可以根据“营业外支出”、“营业外收入”等科目所属有关明细科目的记录分析填列。

(6) 固定资产报废损失。该项目反映企业本期发生的固定资产盘亏净损失。该项目可以根据“营业外支出”和“营业外收入”科目所属有关明细科目的记录分析填列。

(7) 公允价值变动损失。该项目反映企业持有的交易性金融资产、交易性金融负债、采用公允价值模式计量的投资性房地产等公允价值变动形成的净损失。如为净收益以“-”号填列。本项目可以根据“公允价值变动损益”科目所属有关明细科目的记录分析填列。

(8) 财务费用。该项目反映企业本期实际发生的属于投资活动或筹资活动的财务费用。属于投资活动、筹资活动的部分,在计算净利润时已扣除,但这部分发生的现金流出不属于经营活动现金流量的范畴,所以,在将净利润调节为经营活动现金流量时,需要予以加回。本项目可以根据“财务费用”科目的本期借方发生额分析填列;如为收益,以“-”号填列。

(9) 投资损失。该项目反映企业对外投资实际发生的投资损失减去收益后的净损失。本项目可以根据利润表“投资收益”项目的数字填列;如为投资收益,以“-”号填列。

(10) 递延所得税资产减少。该项目反映企业资产负债表“递延所得税资产”项目的期初余额与期末余额的差额。本项目可以根据“递延所得税资产”科目发生额分析填列。

(11) 递延所得税负债增加。该项目反映企业资产负债表“递延所得税负债”项目的期初余额与期末余额的差额。本项目可以根据“递延所得税负债”科目发生额分析填列。

(12) 存货的减少。该项目反映企业资产负债表“存货”项目的期初与期末余额的差额。期末数大于期初数的差额,以“-”号填列。

(13) 经营性应收项目的减少。该项目反映企业本期经营性应收项目(包括应收票据、应收账款、预付账款、长期应收款和其他应收款等经营性应收项目中与经营活动有关的部分及应收的增值税销项税额等)的期初与期末余额的差额。期末数大于期初数的差额,以“-”号填列。

(14) 经营性应付项目的增加。该项目反映企业本期经营性应付项目(包括应付票据、应付账款、预收账款、应付职工薪酬、应交税费和其他应付款等经营性应付项目中与经营活动有关的部分及应付的增值税进项税额等)的期初余额与期末余额的差额。期末数小于期初数的差额,以“-”号填列。

(二) 投资活动产生的现金流量的内容与编制方法

1. 收回投资所收到的现金流量

本项目反映企业出售、转让或到期收回除现金等价物以外的对其他企业的权益工具、债务工具和合营中的权益等投资收到的现金。收回债务工具实现的投资收益、处置子公司及其他营业单位收到的现金净额不包括在本项目内。该项目可以根据“可供出售金融资产”、“持有至到期投资”、“长期股权投资”、“库存现金”、“银行存款”等科目的记录分析填列。

2. 取得投资收益所收到的现金

本项目反映企业除现金等价物以外的对其他企业的权益工具、债务工具和合营中的权益投资分回的现金股利和利息,不包括股票股利。本项目可以根据“库存现金”、“银行存款”、“投资收益”等科目的记录分析填列。

3. 处置固定资产、无形资产和其他长期资产收回的现金净额

本项目反映企业出售、报废固定资产、无形资产和其他长期资产收到的现金(包括因固定资产毁损收到的保险赔款),减去为处置这些资产而支付的有关费用后的净额。如所收回的现金净额为负数,则应在“支付其他与投资活动有关的现金”项目反映。本项目可以根据“固定资产清理”、“库存现金”、“银行存款”等科目的记录分析填列。

4. “处置子公司及其他营业单位收到的现金净额”项目

本项目反映企业处置子公司及其他营业单位所取得的现金，减去相关处置费用以及子公司及其他营业单位持有的现金和现金等价物后的净额。本项目可以根据“长期股权投资”、“银行存款”、“库存现金”等科目的记录分析填列。

5. “收到其他与投资活动有关的现金”项目

本项目反映企业除了上述各项目以外，所收到的其他与投资活动有关的现金流入。比如，企业收回购买股票和债券时支付的已宣告但尚未领取的现金股利或已到付息期但尚未领取的债券利息。若其他与投资活动有关的现金流入金额较大，应单列项目反映。本项目可以根据“应收股利”、“应收利息”、“银行存款”、“库存现金”等科目的记录分析填列。

6. “购建固定资产、无形资产和其他长期资产支付的现金”项目

本项目反映企业本期购买、建造固定资产、取得无形资产和其他长期资产实际支付的现金，以及用现金支付的应由在建工程和无形资产负担的职工薪酬，不包括为购建固定资产而发生的借款利息资本化部分，以及融资租入固定资产支付的租赁费。企业支付的借款利息和融资租入固定资产支付的租赁费，在筹资活动产生的现金流量中反映。本项目可以根据“固定资产”、“在建工程”、“无形资产”、“库存现金”、“银行存款”等科目的记录分析填列。

7. “投资支付的现金”项目

本项目反映企业取得除现金等价物以外的对其他企业的权益工具、债务工具和合营中的权益投资所支付的现金，以及支付的佣金、手续费等交易费用，但取得子公司及其他营业单位支付的现金净额除外。本项目可以根据“可供出售金融资产”、“持有至到期投资”、“长期股权投资”、“库存现金”、“银行存款”等科目的记录分析填列。

8. “取得子公司及其他营业单位支付的现金净额”项目

本项目反映企业购买子公司及其他营业单位购买出价中以现金支付的部分，减去子公司及其他营业单位持有的现金和现金等价物后的净额。本项目可以根据“长期股权投资”、“库存现金”、“银行存款”等科目的记录分析填列。

9. “支付其他与投资活动有关的现金”项目

该项目反映企业除上述各项以外所支付的其他与投资活动有关的现金流出，如企业购买股票时实际支付的价款中包含的已宣告而尚未领取的现金股利，购买债券时支付的价款中包含的已到期尚未领取的债券利息等。若某项其他与投资活动有关的现金流出金额较大，应单列项目反映。本项目可以根据“应收股利”、“应收利息”、“银行存款”、库存现金”等科目的记录分析填列。

（三）筹资活动产生的现金流量的内容与编制方法

1. “吸收投资收到的现金”项目

本项目反映企业以发行股票、债券等方式筹集资金实际收到的款项，减去直接支付的佣金、手续费、宣传费、咨询费、印刷费等发行费用后的净额。本项目可以根据“实收资本（或股本）”、“库存现金”、“银行存款”等科目的记录分析填列。

2. “取得借款收到的现金”项目

本项目反映企业举借各种短期、长期借款实际收到的现金。本项目可以根据“短期借款”、“长期借款”、“库存现金”、“银行存款”等科目的记录分析填列。

3. “收到其他与筹资活动有关的现金”项目

本项目反映企业除上述各项目外所收到的其他与筹资活动有关的现金流入,如接受现金捐赠等。若某项其他与筹资活动有关的现金流入金额较大,应单列项目反映。本项目可以根据“银行存款”、“库存现金”、“营业外收入”等科目的记录分析填列。

4. “偿还债务支付的现金”项目

本项目反映企业偿还债务本金所支付的现金,包括偿还金融企业的借款本金、偿还债券本金等。企业支付的借款利息和债券利息在“分配股利、利润或偿付利息支付的现金”项目反映,不包括在本项目内。本项目可以根据“短期借款”、“长期借款”、“应付债券”、“库存现金”、“银行存款”等科目的记录分析填列。

5. “分配股利、利润或偿付利息支付的现金”项目

该项目反映企业实际支付的现金股利、支付给其他投资单位的利润或用现金支付的借款利息、债券利息等。本项目可以根据“应付股利”、“应付利息”、“财务费用”、“库存现金”、“银行存款”等科目的记录分析填列。

6. “支付其他与筹资活动有关的现金”项目

该项目反映企业除上述各项目外所支付的其他与筹资活动有关的现金流出,如捐赠现金支出、融资租入固定资产支付的租赁费等。若某项其他与筹资活动有关的现金流出金额较大,应单列项目反映。本项目可以根据“营业外支出”、“长期应付款”、“银行存款”、“库存现金”等科目的记录分析填列。

(四)汇率变动对现金的影响

该项目反映企业外币现金流量以及境外子公司的现金流量折算为人民币时,所采用的现金流量发生日的即期汇率或按照系统合理的方法确定的、与现金流量发生日即期汇率近似汇率折算的人民币金额与“现金及现金等价物净增加额”中的外币现金净增加额按期末汇率折算的人民币金额之间的差额。

在编制现金流量表时,可逐笔计算外币业务发生的汇率变动对现金的影响,也可不必逐笔计算而采用简化的计算方法,即通过现金流量表补充资料中“现金及现金等价物净增加额”数额与现金流量表中“经营活动产生的现金流量净额”、“投资活动产生的现金流量净额”、“筹资活动产生的现金流量净额”三项之和比较,其差额即为“汇率变动对现金及现金等价物的影响”项目的金额。

五、现金流量表的编制程序和编制实例

在实务中,使用较多的现金流量表的编制方法有工作底稿法、T形账户法和分析填列法。采用工作底稿法编制现金流量表,就是以工作底稿为手段,以利润表和资产负债表数据为基础,对每一项目进行分析并编制调整分录,从而编制出现金流量表。下面以工作底稿法举一简例说明现金流量表的编制。

【例2-8-3】1. 红星工厂为增值税一般纳税人,2010年有关资料如下:

(1)2010年会计报表项目见表2-8-5。

表 2-8-5

项　　目	年初数	年末数
一、资产负债表项目		
借方项目：		
货币资金	2 000	3 680
交易性金融资产	1 000	0
应收账款	2 000	7 850
存货	4 000	1 000
固定资产原价	7 000	10 000
在建工程	5 000	5 700
借方项目合计	21 000	28 230
贷方项目：		
累计折旧	2 000	3 500
应付职工薪酬	0	0
应交税费	2 000	3 530
长期借款	7 000	7 500
实收资本	6 000	6 000
盈余公积	4 000	4 000
未分配利润	0	3 700
贷方项目合计	21 000	28 230
二、利润表项目营业收入		10 000
营业成本		6 000
管理费用		1 000
财务费用		300
投资收益		1 000
所得税费用		
净利润		3 700

（2）2010 年发生的经济业务如下：

① 用银行存款支付购入原材料货款 1 000 元，以及购入材料支付的增值税 170 元，材料已验收入库。

② 企业的长期借款发生利息费用 500 元。按《企业会计准则——借款费用》中借款费用资本化的规定，计算出工程应负担的长期借款利息为 200 元，计入财务费用的其他利息费用 300 元，利息尚未支付。

③ 企业将账面价值为 1 000 元的交易性金融资产售出，获得价款 2 000 元，确认投资收益 1 000 元，价款已存入银行。

④ 购入不需安装的设备 1 台，设备价款及增值税共计 3 000 元，全部款项均已用银行存款支付，设备已经交付使用。

⑤ 本年计提固定资产折旧 1 500 元，其中：计入生产成本的厂房及生产设备折旧 1 000 元，计入管理费用的办公用房及设备折旧 500 元。

⑥ 实际发放职工工资 2 000 元，并将其分配计入相关成本费用项目（其中，计入生产成

本的生产人员工资1 000元,计入管理费用的管理人员工资500元,计入在建工程的人员工资500元)。本年产品生产耗用原材料4 000元。计算产品生产成本6 000元(其中原材料4 000元,直接人工费1 000元,制造费用1 000元),并将其结转产成品账户(假设2009年度"库存商品"和"生产成本"账户均无年初年末余额)。

⑦ 销售商品产品一批,销售价款10 000元,应收取的增值税为1 700元。已收款项5 850元(其中货款5 000元,增值税850元),余款尚未收取。结转该企业主营业务成本6 000元。

⑧ 将各收入费用类账户结转本年利润(该企业利润总额为3 700元)。

⑨ 假设本年企业不交所得税,不提取盈余公积,未进行利润分配。本年利润余额全部转入未分配利润。

(3) 运用工作底稿法,按以下步骤编制现金流量表:

第一步,将资产负债表项目的期初和期末数及利润表项目本年数过入工作底稿的期初数栏和期末数栏,见表2-8-6。

第二步,对本年业务进行分析并编制调整分录。编制调整分录时,要以利润表项目为基础,从"营业收入"开始,结合资产负债表项目逐一进行分析。

本例调整分录如下:

① 分析调整营业收入:

借:经营活动现金流量——销售商品收到的现金	5 850	
应收账款	5 850	
贷:营业收入		10 000
应交税费——应交增值税(销项税额)		1 700

利润表中的营业收入是按权责发生制反映的,应转换为现金制。为此,应调整应收账款的增减变动。本例应收账款增加5 850元,应从本期营业收入中减除。应交增值税为价外税,没有包括在营业收入之中,而调整的应收账款中包括了应收未收的增值税,因此,应同时调整应交增值税(销项税额)。本例中销售中应收取的增值税为1 700元,应加回到本期营业收入中,以获得经营活动——销售商品取得的现金流量金额。

② 分析调整营业成本:

借:营业成本	6 000	
应交税费——应交增值税(进项税额)	170	
贷:经营活动现金流量——购买商品支付的现金		3 170
存货		3 000

存货减少3 000元,表明本期消耗的存货中有3 000元是期初库存的,使本期购买商品需支付的现金减少3 000元。因为本期购入材料支付的增值税并未计入材料成本,所以还需同时调整应交增值税(进项税额),本例中购买原材料支付的增值税进项税额为170元,应增加购买商品的现金流出。

③ 分析调整管理费用及财务费用:

借:管理费用	1 000	
财务费用	300	
贷:经营活动现金流量——支付的其他与经营活动有关的现金		1 300

这笔会计分录将管理费用和财务费用全额转入经营活动现金流量——支付的其他与经营活动有关的现金。对于管理费用和财务费用中包含的不涉及现金支出的项目，在下面相关分录④和⑦中进行调整。

④ 调整财务费用中不涉及现金支出的项目：

借：经营活动现金流量——支付的其他与经营活动有关的现金　300

　贷：长期借款　300

计入财务费用的应付利息300元增加了长期借款账面金额，并未实际支出。在分录③中已将财务费用全额转入了支付的其他与经营活动有关的现金项目，故应调整加回。

⑤ 分析调整投资收益：

借：投资活动现金流量——收回投资所收到的现金　2 000

　贷：投资收益　1 000

　　　交易性金融资产　1 000

交易性金融资产投资收益应从利润表项目中调整出来，列入投资活动现金流量中。此外，出售现金等价物以外的交易性金融资产，也增加了企业的现金流量。本例企业出售交易性金融资产，收到价款2 000元，应全部作为投资活动收回投资所收到的现金列示。

⑥ 分析调整新增固定资产：

借：固定资产　3 000

　贷：投资活动现金流量——购建固定资产支付的现金　3 000

本期购入设备支付价款及增值税共计3 000元，应反映为投资活动中购建固定资产支付的现金。

⑦ 分析调整累计折旧：

借：经营活动现金流量——支付的其他与经营活动有关的现金　500

　　经营活动现金流量——购买商品支付的现金　1 000

　贷：累计折旧　1 500

本期计提的折旧1 500元中，计入管理费用500元，计入生产成本1 000元。上述两个项目已经通过"管理费用"和"主营业务成本"两个项目分列作经营活动中的支付的其他与经营活动有关的现金和购买商品支付的现金。折旧实际上并未导致现金流出，应在此作补充调整加回。

⑧ 分析调整在建工程：

借：在建工程　700

　贷：投资活动现金流量——购建固定资产支付的现金　500

　　　长期借款　200

本期在建工程的增加原因，包括这样两个方面：一是支付工资500元，二是长期借款利息200元。以上费用均计入了在建工程成本。用现金支付的人员工资，应作为购建固定资产支付的现金反映，但是计入了在建工程成本的长期借款利息费用并未实际支付现金，应调整长期借款。

⑨ 分析调整应付职工薪酬：

借：应付职工薪酬　1 500

　贷：经营活动现金流量——支付给职工以及为职工支付的现金　1 500

借：经营活动现金流量——购买商品支付的现金　　1 000
　　经营活动现金流量——支付的其他与经营活动有关的现金　　500
　　贷：应付职工薪酬　　1 500

本期应付职工薪酬的期末期初差额虽然为零，但并不意味着本期支付给职工的薪酬为零。本例中企业实际支付的职工薪酬为2 000元，其中应列为支付给职工以及为职工支付的现金为1 500元，应列为购建固定资产支付的现金为500元。上述分录中，由于薪酬费用分配时已分别计入生产成本和管理费用，并已通过"主营业务成本"和"管理费用"转列了购买商品的支出和支付的其他与经营活动有关的现金，所以要补充调整。

⑩ 结转净利润：

借：净利润　　3 700
　　贷：未分配利润　　3 700

⑪ 最后调整现金净变化额：

借：现金　　1 680
　　贷：现金减少额　　1 680

第三步，将调整分录过入工作底稿的相应部分(见表2-8-6)。

第四步，核对调整分录，借方、贷方合计数均已经相等，资产负债表项目期初数加减调整分录中的借贷金额以后，也已等于期末数(见表2-8-6)。

表2-8-6

现金流量工作底稿

项　　目	期初数	调整分录		期末数
		借方	贷方	
一、资产负债项目				
借方项目：				
货币资金	2 000	⑪ 1 680		3 680
交易性金融资产	1 000		⑤ 1 000	0
应收账款	2 000	① 5 850		7 850
存货	4 000		② 3 000	1 000
固定资产原价	7 000	⑥ 3 000		10 000
在建工程	5 000	⑧ 700		5 700
借方项目合计	21 000			28 230
贷方项目：				
累计折旧	2 000		⑦ 1 500	3 500
应付职工薪酬	0	⑨ 1 500	⑨ 1 500	0
应交税费	2 000	② 170	① 1 700	3 530
长期借款	7 000		④ 300 ⑧ 200	7 500

续表

项　　目	期初数	调整分录		期末数
		借方	贷方	
实收资本	6 000			6 000
盈余公积	4 000			4 000
未分配利润	0		⑩ 3 700	3 700
贷方项目合计	21 000			28 230
二、利润表项目				
营业收入			① 10 000	10 000
营业成本		② 6 000		6 000
营业税金及附加				
销售费用				
管理费用		③ 1 000		1 000
财务费用		③ 300		300
投资收益			⑤ 1 000	1 000
所得税费用				
净利润		⑩ 3 700		3 700
三、现金流量表项目				
(一)经营活动产生的现金流量				
销售商品、提供劳务收到的现金		①5 850		5 850
收到的税费返还				
收到其他与经营活动有关的现金				
经营活动现金流入小计				5 850
购买商品、接受劳务支付的现金		⑦ 1 000 ⑨ 1 000	② 3 170	1 170
支付给职工以及为职工支付的现金			⑨ 1 500	1 500
支付的各项税费				
支付其他与经营活动有关的现金		④ 300 ⑦ 500 ⑨ 500	③ 1 300	0
经营活动现金流出小计				2 670
经营活动产生的现金流量净额				3 180
(二)投资活动产生的现金流量				
收回投资收到的现金		⑤ 2 000		2 000
取得投资收益收到的现金				
处置固定资产、无形资产和其他长期资产收回的现金净额				
处置子公司及其他营业单位收到的现金净额				

续表

项　　目	期初数	调整分录		期末数
		借方	贷方	
收到其他与投资活动有关的现金				
投资活动现金流入小计				2 000
购建固定资产、无形资产和其他长期资产支付的现金			⑥ 3 000 ⑧ 500	3 500
投资支付的现金				
取得子公司及其他营业单位支付的现金净额				
支付其他与投资活动有关的现金				
投资活动现金流出小计				3 500
投资活动产生的现金流量净额				−1 500
(三) 筹资活动产生的现金流量				
吸收投资收到的现金				
取得借款收到的现金				
收到其他与筹资活动有关的现金				
筹资活动现金流入小计				
偿还债务支付的现金				0
分配股利、利润或偿付利息支付的现金				
支付其他与筹资活动有关的现金				
筹资活动现金流出小计				0
筹资活动产生的现金流量净额				0
(四) 汇率变动对现金及现金等价物的影响				
(五) 现金及现金等价物净增加额			⑪ 1 680	1 680
调整分录借贷合计		35 050	35 050	

第五步，根据工作底稿中现金流量表项目部分编制正式的现金流量表(见表2-8-7)。

表2-8-7

现金流量表

会企03表

编制单位：红星工厂　　　　2010年　　　　单位：元

项　　目	本期金额	上期金额
一、经营活动产生的现金流量		
销售商品、提供劳务收到的现金	5 850	
收到的税费返还		
收到其他与经营活动有关的现金		
经营活动现金流入小计	5 850	
购买商品、接受劳务支付的现金	1 170	

续表

项　　目	本期金额	上期金额
支付给职工以及为职工支付的现金	1 500	
支付的各项税费		
支付其他与经营活动有关的现金		
经营活动现金流出小计	2 670	
经营活动产生的现金流量净额	3 180	
二、投资活动产生的现金流量		
收回投资收到的现金	2 000	
取得投资收益收到的现金		
处置固定资产、无形资产和其他长期资产收回的现金净额		
处置子公司及其他营业单位收到的现金净额		
收到其他与投资活动有关的现金		
投资活动现金流入小计	2 000	
购建固定资产、无形资产和其他长期资产支付的现金	3 500	
投资支付的现金		
取得子公司及其他营业单位支付的现金净额		
支付其他与投资活动有关的现金		
投资活动现金流出小计	3 500	
投资活动产生的现金流量净额	-1 500	
三、筹资活动产生的现金流量		
吸收投资收到的现金		
取得借款收到的现金		
收到其他与筹资活动有关的现金		
筹资活动现金流入小计	0	
偿还债务支付的现金		
分配股利、利润或偿付利息支付的现金		
支付其他与筹资活动有关的现金		
筹资活动现金流出小计	0	
筹资活动产生的现金流量净额	0	
四、汇率变动对现金及现金等价物的影响		
五、现金及现金等价物净增加额	1 680	
加:期初现金及现金等价物余额	2 000	
六、期末现金及现金等价物余额	3 680	
补充资料	**本期金额**	**上期金额**
1. 将净利润调节为经营活动现金流量		
净利润		
加：资产减值准备		

续表

补充资料	本期金额	上期金额
固定资产折旧、油气资产折耗、生产性生物资产折旧		
无形资产摊销		
长期待摊费用摊销		
处置固定资产、无形资产和其他长期资产的损失(收益以“-”号填列)		
固定资产报废损失(收益以“-”号填列)		
公允价值变动损失(收益以“-”号填列)		
财务费用(收益以“-”号填列)		
投资损失(收益以“-”号填列)		
递延所得税资产减少(增加以“-”号填列)		
递延所得税负债增加(减少以“-”号填列)		
存货的减少(增加以“-”号填列)		
经营性应收项目的减少(增加以“-”号填列)		
经营性应付项目的增加(减少以“-”号填列)		
其他		
经营活动产生的现金流量净额		
2. 不涉及现金收支的重大投资和筹资活动		
债务转为资本		
一年内到期的可转换公司债券		
融资租入固定资产		
3. 现金及现金等价物净变动情况		
现金的期末余额		
减:现金的期初余额		
加:现金等价物的期末余额		
减:现金等价物的期初余额		
现金及现金等价物净增加额		

第五节 所有者权益变动表

一、所有者权益变动表的内容及结构

所有者权益变动表是指反映构成所有者权益各组成部分当期增减变动情况的报表。所有者权益变动表应当全面反映一定时期所有者权益变动情况,不仅包括所有者权益变动总量的增减变动,还包括所有者权益增减变动的结构性信息,特别是要反映直接计入所有者权益的利得和损失,以及与所有者的资本交易导致的所有者权益的变动,让报表使用者准确理解所有者权益变动的根源。

所有者权益变动表中，企业至少应当单独列示反映下列信息：(1) 净利润；(2) 直接计入所有者权益的利得和损失项目及其总额；(3) 会计政策变更和差错更正的累积影响金额；(4) 所有者投入资本和向所有者分配利润等；(5) 按照规定提取的盈余公积；(6) 实收资本或股本、资本公积、盈余公积、未分配利润的期初和期末余额及其调节情况。

二、所有者权益变动表的编制方法

所有者权益变动表"上年金额"栏各项数字，应根据上年度所有者权益变动表"本年金额"栏内所列数字填写。如果上年度所有者权益变动表各项目的名称和内容和本年度不一致，应对上年度所有者权益变动表各项目的名称和数字按本年度的规定进行调整，填入所有者权益变动表"上年金额"栏内。

所有者权益变动表"本年金额"栏内各项数字，应根据"实收资本"、"资本公积"、"盈余公积"、"利润分配"、"库存股"、"以前年度损益调整"账户的发生额分析填列。

三、所有者权益变动表编制实例

【例 2-8-4】新华公司 2010 年年初"实收资本"账户余额为 10 000 000 元，2010 年全年实现净利润 3 384 000 元，提取盈余公积 338 400 元，向投资者分配股利 832 464 元，据此编制的新华工厂 2010 年的所有者权益变动表如表 2-8-8 所示。

表 2-8-8

所有者权益变动表

会企 04 表

编制单位：新华公司　　2010 年　　单位：元

项　目	本年金额						上年金额					
	实收资本(或股本)	资本公积	减：库存股	盈余公积	未分配利润	所有者权益合计	实收资本(或股本)	资本公积	减：库存股	盈余公积	未分配利润	所有者权益合计
一、上年年末余额												
加：会计政策变更												
前期差错更正												
二、本年年初余额												
三、本年增减变动金额(减少以"－"号填列)												
(一) 净利润					3 384 000	3 384 000						
(二) 直接计入所有者权益的利得和损失												
1. 可供出售金额资产公允价值变动净额												
2. 权益法下被投资单位其他所有者权益变动的影响												
3. 与计入所有者权益项目相关的所得税影响												
4. 其他												

续表

项　　目	本年金额						上年金额					
	实收资本（或股本）	资本公积	减：库存股	盈余公积	未分配利润	所有者权益合计	实收资本（或股本）	资本公积	减：库存股	盈余公积	未分配利润	所有者权益合计
上述(一)和(二)小计					3 384 000	3 384 000						
（三）所有者投入和减少资本												
1. 所有者投入资本	10 000 000					10 000 000						
2. 股份支付计入所有者权益的金额												
3. 其他												
（四）利润分配												
1. 提取盈余公积				338 400	－338 400	0						
2. 对所有者（或股东）的分配					－832 464	－832 464						
3. 其他												
（五）所有者权益内部结转												
1. 资本公积转增资本（或股本）												
2. 盈余公积转增资本（或股本）												
3. 盈余公积弥补亏损												
4. 其他												
四、本年年末余额	10 000 000			338 400	2 213 136	12 551 536						

第六节　附　　注

附注是对资产负债表、利润表、现金流量表和所有者权益变动表等报表中列示项目的文字描述或明细资料，以及对未能在这些报表中列示项目的说明等。附注是财务报表的重要组成部分。

企业应当按照规定披露附注信息，主要包括下列内容：

一、企业的基本情况

（1）企业注册地、组织形式和总部地址。

（2）企业的业务性质和主要经营活动。

（3）母公司以及集团最终母公司的名称。

（4）财务报告批准报出者和财务报告批准报出日。

二、财务报表的编制基础

三、遵循企业会计准则的声明

企业应当编制的财务报表符合企业会计准则的要求，真实、完整地反映企业的财务状况、经营成果和现金流量等有关信息。

四、重要会计政策和会计估计

企业应当披露采用的重要会计政策和会计估计，不重要的会计政策和会计估计可以不披露。在披露重要会计政策和会计估计时，应当披露重要会计政策的确定依据和财务报表项目的计量基础，以及会计估计中所采用的关键假设和不确定因素。

五、会计政策和会计估计变更以及差错更正的说明

企业应当按照《企业会计准则第 28 号——会计政策、会计估计变更和差错更正》及其应用指南的规定，披露会计政策和会计估计变更以及差错更正的有关情况。

六、报表重要项目的说明

企业对报表重要项目的说明，应当按照资产负债表、利润表、现金流量表、所有者权益变动表及其项目列示的顺序，采用文字和数字描述相结合的方式进行披露。报表重要项目的明细金额合计，应当与报表项目金额相衔接。报表重要项目的说明主要有以下内容：交易性金融资产的披露；应收款项的披露；存货的披露；可供出售金融资产的披露；持有至到期投资的披露；长期股权投资的披露；投资性房地产的披露；固定资产的披露；无形资产的披露；交易性金融负债的披露；职工薪酬的披露；应交税费的披露；短期借款和长期借款的披露；应付债券的披露；长期应付款的披露；营业收入的披露；公允价值变动收益的披露；投资收益的披露；减值损失的披露；营业外收入的披露；营业外支出的披露；所得税费用的披露；政府补助的披露；非货币性资产交换的披露；股份支付的披露；债务重组的披露；借款费用的披露；外币折算的披露；企业合并的披露；或有事项的披露；资产负债表日后事项的披露。

七、分部报告

企业存在多种经营或跨地区经营的，应当以对外提供的财务报表为基础，区分业务分部和地区分部披露分部信息。对外提供合并财务报表的企业，应当以合并财务报表为基础披露分部信息。

八、关联方披露

企业无论是否发生关联方交易，均应当在附注中披露与该企业之间存在直接控制关系的母公司和子公司有关的信息；企业与关联方发生关联方交易的，应当在附注中披露该关联方关系的性质、交易类型及交易要素；企业只有在提供确凿证据的前提下，才能披露关联方交易是公平交易。

第三篇 管理会计学

第一章 总 论

第一节 管理会计的产生和发展

一、管理会计的产生和发展

现代会计有两个重要分支:一是财务会计,二是管理会计。相对于财务会计而言,管理会计形成的时间并不长。管理会计是随着管理科学的发展和企业管理的实践而产生和发展的。

1. 管理会计的雏形可以追溯到20世纪初

“科学管理之父”泰罗于1911年发表了《科学管理原理》一书,书中标准化管理的思想,为“标准成本制度”的确立奠定了理论基础,随着泰罗科学管理在企业中的广泛推行,“标准成本控制”、“预算控制”、“本量利分析”等管理会计方法应运而生。

2. 20世纪50年代后管理会计得到了迅猛发展

会计界普遍认为,现代管理会计形成于20世纪50年代,并在50年代以后得到发展,至今已初步形成了管理会计的理论体系与方法体系。二次大战后,科学技术突飞猛进,生产力迅速发展,生产的社会化程度日益提高,运筹学、行为科学等现代管理方法和思想大量运用于企业管理的实践,随之产生的“责任会计”、“决策会计”等大大丰富了管理会计的内容。

进入20世纪70年代,发达国家不仅对于管理会计理论研究工作又有进一步的发展,而且对于管理会计的推广应用也进入到实质性阶段。1972年,美国全国会计师协会开始举办CMA(执业管理会计师)考试。1980年,在巴黎举行的世界会计人员联合会第一次大会上,把管理会计的应用作为研究主题,这次国际会议表明管理会计的影响已开始扩大到世界范围。

20世纪70年代至今,在科学技术特别是计算机普遍运用的推动之下,不但有关管理会计方面的创新研究一直处于持续进行之中,而且适应新经济与新技术发展环境变化要求所产生的企业战略管理思想、理论及其基本方法,促进了“战略管理会计”思想的产生。

综上所述,20世纪兴起的管理会计,它的发展尚未达到成熟阶段,它至今依然是会计学中的一门年轻的分支学科。

二、管理会计的含义

对于管理会计的含义，目前还存在着分歧，一般认为在现代市场经济条件下，以强化企业内部经营管理、提高企业经济效益为最终目标，以企业经营活动及其价值表现为对象，通过对财务会计提供的信息以及企业其他方面的相关信息进行再加工、再利用，实现对经营过程的预测、决策、规划、控制、考核等职能，这样一种信息处理系统及经营管理活动称为管理会计。

第二节　管理会计的特征

一、管理会计与财务会计的联系

管理会计与财务会计具有密切的关系，具体表现在以下几个方面：

1. 两者所属经济范畴相同

两者同属于现代会计，共同构成现代企业会计的有机整体，两者相互依存，相互补充。

2. 最终目的相同

管理会计和财务会计所处的工作环境相同，都是现代企业，因而它们必须服从现代企业会计目标的总体要求，共同为加强企业管理、提高经济效益服务。

3. 研究对象的一致性

财务会计和管理会计的对象都是企业经营活动及其价值表现。

4. 两者原始资料的来源基本相同

管理会计建立在财务会计基础上，主要是对财务信息及相关的其他信息进行再加工和再利用，因而两者的原始资料来源基本相同。

5. 两者提供的信息有些可以分享

财务会计提供的信息是管理会计开展工作的基础，而管理会计提供的部分信息又可以被财务会计加以利用。如现金流量表，本来是管理会计作为长期投资决策的一种内部报表，现在已被纳入财务会计对外报送的三张主要报表之一。

6. 两者可以相互促进和补充

在我国，由于财务会计和管理会计无论是在机构上还是在人员安排上，大部分都未分开，因而两者的改革和发展势必相辅相成。如我国财务会计改革在与国际接轨的过程中，将广大财会人员从以前那种单纯反映过去、算“死账”的会计模式中解放出来，他们将花更多的时间和精力去考虑如何在新的市场经济环境下加强管理，从而建立面向未来决策的算“活账”的会计模式。这样，就为管理会计的发展和创新奠定了良好的基础。

二、管理会计的特征

管理会计与财务会计相比较，有以下几个方面的特点：

1. 会计主体的多层次性

管理会计是以企业内部各层次的责任单位为会计主体，对各个责任单位日常经营活动进行控制，对责任单位的工作业绩和经营成果进行考核和评价，同时对以整个企业为主体的长期投资进行决策分析，编制全面预算，在各责任单位之间进行协调和综合平衡。所以说管理会计的会计主体是多层次的。

2. 工作重心是内部管理

管理会计主要是为企业内部各层次管理人员提供未来经济活动和目标选择的信息，并针对特定的经营活动进行预测、决策、控制、考核和评价，为强化企业内部管理服务，所以管理会计又称“内部会计”。

3. 基本职能的丰富性

管理会计的基本职能是预测、决策、规划、控制和评价，它是在充分利用财务信息的基础上，再结合相关的其他信息，对企业未来的经营活动进行科学的预测，并帮助管理者对未来的经济活动作出决策，从而确定未来一定时期内的最佳经营目标，指导当前和未来的经营活动。

4. 工作依据的灵活性

管理会计工作的依据是企业管理当局的需要，尽管目前在理论界和实践中提出了“管理会计的假设和原则”，但并不具有权威性，管理会计工作者可以不受它的限制和约束。同时，由于管理会计服务对象的特性，也决定了它没有必要遵循这些假设和原则。

5. 工作程序和方法的灵活多样性

管理会计在预测、决策、规划、控制与评价过程中，没有固定的程序，有很大的选择空间，往往对不同的问题有多种多样的分析处理方法，即使是同一个问题，亦可根据不同的需要可能有不同的处理方法。同时，管理会计在处理财务信息及相关信息时，可以综合运用现代数学方法、统计方法以及运筹学、系统论等一系列方法，因而处理方法远比财务会计复杂。

6. 提供信息方面的特征

管理会计提供的信息，其特征有以下四个方面：

(1) 信息的时间属性。财务会计反映的是过去时态；而管理会计则跨越过去、现在和将来，并且研究过去是手段，其目的是揭示现在和未来的发展变化趋势，为企业管理者预测、决策提供依据。

(2) 信息载体的特性。管理会计由于只对内提供信息，因而没有固定的报表种类，也没有固定的格式，完全取决于企业管理当局的实际需要。

(3) 信息的精确性。管理会计由于研究的目的是揭示现在及未来企业经营的发展变化趋势，加之只是对内提供信息，因而既没必要、也无可能提供十分准确的会计信息，因而管理会计的信息是近似的。

(4) 信息的责任属性。由于财务会计提供综合、全面、连续、系统的财务信息，并定期对外公开，因而具有法律责任。而管理会计一般提供有选择的、部分的或特定的经营信息，其报告不对外公开，因而不具有法律责任。

7. 体系不够完善

财务会计有一整套的统一的规范，不管是理论上还是实践上都日臻成熟，进入了稳定发展的阶段。而管理会计，特别是我国的管理会计，由于起步晚，至今尚没有一套成熟的、系统的理论，至于管理会计的实践，在许多企业中还没有得到很好的开展。因而，无论是管理会计的理论还是实践，都需要进一步完善。

8. 观念取向

财务会计重视过去，而管理会计面向未来。

第二章 成本性态分析

第一节 成本性态及其分类

一、成本的含义

管理会计认为，成本是指在生产经营过程中对象化的，以货币表现的为达到一定目的而应当或可能发生的各种经济资源的价值牺牲或代价。

从这个概念中可以看出，它与财务会计中的成本概念有相联系的地方，即都是对象化的费用支出，反映的都是生产过程中的各种经济资源的消耗或损失。但更有区别，主要表现在以下两个方面：

第一，管理会计成本特别重视形成的原因和成本发生的必然性。

第二，时态特征。管理会计中的成本对其发生的时态没有作出严格的规定，它可以是过去，也可以是现在和将来，这与财务会计十分强调的历史成本概念有很大的差异。

二、成本性态及相关范围

（一）成本性态的含义

为了适应企业管理的要求，特别是为了加强事前成本管理，需要将成本按成本的性态进行分类。所谓成本性态，又称成本习性，是指在一定条件下成本总额与特定业务量之间的依存关系。

这里所说的“业务量”是指企业在一定生产经营期内投入或完成的经营工作量的总称。业务量既可以用绝对量来表示，也可以用相对量来表示。绝对业务量又可以细分为实物量、价值量、时间量三种形式；相对业务量又可以细分为百分比或比率等形式。为了简化管理会计中的定量分析过程，在实际工作中，人们通常假定业务量是惟一的，多数情况下是指生产量或销售量。这里所说的“成本总额”是指一定时期内为取得营业收入而发生的各种费用支出，包括全部的生产成本和非生产成本。

（二）相关范围

1. 相关范围的概念

从上述成本性态的含义可以知道，它是指“在一定条件下”成本总额与业务量之间的依存关系，这个“一定条件”就是指在一定的时间范围内业务量的变动范围，即相关范围。在这个范围内，成本总额与业务量的依存关系的特征不会改变，一旦超出这个范围，就有可能改变这种特征。

2. 相关范围的作用

相关范围为我们研究成本性态限定了前提条件，即无论是研究固定成本还是变动成本，都必须联系到相关范围。只要在相关范围以内，不管时间多久，业务量如何变化，成本总额与业务量这种依存关系始终保持不变。而一旦超出相关范围,这些特征就难以保留或存在。因为无论是从较长时期来看,还是从业务量的无限变化来看,没有绝对不变的固定成本,也没有绝对的成正比变动的变动成本。只有在相关范围内,才有成本性态,才有成本按其性态所作的分类,才有变动成本法等一系列管理会计的方法。由于相关范围的存在,成本性态具有相对性、暂时性和可转化性的特点。

三、成本性态分类

企业全部成本按其性态分类,可分为固定成本、变动成本和混合成本三大类。

(一) 固定成本

1. 固定成本的概念

固定成本是指在一定时期和一定业务量范围内,总额不随业务量的变动而变动的成本。具体有:生产成本中列入制造费用的不随产销量变动的办公费、折旧费、劳动保护费、管理人员工资和租赁费等;销售费用中不受销售量影响的销售人员工资、广告费、折旧费等;管理费用中不受产销量影响的企业管理人员的工资、折旧费、租赁费、保险费、土地使用税、无形资产摊销等。

2. 固定成本的特征

固定成本具有以下特征:

(1) 固定成本总额的不变性。这一特征就是固定成本概念的再现,在平面直角坐标系上,固定成本就是一条平行于 x 轴的直线,其总成本模型为 $y=a$(如图 3-2-1 所示)。

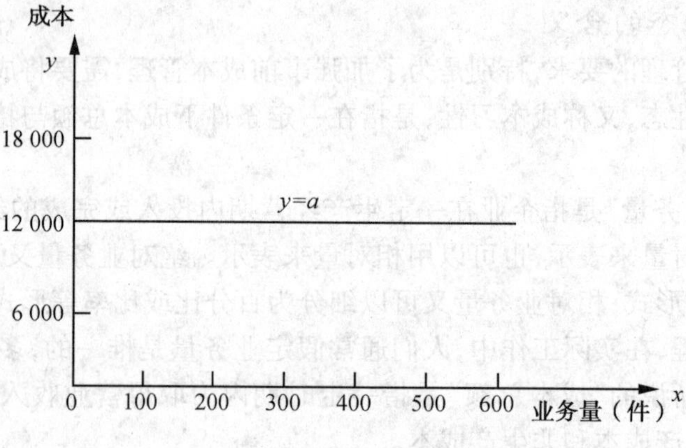

图 3-2-1 固定成本总额性态模型

(2) 单位固定成本与业务量成反比。固定成本总额不变必然导致单位产品负担的固定成本随着业务量的变动而呈反比例变动。其单位成本模型为 $y=a/x$,反映在平面直角坐标系上,如图 3-2-2 所示。

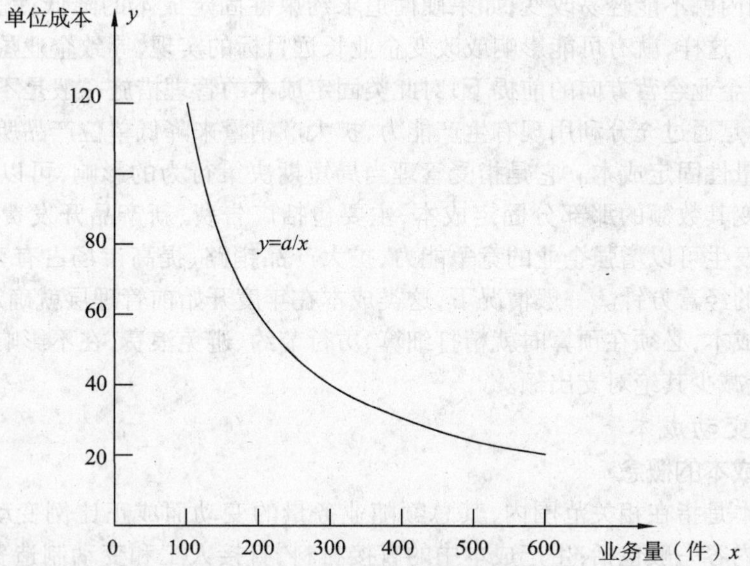

图 3-2-2　单位固定成本性态模型

【例 3-2-1】某企业租用一台设备生产甲产品，每月租金为12 000元，其最大生产能力为600 件，则该厂固定成本总额（租金：用 a 表示）和单位产品所含的固定成本（用 a/x 表示）的数量关系如表 3-2-1 所示。

表 3-2-1

甲产品产量（件）	固定成本总额（元）a	单位固定成本（元）a/x
100	12 000	120
200	12 000	60
300	12 000	40
400	12 000	30
500	12 000	24
600	12 000	20

固定成本总额模型（$y=a$）和单位固定成本模型（$y=a/x$）分别如图 3-2-1 及图 3-2-2 所示。

3. 固定成本的细分

为了进一步寻求降低固定成本的途径，可将固定成本按其是否受管理当局短期决策行为的影响分为约束性固定成本和酌量性固定成本两类。

（1）约束性固定成本。它是指不受管理当局短期决策行为影响的那部分固定成本。这类成本反映的是形成和维持企业最起码的生产经营能力的成本，也是企业开展经营业务必须负担的最低成本，因而又称经营能力成本。这类成本包括厂房与机器设备的折旧费、保险费、财产税、租金、管理人员薪金等。这类成本具有很强的约束性，即随着企业经营能力的形成，它在短期内就不能轻易改变，如果硬性追求约束性固定成本的降低，就意味着削减企业的经营能力。这样，就有可能影响或改变企业长远目标的实现，导致企业盈利能力降低。因此，在不改变企业经营方向的前提下，对此类固定成本的管理措施一般是不宜采用降低其总额的方法，而是通过充分利用现有生产能力，扩大产销量来降低单位产品所含的固定成本。

（2）酌量性固定成本。它是指受管理当局短期决策行为的影响，可以在一定范围内或不同时期改变其数额的那部分固定成本，主要包括广告费、新产品开发费、职工培训费等。这类成本的发生可以增强企业的竞争能力、扩大产品销路、提高市场占有率，但其发生额必须服从企业的经营方针。一般情况下，这类成本在年度开始前管理层就确定好预算。所以，要降低这类成本，必须在预算时就精打细算、厉行节约、避免浪费，在不影响正常生产经营的前提下，尽量减少其绝对支出额。

（二）变动成本

1. 变动成本的概念

变动成本是指在相关范围内，其总额随业务量的变动而成正比例变动的那部分成本。变动成本的内容一般包括：生产成本中的直接材料、直接人工和变动制造费用；推销及管理费用中的变动成本部分，如按销售量支付给销售人员的佣金、装卸费、包装费等。简而言之，变动成本包括变动的生产成本、管理及推销成本。

2. 变动成本的特征

变动成本具有以下特征：

（1）总额与业务量成比例变动

如果用 $y=bx$ 代表变动成本总额模型，那么在平面直角坐标系上，变动成本总额就是一条通过原点的直线（如图 3-2-3 所示）。

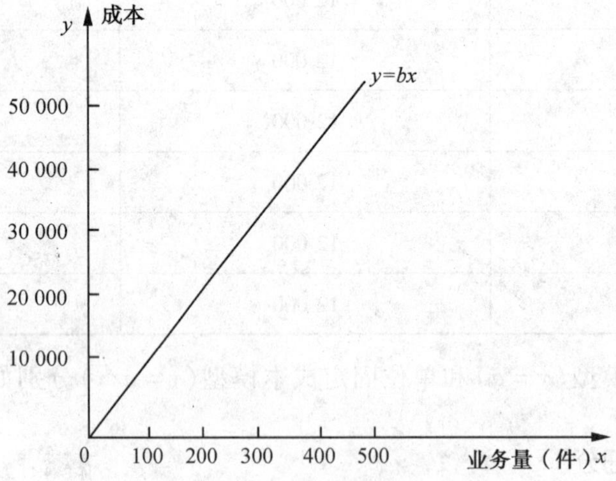

图 3-2-3　变动成本总额成本性态模型

（2）单位变动成本的不变性

由于变动成本总额与业务量成正比例变动，决定了在业务量不为零时，单位变动成本始终不受业务量变动的影响，即单位变动成本保持不变。这个特点反映在平面直角坐标系上，单位变动成本就是一条平行于 x 轴的直线，其成本性态模型为 $y=b$（如图3-2-4所示）。

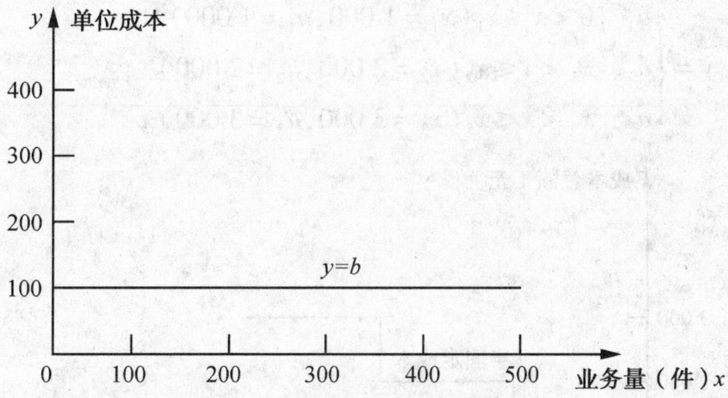

图 3-2-4　单位变动成本性态模型

【例 3-2-2】某企业生产甲产品，每件产品需耗用 A 材料费用 100 元，其最大生产能力为 500 件，则该厂生产甲产品的材料总成本、单位成本与产量之间的关系如表 3-2-2 所示。

表 3-2-2

甲产品产量（件）x	单位变动成本（元）b	变动成本总额（元）bx
100	100	10 000
200	100	20 000
300	100	30 000
400	100	40 000
500	100	50 000

变动成本总额和单位变动成本的性态模型分别如图 3-2-3 及图 3-2-4 所示。

（三）混合成本

1. 混合成本的概念

在实际工作中，有些成本项目与业务量的依存关系比较复杂，它们同时兼有变动成本和固定成本两种性质，即成本总额随产销量的变动而变动，但不保持严格的成正比例的关系。我们不能将其简单地归入变动成本或固定成本之中，而是称之为混合成本。

2. 混合成本的细分

在混合成本中，根据成本与业务量的依存关系及内在特点可以分为半固定成本、半变动成本、延期变动成本三种主要类型。

（1）半固定成本。半固定成本又称阶梯式混合成本。其特点是：在一定的业务量范围以内，其成本总额是固定的，而一旦业务量超过相关范围时，就突然跳到一个新的水平，然后在业务量增长的一定限度以内，其发生额又保持不变，直到另一个新的极限，又突然跳到一个新的高度，继而保持不变。例如，某车间生产甲零件，当产量为1 000件以下时，需要检验员 2 人，每人月工资 500 元，月工资成本为1 000元；当产量在1 000至2 000件时，就需要增加 2 名检验员，月增工资成本1 000元，共2 000元；如产量在2 000 ~ 3 000件之间，又需增加 2 名检验员，月增工资成本1 000元，共3 000元。假定该企业甲零件最大产量为3 000件。则质检员的工资成本是一种典型的半固定成本，其成本性态模型如图 3-2-5 所示。

$$半固定成本\quad y=\begin{cases} a_1 & 0<x\leqslant x_1(x_1=1\,000,a_1=1\,000)\\ a_2 & x_1<x\leqslant x_2(x_2=2\,000,a_2=2\,000)\\ a_3 & x_2<x\leqslant x_3(x_3=3\,000,a_3=3\,000)\end{cases}$$

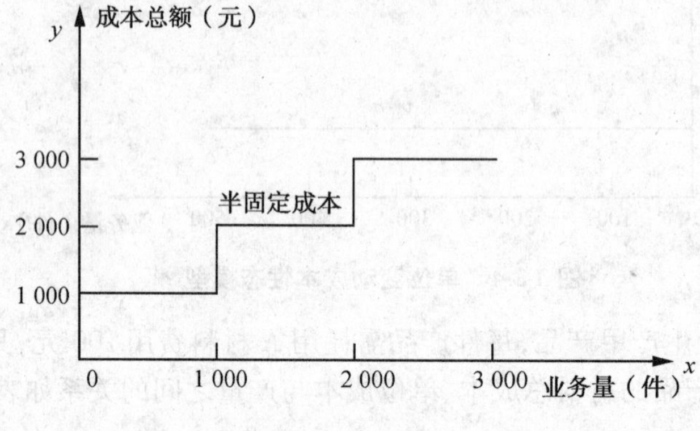

图 3-2-5　半固定成本性态模型

（2）半变动成本。半变动成本又称标准式的混合成本，其基本特点是：通常有一基数，一般保持不变，相当于固定成本；但超过基数的部分，则随着业务量的增加而成正比例地增加，这部分成本相当于变动成本的性质。因此，从它的全部成本来看，则随着业务量的变动而变动，但又不保持严格的成正比例的关系。如我国电话使用费，一般除按月收取基本费外（相当于固定成本），还按通话时长收取通话费，这部分费用相当于变动成本。半变动成本的性态模型如图 3-2-6 所示。

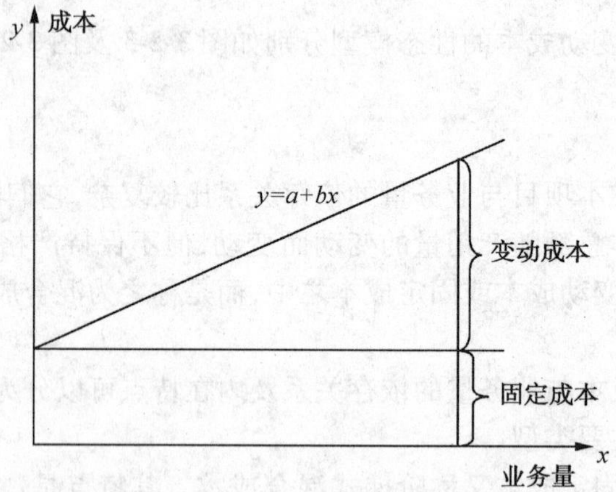

图 3-2-6　半变动成本性态模型

（3）延期变动成本。延期变动成本又称低坡式混合成本。其基本特点是：在正常业务量范围以内，其成本支出是一定的（相当于固定成本），但当业务量超过正常范围后，其费用支出与业务量呈正比例变动的关系。如在正常时间内支付给管理人员的工资一般是固定不变的，但当加班后，就要根据加班时间的长短按比例支付加班费，这部分加班费就呈现出变动成本的性质。其成本性态模型如图 3-2-7 所示。

$$延期变动成本\ y=\begin{cases}a & x\leqslant x_1\\ a+b(x-x_1) & x>x_1\end{cases}$$

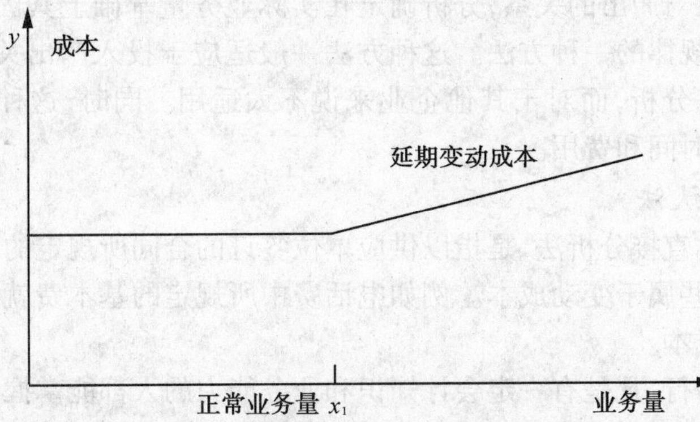

图 3-2-7　延期变动成本性态模型

第二节　成本性态分析与混合成本的分解

一、成本性态分析的含义

成本性态分析是指在明确各种成本性态的基础上，按照一定的程序和方法，最终将所有成本分为固定成本和变动成本两大类，而不是固定成本、混合成本、变动成本三大类，并建立相应的成本函数模型的过程。从上述概念可以知道，成本性态分析的核心就是将混合成本分解为固定成本和变动成本两大类，并建立成本函数模型的过程。

二、成本性态分析的程序

成本性态分析的程序是指完成成本性态分析任务所经过的步骤，一般有两种程序：

1. 分步分析程序

分步分析程序又称多步骤分析程序，这种程序就是先进行定性分析，后进行定量分析。即先按成本性态将所有成本分为固定成本、变动成本、混合成本三类，此为定性分析；然后将混合成本进行分解、合并，并最终建立有关成本函数模型，此为定量分析。

2. 同步分析程序

同步分析程序又称单步骤分析程序，属于定性分析与定量分析同步进行的程序。在该程序下，不需要分别将成本按其性态分类和混合成本分解，而是按一定方法将全部成本一次性地分为固定成本和变动成本两大类，并建立有关成本函数模型。

三、成本性态分析的方法

成本性态分析的方法是指完成成本性态分析任务必须采取的技术手段。在管理会计实践中，既可以应用于分步分析程序中的混合成本分解，又可以应用于同步分析程序。对总成本进行定量分析的常用方法有技术测定法、合同确认法、数学模型法三种。

（一）技术测定法

技术测定法又称工程技术法，是指利用经济工程项目财务评价技术方法所测定的企业正常生产过程中投入与产出的关系，分析确定在实际业务量基础上其固定成本和变动成本水平，并揭示其变动规律的一种方法。这种方法一般适应于投入产出关系比较稳定的新企业及其主要成本性态分析，而对于其他企业来说不太适用。同时，这种方法的应用比较复杂，需要花费较多的时间和费用。

（二）合同确认法

合同确认法又称直接分析法，是指以供应单位签订的合同所规定的计价方法，来确认哪些属于固定成本，哪些属于变动成本。例如电话费中所规定的基本费就是固定成本，超出基本费部分则为变动成本。

这种方法简单易行，凡是有一定会计知识和业务能力的人都能掌握，属于典型的同步分析程序，适用于管理会计基础工作开展得较好的企业。由于该法要求掌握大量的第一手资料，需要对每一个成本项目详加鉴别，实际分析的工作量太大，因此不适合规模较大的企业开展成本性态分析。

（三）数学模型法

数学模型法又称历史资料法，是指运用混合成本总公式的数学模型 $y=a+bx$，根据企业过去若干期成本与业务量的相关历史资料并结合运用相应的数学方法进行处理，求出参数 a（固定成本）和 b（单位变动成本），达到分解混合成本，建立成本模型的目的。数学模型法是成本性态分析最常用的方法，主要适用于生产条件较为稳定、成本水平波动不大以及有关历史资料比较完备的企业。其一般程序是：搜集资料、整理资料、处理资料和调整分析结果。

数学模型法主要有高低点法、回归直线法、散布图法三种具体方法。

1. 高低点法

（1）高低点法的含义及原理

高低点法是根据一定时期内最高点和最低点的业务量之差和相应的混合成本之差，来推算固定成本总额 a 和单位变动成本 b 的一种成本性态分析方法。

高低点法的基本原理是：假定任何一项混合成本都包含固定成本部分（a）和变动成本部分（bx），并且都可以用成本性态模型$y=a+bx$来表示。其中 a 在相关范围内是固定不变的，是常数，业务量高低及其变动对它不产生任何影响；b 在相关范围内也是一个常数，但变动成本总额 bx 随业务量的变动而成正比例变动，从而导致混合成本随之增减变动。因而，就可以理解为 $\Delta y=b\times\Delta x$，并进一步求出 a，从而建立成本性态模型 $y=a+bx$。

（2）高低点法适用范围及评价

高低点法的优点在于简便易行，易于理解。缺点是由于只选择了历史资料多组数据中的两组作为计算依据，从而使得建立起来的成本性态模型很可能不具有代表性，特别是在成本水平波动较大的情况下，容易导致较大的计算误差。因此，这种方法只适用于成本变动趋势比较稳定的企业。

（3）高低点法应用举例

【例3-2-3】某企业20××年度有关业务量（机器小时）和制造费用总额的资料如表3-2-3。

表3-2-3

月　份	5月	6月	7月	8月	9月	10月	11月	12月
业务量（机器小时）	10 000	11 000	15 000	12 000	9 000	11 000	13 000	8 000
制造费用总额（元）	230 000	250 000	270 000	260 000	220 000	250 000	240 000	221 000

根据上述资料进行成本性态分析，建立成本性态模型，并计算当业务量为16 000机器小时的时候，其制造费用总额。

解：

第一，假定制造费用的成本模型为 $y = a + bx$。

第二，按题意找出高低点业务量及对应的混合成本：

高点：7月　　（15 000，270 000）

低点：12月　　（8 000，221 000）

第三，根据上述两组数计算单位变动成本 b：

$$b = \frac{\Delta y}{\Delta x} = \frac{最高点混合成本-最低点混合成本}{最高点业务量-最低点业务量} = \frac{270\,000-221\,000}{15\,000-8\,000} = \frac{49\,000}{7\,000} = 7$$

第四，把 b 代入高点或低点，求出 a：

将 b 代入高点：　$a = y - bx = 270\,000 - 7\times 15\,000 = 165\,000$

或将 b 代入低点：　$a = y - bx = 221\,000 - 7\times 8\,000 = 165\,000$

第五，成本性态模型为：$y = 165\,000 + 7x$。

第六，当业务量为16 000机器小时时，制造费用总额为：

$$y = 165\,000 + 7\times 16\,000 = 277\,000（元）$$

2. 回归直线法

（1）回归直线法的定义及原理。回归直线法又称最小二乘法或最小平方法。它是利用过去若干期业务量和混合成本的资料，运用最小平方法原理计算固定成本 a 和单位变动成本 b 的一种成本性态分析方法。

回归直线法与高低点法的实质是一样的，都是对混合成本确定它的表达式 $y = a + bx$。所不同的有两点：其一是求参数 a 和 b 的值时，高低点法考察两极（最大和最小）数据，而回归直线法则考察全部数据；其二是参数的具体计算依据和过程不一样。

（2）回归直线法的基本步骤。第一，根据历史资料列表，计算 n、$\sum x$、$\sum y$、$\sum xy$、$\sum x^2$ 和 $\sum y^2$ 的值。

第二，根据上述有关指标值，计算相关系数 r，并判断业务量和成本总额是否线性相关。

$$r = \frac{n\sum xy - \sum x\sum y}{\sqrt{[n\sum x^2 - (\sum x)^2]\cdot[n\sum y^2 - (\sum y)^2]}}$$

当 $r = -1$ 时，说明 x 与 y 完全负相关；当 $r = 0$ 时，说明 x 与 y 之间不存在任何联系，即 $y \neq a + bx$；当 $r = +1$ 时，说明 x 与 y 完全相关，即 $y = a + bx$；当 $r \to 1$ 时，x 与 y 基本相关，可近

似地写成 $y=a+bx$。因而,只有当 $r=1$ 或接近于 1 时,才能用回归直线法建立成本性态模型 $y=a+bx$。

第三,计算出 b 的值。

$$b=\frac{n\sum xy-\sum x\sum y}{n\sum x^2-(\sum x)^2}$$

第四,计算出 a 的值。

$$a=\frac{\sum y-b\sum x}{n}$$

第五,建立成本性态模型:$y=a+bx$。

(3)回归直线法应用举例

【例 3-2-4】某企业 20××年 1~9 月份的有关资料见表 3-2-4。

表 3-2-4

月　份	机器小时	维修成本(元)
1	22	23
2	23	25
3	19	20
4	12	20
5	12	20
6	9	15
7	7	14
8	11	14
9	14	16

要求:用回归直线法建立成本性态模型。

解:

第一,根据题意,编制数据计算表如表 3-2-5。

表 3-2-5

月　份	机器小时(x)	维修成本(y)	xy	x^2	y^2
1	22	23	506	484	529
2	23	25	575	529	625
3	19	20	380	361	400
4	12	20	240	144	400
5	12	20	240	144	400
6	9	15	135	81	225
7	7	14	98	49	196
8	11	14	154	121	196
9	14	16	224	196	256
$n=9$	$\sum x=129$	$\sum y=167$	$\sum xy=2\,552$	$\sum x^2=2\,109$	$\sum y^2=3\,227$

第二，根据有关指标值，计算相关系数 r。

$$r = \frac{n\sum xy - \sum x\sum y}{\sqrt{[n\sum x^2 - (\sum x)^2]\cdot[n\sum y^2 - (\sum y)^2]}}$$

$$= \frac{9\times 2\ 552 - 129\times 167}{\sqrt{(9\times 2\ 109 - 129^2)\times(9\times 3\ 227 - 167^2)}} = 0.867\ 2$$

$\because\ r\to +1$，表明 x 与 y 基本相关，即可以建立线性方程 $y = a + bx$。

第三，计算 b 的值。

$$b = \frac{n\sum xy - \sum x\sum y}{n\sum x^2 - (\sum x)^2} = \frac{9\times 2\ 552 - 129\times 167}{9\times 2\ 109 - 129^2} = 0.609\ 0$$

第四，计算 a 的值。

$$a = \frac{\sum y - b\sum x}{n} = \frac{167 - 0.609\ 0\times 129}{9} = 9.83$$

第五，成本性态模型为：$y = 9.83 + 0.609\ 0x$。

（4）回归直线法评价

回归直线法利用了最小平方法的原理，因此计算结果比较准确，但计算工作量较大，公式复杂，因而适应于计算机管理的企业。

3. 散布图法

（1）散布图法的含义。散布图法又称布点图法或目测划线法。它是根据若干期的业务量和成本的历史资料，在平面直角坐标系上绘制各期散布点，再按目测所得到的成本变动趋势划一回归直线，便可以确定混合成本中固定成本部分和变动成本部分。

（2）散布图法的基本步骤。第一，根据历史资料在直角坐标系上标出散布点。

第二，划线。即在目测的基础上，在所有坐标点中划出一条最能反映成本变动趋势的直线。

第三，读出 a 的值。即读出成本直线与纵轴 y 的交点值。

第四，在直线上任选一点，假设该点为 P，其坐标为 (x_p, y_p)。

第五，求 b 的值。

第六，建立成本性态模型 $y = a + bx$。

（3）散布图法举例

【例 3-2-5】某企业成本及业务量资料如表 3-2-6，要求：用散布图法建立成本性态模型。

表 3-2-6

月　份	产量（件）x	成本（元）y
1	5	25
2	7	33
3	6	27
4	8	31
5	9	38
合　计	35	154

解：

第一，根据上述资料，在平面直角坐标系中标点，见图 3-2-8。

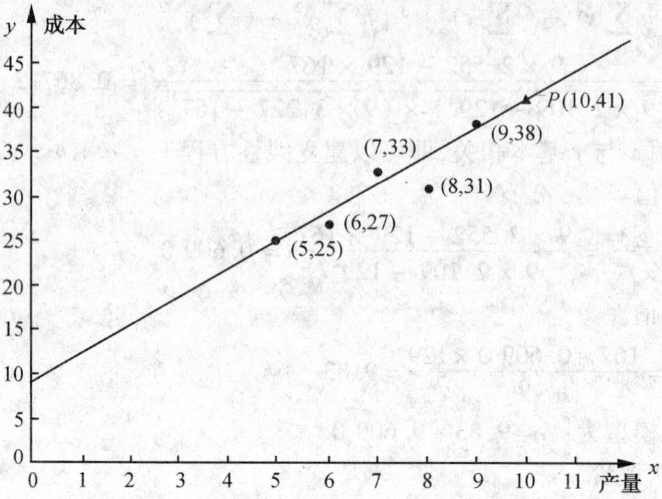

图 3-2-8

第二，划线。

第三，读出 a 的值。该成本直线与 y 轴的交点的数值为 9，即 $a=9$。

第四，在直线上任选一点 P，其坐标为(10,41)。

第五，求 b 的值。

将 $a=9$，$x=10$，$y=41$ 代入直线方程：$y=a+bx$。

$41=9+b\times10$

$b=3.2$

第六，建立成本模型为：$y=9+3.2x$。

(4) 散布图法评价。散布图法能够考虑所提供的全部历史资料，其图像可以反映成本变动趋势，十分形象直观，易于理解。但由于绘制成本直线完全靠目测，容易导致不同的人有不同的目测结果，从而影响分析的客观性。

第三章　变动成本法

第一节　变动成本法的含义

一、变动成本法的含义

变动成本法是指在计算产品的生产成本和存货成本时，以成本性态分析为前提，只将变动的生产成本作为产品成本及存货成本的内容，具体包括生产过程中消耗的直接材料、直接人工和变动制造费用三项，而将固定生产成本及非生产成本全部作为期间成本，并按贡献式损益确定程序计算损益的一种成本计算模式。由于在此种模式中，产品成本不包括间接费用，只包括直接费用，故又称直接成本法。

与变动成本法相对立的成本计算方法是完全成本法，它是指在计算产品的生产成本和存货成本时，以成本按经济职能及经济用途分类为前提，将全部生产成本作为产品成本及存货成本的内容，具体包括直接材料、直接人工、变动制造费用和固定制造费用，而只将非生产成本（销售费用、管理费用、财务费用）列作期间成本，并按传统式损益确定程序计算损益的一种成本计算模式。由于完全成本法中的产品成本含有分摊的固定制造费用，故又称吸收成本法、全部成本法或制造成本法。

二、变动成本法的理论依据

管理会计在进行成本计算、界定产品成本与期间成本时，摆脱了传统思维定式的束缚，认为凡是直接与产品制造有联系的，并随产量成正比例变动的变动生产成本，就是产品成本。至于固定生产成本，既不会由于产量的提高而增加，也不会因产量的下降而减少，它们只是与特定的会计期间相联系，并随着时间的推移而消失，所以必须作为期间成本，全部列入当期损益之中。这就是变动成本法的理论依据。

第二节　变动成本法与完全成本法的区别

一、两种方法应用的前提不同

应用变动成本法，必须进行成本性态分析，将全部成本划分为变动成本和固定成本两部分；通过成本性态分析，变动成本分为变动生产成本、变动非生产成本两部分，固定成本分为固定生产成本即固定制造费用、固定非生产成本两部分。

应用完全成本法，必须按成本发生的领域或经济用途将全部成本分为生产成本和非生产成本。凡在生产过程中为产品制造而发生的成本都属于生产成本，包括直接材料、直接人工、全部制造费用；凡是在流通过程和服务领域中发生的成本属于非生产成本，包括管理费用、销售费用、财务费用。

二、两种方法产品成本与期间成本的构成不同

1. 变动成本法两项成本的构成内容

在变动成本法下，将生产成本按其与产量的关系分为变动生产成本和固定生产成本两类，只将变动生产成本计入产品成本，而将固定生产成本和非生产成本全部列为期间成本，不包括在产品成本之中。具体构成内容见图 3-3-1。

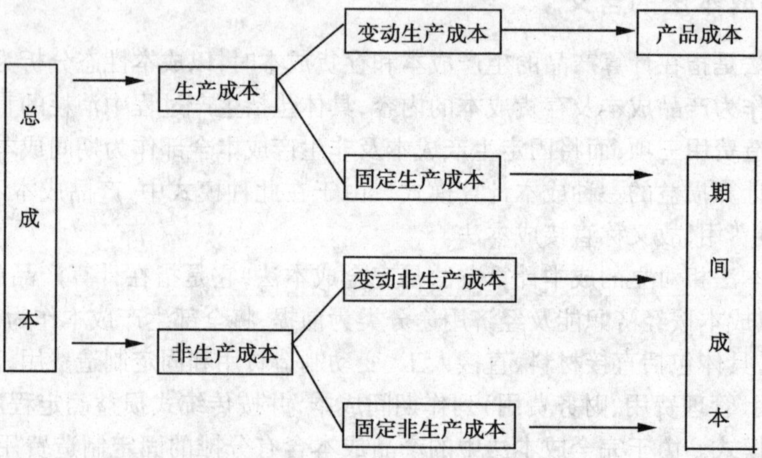

图 3-3-1

2. 完全成本法两项成本构成内容

在完全成本法下，将所有成本分为生产成本和非生产成本两大类，将全部生产成本计入产品成本，而将非生产成本作为期间成本，不包括在产品成本之中，其具体构成内容见图3-3-2。

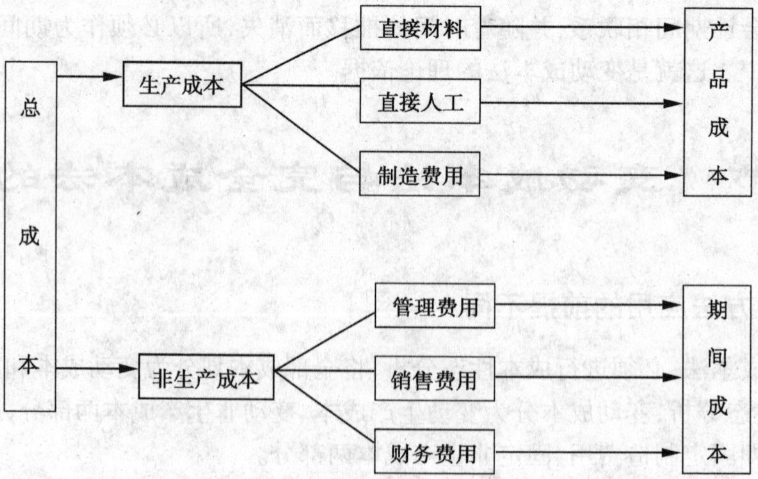

图 3-3-2

【例3-3-1】某厂生产甲产品,产品销售单价为100元/件,近三年的产销量和成本资料如表3-3-1和表3-3-2。

表3-3-1　　近三年产销量资料(件)

产销量	第一年	第二年	第三年
期初存货量	0	3 000	1 000
本期生产量	8 000	5 000	5 000
本期销售量	5 000	7 000	6 000
期末存货量	3 000	1 000	0

表3-3-2　　近三年成本资料(元)

成本项目	直接材料	直接人工	制造费用	销售费用	管理费用	财务费用
单位变动成本	25	20	5	2	1	0
固定成本	—	—	120 000	2 000	1 000	1 000

根据以上资料,分别计算第一年两种方法有关成本指标值。

(1) 变动成本法下,第一年有关成本指标计算结果

单位产品成本=单位变动生产成本=直接材料+直接人工+变动制造费用

$=25+20+5=50$(元)

期间成本=变动的期间成本+固定的期间成本

=(变动的销售费用+变动的管理费用+变动的财务费用)+(固定制造费用+固定销售费用+固定管理费用+固定财务费用)

$=(2+1+0)\times 5\,000+(120\,000+2\,000+1\,000+1\,000)=139\,000$(元)

(2) 完全成本法下,第一年有关成本指标计算结果

单位产品成本=单位变动生产成本+每件产品应分摊的固定制造费用

$$=(25+20+5)+\frac{120\,000}{8\,000}=65\text{(元)}$$

期间成本=全部销售费用+全部管理费用+全部财务费用

$=(2\times 5\,000+2\,000)+(1\times 5\,000+1\,000)+1\,000=19\,000$(元)

从上述计算结果可以清楚地看出,变动成本法下的单位产品成本低于完全成本法下的单位产品成本,相差15元,正好是完全成本法下每件产品分摊的固定制造费用;同时变动成本法下的期间成本大于完全成本法下的期间成本,差额是120 000元(139 000 - 19 000),刚好是固定制造费用总额。

三、两种方法销货成本及存货成本不同

由于产品成本构成内容及计算结果不同,因而决定了销货成本及存货成本水平不同。以【例3-3-1】为例,假设存货计价采用先进先出法,则两种方法计算的第一年有关指标结果如下:

(一) 变动成本法计算程序及结果

销货成本=当年销售量×单位产品成本$=5\,000\times 50=250\,000$(元)

存货成本 = 期末存货量 × 单位产品成本 = 3 000 × 50 = 150 000(元)

(二) 完全成本法计算程序及结果

1. 销货成本

由于第一年无期初存货,即当年销售的5 000件甲产品均是当年生产的,故可以直接计算。

销货成本 = 当年销售量 × 单位产品成本 = 5 000 × 65 = 325 000(元)

如果年初有存货,则要按照先进先出法计算销货成本,不能直接根据销售量计算。

2. 存货成本

由于第一年的存货全部是当年生产的,故单位成本一致,可以直接计算。如果期末存货既有当年生产的,又有前期生产的,则单位成本可能不一致,需要按照先进先出法计算存货成本。

存货成本 = 期末存货量 × 单位产品成本 = 3 000 × 65 = 195 000(元)

从上述计算结果可以看出,变动成本法的销货成本低于完全成本法的销货成本,差额是75 000元(325 000 - 250 000),刚好是完全成本法下销售的5 000件甲产品中包含的固定制造费用(5 000 × 15);另一方面,变动成本法下的存货成本低于完全成本法下的存货成本,差额是45 000元(195 000 - 150 000),刚好是完全成本法下期末存货吸收的固定制造费用(3 000 × 15)。

四、两种方法营业利润的计算程序和方法不同

(一) 营业利润的计算方法不同

1. 变动成本法贡献式利润确定程序

变动成本法是按照贡献式利润确定程序计算营业利润的,其程序分为两步:

(1) 计算贡献边际

贡献边际 = 营业收入 - 变动成本

(2) 计算营业利润

营业利润 = 贡献边际 - 固定成本

在上述两个计算公式中:

变动成本 = 销货中变动生产成本 + 变动非生产成本

　　　　 = 本期销售量 ×(单位变动生产成本 + 单位变动非生产成本)

固定成本 = 固定生产成本 + 固定非生产成本

　　　　 = 固定制造费用 + 固定销售费用 + 固定管理费用 + 固定财务费用

2. 完全成本法传统式利润确定程序

完全成本法是按照传统式利润确定程序计算营业利润的,其程序分为两步:

(1) 计算营业毛利

营业毛利 = 营业收入 - 销售成本

(2) 计算营业利润

营业利润 = 营业毛利 - 期间成本

【例 3-3-2】仍按【例 3-3-1】的资料,分别按贡献式和传统式利润确定程序计算第一年的营业利润。

解：变动成本法：

营业收入 = 100 × 5 000 = 500 000（元）

销货成本 = 50 × 5 000 = 250 000（元）

变动的非生产成本 = 5 000 × (2 + 1) = 15 000（元）

变动成本总额 = 250 000 + 15 000 = 265 000（元）

贡献边际 = 500 000 − 265 000 = 235 000（元）

固定成本 = 120 000 + 2 000 + 1 000 + 1 000 = 124 000（元）

营业利润 = 235 000 − 124 000 = 111 000（元）

完全成本法：

营业收入 = 100 × 5 000 = 500 000（元）

销售成本 = 5 000 × 65 = 325 000（元）

营业毛利 = 500 000 − 325 000 = 175 000（元）

期间成本 = 19 000（元）

营业利润 = 175 000 − 19 000 = 156 000（元）

从以上计算结果可以看出，完全成本法营业利润大于变动成本法营业利润，差额为45 000元（156 000 − 111 000）。

（二）利润表编制的格式不同

变动成本法是按贡献式利润确定程序编制利润表，而完全成本法是按传统式利润确定程序编制利润表。

【例 3-3-3】以【例 3-3-1】及【例 3-3-2】的计算结果为依据，编制第一年利润简表见表3-3-3。

表 3-3-3　　第一年利润简表

贡献式		传统式	
项目	金额	项目	金额
营业收入	500 000	营业收入	500 000
变动成本	265 000	销售成本	325 000
贡献边际	235 000	营业毛利	175 000
固定成本	124 000	期间成本	19 000
营业利润	111 000	营业利润	156 000

（三）计算出来的营业利润可能不同

【例 3-3-4】仍以【例 3-3-1】的资料为依据，用两种方法编制企业连续三年的利润表。

解：第一步，根据【例 3-3-1】的资料，通过整理，编制该企业连续三年有关单价、成本和费用资料表，见表 3-3-4。

表 3-3-4　　　　单价、成本和费用资料表

项目 \ 年份	第一年	第二年	第三年
单价(p)	100	100	100
销售量(x)	5 000	7 000	6 000
销售收入(px)	500 000	700 000	600 000
单位变动生产成本	50	50	50
固定制造费用	120 000	120 000	120 000
单位完全生产成本①	65	74	74
单位变动销售费用	2	2	2
固定销售费用	2 000	2 000	2 000
单位变动管理费用	1	1	1
固定管理费用	1 000	1 000	1 000
固定财务费用	1 000	1 000	1 000
变动成本合计②	265 000	371 000	318 000
固定成本合计③	124 000	124 000	124 000
完全成本法下期间成本④	19 000	25 000	22 000
完全成本法下销售成本⑤	325 000	491 000	444 000

注：① 单位完全生产成本 $=$ 单位变动成本 $+\dfrac{\text{固定制造费用}}{\text{当年产量}}$

第一年单位完全生产成本 $=50+\dfrac{120\,000}{8\,000}=50+15=65$(元)

第二年单位完全生产成本 $=50+\dfrac{120\,000}{5\,000}=50+24=74$(元)

第三年的产量等于第二年，单位完全成本 $=74$(元)

② 变动成本合计 = 变动生产成本 + 变动销售费用 + 变动管理费用 + 变动财务费用

= 当年销售量 ×(单位变动生产成本 + 单位变动销售费用 + 单位变动管理费用 + 单位变动财务费用)

第一年变动成本合计 $=5\,000\times(50+2+1+0)=265\,000$(元)

第二年变动成本合计 $=7\,000\times(50+2+1+0)=371\,000$(元)

第三年变动成本合计 $=6\,000\times(50+2+1+0)=318\,000$(元)

③ 固定成本合计 = 固定制造费用 + 固定管理费用 + 固定销售费用 + 固定财务费用

由于每年各项固定费用相等，故每年固定成本合计均为：

$120\,000+2\,000+1\,000+1\,000=124\,000$(元)

④ 完全成本法下期间成本 = 变动的销售费用 + 变动的管理费用 + 固定的销售、管理及财务费用

= 当年销售量 $\times(2+1)+4\,000$

第一年完全成本法下期间成本 $=5\,000\times(2+1)+4\,000=19\,000$(元)

第二年完全成本法下期间成本 $=7\,000\times(2+1)+4\,000=25\,000$(元)

第三年完全成本法下期间成本 $=6\,000\times(2+1)+4\,000=22\,000$(元)

⑤ 完全成本法下销售成本(按先进先出法计算)

第一年：$5\,000\times65=325\,000$(元)

第二年：$3\,000\times65+4\,000\times74=491\,000$(元)

第三年：$1\,000\times74+5\,000\times74=444\,000$(元)

第二步，根据上述资料，编制该企业三年利润简表见表3-3-5。

表 3-3-5 连续三年利润简表（元）

贡献式	第一年	第二年	第三年	传统式	第一年	第二年	第三年
营业收入	500 000	700 000	600 000	营业收入	500 000	700 000	600 000
变动成本	265 000	371 000	318 000	销售成本	325 000	491 000	444 000
贡献边际	235 000	329 000	282 000	营业毛利	175 000	209 000	156 000
固定成本	124 000	124 000	124 000	期间成本	19 000	25 000	22 000
营业利润	111 000	205 000	158 000	营业利润	156 000	184 000	134 000

从上面利润表可以看出，这三年用两种方法计算出来的利润不同，但某些特殊情况下也可能相同，故两种方法计算的营业利润可能不同。

（三）导致营业利润差额的原因分析

从营业利润的形成来看，不管是哪种方法，都要受销售收入、变动生产成本、非生产成本、固定制造费用四个因素影响。以下分别研究这四个因素对营业利润差额的影响。

1. 销售收入

影响销售收入的两个因素是销售量和销售单价，而这两个因素不管是在变动成本法下，还是在完全成本法下都是完全相同的。因而，销售收入不会导致营业利润差额。如【例 3-3-4】中，用两种方法计算的营业收入都是相同的，连续三年分别是500 000元、700 000元、600 000元。

2. 变动生产成本

不管是变动成本法还是完全成本法，变动生产成本都计入了当期损益，只不过在变动成本法下，把它作为变动成本的组成部分，而在完全成本法下，是作为销售成本的组成部分。如【例3-3-4】中，第一年变动生产成本250 000元（5 000件 ×50 元/件），在变动成本法下，将其列在变动成本265 000元（其中15 000元为变动非生产成本）中，而在完全成本法下，将其列在销售成本325 000元（其中5 000 ×15 = 75 000元为固定制造费用）中。因而，变动生产成本不会导致营业利润差额。

3. 非生产成本

在变动成本法下，非生产成本按其成本性态不同划分为变动非生产成本和固定非生产成本两大类。其中，变动非生产成本包括变动的销售费用、变动的管理费用和变动的财务费用三项，一起列在变动成本总额之中；而固定非生产成本包括固定的销售费用、管理费用和财务费用三项，一起列在固定成本之中。因而，在变动成本法下，凡是非生产成本，都在计算营业利润时作为支出进行了全额扣除。在完全成本法下，所有的非生产成本，包括销售费用、管理费用和财务费用，都列入期间成本，全部计入当期损益。如【例 3-3-4】中，变动成本法下第一年变动非生产成本15 000元［5 000 ×（2 +1）］，固定非生产成本4 000元（2 000 + 1 000 +1 000），两项之和为19 000元，从利润中都作了扣除，与完全成本法下第一年从利润中扣除的期间成本一样。尽管两种方法对非生产成本的具体排列顺序和处理方法不同，但最终计入当期损益的总金额是相同的，因而非生产成本不会导致营业利润差额。

4. 固定制造费用

首先从形式上看，两种方法对固定制造费用的处理不同。在变动成本法下，固定制造费用是作为固定成本,全部计入当期损益。只要产量在相关范围以内,则各期计入到当期损益的固定制造费用不变。但在完全成本法下,固定制造费用是作为产品成本构成的内容之一,在当期所生产的全部产品中分摊,因而计入到当期损益的固定制造费用只是已销售的产品分摊的部分,而未销售的产品所分摊的固定制造费用则构成了存货成本的一部分。这样,由于两种方法对固定制造费用的处理不同,进一步会影响计入到当期损益中的固定制造费用的水平可能会出现差额,这是导致两种方法营业利润差额的根本原因所在。

再进一步分析,变动成本法计入到各期损益的固定制造费用就是当期的固定制造费用,只要在相关范围以内这个数额是不变的;而完全成本法计入到各期损益的固定制造费用水平不仅要受到当期固定制造费用的影响,而且受到期末存货吸收的固定制造费用和期初存货释放的固定制造费用的影响,即完全成本法计入到当期损益的固定制造费用是变化的,在数量上 = 当期固定制造费用 -(期末存货吸收的固定制造费用 - 期初存货释放的固定制造费用)。由于当期固定制造费用两种方法是一样的,故期末存货吸收的与期初存货释放的固定制造费用不同才是使得完全成本法与变动成本法计入当期损益的固定制造费用水平不一致的真正原因。

综上所述,两种方法营业利润差额形成的原因及计算可用以下公式反映出来:

$$\text{完全成本法与变动成本法营业利润差额} = \text{完全成本法期末存货吸收的固定制造费用} - \text{完全成本法期初存货释放的固定制造费用}$$

五、两种方法所提供的信息本质不同

1. 变动成本法

从变动成本法连续三年的营业利润与销售量的关系来看,第二年销售量最高(7 000件),营业利润最高(205 000元);第一年销售量最低(5 000件),营业利润最低(111 000元)。故变动成本法下营业利润与销售量的高低直接相关,存在以下规律:

(1) 当某期比上期销售量增加时,该期营业利润就一定会比上期增加;

(2) 当某期销售量比上期减少时,该期营业利润就一定会比上期减少;

(3) 当某期销售量最高时,该期营业利润亦最高;

(4) 当某期销售量最低时,该期营业利润亦最低;

(5) 当两期销售量相等时,这两期营业利润亦相等。

可见,在变动成本法下,企业营业利润的高低与销售量的多少密切相关。采用变动成本法有助于促使企业重视销售,以市场为核心组织企业一切生产经营活动,而不是以生产为中心,从而可以减少或避免因盲目生产而带来的损失。

2. 完全成本法

(1) 从完全成本法产量与单位产品成本的关系来看,第一年产量最高(8 000件),其单位生产成本就最低(65 元);第二年及第三年产量最低,其单位生产成本就最高(74 元)。其中的原因就是固定制造费用总额不变,但单位产品分摊的固定制造费用随产量的增加而降低,随产量的降低而增加。这样就可能提示人们,要提高经济效益,就要降低产品成本,而降低产品成本,就要扩大产量,无形之中就形成了以生产为中心,重生产轻销售的观念,在市场经济条件下,这种观念是十分有害的。

(2) 在完全成本法下,有时会出现一种奇怪的现象,即销售量多的年份,其营业利润少;

而销售量少的年份，其营业利润反而多。如第一年销售量为5 000件，营业利润为156 000元；第三年销售量比第一年增加1 000件，为6 000件，而营业利润为134 000元，反而少了22 000元。很明显，这是不合理的。

由于完全成本法不能正确反映营业利润与销售量之间的内在联系，揭示的信息是以生产为中心，忽视了销售应有的地位和作用，所以不利于企业管理和决策。

六、两种方法用途不同

按变动成本法计算出来的产品成本、存货成本、销售成本、经营损益等方面的信息，只适应编制企业内部报表的要求；而按完全成本法提供的有关财务信息，则主要是为了满足对外编制、提供会计报表的需要。

第三节　变动成本法的评价与应用

一、变动成本法的评价

（一）变动成本法的优点

1. 符合配比原则的要求

配比原则要求会计确认费用应当以产生的收入为依据，把有关费用同所产生的收入在同一会计期间相配比。

变动成本法按成本性态将所有成本分为两大类，一类是与产品制造直接相联系的变动成本，需要按产品销售的情况，将其中已销售的部分转入销售成本（即当期费用），与销售收入（即当期收入）相配比；对于未销售的部分转入存货，以便与未来期间收益相配比。另一类是与产品制造没有直接联系的成本，即固定成本，它们是作为生产准备状态而引起的各种费用，与生产能力的利用程度无关，不会因产量变动而变动，在什么期间发生，就应列入什么期间的费用（即期间成本），同该期收入相配比，作为该期收益的扣除项目。

2. 有利于成本分析和控制

由于变动成本和固定成本所受到的影响是完全不同的，因此可以从不同的影响因素入手，划清成本责任归属。如固定成本主要应由管理部门负责，应采用总额控制的方法；变动成本可以采用单耗控制的方法。

3. 对预测、决策等经营活动能提供最有价值的信息

采用变动成本法计算的单位变动成本、贡献边际、变动成本率、贡献边际率、经营杠杆系数等指标，能揭示业务量与成本变动的内在规律，反映生产、销售、成本和利润之间的依存关系。因而采用变动成本法能为管理者进行本量利分析以及进行销售、利润、成本、资金等方面的预测和短期决策、编制弹性预算等一系列活动提供可靠依据。

4. 促使企业重视销售，防止盲目生产

采用变动成本法，在销售单价、单位变动成本、固定制造费用总额等因素不变的情况下，营业利润只随销售量的变动而呈同方向变动。这样，管理当局就会特别重视销售工作，把管理重心转向市场，避免因盲目生产而虚增利润的情况。

5. 极大地简化了成本计算工作

由于变动成本法把固定制造费用视为期间成本，一次性计入当期损益，这样就不必要再将它进行分摊。在企业产销多品种的情况下，采用变动成本法使繁杂的成本计算工作变得十分简单。

基于以上原因，大部分企业管理者认为变动成本法优于完全成本法，能较好地满足企业内部管理的需要。

（二）变动成本法的不足

变动成本法并非十全十美，其不足之处主要表现在以下几个方面：

1. 不符合传统成本的理念

按照传统成本观念的理解，生产成本是指产品在生产过程中发生的全部耗费，既包括变动的生产成本，也应包括固定的生产成本，并且这一观念在世界范围内都得到了广泛的认同。很明显，变动成本法不符合这一观念的要求。

2. 不能适应长期投资决策的需要

变动成本法以成本性态分析为基础，以相关范围内固定成本总额和单位变动成本不变为前提，这在短期内可以成立，但长时期则不会成立。因而变动成本法不能适应长期投资决策的需要。

3. 不能适应定价决策的需要

在制定产品价格时，变动成本和固定成本都应得到补偿，而变动成本法只考虑到了变动成本的补偿，没有考虑固定成本的补偿，故变动成本法提供的成本资料不能作为定价的基础。

4. 对所得税的影响

由于目前国内外的财务会计都采用完全成本法，因此，产品存货的计价都包括了变动生产成本和固定生产成本。如果从某一年开始改用变动成本法，势必要在年初存货成本计价不变的情况下降低年末存货计价，使得该年计入利润表的销售成本增加，从而导致利润减少，进一步影响到国家税收及投资者获得的收益。这是妨碍变动成本法推广应用的一个很现实的原因。

二、变动成本法的应用

从以上分析中可以看出，变动成本法在加强企业内部管理方面确实有许多优越性，但由于对外报告中不能使用这种方法，因此，如何应用变动成本法实际上是如何处理两种方法的关系的问题。关于变动成本法的应用，有三种观点：

第一种观点是采用“双轨制”。即在完全成本法的核算系统之外，另外设置一套变动成本法的核算系统，提供两套平行的成本核算资料，以满足对外和对内不同的需要。这种做法比较简单，但工作量较大。

第二种观点是采用“单轨制”。即以变动成本法取代完全成本法，最大限度地发挥变动成本法的优越性。这种做法显然不符合现行会计制度的统一要求。

第三种观点是采用“结合制”。即将变动成本法与完全成本法结合使用，日常核算建立在变动成本法的基础之上，以满足企业内部经营管理的要求；期末对需要按完全成本法反映的有关项目进行调整，以满足对外报告的需要。这种做法既充分发挥变动成本法的优点，又兼顾现行会计制度的统一要求，用变动成本法组织日常核算，对产品成本、存货成本、贡献边际和税前利润，都按变动成本法计算，以满足企业内部管理的需要，在编制会计报表时，对变动成本法计算的有关项目进行调整，计算符合完全成本法的营业利润。由于第三种观点能够有效地兼顾对内和对外两方面的需要，而且节省人力、物力、财力，所以最为合理可行。

第四章 本量利分析

第一节 本量利分析概述

本量利分析,是指对成本、业务量和利润三者之间相互关系的分析,也称 *CVP* 分析。它是在成本性态分析和变动成本法的基础上发展起来的,以数量化的模型与图形来揭示固定成本、变动成本、销售量、销售单价、销售收入、利润等变量之间的内在规律性联系,为预测、决策和规划提供信息的一种技术方法。其基本内容一般包括保本点分析、企业安全性分析、保利分析以及经营杠杆系数分析。

一、本量利的基本关系式

本量利分析主要考虑的相关因素包括固定成本总额、单位变动成本、销售量、单价和营业利润等,它们之间的关系如下:

营业利润 = 销售收入 - 变动成本 - 固定成本

= 单价 × 销售量 - 单位变动成本 × 销售量 - 固定成本

= (单价 - 单位变动成本) × 销售量 - 固定成本

上述关系式用字母表示为:$P=(p-b)x-a$

P 为利润,b 为单位变动成本,a 为固定成本总额,x 为销售量,p 为单价。

这个表达式是明确反映本量利之间数量关系的基本方程式,它含有 5 个相互联系的变量,给定其中 4 个变量,便可求出另 1 个未知变量的值。

【例 3-4-1】某企业每月固定成本1 000元,生产一种产品,单价 10 元,单位变动成本 6 元,本月计划销售 500 件,问预期利润是多少?

将有关数据代入基本关系式:

营业利润 = 10 × 500 - 6 × 500 - 1 000 = 1 000(元)

二、贡献边际及相关指标的计算

1. 贡献边际的表现形式

贡献边际是指产品的销售收入与相应的变动成本之间的差额,也称边际贡献、贡献毛益、边际利润。贡献边际除了可以用总量指标表示外,还有单位贡献边际和贡献边际率两种表现形式。其中,单位贡献边际是指产品的销售单价与单位变动成本的差额,贡献边际率是指贡献边际占销售收入的百分比。

2. 贡献边际指标的计算公式

贡献边际总额 = 销售收入 - 变动成本 = 单价 × 销售量 - 单位变动成本 × 销售量

= (单价 - 单位变动成本) × 销售量 = 单位贡献边际 × 销售量

= 销售收入 × 贡献边际率

$$单位贡献边际=单价-单位变动成本=\frac{贡献边际总额}{销售量}\times 100\%$$

$$=销售单价\times 贡献边际率$$

$$贡献边际率=\frac{贡献边际总额}{销售收入}\times 100\%=\frac{单位贡献边际}{单价}\times 100\%$$

由此本量利基本关系式可改写成：

营业利润＝贡献边际总额－固定成本＝单位贡献边际×销售量－固定成本

3. 贡献边际指标的性质

由上述公式可以看出，贡献边际虽然不是企业的营业利润，但它与企业营业利润的形成有着密切的关系。因为贡献边际首先用于补偿企业的固定成本，只有当贡献边际补偿固定成本还有剩余时，企业才会实现盈利，否则就可能出现亏损。所以贡献边际是一个反映盈利能力的指标，亦或是一个反映能为营业利润作多大贡献的指标。变动成本法贡献式损益计算方法实际上由此而来。

4. 变动成本率

所谓变动成本率，是指变动成本占销售收入的百分比。即：

$$变动成本率=\frac{变动成本}{销售收入}\times 100\%=\frac{单位变动成本}{单价}\times 100\%$$

将变动成本率与贡献边际率联系起来，可得到：

变动成本率＋贡献边际率＝1

可见，贡献边际率和变动成本率属于互补性质：变动成本率越高，贡献边际率越低，盈利能力越小；反之，变动成本率越低，贡献边际率越高，盈利能力越强。

【例3-4-2】某企业只生产一种产品，单价6元，单位变动生产成本2元，单位变动销售和管理费用1元，销售量600件。假设固定成本为1 000元。

要求：

（1）计算相关贡献边际指标；

（2）计算变动成本率；

（3）计算营业利润。

解：单位贡献边际＝6－（2＋1）＝3（元/件）

贡献边际总额＝3×600＝1 800（元）

$$贡献边际率=\frac{3}{6}\times 100\%=50\%$$

营业利润＝1 800－1 000＝800（元）

第二节　保本分析

保本是一个用于概括企业在一定时期内收支相等、不盈不亏、利润为零的专门术语。当企业恰好处于收支相等、不盈不亏、利润为零的特殊情况时，可称企业达到保本状态。

所谓保本分析，是研究当企业恰好处于保本状态时本量利关系的一种定量分析方法，又称盈亏平衡分析、损益两平分析、两平分析等。它是本量利分析的核心内容之一，也是确定企业经营安全程度和进行保利分析的基础。

一、保本点的确定

（一）保本点的含义

保本点是指能使企业达到保本状态时的业务量的总称，在我国，保本点又被称作为盈亏临界点、盈亏平衡点、损益两平点、够本点等。

（二）保本点的表现形式

单一品种的保本点有两种表现形式：一种是保本点销售量（简称保本量），一种是保本点销售额（简称保本额）。在以平面直角坐标系为基础的单一品种保本图上，保本点是由保本量和保本额的坐标值决定的。

（三）保本点的确定

1. 保本点销售量

单一品种条件下确定保本点并不十分困难，根据本量利基本关系式 $P=(p-b)x-a$，令利润 P 等于零，此时的销售量即为保本点销售量（用 x_0 表示）。

$$x_0=\frac{a}{p-b}$$

用文字表示为：

$$保本点销售量=\frac{固定成本}{单价-单位变动成本}=\frac{固定成本}{单位贡献边际}$$

【例3-4-3】某企业生产一种产品，单价2元，单位变动成本为1.20元，固定成本为1 600元，正常销售量为2 500件，计算其保本点销售量。

$$保本点销售量=\frac{1\ 600}{2-1.20}=2\ 000（件）$$

2. 保本点销售额

根据上述保本点销售量的计算公式，保本点销售额（用 y_0 表示）的计算公式可推算如下：

$$保本点销售额=保本点销售量\times单价=\frac{固定成本}{单位贡献边际}\times单价$$

$$=\frac{固定成本}{单位贡献边际/单价}=\frac{固定成本}{贡献边际率}$$

即：

$$y_0=px_0=p\times\frac{a}{p-b}=\frac{a}{(p-b)/p}$$

根据【例3-4-3】的资料：

$$保本点销售额=\frac{16\ 000}{(2-1.20)/2}=\frac{1\ 600}{40\%}=4\ 000（元）$$

3. 保本作业率

保本作业率是指保本点销售量（额）占企业正常销售量（额）的比重。所谓正常销售量，是指正常市场和正常开工情况下企业的销售数量，也可以用销售金额来表示。

保本作业率的计算公式如下：

$$保本作业率=\frac{保本点销售量}{正常销售量}\times100\%=\frac{保本点销售额}{正常销售额}\times100\%$$

这个比率表明企业保本的业务量在正常业务量中所占的比重以及保本状态下生产经营能力的利用程度。

如【例3-4-3】中的企业正常销售额为5 000元,保本点销售额为4 000元,则:

$$保本作业率=\frac{4\ 000}{5\ 000}\times100\%=80\%$$

计算表明,该企业的作业率必须达到正常作业的80%以上才能取得盈利,否则就会发生亏损。

二、企业安全性分析

(一)安全边际指标的计算

1. 安全边际

安全边际是指正常销售量(额)与保本点销售量(额)的差额,它表明销售量(额)下降多少企业仍不致亏损。

安全边际的计算公式如下:

安全边际量=正常销售量-保本点销售量

安全边际额=正常销售额-保本点销售额

根据【例3-4-3】的有关数据计算:

安全边际量=2 500-2 000=500(件)

安全边际额=5 000-4 000=1 000(元)

有时企业为了考察当年的生产经营安全情况,还可以用本年实际订货额代替正常销售额来计算安全边际。

2. 安全边际率

企业生产经营的安全性也可以用安全边际率来表示。

安全边际率是指安全边际量(额)与正常销售量(额)的比值。即:

$$安全边际率=\frac{安全边际额}{正常销售额}\times100\%=\frac{安全边际量}{正常销售量}\times100\%$$

根据【例3-4-3】的有关资料计算:

$$安全边际率=\frac{安全边际额}{正常销售额}\times100\%=\frac{1\ 000}{5\ 000}\times100\%=20\%$$

安全边际和安全边际率的数值越大,企业发生亏损的可能性越小,企业就越安全。安全边际率是相对指标,便于不同企业和不同行业进行比较。

(二)保本销售与安全边际间的关系

保本点把正常销售分为两部分:一部分是保本点销售额,一部分是安全边际。即:

正常销售额=保本点销售额+安全边际额

上述公式两端同时除以正常销售额得:

1=保本作业率+安全边际率

根据【例3-4-3】的有关数据计算:

保本作业率 + 安全边际率 = 80% + 20% = 1

从完整的意义上看，在一定时期内，若某企业不盈不亏、收支相等、利润为零、贡献边际等于固定成本、安全边际各项指标均为零、保本作业率为 100%，则可以判定该企业一定处于保本状态。

三、本量利关系图

本量利关系图见图 3-4-1。

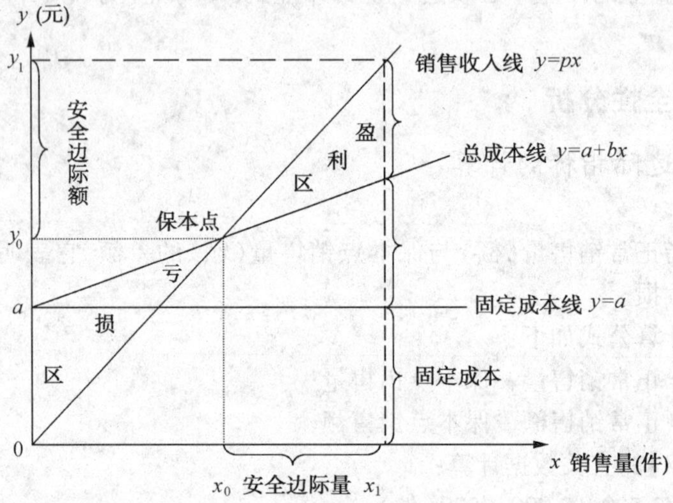

图 3-4-1

通过观察本量利关系图，可以发现本量利之间联系的规律性：

(1) 在保本点不变的条件下，销售量超过保本点越多，安全边际越大，盈利区越大；反之，销售量低于保本点，就产生亏损。

(2) 在销售量不变的情况下，保本点越低，安全边际越大，盈利区越大；反之，安全边际越小，当保本点大于销售量时，就产生亏损。

(3) 增加销售量、提高单价、降低成本是提高利润的基本途径。

第三节 保利分析

保利分析是逐一描述业务量、成本、单价、利润等因素相对其他因素而存在的定量关系的过程。因为现实中的成本、业务量和利润诸因素之间往往存在着错综复杂的制约关系，为简化保利分析，在研究任何一个因素时，总是假设其他因素已知或不变。

一、保利点的含义及计算

1. 保利点的含义

所谓保利点，是指在单价和成本水平既定的情况下，为确保预先确定的目标利润能够实现而应达到的销售量和销售额的统称。

2. 保利点的计算

根据本量利分析的基本关系式,保利点的计算公式如下:

$$保利量=\frac{固定成本+目标利润}{单价-单位变动成本}=\frac{固定成本+目标利润}{单位贡献边际}$$

即:$x'=\frac{a+P}{p-b}$

$$保利额=单价\times保利量=\frac{固定成本+目标利润}{贡献边际率}$$

$$=\frac{固定成本+目标利润}{1-变动成本率}$$

即:$y'=px'=\frac{a+P}{(p-b)/p}=\frac{a+P}{1-b/p}$

【例3-4-4】仍用【例3-4-3】资料,假设目标利润为1 000元。

要求:计算该年的保利点。

解:$保利量=\frac{1\,600+1\,000}{2-1.20}=3\,250(件)$

$保利额=\frac{1\,600+1\,000}{40\%}=6\,500(元)$

二、成本因素的保利分析

在其他因素既定条件下,实现目标利润的单位变动成本和固定成本的计算公式如下:

$$单位变动成本=\frac{单价\times销售量-(固定成本+目标利润)}{销售量}$$

$$=\frac{销售收入-固定成本-目标利润}{销售量}$$

固定成本=销售量×单位贡献边际-目标利润

=(单价-单位变动成本)×销售量-目标利润

=销售收入-变动成本-目标利润

三、单价因素的保利分析

在其他因素既定的条件下,实现目标利润的单价为:

$$单价=\frac{变动成本+固定成本+目标利润}{销售量}=单位变动成本+\frac{固定成本+目标利润}{销售量}$$

=单位变动成本+单位目标贡献边际

四、安全边际的保利分析

当售价大于单位变动成本时,企业经营能获得贡献边际,但贡献边际必须先补偿固定成本,达到保本点后才能盈利,并且销售量每超过保本点一个单位,就能获得一个单位贡献边际的盈利,而超过保本点的销售量正是安全边际量,所以:

利润=安全边际量×单位贡献边际=安全边际额×贡献边际率

如果将公式两边同时除以销售收入,得:

$$\frac{利润}{销售收入}=\frac{安全边际}{销售收入}\times 贡献边际率$$

即：销售利润率 = 安全边际率 × 贡献边际率

根据【例 3-4-3】有关数据：

利润 = 安全边际额 × 贡献边际率 = 1 000 × 40% = 400（元）

销售利润率 = 安全边际率 × 贡献边际率 = 20% × 40% = 8%

第四节　本量利分析的其他问题

一、多品种条件下的本量利分析

以上所讨论的本量利分析，是在假定企业生产并销售单一品种条件下进行的。但在实际经济生活中，绝大多数企业都不止生产经营一种产品。在这种情况下，前面介绍的单一品种下的本量利模型就无法直接运用，因为不同品种的销售量无法直接相加。这就需要研究多品种条件下的本量利分析方法和模型。

在企业生产、经营的多个品种中，如果存在销售比重、盈利能力都占主导地位的产品，则可以该产品的贡献边际率为代表计算企业总体的保本、保利销售额。其方法与单一品种情况下的计算相类似。

在没有占绝对优势的主导产品时，企业的综合盈利能力不能由某一种产品来代表，而必须计算在一定品种结构下的综合贡献边际率。这时多品种的本量利分析可以采用加权平均法。

加权平均法是指在掌握每种产品本身的贡献边际率的基础上，按各种产品销售收入或按各种产品销售额占全部产品总销售额的比重进行加权平均，据以计算综合贡献边际率，进而计算保本额和保利额的一种方法。其计算步骤如下：

（1）计算综合贡献边际率

它的计算有两种方法：

$$综合贡献边际率=\frac{\sum 各产品贡献边际}{\sum 各产品销售收入}$$

或：综合贡献边际率 = ∑（各产品贡献边际率 × 各产品销售额占总销售额的比重）。

（2）计算多品种保本销售额

$$多品种保本销售额=\frac{固定成本}{综合贡献边际率}$$

（3）计算多品种保利销售额

$$多品种保利销售额=\frac{固定成本+目标利润}{综合贡献边际率}$$

（4）计算各品种的保本、保利销售额

某品种的保本销售额 = 综合保本销售额 × 该产品销售额占总销售额的比重

某品种的保利销售额 = 综合保利销售额 × 该产品销售额占总销售额的比重

【例 3-4-5】某企业生产甲、乙、丙三种产品，固定成本2 000元。有关资料如表 3-4-1，要求计算其预期目标利润与各产品的保本销售额。

表 3-4-1　　销售和成本计划资料　　单位：元，件

产　品	单　价	单位变动成本	单位贡献边际	销　量
甲	10	8	2	100
乙	9	6	3	300
丙	8	4	4	500

解：

(1) 计算综合贡献边际率

$$综合贡献边际率=\frac{2\times100+3\times300+4\times500}{10\times100+9\times300+8\times500}\times100\%=\frac{3\ 100}{7\ 700}\times100\%=40.26\%$$

也可根据表 3-4-1 的资料，整理成表 3-4-2。

表 3-4-2　　综合贡献边际率　　单位：元，件

产品	单价	单位贡献边际	销量	贡献边际	销售收入	贡献边际率	各产品销售额占总销售额的比重
甲	10	2	100	200	1 000	20%	12.99%
乙	9	3	300	900	2 700	33.33%	35.06%
丙	8	4	500	2 000	4 000	50%	51.95%
合计				3 100	7 700		100%

$$综合贡献边际率=20\%\times12.99\%+33.33\%\times35.06\%+50\%\times51.95\%=40.26\%$$

(2) 计算预期目标利润

$$预期目标利润=销售收入\times贡献边际率-固定成本=7\ 700\times40.26\%-2\ 000$$
$$=1\ 100.02(元)$$

(3) 计算综合保本销售额

$$综合保本销售额=\frac{2\ 000}{40.26\%}=4\ 967.71(元)$$

(4) 计算各产品的保本销售额

甲产品保本销售额 $=4\ 967.71\times12.99\%=645.31$(元)

乙产品保本销售额 $=4\ 967.71\times35.06\%=1\ 741.68$(元)

丙产品保本销售额 $=4\ 967.71\times51.95\%=2\ 580.72$(元)

二、经营杠杆系数的计算与分析

因固定成本的存在，销售量变动对利润产生的作用，被称为经营杠杆。由于经营杠杆对经营风险的影响最为综合，因此常常被用来衡量经营风险的大小。经营杠杆的大小一般用经营杠杆系数来表示。

经营杠杆系数是利润变动率与销售变动率之比，其理论公式为：

$$经营杠杆系数=\frac{利润变动率}{销售量变动率}$$

用字母表示：$DOL=\dfrac{\Delta P/P}{\Delta x/x}$

根据上述公式计算经营杠杆系数，必须具备前后两期的相关资料，有时不便于分析。在实践中可用以下简化公式计算经营杠杆系数，该简化公式是在理论公式基础上推导而来的。

$$DOL=\frac{(p-b)x}{(p-b)x-a}=\frac{P+a}{P}$$

【例 3-4-6】某企业生产 A 产品，固定成本为 60 万元，变动成本率为 40%，当企业的销售额分别为 400 万元、200 万元、100 万元时，经营杠杆系数分别为：

$$DOL(1)=\frac{400-400\times40\%}{400-400\times40\%-60}=1.33$$

$$DOL(2)=\frac{200-200\times40\%}{200-200\times40\%-60}=2$$

$$DOL(3)=\frac{100-100\times40\%}{100-100\times40\%-60}\to\infty$$

若【例 3-4-6】中固定成本为 120 万元，计算结果如下：

$$DOL(1)=\frac{400-400\times40\%}{400-400\times40\%-120}=2$$

$$DOL(2)=\frac{200-200\times40\%}{200-200\times40\%-120}\to\infty$$

以上计算结果说明这样一些问题：

第一，在固定成本不变的情况下，经营杠杆系数说明了销售额增长（减少）所引起利润增长（减少）的幅度。比如，*DOL*(1)说明在销售额 400 万元时，销售额的增长（减少）会引起利润 1.33 倍的增长（减少）；*DOL*(2)说明在销售额 200 万元时，销售额的增长（减少）将引起利润 2 倍的增长（减少）。

第二，在固定成本不变的情况下，销售额越大，经营杠杆系数越小，经营风险也就越小；反之，销售额越小，经营杠杆系数越大，经营风险也就越大。比如，当销售额为 400 万元时，*DOL*(1)为 1.33；当销售额为 200 万元时，*DOL*(2)为 2。显然后者利润的不稳定性大于前者，故而后者的经营风险大于前者。当销售额为 100 万元，*DOL*(3)为∞，即经营风险无穷大。

第三，在销售额不变的情况下，固定成本越高，经营杠杆系数越大，经营风险越大。

企业一般可以通过增加销售额、降低产品单位变动成本、降低固定成本等措施使经营杠杆系数下降，降低经营风险。

第五章　短期决策分析

第一节　短期决策分析概述

所谓决策,就是指人们为了实现一个目标,在充分占用信息和取得经验的基础上,借助于科学的理论和方法,从多个备选方案中作出恰当选择的过程。简而言之,决策就是科学地作出决定。

一、决策分析的一般原则

1. 合法性原则

市场经济是法制经济,绝不是“自由”经济。企业在进行决策分析时,必须自觉地遵守国家的有关法律、法规和政策,使决策方案在法律允许的范围内运行,绝不允许各种违法乱纪行为的发生。

2. 责任性原则

决策分析的成功与否直接关系到企业未来的生存和发展,责任重大。因而,决策必须与决策者的切身利益相联系,要让决策者对决策产生的后果负责。

3. 民主性原则

决策分析是一个科学的论证过程,绝不是领导的即兴“拍板”。特别是在高度发达的市场经济和信息时代的当今,无论怎样有天赋的决策者都不可能独立完成决策所必需的信息收集、分析、整理、归纳等浩繁的工作,也难以进行科学的判断。这就要求决策必须由个人决策向集体决策过渡,依靠智囊团和专家群体,提高决策的透明度和效率。

4. 相对合理性原则

就人们主观愿望而言,决策分析就是要选出最优的方案,但事实上绝对最优的方案很难找到。因此,决策分析一般只能找到基本令人满意的相对合理的方案。

5. 科学性原则

决策的科学性是指决策应依据客观真实,决策的过程、方法及程序科学合理,决策的结果经得起实践的检验。

6. 效益性原则

决策本身就是一项重要的经营管理活动,因而要讲究经济效益。决策效益性原则不仅是指在决策过程中,必须以较小的代价组织好科学的决策,而且决策的结果要有良好的经济效益和社会效益。

二、决策分析的类型

企业决策要解决的问题是多方面的,决策可以从不同的角度按不同的标志进行分类。

(1) 按决策的时间长短分类,分为短期决策和长期决策。

(2) 按决策本身的重要程度分类,分为战略决策和战术决策。

(3) 按决策的确定性程度分类,分为确定型决策、不确定型决策和风险型决策。

(4) 按照决策所涉及的备选方案的数量分类,可将决策划分为单一方案决策和多方案决策。

三、短期决策分析的相关概念

短期决策是指决策的结果只会影响到企业短期经营方向、方法及策略,其目标是充分利用企业现有的生产条件和经济资源以取得最大的经济效益。短期决策按其内容来分,可分为生产经营决策和定价决策两大类,本章侧重于探讨生产经营决策分析。

(一) 生产经营能力与相关业务量

1. 生产经营能力

生产经营能力是指一定时期内和一定条件下企业的生产与加工能力。它是企业开展生产经营活动的基本依据,是企业自身各种条件综合配置和平衡的结果,也是企业技术能力和管理能力的综合。

企业生产经营能力的利用程度,由企业管理部门根据当前经营计划,结合工程、经济和环境要求等诸方面因素来确定。生产经营能力通常有以下三种表现形式:

(1) 最大生产经营能力。最大生产经营能力又叫理论生产经营能力,是指企业在不追加资金投入(一般是购置固定资产)的前提下,百分之百地充分利用现有的条件进行生产与加工的能力。

(2) 正常生产经营能力。正常生产经营能力又叫计划生产经营能力,即已经纳入企业年度计划,充分考虑到现有市场容量、生产技术条件、人力资源状况、管理水平及可能实现的各种措施等情况所必须达到的生产经营能力。

(3) 剩余生产能力。剩余生产能力包括绝对剩余生产经营能力和相对剩余生产经营能力两种形式。前者是指暂时未被利用的生产经营能力,是企业最大生产经营能力同正常生产经营能力之差,属于生产经营的潜力;后者是指由于受市场容量或经济效益原因影响,决策规划的未来生产经营能力小于正常生产经营能力而形成的差量,亦可以理解为临时转变经营方向而闲置的那部分生产经营能力。

在生产经营决策分析中,生产经营能力是决定相关业务量和确认机会成本的重要参数,会直接影响到决策结果。

2. 相关业务量

相关业务量是指在短期经营决策分析中必须认真考虑的、与特定决策方案相联系的产销量。相关业务量对决策方案的影响往往是通过对相关收入和相关成本的影响而实现的。如在生产经营决策分析方面,对于半成品是否进一步加工、亏损产品是否停产、联产品及副产品是否进一步分离、是否接受低价追加订货等决策分析,考虑的都是相关业务量,而非笼统的全部的业务量。

(二) 相关收入与无关收入

相关收入是指与特定决策方案相联系的、能对决策产生重大影响的、在短期经营决策中必须认真考虑的各种收入。相关收入的计算,要以特定决策方案的单价和相关销售量为依据。

与相关收入相对应的是无关收入。如果无论是否存在某决策方案,均会有某项收入,那么该项收入就是该决策方案的无关收入。

相关收入与无关收入的确定与计算,会直接影响到生产经营决策分析,意义重大。

（三）相关成本与无关成本

1. 重置成本与历史成本

重置成本是指目前从市场上购买同一项原有资产所需要付出的成本,又称现时成本,它是决策分析中要重点考虑的成本。

历史成本是财务会计核算中所使用的成本范畴,它是根据过去实际发生的支出而计算的成本,通常称为实际成本。该项成本只是作为资产入账的基础,与当前决策分析无关。

2. 专属成本与共同成本

专属成本是指可以明确其归属的固定成本,又称特定成本。其成本的发生,有具体而明确的归属对象。

共同成本是指同时和若干产品都有联系的固定成本,它没有明确具体的归属对象。如某企业有一台闲置的设备,可以用来开发甲、乙、丙三种产品,但开发丙产品需要另外购置一台设备,支出为 10 000 元。在这项新产品开发决策分析中,闲置的设备价值为共同成本,与决策无关;而开发丙产品购置的一台专用设备为专属成本,与决策有关,必须加以考虑。

3. 差量成本与边际成本

(1) 差量成本。差量成本有广义和狭义之分。广义的差量成本是指一个备选方案的预计成本与另一个备选方案的预计成本之差,故又称差别成本或差额成本。

狭义的差量成本是指由于生产能力利用程度不同而形成的成本差异,故又称增量成本。如某企业生产甲产品,在不同产量情况下,有关成本资料如表 3-5-1 所示。

表 3-5-1　甲产品成本资料

产量(件)	总成本			差量成本	单位变动成本(b)
	固定成本(a)	变动成本(bx)	合计		
10	400	100	500		10
11	400	110	510	10	10
12	400	120	520	10	10
13	400	130	530	10	10
14	400	140	540	10	10
15	400	150	550	10	10
16	400	160	560	10	10
17	400	170	570	10	10
18	600	180	780	210	10
19	600	188	788	8	9.89
20	600	196	796	8	9.8

从上表可以清楚地看出,产量在相关范围内(假定本例正常生产能力为 10～17 件),固定成本不变,其差量成本都是 10 元,等于单位变动成本;而一旦超出相关范围,此时的差量成本和单位变动成本不相等。

(2) 边际成本。边际成本是指产量每增加或减少一个单位所引起的总成本的变动。很明显,上述狭义的差量成本就是一种边际成本。因而,差量成本、单位变动成本、边际成本之间有一定的内在联系。当业务量在相关范围内,它们相等;突破这个范围,则可能不等。

4. 机会成本与估算成本

(1) 机会成本。机会成本是指在众多的备选方案中选取最优方案,从而放弃次优方案而丧失的潜在利益,这是选取最优方案必须考虑的代价。机会成本在短期决策中是一项很重要的参考指标,特别是对合理利用有限资源具有重要意义。

例如:某企业有一台闲置设备,既可以开发甲产品,亦可以开发乙产品,其提供的贡献边际分别是22 000元和24 000元,但不能同时生产这两种产品。当决策者选择乙产品时,必然放弃甲产品生产,则甲产品提供的贡献边际22 000元就是选择乙产品的机会成本,即该项成本必须能够在乙产品方案中得到弥补。

(2) 估算成本。估算成本是一种特殊的机会成本。在有些情况下,机会成本容易计算,但有些情况下难以计算,需要根据具体情况加以估算,故称估算成本。

由于机会成本与估算成本没有在账簿上进行记录,亦不构成实际支出,因而在决策中容易被忽视,需要特别注意。

5. 付现成本与沉没成本

(1) 付现成本。付现成本是指需要动用现金支付的成本。当企业资金特别紧张时,对决策方案的选择要特别考虑付现成本。基于这一点,有时管理者宁可选择付现成本较少而放弃收益最大或成本最低的方案。

(2) 沉没成本。沉没成本是指过去决策中已经支付的、现在决策不能改变其性质与金额的成本,它通常是决策的无关成本。

6. 可避免成本与不可避免成本

可避免成本是同某一备选方案直接相关联的成本,即它的发生与否及金额的多少都会受到决策的影响,如果采纳某一方案,该项成本就会发生;反之,就不会发生。一般而言,变动成本都是可避免成本;某些固定成本,如广告费、培训费等酌量性固定成本也属于可避免成本。

不可避免成本是同可避免成本相对应的,它是与备选方案没有直接联系的成本。不管备选方案采纳与否,该项成本都会发生。如约束性固定成本一般属于不可避免成本,它是客观存在的,不受备选方案取舍的直接影响。

7. 可延缓成本与不可延缓成本

可延缓成本是指同已经选定但可延缓实施的某一方案相关的成本。这种方案若立即付诸实施,则可以给企业带来一定的经济利益;若暂缓实施,也不至于给企业带来较大的影响。那么,与该方案相关联的成本就是可延缓成本。

不可延缓成本是指与已经选定的且需要立即付诸实施的方案相关联的成本。即这种方案一经选定就必须立即付诸实施,否则会给企业带来较大的损失。

企业资金总是有限的,企业在许多情况下可能同时拟订了多个方案。把成本划分为可延缓和不可延缓成本,就可以使管理者在决策时区别各方案的轻重缓急,依次排队,把有限的资金用到最急需的项目上去,最大限度地提高资金的使用效益。

8. 可分成本与联合成本

可分成本是指相关联产品是否深加工决策中必须考虑的、对已经分离的关联产品进行深加工而追加的成本。其计算通常要考虑单位可分成本与相关联产品深加工业务量两大因素。

联合成本是指与可分成本相对应的成本，它是关联产品在分离前发生的，应由所有关联产品共同负担的成本。

9. 相关成本与无关成本

凡是在决策中必须考虑的、与决策方案相关联的成本，称为相关成本。如重置成本、专属成本、差别成本与边际成本、机会成本与估算成本、付现成本、可避免成本、可延缓成本、可分成本等，都是相关成本。

凡是在决策中无须考虑的、与决策方案无关联的成本，称为无关成本。如历史成本、共同成本、沉没成本、不可避免成本、不可延缓成本、联合成本等，都是无关成本。

第二节　短期决策分析方法及应用

短期决策分析方法主要有贡献边际分析法、差别损益分析法、成本无差别点法等。下面逐个介绍各种方法的基本理论以及在生产经营决策中的运用。

一、贡献边际分析法

贡献边际分析法具体包括单位资源贡献边际分析法和贡献边际总额分析法两种。

（一）单位资源贡献边际分析法

它是以有关备选方案的单位资源实现的贡献边际作为评价指标，进行决策分析的一种方法。

当企业生产只受某一项资源（如某种特殊的原材料、人工工时或机器台时等）的约束，并已知备选方案中各种产品的单位贡献边际和单位产品资源消耗定额时，可按下面公式计算单位资源贡献边际，并据此进行决策分析。

$$单位资源贡献边际=\frac{单位产品贡献边际}{单位产品资源消耗定额}$$

该指标是正指标，哪个方案的指标值最大，哪个方案就是最优方案。

单位资源贡献边际法简单易行，经常被应用于新产品开发的决策分析中。

1. 在不知道资源总量的情况下，只能采用单位资源贡献边际分析法

【例 3-5-1】某企业有一闲置设备，拟用于开发一种新产品，现有 A，B 两个品种可供选择。A 品种的单位售价为 100 元/件，单位变动成本为 60 元/件，单位产品消耗定额为 2 小时/件。B 产品单位销价为 120 元/个，单位变动成本为 40 元/个，单位产品消耗定额为 8 小时/个。

要求：用单位资源贡献边际分析法作出开发哪个品种的决策，并说明理由。

解：

第一，计算 A，B 两种产品的单位贡献边际。

A 产品单位贡献边际 = 100 − 60 = 40（元）

B 产品单位贡献边际 = 120 − 40 = 80（元）

第二，计算 A，B 两种产品单位资源贡献边际。

A 产品单位资源贡献边际 = 40 ÷ 2 = 20（元/小时）

B 产品单位资源贡献边际 = 80 ÷ 8 = 10(元/小时)

第三,根据上述指标进行比较,作出决策。

从 A,B 两种产品的单位资源贡献边际可以看出 A > B,故选择开发 A 产品较好。

2. 在知道资源总量的情况下,可以采用单位资源贡献边际分析法,但也可以采用其他方法

【例 3-5-2】某厂现有生产能力为 8 000 机器小时,既可以用来生产甲产品,也可以用来生产乙产品,有关资料见表 3-5-2。

表 3-5-2

项　目	甲	乙
每件定额消耗机器小时	10	25
单位产品售价	22	50
单位变动成本	12	30

要求:作出该厂利用现有生产能力开发哪种产品较为有利的决策分析。

解:由于此例中生产能力一定,只要比较单位机器小时实现的贡献边际谁大即可,故可利用单位资源贡献边际分析法。

第一,计算甲、乙两产品单位贡献边际。

甲产品:22 - 12 = 10(元)

乙产品:50 - 30 = 20(元)

第二,计算甲、乙两产品单位资源贡献边际。

甲产品:10 ÷ 10 = 1(元/机器小时)

乙产品:20 ÷ 25 = 0.8(元/机器小时)

第三,比较并作出判断。

从以上两产品的单位资源贡献边际可以看出,甲产品大于乙产品,以开发甲产品为宜。

(二) 贡献边际总额分析法

贡献边际总额分析法是以有关备选方案的贡献边际总额作为评价指标进行决策分析的一种方法。

当有关决策方案的相关收入均不为零,而相关成本全部为变动成本,固定成本全部为无关成本时,可以直接用贡献边际总额作为评价指标进行分析与决策。

贡献边际总额是个正指标,故哪个方案该项指标值大,哪个方案为优。

贡献边际总额分析法经常被用于生产经营决策中不涉及专属成本和机会成本的单一方案决策或多方案决策中的互斥方案决策分析。

1. 贡献边际总额分析法在新产品开发决策分析中的应用

【例 3-5-3】仍以【例 3-5-2】资料为依据。

要求:用贡献边际总额分析法进行决策分析。

解:

第一,计算甲、乙两种产品单位贡献边际。

甲产品:22 - 12 = 10(元)

乙产品:50 - 30 = 20(元)

第二,计算甲、乙两种产品的最大生产量。

甲产品：8 000 ÷ 10 = 800(件)

乙产品：8 000 ÷ 25 = 320(件)

第三,计算甲、乙两种产品的贡献边际总额。

甲产品：800 × 10 = 8 000(元)

乙产品：320 × 20 = 6 400(元)

第四,比较甲、乙两种产品的贡献边际总额的多少,并决策。

从以上计算结果可以看出,甲产品贡献边际总额大于乙产品,故以生产甲产品为宜。与【例 3-5-2】单位资源贡献边际分析法的决策结果相一致。

2. 贡献边际总额分析法在亏损产品是否停产决策分析中的应用

【例 3-5-4】某企业生产甲、乙、丙、丁四种产品,有关资料见表 3-5-3。

表 3-5-3

项　目	甲	乙	丙	丁
销售量(件)	2 000	1 000	2 500	3 000
单价	25	10	20	30
单位变动成本	12	12	13	26
固定成本	5 000	2 000	5 000	15 000
销售收入	50 000	10 000	50 000	90 000
销售成本	29 000	14 000	37 500	93 000
营业利润	21 000	-4 000	12 500	-3 000

要求：根据上述资料,作出乙、丁两种亏损产品是否停产的决策分析(乙、丁停产后,生产能力别无他用)。

解：由于乙、丁两种产品停产后,企业的固定成本总额将保持不变,亏损产品一旦停产,其负担的固定成本必然会转嫁到盈利产品上,因而只需对乙、丁两种产品提供的贡献边际总额加以分析即可。从题意中可知：

乙产品提供的贡献边际总额 $=(10-12)\times 1\,000=-2\,000<0$

丁产品提供的贡献边际总额 $=(30-26)\times 3\,000=12\,000>0$

即乙产品提供的贡献边际为负数,若停产乙产品,可以多获利2 000元;若停产丁产品,会导致整个企业少获利12 000元。

故乙产品应停产,丁产品应继续生产。

从该例中可以得出如下结论：一般情况下(指亏损产品停产后,生产能力不能转移),判断亏损产品是否停产,只要看它能否提供贡献边际即可,如能提供,则不停产;反之,应停产。

二、差别损益分析法

差别损益分析法是指在进行多个互斥方案的决策时以差别损益作为评价指标的一种决策分析方法。以两个互斥的备选方案的决策分析为例,用该方法进行决策时,关键要计算出两个方案的差别损益。差别损益的计算有两种方法。

第一种方法如下：

(1) 找出两个方案的相关收入和相关成本

（2）计算差别收入＝甲收入－乙收入

（3）计算差别成本＝甲成本－乙成本

（4）计算差别损益＝差别收入－差别成本

（5）判断

若差别损益＞0，选择甲方案（即前一个方案）

若差别损益＜0，选择乙方案（即后一个方案）

第二种方法如下：

（1）找出两个方案的相关收入和相关成本

（2）分别计算两个方案的损益

甲方案的损益＝相关收入－相关成本

乙方案的损益＝相关收入－相关成本

（3）计算差别损益

差别损益＝甲方案的损益－乙方案的损益

（4）判断

若差别损益＞0，选择甲方案

若差别损益＜0，选择乙方案

亦可以列表计算差别损益，见表3-5-4。

表3-5-4

项目＼方案	A方案	B方案	差别损益
相关收入	R_A	R_B	$\Delta R=R_A-R_B$
相关成本	C_A	C_B	$\Delta C=C_A-C_B$
差别损益	$P_A=R_A-C_A$	$P_B=R_B-C_B$	$\Delta P=\Delta R-\Delta C=P_A-P_B$

若有两个以上的备选方案，可以直接比较各方案的 P 值，进行决策。

差别损益法应用范围很广，在两个方案相关收入没有差别，只是相关成本有差别的情况下，也可以应用，这时差别损益法称之为差别成本法。在两个以上互斥方案的决策分析中，应用差别损益分析法实际上是选择哪个方案获利最多的过程。

1. 在半成品是否进一步加工决策中的应用

【例3-5-5】某企业每年生产1 000件甲半成品。其单位完全生产成本为18元（其中单位固定制造费用2元），直接出售的价格为20元。企业目前已经具备将80%的甲半成品深加工为乙产品的能力，但每深加工一件甲半成品需要追加5元变动加工成本，乙产品单价为30元。假定乙产品的废品率为1%。要求：根据以下不相关的情况，用差别损益分析法为企业作出是否深加工的决策分析，并说明理由。

（1）深加工能力无法转移；

（2）深加工能力可用于承揽零星加工业务，预计获利4 000元；

（3）深加工能力无法转移，如果追加投入4 000元专属成本，则可使深加工能力达到100%，并使废品率降至零。

解:(1) 注意这里的相关业务量,进一步加工成乙产品的相关业务量为1 000 ×80% ×99%,直接出售的相关业务量为1 000 ×80%。

进一步加工的相关收入 =30 ×1 000 ×80% ×99% =23 760(元)

进一步加工的相关成本 =5 ×1 000 ×80% =4 000(元)

直接出售的相关收入 =1 000 ×80% ×20 =16 000(元)

直接出售的相关成本 =0(原来的成本为无关成本)

差别收入 =23 760 -16 000 =7 760(元)

差别成本 =4 000 -0 =4 000(元)

差别损益 =7 760 -4 000 =3 760(元) >0

故选择前一个方案,即深加工方案。

(2) 进一步加工的相关收入不变,仍是23 760元。

进一步加工的相关成本 =4 000(机会成本) +5 ×1 000 ×80% =8 000(元)

直接出售的相关收入和成本不变。

差别收入 =23 760 -16 000 =7 760(元)

差别成本 =8 000 -0 =8 000(元)

差别损益 =7 760 -8 000 = -240 <0

故选择后一个方案,即直接出售。

(3) 注意这里的相关业务量,进一步加工和直接出售的相关业务量均为1 000件。

进一步加工的相关收入 =1 000 ×30 =30 000(元)

进一步加工的相关成本 =5 ×1 000 +4 000(专属成本) =9 000(元)

直接出售的相关收入 =20 000(元)

直接出售的相关成本 =0

则差别收入 =30 000 -20 000 =10 000(元)

差别成本 =9 000 -0 =9 000(元)

差别损益 =10 000 -9 000 =1 000 >0

选择前一个方案好,即深加工方案。

2. 该法在是否接受低价追加订货决策分析中的应用

【例3-5-6】某企业只生产一种产品,全年最大生产能力为1 200件。年初已按100 元/件的价格接受正常任务1 000件,该产品单位完全生产成本为 80 元/件(其中单位固定生产成本为25 元)。现有一客户要求以 70 元/件的价格追加订货。要求:根据以下不相关情况,用差别损益分析法作出是否接受追加订货的决策,并说明理由。

(1) 剩余生产能力无法转移,追加订货 200 件,不追加专属成本;

(2) 剩余生产能力无法转移,追加订货 200 件,但因有特殊要求,需追加1 000元专属成本;

(3) 同(1),但剩余生产能力可对外出租,获租金收入5 000元。

解:根据题意,最大生产能力为 1 200 件,故只从生产能力上看,三种情况下均可接受追加订货;单位完全生产成本 =80(元);单位变动生产成本 =80 -25 =55(元)。

第(1)种情况下:

接受追加订货的相关收入 =200 ×70 =14 000(元)

接受追加订货的相关成本 = 200 × 55 = 11 000(元)

不接受追加订货的相关收入和相关成本均为0。

故差别收入 = 14 000 − 0 = 14 000(元)

差别成本 = 11 000 − 0 = 11 000(元)

差别损益 = 14 000 − 11 000 = 3 000 > 0

选择前一个方案,即接受追加订货。

第(2)种情况下:

接受追加订货的相关收入 = 200 × 70 = 14 000(元)

接受追加订货的相关成本 = 200 × 55 + 1 000(专属成本) = 12 000(元)

不接受追加订货的相关收入与相关成本均为0。

故差别收入 = 14 000 − 0 = 14 000(元)

差别成本 = 12 000 − 0 = 12 000(元)

差别损益 = 14 000 − 12 000 = 2 000 > 0

选择前一个方案,即接受追加订货。

第(3)种情况下:

接受追加订货的相关收入 = 200 × 70 = 14 000(元)

接受追加订货的相关成本 = 200 × 55 + 5 000(机会成本) = 16 000(元)

不接受追加订货的相关收入和相关成本均为0。

故差别收入 = 14 000 − 0 = 14 000(元)

差别成本 = 16 000 − 0 = 16 000(元)

差别损益 = 14 000 − 16 000 = −2 000 < 0

选择后一个方案,即不追加订货。

对于是否接受低价追加订货的决策分析,一般情况下(即在最大生产能力范围内,不考虑机会成本及专属成本),只要对方出价高于单位变动成本,便可接受;否则,不能接受。如在第(1)种情况下,对方出价为70元,高于单位变动成本55元,可以直接判定,接受低价追加订货。如果追加订货有特殊要求,需要追加专属成本,或剩余生产能力可能转移,即有机会成本,则在决策分析中还应另外考虑专属成本和机会成本,如第(2)、(3)种情况。

3. 该法在零部件是自制还是外购的决策分析中的应用(知道零部件的总需要量)

【例3-5-7】某企业全年需要甲零件1 200件,可自制亦可外购。如自制,每件需支付变动成本8元,另外需要添置一台专用设备,价款4 000元;如外购,单价为12元。试作出甲零件是自制还是外购的决策。

解(1):

若自制,相关收入 = 0;相关成本 = 1 200 × 8 + 4 000 = 13 600(元)

若外购,相关收入 = 0;相关成本 = 1 200 × 12 = 14 400(元)

差别收入为0。

差别成本 = 13 600 − 14 400 = −800(元)

差别损益 = 0 − (−800) = 800 > 0

所以,选择前一个方案,即自制,可以节约开支800元。

解(2):由于自制和外购两方案均没有相关收入,故只需比较两方案的相关成本即可。

自制方案的相关成本 = 13 600(元)

外购方案的相关成本 = 14 400(元)

自制比外购的成本低,所以应选择自制方案。

4. 该法在联产品、副产品是否进一步加工决策分析中的应用

【例 3-5-8】某企业生产 A,B 两种联产品,这两种联产品都可在分离后直接出售,亦可进一步加工后再行出售,有关资料见表3-5-5。

表 3-5-5

项　目	A 产品	B 产品
预计产销量(件)	5 000	8 000
分离后直接出售单价	12	24
进一步加工后出售单价	25	30
分离前单位成本	7	13
进一步加工追加成本		
单位变动成本	8	7
专属成本	5 000	0

要求:根据以上资料,作出 A,B 两种联产品是否进一步加工的决策分析。

解(1):根据上述资料,编制 A,B 两产品差别损益计算表见表 3-5-6。

表 3-5-6

项　目	A 产品	B 产品
进一步加工相关收入	25 × 5 000 = 125 000	30 × 8 000 = 240 000
进一步加工相关成本合计	45 000	56 000
其中:变动成本	8 × 5 000 = 40 000	7 × 8 000 = 56 000
专属固定成本	5 000	0
直接出售相关收入	12 × 5 000 = 60 000	24 × 8 000 = 192 000
直接出售相关成本	0	0
差别收入	125 000 - 60 000 = 65 000	240 000 - 192 000 = 48 000
差别成本	45 000 - 0 = 45 000	56 000 - 0 = 56 000
差别损益	65 000 - 45 000 = 20 000 > 0	48 000 - 56 000 = - 8000 < 0

需要注意,在此例中,分离前的有关成本,属于无关成本,故在决策分析中不予以考虑。根据 A,B 两产品的差别损益值可以作出决策,A 产品宜进一步加工;B 产品宜直接出售。

解(2):直接比较进一步加工 A,B 两产品增加的收入和增加的成本,也可以进行决策分析。

进一步加工 A 产品方案:

增加的收入(即增量收入) = (25 - 12) × 5 000 = 65 000(元)

增加的成本(即增量成本) = 8 × 5 000 + 5 000 = 45 000(元)

增加的损益 = 65 000 - 45 000 = 20 000 > 0,宜进一步加工。

进一步加工 B 产品方案:

增加的收入 = (30 - 24) × 8 000 = 48 000(元)

增加的成本 = 7 × 8 000 = 56 000(元)

增加的损益 =48 000 - 56 000 = - 8 000 < 0，宜直接出售，如进一步加工，将导致亏损8 000元。

5. 该法在多个备选方案的决策分析中的应用

【例3-5-9】某企业现有生产能力72 000机器小时，可以开发甲、乙、丙、丁四种产品，有关单价及成本资料见表3-5-7。

表 3-5-7

项目 \ 产品	甲	乙	丙	丁
单价	60	55	35	36
单耗(机器小时)	36	24	15	30
单位变动成本	30	29	20	10
专属固定成本	0	5 000	0	0

要求：作出以开发何种产品为宜的决策。

解：根据以上资料，编制四种产品的损益计算表见表3-5-8。

表 3-5-8

项目与产品	甲	乙	丙	丁
销售单价	60	55	35	36
产销量(件)	2 000	3 000	4 800	2 400
相关收入	120 000	165 000	168 000	86 400
相关成本合计	60 000	92 000	96 000	24 000
其中：变动成本	60 000	87 000	96 000	24 000
专属固定成本	0	5 000	0	0
相关损益	60 000	73 000	72 000	62 400

根据以上计算结果，生产乙产品获利最多，与其他几种产品比较，差别损益最大，故以开发乙产品为最好。

三、成本无差别点法

(一) 成本无差别点法的含义

它是指各备选方案的相关收入均为零，相关的业务量为不确定因素时，通过判断处于不同水平上的业务量与成本无差别点业务量之间的关系，来作出互斥方案决策的一种方法。成本无差别点业务量是指备选方案预期成本相等时的业务量，故该法又称为成本分界点法。

(二) 成本无差别点法的基本原理及适应条件

1. 根据成本无差别点法的含义，求出成本无差别点(成本分界点)业务量

假设方案①成本模型为 $y_1 = a_1 + b_1 x_0$ (x_0 为成本分界点业务量)

假设方案②成本模型为 $y_2 = a_2 + b_2 x_0$

令 $y_1 = y_2$,则 $a_1 + b_1x_0 = a_2 + b_2x_0$

$$x_0 = \frac{a_1 - a_2}{b_2 - b_1}$$

在此公式中,必须使 $a_1 > a_2, b_2 > b_1$ 才有意义。因而,运用成本无差别点法进行决策分析,两个备选方案的固定成本水平和单位变动成本必须是一对矛盾,即一个方案的固定成本水平高,其单位变动成本必须低;如其固定成本水平低,则其单位变动成本必须高。否则,不能用该法进行决策分析。

2. 根据不同的业务量与成本无差别点业务量的比较进行决策

当业务量大于成本无差别点业务量时,选择固定成本水平较高,但单位变动成本较低的方案;当业务量小于成本无差别点业务量时,选择固定成本水平较低,但单位变动成本较高的方案。

3. 适应范围

成本无差别点法适应的条件,前面已经阐述。这种方法主要适用于零部件是自制还是外购的决策分析(特别是无法知道零部件总需要量时,只能用这种方法)、不同工艺方案的决策分析。

(三)成本无差别点法应用举例

1. 当零部件总需要量一定时,零部件是自制还是外购的决策分析

【例 3-5-10】根据【例 3-5-7】中的资料,要求:用成本无差别点法作出甲零件是自制还是外购的决策分析。

解:设 x_0 为甲零件自制与外购方案的成本无差别点业务量。

则自制方案的预期成本 $y_1 = a_1 + b_1x_0 = 4\,000 + 8x_0$

外购方案的预期成本 $y_2 = a_2 + b_2x_0 = 0 + 12x_0$

从上述两方案的有关成本来看,$a_1 = 4\,000, a_2 = 0, b_1 = 8, b_2 = 12$,符合 $a_1 > a_2, b_2 > b_1$ 的条件,可以用成本无差别点法进行决策分析。

令 $y_1 = y_2$,则$4\,000 + 8x_0 = 0 + 12x_0$

$$x_0 = \frac{4\,000 - 0}{12 - 8} = 1\,000(\text{件})$$

由于全年实际需要量为1 200件 >1 000件,应选择自制方案(其单位变动成本较低,而固定成本水平较高)。

2. 当零部件总需要量不确定时,零部件是自制还是外购的决策分析

【例 3-5-11】某企业常年生产需用的某部件以前一直是从市场上采购。已知采购量在5 000件以下时,单价为 8 元;达到或超过5 000件时,单价为 7 元。如果追加投入12 000元固定成本,就可以自行制造该部件,预计单位变动成本为 5 元。

要求:用成本无差别点法为企业作出自制或外购该部件的决策。

解:设成本无差别点业务量为 x_0。

第一,当业务量 <5 000件时,

自制方案预计成本 $= a_1 + b_1x_0 = 12\,000 + 5x_0$

外购方案预计成本 $= a_2 + b_2x_0 = 8x_0$

$a_1 = 12\,000, a_2 = 0, b_1 = 5, b_2 = 8$,符合 $a_1 > a_2, b_2 > b_1$ 的条件,可以用成本无差别点法进

行决策分析。

令两方案预期成本相等，则$12\ 000+5x_0=8x_0$

$$x_0=\frac{12\ 000-0}{8-5}=4\ 000(件)$$

即当业务量小于4 000件时，宜外购；当业务量在4 000～5 000件时，宜自制。

第二，当业务量≥5 000件时，

自制方案预计成本$=a_1+b_1x_0=12\ 000+5x_0$

外购方案预计成本$=a_2+b_2x_0=7x_0$

$a_1=12\ 000, a_2=0, b_1=5, b_2=7$，符合 $a_1>a_2, b_2>b_1$ 的条件，可以用成本无差别点法进行决策分析。

令两方案预期成本相等，则$12\ 000+5x_0=7x_0$

$$x_0=\frac{12\ 000-0}{7-5}=6\ 000(件)$$

即当业务量在5 000～6 000件之间时，宜外购；当业务量大于6 000件时，宜自制。

第六章 长期投资决策分析

第一节 长期投资决策分析概述

一、长期投资决策的含义

1. 长期投资决策的性质和特点

长期投资是指企业为了适应今后若干年生产经营的长远需要，投入大量资金，获取报酬或收益的持续期间超过一年以上，能在较长时期内影响企业经营的投资行为。例如，固定资产的新建、改建、扩建和更新，资源的开发、利用等都属于长期投资。

长期投资的效益与若干年度相关，属于"资本性支出"的范畴。在尚未完全收回投资之前，长期投资的合理存在形式必然是资产项目。它与可以由当年收入进行补偿的"收益性支出"相比具有明显不同的特点，主要表现为：投入资金的数额多、对企业影响的持续时间长、资金回收的速度慢、蒙受的风险大。

长期投资决策是企业为了进行长期投资而作出的决定。其目的是为了提高企业的生产经营能力，故又称"生产能力投资决策"。长期投资决策一经确定，就需要纳入资本支出预算，以便进行控制和考评，因此也有人称之为资本预算决策。

2. 长期投资决策的意义

长期投资决策是企业具有长远意义的决策。正确地进行长期投资决策，有助于企业生产经营长远规划的实现。企业生产经营的长远规划从总体上确定企业未来的经营方向、规模大小、人员配备、资本总量、资本支出的运用及所要达到的经营目标等，它是指导企业未来行动的纲领性文件，也是企业进行资本支出的主要依据。在进行长期投资决策时要着重比较方案的经济效益。若投资决策搞得好，企业未来一段期间的经营状况就好，经济效益就好；但若决策失误，轻者将使企业长期蒙受巨大的经济损失，重者将导致先天性亏损或难以弥补的功能缺陷，甚至将企业推上绝境。因此，企业在进行长期投资决策时必须搞好投资的可行性研究和项目评估，从企业、国民经济和社会的角度进行研究论证，分析经济、技术和财务等方面的可行性。

二、长期投资决策的分类

1. 长期投资决策按其投资对象的不同可分为项目投资决策、证券投资决策和其他投资决策

项目投资是一种以特定项目为对象，直接与固定资产的购建项目或更新改造项目有关的长期投资行为；它是以形成或改善企业生产能力为最终目标的，至少涉及一个固定资产项目的投资。证券投资则是企业通过让渡资金的使用权而取得某种有价证券，以收取利息、使用费或股利等形式取得收益而使得资金增值或获得对特定资源、市场及其他企业控制权为

目的的一种投资行为,包括长期债券投资和长期股票投资。其他投资则是指项目投资和证券投资以外的长期投资,如联营投资等。本章内容以项目投资为主要分析对象。

2. 长期投资决策按其影响范围的大小可分为战术型投资决策与战略型投资决策

战术型投资指一般不会改变企业经营方向,只限于局部条件的改善,影响范围较小的投资;战略型投资通常指能够改变企业经营方向,对企业全局产生重大影响的投资。

3. 长期投资决策按其与再生产类型的联系可分为维持型投资决策和发展型投资决策

维持型投资决策是指与简单再生产相联系,为维持原有产品的生产经营而必须进行的投资,如设备的日常维修和一般更新等;发展型投资决策是指为扩大再生产所需进行的长期投资,如新增固定资产、扩建厂房、改造设备等。

第二节 长期投资决策的要素

一、现金流量

(一) 现金流量的含义和内容

现金流量是指由一项投资方案引起的在未来一定期间内所发生的现金流入量与现金流出量的统称。它以收付实现制为基础,以反映现金及现金等价物的流动为内容,是计算投资决策评价指标的主要依据和关键数据之一。

项目的整个投资和回收是一个现金流动的过程。投资项目的现金流量内容一般由以下三个部分构成:

1. 初始投资现金流量

初始投资现金流量是开始投资时发生的现金流量,一般包括以下四项:

(1) 固定资产投资,包括固定资产的购入或建造成本、运输成本、安装成本等。

(2) 流动资产投资,指为保持投资项目的有效使用与固定资产投资相配套而投入的各项流动资产,包括对材料、在产品、产成品和现金等流动资产的投资。

(3) 其他投资费用,指与长期投资有关的各种资源开发费、职工培训费、注册费、谈判费等。

(4) 原有固定资产的变价收入,主要是指固定资产更新时原有固定资产变卖所得的现金收入。

上述(1)至(3)项均需付出现金,构成项目的现金流出量;第(4)项为现金收入,构成项目的现金流入量。

2. 营业现金流量

营业现金流量是指项目投产后,在其整个寿命周期内由于正常的生产经营活动所带来的现金流量。具体包括:

(1) 项目投产后每年产生的营业收入,此为营业现金流入量。

(2) 项目投产后,每年付现的营业成本(付现成本),此为现金流出量。

某年的付现成本等于当年的总成本费用(含期间费用)扣除该年折旧额、无形资产摊销等项目的差额。

（3）各项税款，指项目投产后依法缴纳的、单独列示的各项税款，包括营业税、消费税、所得税等，此为现金流出量。

3. 终结现金流量

终结现金流量是指项目寿命期终了时发生的现金流量，主要包括：

（1）固定资产报废时的残值收入或中途变卖的变价收入，为现金流入量。

（2）原垫支在各种流动资产上的资金的收回，为现金流入量。

（3）在固定资产报废清理时支付的清理费用，为现金流出量。

（二）现金净流量的估算

1. 现金净流量的理论公式

现金净流量（NCF）是指在项目计算期内由每年现金流入量与同年现金流出量之间的差额所形成的序列指标，它是长期投资决策评价指标计算的重要依据。理论公式为：

某年现金净流量（NCF_t）= 该年现金流入量 - 该年现金流出量

式中，NCF_t为第 0 年至 n 年任意第 t 年现金净流量。除了第 0 年即项目初始时，第 t 年现金净流量都假设在年末发生。

上式对项目计算期中的建设期及经营期都适用。若项目计算期为 n，建设期为 s，经营期为 p，则 $n=s+p$。由于现金流入、流出在项目计算期内的不同阶段上的内容不同，使得各阶段上的现金净流量表现出不同的特点：如在建设期内，现金流出量多一些，现金净流量一般小于或等于零；如在经营期内，现金流入量多一些，现金净流量则多为正值。

2. 现金净流量的简化计算公式

（1）建设期现金净流量的简化计算公式。若原始投资均在建设期内投入，则建设期现金净流量可以按以下简化公式计算：

建设期某年现金净流量（NCF_t）= - 该年发生的投资额

其中，t 为 0 至 s 年。

（2）经营期现金净流量的简化计算公式。经营期现金净流量可按以下简化公式计算：

经营期某年现金净流量（NCF_t）= 该年税后净利 + 该年计提的折旧

式中，t 为 $s+1$ 至 n 年，该年税后净利 =（该年营业收入 - 该年营业成本）×（1 - 所得税率）

其中，营业成本 = 付现成本 + 折旧

根据投资项目特点的不同，现金流量的计算可以采用全额计算法或差额计算法。全额计算法是指完整地计算投资项目寿命期内各年的现金流出量和流入量，一般适用于对单一项目的选择。差额计算法则只计算一个方案比另一个方案增减的现金流量，一般适用于两个项目之间的比较。

【例 3-6-1】某公司准备建设一新项目，经测算有关资料如下：

（1）该项目需固定资产投资1 000 000元，第一年初和第二年初各投资500 000元。第三年初建成投产。

（2）投产前需垫支流动资金200 000元。

（3）固定资产可使用 5 年。按直线法计提折旧，期满残值为100 000元，年折旧额为180 000元。

（4）根据市场调查和预测，投产后第一年的产品销售收入为250 000元，以后 4 年每年为

900 000元(假设均能当年收到现金)。第一年的付现成本为150 000元,以后各年为500 000元。

(5) 企业所得税率为33%。

根据以上资料,采用全额计算法分两步计算该项目的现金流量。

第一步,计算营业现金流量。计算过程如表3-6-1所示。

表3-6-1

单位:千元

项目	年份				
	3	4	5	6	7
销售收入(1)	250	900	900	900	900
付现成本(2)	150	500	500	500	500
折旧(3)	180	180	180	180	180
利润(4)=(1)-(2)-(3)	-80	220	220	220	220
所得税(5)=(4)×33%	0	72.6	72.6	72.6	72.6
净利润(6)=(4)-(5)	-80	147.4	147.4	147.4	147.4
营业现金净流量(7)=(3)+(6)=(1)-(2)-(5)	100	327.4	327.4	327.4	327.4

第二步,求出项目每年的营业现金净流量后,便可加进项目的初始现金流量和终结现金流量,一并计算该项目的全部现金流量。计算过程如表3-6-2所示。

表3-6-2

单位:千元

项目	年份							
	0	1	2	3	4	5	6	7
固定资产	-500	-500						
流动资产垫支			-200					
营业现金净流量				100	327.4	327.4	327.4	327.4
固定资产残值								100
流动资产回收								200
现金流量合计	-500	-500	-200	100	327.4	327.4	327.4	627.4

表3-6-2中,第0年代表第1年初,第1年代表第1年末,依此类推。固定资产是分两次投入的,流动资产是在第2年末垫支的。

该项目的现金流量用NCF表示为:$NCF_0=-500$,$NCF_1=-500$,$NCF_2=-200$,$NCF_3=100$,$NCF_{4\sim6}=327.4$,$NCF_7=627.4$。

二、货币时间价值

(一) 货币时间价值的含义

货币时间价值又称资金的时间价值,它是指作为资本(或资金)使用的货币在其被运用的过程中随时间推移而带来的一部分增值价值,其实质是处于社会生产总周转过程中的资金在使用中由劳动者创造的,因资金所有者让渡资金使用权而参与社会财富分配的一种形式。西方经济学认为,货币时间价值就是由于放弃现在使用货币的机会所得到的按放弃时间长短计算的报酬。

（二）货币时间价值的特点

（1）货币时间价值的表现形式是价值的增值，是同一笔货币资金在不同时点上表现出来的价值差量或变动率。

（2）货币的自行增值是在其被当做投资资本的运用过程中实现的，不能被当做资本利用的货币是不具备自行增值属性的。

（3）货币时间价值与时间的长短呈同方向变动关系。

（三）货币时间价值的表现形式

在利润平均化规律的影响下，等量货币资本在相同时间内应获得等量利润。从这个意义上看，货币时间价值的相对量形式就是在不考虑风险和通货膨胀条件下社会平均的资本利润率。由于货币时间价值的计算方法与利息的计算方法相同，很容易将货币的时间价值与利息率相混淆。但通行的利息率中通常都包括一定的风险价值和通货膨胀因素。只有在通货膨胀率很低的情况下，方可将几乎没有风险的政府债券的利息率视同于货币时间价值的相对数形式；货币时间价值的绝对量形式就是使用货币资本的机会成本或假设成本。

为了便于理解货币时间价值的计算公式，本节假定利息、利息率或折现率可以在一定程度上代表货币时间价值。

（四）货币时间价值的计算制度

1. 本金、利息与本利和的关系

以银行存款为例，开始存入的本钱叫本金，它是计算利息的基础，利息是按照事先确定的利率和存款期的长短，通过一定方法计算出来的存款报酬，一定时期后的本金与利息的合计数叫本利和。

2. 利息的计算制度

（1）计算制度的种类。计算利息的制度有两种，一种是单利制，另一种是复利制。单利制是指利息不计入下期本金，不改变计息基础，各期利息额不变的计算制度；复利制是指将当期未被支取的利息计入下期本金，改变计息基础，使每期利息额递增，利上生利的计息制度。

（2）计算货币时间价值时必须采用复利制。在扩大再生产的条件下，企业运用资本所取得的收益往往要再投入经营周转中去，不使之闲置。这一过程与复利制的原理一致，因此在计算货币时间价值时，必须采用复利制。

（五）复利终值与复利现值的计算

1. 复利终值与复利现值的含义

在复利制的条件下，将一次性收付款项在一定时间的起点发生的数额（如本金）称为复利现值，简记做 P；将一次性收付款在一定时间终点发生的数额（如本利和）称为复利终值，即该款项的终点价值，简记做 F。

2. 复利终值的计算

已知复利现值 P、利率 i，求 n 期后的复利终值 F，可按下式计算：

复利终值$(F)=P(1+i)^n$

公式中的$(1+i)^n$又叫一次性收付款项终值系数，简称终值系数，记做$(F/P,i,n)$。于

是上式可写成：

复利终值$(F)=P\cdot(F/P,i,n)$

根据不同的i和n,计算出$(1+i)^n$即$(F/P,i,n)$的值,列表即为复利终值系数表,见附表(一)。

【例3-6-2】某人将10 000元投资于一项事业,年报酬率为6%,经过5年时间,其终值为多少?

$F=P(1+i)^n=10\,000\times(1+10\%)^5=16\,110$(元)

或：$F=P\cdot(F/P,i,n)=10\,000\times1.611=16\,110$(元)

即经过5年时间的期终金额为16 110元。

3. 复利现值的计算

由复利终值(本利和)求复利现值(本金)的过程也叫折现,此时使用的利率i又称折现率。折现是复利终值计算的逆运算,若已知未来复利终值F,折现率i和期数n,则复利现值P可按下式求出：

$P=F/(1+i)^n=F(1+i)^{-n}=F\cdot(P/F,i,n)$

公式中的$(1+i)^{-n}$叫一次性收付款现值系数(又称复利现值系数、一元现值、现值因子),简称现值系数,记做$(P/F,i,n)$。显然,终值系数与现值系数互为倒数。根据不同的i和n,计算出$(1+i)^{-n}$即$(P/F,i,n)$的值,列表即为复利现值系数表,见附表(二)。

【例3-6-3】企业年初打算存入一笔资金,3年后一次性取出本利和为1 000元,年复利率(折现率)为6%。计算企业现在应该存多少钱?

$F=1\,000$(元),$i=6\%$,$n=3$(年)

复利现值$(P)=F\cdot(1+i)^{-n}=1\,000\times(1+6\%)^{-3}=840$(元)

或$=F\cdot(P/F,i,n)=1\,000\times0.840=840$(元)

即企业年初应存入840元。

(六)年金终值与现值的计算

如果在一定时期内每隔相同时间(如一年)就发生相同数额的收款(或付款),则该等额收付的系列款项称为年金。年金包括普通年金、先付年金、递延年金和永续年金等几种形式。其中普通年金应用最为广泛,其他几种年金均可在普通年金的基础上推算出来。因此应重点掌握普通年金终值与现值的有关计算。

从第1期开始,凡在每期期末发生的年金称为普通年金,又叫后付年金,用A表示。

1. 普通年金终值及其计算

普通年金终值简称为年金终值,如果年金相当于"零存整取储蓄存款"业务中"零存数"的话,那么,年金终值就相当于该业务的"整取数",它等于不同时点上发生的收款(或付款)分别换算为第n年的终值后再求和。由已知年金计算年金终值的公式为：

年金终值$(F)=A\cdot(F/A,i,n)$

上式中$(F/A,i,n)$叫年金终值系数(又称一元年金终值或年金终值因子)。不同的i和n对应的年金终值系数见附表(三)。

【例3-6-4】某企业计划于18年后支付1 000 000元购买一座房屋,银行存款利率为10%,问：每年末需存入银行多少款项才能保证在18年后得到1 000 000元?

$F=A\cdot(F/A,10\%,18)$

$1\,000\,000 = A \cdot (F/A,10\%,18)$

$$A = \frac{1\,000\,000}{(F/A,10\%,18)} = \frac{1\,000\,000}{45.599} = 21\,930(\text{元})$$

即每年末都需存入银行21 930元，才能保证18年后得到1 000 000元。

2. 普通年金现值及其计算

普通年金现值简称年金现值，如果年金相当于“整存零取储蓄存款”业务中“零取数”的话，那么，年金现值就相当于该业务的“整存数”，它等于不同时点上发生的收款（或付款）分别换算为第0年的现值后再求和。由已知年金求年金现值的公式为：

年金现值$(P) = A \cdot (P/A,i,n)$

上式中$(P/A,i,n)$叫年金现值系数（又称一元年金现值），不同的i和n对应的年金现值系数见附表（四）。

【例3-6-5】某企业租入一台设备，每年末需支付租金1 200元，年利率10%，问：5年内应付租金的现值总额是多少？

$P = 1\,200 \cdot (P/A,10\%,5)$

$= 1\,200 \times 3.791 = 4\,549.2(\text{元})$

即5年内应付租金的现值总额是4 549.2元。

3. 递延年金及递延年金现值的计算

所谓递延年金是指在一定期间内（如n期），从0期开始隔s期$(s \geqslant 1)$以后才发生的一系列等额收付款的一种年金形式，记做A''。显然，凡不是从第1年开始的年金都是递延年金。

递延年金现值P''的计算公式有两个：

$P'' = A'' \cdot [(P/A,i,n) - (P/A,i,s)]$

$P'' = A'' \cdot (P/A,i,n-s) \cdot (P/F,i,s)$

【例3-6-6】某企业年初存入一笔资金，从第4年年末起每年取出1 000元，至第9年年末取完，年利率为10%，那么，最初一次存入的款项是多少钱？

$P'' = A'' \cdot [(P/A,10\%,9) - (P/A,10\%,3)] = 1\,000 \times ((5.759 - 2.487) = 3\,272(\text{元})$

即企业最初存入的款项是3 272元。

第三节　长期投资决策分析的一般方法

在长期投资决策中，分析和评价备选方案优劣的专门方法很多，大体上分为以下两大类：

一类是考虑货币时间价值来决定方案取舍的，叫“贴现法”，亦称“动态评价方法”。它是将各期现金净流量通过换算，统一在相同的时间基础上进行比较，以决定备选方案取舍或优劣的方法。主要包括：净现值法、现值指数法、内含报酬率法。

另一类是不考虑货币时间价值决定方案取舍的，叫“非贴现法”，亦称“静态评价方法”。这类方法的基本特点是把不同时期的现金流量看做等效的，直接进行对比。主要包括：静态投资回收期法、投资利润率法等。这类方法由于未考虑时间价值，其决策不够科学，结果也较粗略,一般只能起辅助作用。

一、净现值法

净现值(NPV)是指项目投产后各年现金净流量的现值之和与投资额现值之间的差额。净现值法就是用净现值指标作为评价长期投资方案优劣的方法。若净现值是正数,说明该方案可行;反之,净现值为负数,则不可行。净现值越大,说明项目的经济效益越好。

对于任何一项长期投资方案,投资者总是希望投资方案未来报酬能大于原始投资额,达到价值的增值。但未来获得的报酬的现金流入量和原始投资额的现金流出量发生在不同时期,根据货币时间价值观念,不同时期货币的价值是不相等的,这两类金额只有折合在同一时点上才能相互比较。因此,我们把一项投资方案在未来期间所能获得的各年现金净流量按照资金成本折算成总现值,然后把它与原投资额折成的现值进行对比,其差额就叫"净现值"。净现值是评价投资方案优劣的一项动态指标。

净现值法一般可按以下步骤进行:

(1) 计算投资项目每年的现金净流量(NCF)。

(2) 根据资金成本将各年的现金净流量折成现值。若各年 NCF 相等,按年金折成现值;若各年 NCF 不相等,则需分别按普通复利折成现值。

(3) 将投产后各年现金净流量的现值加总合计,得出未来报酬总现值;将各项投资额的现值加总合计,得出投资额总现值。

(4) 计算投资方案的"净现值"(NPV)。

净现值(NPV) = 未来报酬的现值 - 原始投资额的现值

(5) 对投资方案进行评价:若为单一备选方案,$NPV>0$,方案可行;$NPV<0$,方案不可行。若有多个备选方案,则以 NPV 最大者为最优方案。

【例3-6-7】某公司有 A,B,C 三个投资方案,A,C 方案所需投资金额均为100 000元,B 方案所需投资额为120 000元。三个投资方案的资金来源全靠借钱解决,银行借款年利率为8%。A,B 两个方案期末无残值,C 方案期末有净残值10 000元。各方案每年营业现金净流量如表3-6-3 所示。

表 3-6-3

年　序	A	B	C
	现金流量	现金流量	现金流量
1	45 000	90 000	33 000
2	45 000	90 000	38 000
3	45 000		43 000
4	45 000		48 000
5	45 000		63 000
合　计	225 000	180 000	225 000

根据上述资料,对 A,B,C 三个方案的净现值计算如下:

A 方案每年年末现金净流量都是45 000元,按普通年金现值计算净现值:

A 方案的净现值(NPV) = 未来报酬的现值 - 投资额的现值

$$=45\,000\times(P/A,8\%,5)-100\,000$$

$$= 45\,000 \times 3.993 - 100\,000 = 179\,685 - 100\,000 = 79\,685(\text{元})$$

B 方案每年年末现金净流量都是90 000元，按普通年金现值计算净现值：

$$B\text{ 方案的净现值}(NPV) = 90\,000 \times (P/A, 8\%, 2) - 120\,000 = 90\,000 \times 1.783 - 120\,000$$
$$= 160\,470 - 120\,000 = 40\,470(\text{元})$$

C 方案每年营业现金净流量不相等，要分别用每年现金净流量乘以相应复利现值系数计算其现值，然后予以相加，再加上第 5 年年末残值收入的现值，即为未来报酬总现值，再与原投资额现值相比，以确定其净现值。其计算过程如表 3-6-4。

表 3-6-4

年　序	各年现金净流量	复利现值系数	现　值
1	33 000	0.926	30 558
2	38 000	0.857	32 566
3	43 000	0.794	34 142
4	48 000	0.735	35 280
5	73 000	0.681	49 713
未来报酬总现值			182 259
减：原始投资额现值			100 000
净现值			82 259

C 方案的净现值(NPV) = 82 259（元）

计算结果表明，这三个投资方案的净现值均为正数，说明它们的投资报酬率都在借款利率8%上，以借款利率 8% 为标准进行衡量，这三个方案都是可行的。不过三个方案相比，以 C 方案的净现值为最大，A 方案的净现值次之，B 方案的净现值最少。C 方案可以视为最优。

净现值法的主要优点在于评价投资方案时充分考虑了货币时间价值因素对未来不同时期现金净流量的影响，使有关方案的现金净流量具有了可比性；其次是考虑了项目计算期的全部现金净流量，体现了流动性与收益性的统一；再次是考虑了投资风险性，因为折现率的大小与风险大小有关，风险越大，折现率就越高。

净现值法存在的不足是，对于不同投资方案，如果原始投资额不同，净现值这个指标实际上就没有可比性。因为投资额大、净现值也大的方案不一定是最优。单纯看净现值大小，以绝对值作简单比较，不能作出正确的评价，也就是说不同投资额的不同方案，它们的净现值是不可比的。所以，在不同方案原始投资额不等的情况下，不能单纯用净现值法来判断方案优劣。同时，它也不能计算出方案的预期投资报酬率。

二、现值指数法

现值指数(PI)是指任何一项投资方案的未来报酬按资金成本折算的现值与原始投资额的现值之比，亦称“获利能力指数”。它反映每 1 元原始投资所带来的按资金成本折现后的收入，它是评价投资方案优劣的一项动态指标。计算公式如下：

$$\text{现值指数} = \frac{\text{未来报酬的现值}}{\text{原始投资额的现值}}$$

现值指数法就是以各个投资方案的现值指数大小评价方案优劣的方法。在进行投资决策分析时，如果现值指数大于 1，可接受该方案；如果现值指数小于 1，则应拒绝该方案；若同时有多个方案，它们的现值指数都大于1，应选择现值指数最大的投资方案为最优方案。

【例3-6-8】根据【例3-6-7】计算的有关数据，三个方案的现值指数计算如下：

$$A\text{ 方案的现值指数}=\frac{179\,685}{100\,000}=1.79685$$

$$B\text{ 方案的现值指数}=\frac{160\,470}{120\,000}=1.32725$$

$$C\text{ 方案的现值指数}=\frac{182\,259}{100\,000}=1.82259$$

从上述计算可知，C方案现值指数最大，其次是A方案，再次是B方案。A，B，C三个方案的现值指数都大于1，其中C方案现值指数最大，所以此方案可视为最优方案。这一评价结果同上述净现值法评价结果一致。可见，现值指数和净现值这两个指标间有着内在的联系。

现值指数法和净现值法一样，都考虑了货币时间价值，而且使用的是相同的信息即未来报酬的总现值和原始投资额的现值。因此，两者得出的结论常常是相同的。但是，当原始投资额不同时，可能会得出相反的结论。

三、内含报酬率法

内含报酬率（*IRR*）是指一项长期投资方案在其寿命周期内按现值计算的实际可能达到的投资报酬率，亦称为内部收益率。

内含报酬率实质上就是根据方案未来报酬的总现值正好等于原始投资额的现值，使投资方案的净现值等于零的折现率。它是考核投资方案优劣的一项动态指标。

内含报酬率法是指根据投资方案的内含报酬率高低来确定方案是否可行，并选出最优方案的方法。如果内含报酬率大于资金成本，方案可以接受；反之，方案就不可以接受。若干个方案比较，以内含报酬率最大的方案为最优方案。

内含报酬率的计算，因各年营业现金净流量是否相等而有所不同，可分为一次计算法和逐次测试法两种。

1. 若各年现金净流量相等，内含报酬率可一次计算。

（1）先求年金现值系数$(P/A,i,n)$。

设内含报酬率为i，

NPV＝未来报酬总现值－原始投资额现值＝0

每年现金净流量×$(P/A,i,n)$＝原始投资额现值

$$(P/A,i,n)=\frac{\text{原始投资额现值}}{\text{每年现金净流量}}$$

（2）查“年金现值系数表”，在已知寿命期（n）的同一行中，找出与上述年金现值系数相邻近的较小和较大的年金现值系数及折现率。

（3）根据上述两个邻近的折现率及其相应的年金现值系数，再结合上述公式计算的年金现值系数，采用“插值法”计算出该项投资方案的内含报酬率。

2. 若各年现金净流量不等，内含报酬率可采用逐次测试法计算

（1）先估计一个折现率，并根据它计算未来各年现金净流量的现值，然后加计总数求得“未来报酬”的总现值，再与原始投资额的现值进行比较，若净现值（NPV）为正数，即说明估

计的折现率低于该方案的实际投资报酬率,应相应提高原估计的折现率,再次测试计算净现值。若第一次测试的净现值为负数,即说明原先估计的折现率高于该方案的实际投资报酬率,应相应降低原估计的折现率,再行测试计算净现值。经过逐次测试,最终找出两个邻近的一个正数的净现值和一个负数的净现值相应的两个折现率。

(2) 因内含报酬率就是使投资方案的净现值为零的折现率,可用前面找出来的两个相邻的折现率及其相应的正负净现值,采用插值法计算出该方案的内含报酬率。

【例 3-6-9】根据【例 3-6-7】的资料,计算 A,B,C 三个方案的内含报酬率如下:

(1) A 方案每年的现金净流量相等,采用一次计算法。

① 计算年金现值系数:

$$\text{A 方案的年金现值系数}=\frac{100\ 000}{45\ 000}=2.222$$

② 查"年金现值系数表",在期数为 5 的行次内,与年金现值系数 2.222 上下相邻的 2.345 在 32% 列内,2.181 在 36% 列内,可知,A 方案的内含报酬率在 32% 与 36% 之间。

③ 用"插值法"计算 A 方案的内含报酬率:

折现率	年金现值系数
32%	2.345
?	2.222
36%	2.181

32% 与 ? 之差为 x,32% 与 36% 之差为 4;2.345 与 2.222 之差为 0.123,2.345 与 2.181 之差为 0.164。

$$\frac{x}{4}=\frac{0.123}{0.164}\qquad x=\frac{4\times0.123}{0.164}=3$$

所以,A 方案的内含报酬率 = 32% + 3% = 35%

(2) B 方案每年现金净流量也是相等的,应采取一次计算法。

① 计算年金现值系数:

$$\text{B 方案年金现值系数}=\frac{120\ 000}{90\ 000}=1.333$$

② 查"年金现值系数表",在期数为 2 的行内,与年金现值系数 1.333 相邻的 1.332 在 32% 列内。由此可知,B 方案的内含报酬率可近似为 32%。

(3) C 方案每年现金净流量不相等,应采用逐次测试法。

① 先估计一个折现率计算其净现值,设估计的折现率为 28%,则计算过程及结果如表 3-6-5 所示。

表 3-6-5

年　　序	各年现金净流量	复利现值系数	现　　值
1	33 000	0.781	25 773
2	38 000	0.610	23 180
3	43 000	0.477	20 511
4	48 000	0.373	17 904
5	73 000	0.291	21 243
未来报酬总现值			108 611
减:原始投资额现值			100 000
净现值			8 611

计算的结果，净现值是正数，说明估计折现率小于内含报酬率，需进一步测试，再设折现率为 32%，则计算过程和结果如表3-6-6所示。

表 3-6-6

年　序	各年现金净流量	复利现值系数	现　值
1	33 000	0.758	25 014
2	38 000	0.574	21 812
3	43 000	0.435	18 705
4	48 000	0.329	15 792
5	73 000	0.250	18 250
未来报酬总现值			99 573
减：原始投资额现值			100 000
净现值			−427

计算结果，净现值是负数，说明估计的折现率大于内含报酬率。

通过上述测试可以确定，能使未来报酬总现值等于原始投资额现值的折现率在 28% 至 32% 之间。

② 根据上述计算出的两个相邻折现率，采用插值法计算 C 方案的内含报酬率。

折现率　　　　　　净现值

$$\left.\begin{array}{l}\left.\begin{array}{l}28\%\\ ?\end{array}\right\}x\\ 32\%\end{array}\right\}4 \qquad\qquad \left.\begin{array}{l}\left.\begin{array}{l}8\,611\\ 0\end{array}\right\}8\,611\\ -427\end{array}\right\}9\,038$$

$$\frac{x}{4}=\frac{8\,611}{9\,038} \qquad\qquad x=3.81$$

所以，C 方案的内含报酬率 = 28% + 3.81% = 31.81%

上述计算结果表明，如果此项投资方案规定的报酬率为 30%，那么，A，B，C 三个投资方案的内含报酬率均超过 30%，它们都是可以接受的。但从这三个方案的获利水平来看，A 方案的内含报酬率最高为 35%，B 方案次之，为 32%，C 方案最低，为 31.81%，则应选择 A 方案。

如果某一投资方案的内含报酬率大于其资金成本，则在扣除该方案的资金成本后，还会产生剩余资金，结果是增加了企业的财富；相反，如果投资方案的内含报酬率低于其资金成本，则采用该方案会使企业投资不能完全收回，导致企业的财富减少。用内含报酬率指标来判断一个投资方案是否可行，关键在于把内含报酬率与资金成本相比较，因此所计算的内含报酬率就可以帮助我们了解投资决策方案的预期收益的高低。

四、投资回收期法

投资回收期（*PP*）是指回收该项目的原始投资额所需要的时间，一般用年作单位。投资回收期法就是以回收期的长短来判断方案是否可行的方法。回收期越短，说明这项投资所冒风险越小，并使投入的资金得以比较快地周转。回收期是考核投资项目优劣的一项静态指标。

投资回收期的计算方法，根据各年营业现金净流量是否相等而有以下两种方法。

1. 若各年现金净流量相等

$$不包括建设期的投资回收期(PP)=\frac{原始投资额}{各年相等的现金净流量}$$

必须指出:若各年回收的现金净流量并非全部都相等,而只是前若干期相等,但前若干期相等的现金净流量之和大于原投资额,也可以使用上述公式;若前若干期相等的现金净流量之和小于原投资额,则不可使用上述公式。

在计算出不包括建设期的回收期之后,只需再加上建设期,即可算出包括建设期的回收期。

2. 若各年现金净流量不相等

这需要用逐次累计的方法计算回收期,即根据各年末的累计现金净流量与各年末尚未回收的投资额进行计算。具体计算步骤如下:

(1) 列表:在表中列出年份、各年现金净流量、各年末未回收额。

(2) 根据以下公式计算回收期:

$$回收期=最低未回收额所在年份+\frac{最低未回收额}{最低未回收额下一年的现金净流量}$$

【例 3-6-10】根据【例 3-6-7】资料,计算 A,B,C 方案回收期如下:

A 方案每年的现金净流量相等,则

$$A\ 方案回收期=\frac{100\ 000}{45\ 000}=2.22(年)$$

B 方案每年现金净流量相等,则

$$B\ 方案回收期=\frac{120\ 000}{90\ 000}=1.33(年)$$

C 方案各年现金净流量不相等,则需要用逐次累计的方法计算。列表如 3-6-7。

表 3-6-7

年　份	各年的现金净流量	各年末未回收额
0	-100 000	100 000
1	33 000	67 000
2	38 000	29 000
3	43 000	
4	48 000	
5	63 000	

计算回收期:

$$回收期=2+\frac{29\ 000}{43\ 000}=2.674(年)$$

从投资回收期看,B 方案的回收期最短,是最优方案,其次为 A 方案,C 方案回收期最长。如果以回收期指标评价方案的优劣,应该采用 B 方案。

投资回收期法的优点在于计算简便,容易理解,并可以促使企业想方设法地加速资金的周转,缩短回收期,及早收回投资。但这种方法存在以下不足:

(1) 没有考虑货币时间价值,对投资项目的预期收益与发生在不同时间的投资等同看待，缺乏一定的比较基础。

（2）投资回收期只考虑了在收回投资额这一段期间内的收益状况，而没有从投资项目使用的全部期间的收益状况来评价决策方案的优劣，特别是对某些前期收益低、后期收益大的投资项目，单纯用回收期法评价，难免考虑不全面。

所以，在实际工作中，投资回收期仅仅是长期投资决策分析中的辅助指标。

【例 3-6-11】某公司欲购置一台自动化设备需投资120 000元，该设备可使用 6 年，期满残值6 000元，每年按直线法计提折旧。使用该项自动化设备可使该公司每年获净利13 000元。假设该项目的资金成本为 8%。

要求：分别采用净现值法、现值指数法、内含报酬率法、回收期法来评价上述设备购置方案是否可行。

（1）净现值法：

$$\text{每年的 } NCF = \text{净利} + \text{折旧} = 13\,000 + \frac{120\,000 - 6\,000}{6} = 32\,000(\text{元})$$

$$\begin{aligned}\text{净现值}(NPV) &= \text{未来报酬总现值} - \text{原投资额}\\ &= [32\,000 \times (P/A,8\%,6) + 6\,000 \times (P/F,8\%,6)] - 120\,000\\ &= [32\,000 \times 4.623 + 6\,000 \times 0.630] - 120\,000 = 151\,716 - 120\,000\\ &= 31\,716(\text{元})\end{aligned}$$

以上计算结果表明，购置自动化设备方案的净现值是正数，故该方案可行。

（2）现值指数法：

$$\text{现值指数}(PI) = \frac{\text{未来报酬总现值}}{\text{原始投资额}} = \frac{151\,716}{120\,000} = 1.2643$$

由于该方案的现值指数大于 1，故该方案可行。

（3）内含报酬率法：

由于该方案除期末有6 000元残值外，其他各年的现金净流量（NCF）均相等，为了简化计算手续，可将期末残值6 000元平均分摊到各年 NCF 内，视做各年 NCF 相等。

$$\text{各年平均的 } NCF = 32\,000 + \frac{6\,000}{6} = 33\,000$$

$$(P/A,i,6) = \frac{\text{原始投资额}}{\text{各年平均的 } NCF} = \frac{120\,000}{33\,000} = 3.636$$

查"年金现值系数表"，在 6 期这一行，找出与 3.636 相邻近的两个年金现值系数及其相应的折现率，并采用插值法：

折现率		年金现值系数	
16%	x } 2	3.685	0.049 } 0.187
?		3.636	
18%		3.498	

$$\frac{x}{2} = \frac{0.049}{0.187} \qquad x = \frac{2 \times 0.049}{0.187} = 0.52$$

则内含报酬率（IRR）= 16% + 0.52% = 16.52%

由于该方案的内含报酬率为 16.52%，高于资金成本 8%，故该方案可行。

（4）回收期法：

$$\text{平均每年的}NCF = 32\,000 + \frac{6\,000}{6} = 33\,000(\text{元})$$

$$\text{回收期} = \frac{\text{原始投资额}}{\text{平均每年的}NCF} = \frac{120\,000}{33\,000} = 3.64(\text{年})$$

第四篇

成本会计学

第一章 总 论

第一节 成本及其作用

一、成本的含义

在商品经济中,经济效益产生于对"所得"与"所耗"的经济核算,经营管理者无不力求以最少的耗费取得最大的经营成果。在这里,"所耗"即是指费用,而费用落实到一定对象上的部分,就是成本。成本的概念有广义和狭义之分。广义地讲,凡是为取得特定成果而发生的全部付出和代价都是成本。而狭义的成本概念则仅指产品成本。成本会计的成本概念,一般是指产品成本。

成本实质上是劳动耗费,属于价值范畴。马克思的劳动价值学说把商品的劳动价值(W)分为生产中所消耗的生产资料价值(C)、劳动者为自己劳动创造的价值(V)和劳动者为社会劳动创造的价值(M)三个组成部分,并指出其中 C + V 就是商品的成本部分,它是企业维持简单再生产的补偿价值。C + V 的货币表现是高度抽象的成本,被称为理论成本,即生产过程中已经耗费的生产资料货币额和劳动工资额之总和。如果企业的经营成果不足以补偿这部分耗费,其简单再生产就无法进行。所得大于所耗,是企业扩大再生产的重要前提。

二、成本的作用

在社会主义市场经济条件下,成本作为一个客观存在的经济范畴,在以提高经济效益为根本目标的经济管理中发挥着重要的作用。

(1) 成本是生产经营耗费的补偿尺度。

(2) 成本是重要的经济指标。

(3) 成本是制定价格的重要依据。

(4) 成本是进行生产经营决策的重要参考。

第二节 成本会计的职能和种类

一、成本会计的职能

成本会计的职能是指成本会计在企业的经营管理中所具有的功能。成本会计具有七种职能,即成本预测、成本决策、成本计划、成本控制、成本核算、成本分析和成本考核。

1. 成本预测

成本预测是指根据与成本有关的各种数据,结合企业发展前景及要采取的措施,运用一定的专门方法,对未来成本水平及其变化趋势作出的科学估计和推算。

2. 成本决策

成本决策是指根据成本预测提供的数据和其他有关资料,运用定量和定性的方法,在若干个可行方案中,选择最优成本方案,确定目标成本的过程。

3. 成本计划

成本计划是指根据成本决策的目标成本和计划期的生产任务,预算生产经营管理的耗费和各种产品的成本水平,提出相应的降低成本措施,作为控制、分析和考核成本的重要依据。

4. 成本控制

成本控制是指在生产经营过程中,以成本计划为基本标准,对各项成本开支进行审核和监控,及时采取措施纠正偏差,使其被限制在成本计划和费用预算的范围内,力争完成计划目标任务。

5. 成本核算

成本核算是指对费用的发生和产品成本的形成进行确认、计量、计算、记录、汇总和报告。

6. 成本分析

成本分析是指根据成本核算提供的成本数据和其他有关资料,以本期实际成本与计划成本、上年同期实际成本、本企业历史先进成本、国内外同类产品先进成本等指标进行比较,确定成本差异及其影响因素,计算影响程度,以明确成本责任,并进一步提出降低成本的任务。

7. 成本考核

成本考核是指在成本分析的基础上,定期对成本计划及相关指标的执行结果进行考察和评价。

上述成本会计的七种职能是相互联系、互为补充的,其中,成本核算是基础,没有成本核算,成本的预测、决策、计划、控制、分析和考核都无法进行,成本管理的其他职能都是在成本核算的基础上随着经济的发展和管理水平的提高逐步形成的。

二、成本会计的种类

（一）按成本会计制度分类

按成本会计制度分类，可分为实际成本制度、估计成本制度和标准成本制度。

1. 实际成本制度

实际成本制度是指根据实际发生的各项支出计算成本的一种成本会计制度。通过这种成本制度获得的成本资料都是事后的成本资料，也即历史的成本资料。所以，实际成本制度也称历史成本会计制度。实行实际成本制度，满足了存货估价和计算损益的要求，为编制财务报表提供了资料，同时，将本期的实际成本与上期同一对象的实际成本相比较，可以检查成本升降情况。

2. 估计成本制度

估计成本制度是指在产品生产前预先估算成本对象的单位成本，凭以确定售价，然后通过估计成本与实际成本的比较，据以修改估计成本的一种在会计历史上曾采用过的不完整的成本会计制度。

3. 标准成本制度

标准成本制度是指以预先制定的标准成本为基础，用实际业务量的标准成本同实际成本相比较并记录和分析成本差异的一种成本制度。这种制度在西方国家比较普遍采用，它是控制成本、衡量效率高低的一种成本会计。

（二）按成本计算模式分类

按成本计算模式分类，可分为完全成本计算模式和变动成本计算模式。这种分类在第三篇已详细介绍。

第三节　新制造环境与成本会计

20 世纪 80 年代以来，科学技术的发展、生产方式的改变、产品生命周期的缩短以及全球性竞争的加剧，大大改变了产品成本结构、市场竞争模式和企业惯用的经营方式与管理策略。这些变化一方面对成本会计提出了挑战，另一方面也为成本会计创造了新的发展空间和机会。成本会计正经历着显著的变化。新的制造环境对成本会计的挑战主要表现在以下几个方面。

一、产业结构的变化

近年来，传统支柱产业的重要性逐渐下降，服务业的重要性已经上升。迅速发展起来的服务业改变了整个产业的结构，这种影响随着旅游业、银行业、保险业以及电信业等市场的开放而扩大。由于与制造业相比，服务业最终产出的成果难以确认，同时，许多制造业面临的问题如质量、生产率、成本效率、顾客满意等也开始困扰着服务业，因此，成本会计人员必须花费更多的精力和时间，寻求更精确的成本计算方法，从而估算出各项产出或服务项目的实际成本，为管理人员制定决策提供必要的信息。

二、高科技生产技术

在高科技蓬勃发展的新形势下，随着电脑数控机床和机器人、电脑辅助设计、电脑辅助生产以及弹性制造系统等高科技成果在经营活动中的广泛应用，企业生产组织和经营管理显示出许多根本性的变革。许多企业已利用计算机辅助方法来生产产品、推销产品或提供劳务。因此，产业状态已从过去劳动力密集转变为资本密集与技术密集，直接人工成本在总成本中所占的比例从 20 世纪 70 年代的 40% 急速下降到 20 世纪末的 10% 左右，在某些高科技产业已下降到不足经营成本的 5%。与此同时，间接制造成本的比例大幅度提高，其构成内容也更加复杂，这就要求成本会计人员必须更深入地了解间接制造成本产生的原因，即成本动因，以避免因间接制造成本分配不当，导致错误的管理决策。

三、适时生产系统（Just-In-Time Production System）

传统的制造系统是推动式系统（push-through system），意味着生产是沿着整个系统向前推进的，这样就得尽力将所生产的产品都销售出去，如果产量大于销量，那么就产生了产成品存货。适时生产系统（简称 JIT）是一种严格以需求带动生产的制度。采用 JIT，产品只在需要时才保质保量地生产或采购，实现零存货（zero inventory），以达到降低成本与提高质量的目的。从传统的制造环境转变到 JIT 的制造上，能让企业会计人员在为准备外部报告而评价存货价值方面花费较少的时间，从而集中更多的精力于质量和生产效率等问题上，同时成本计算的准确性也大大提高，因为在 JIT 中，成本的可溯性大为增强。

四、全面质量管理（Total Quality Control，简称 TQC）

随着消费者自我保护意识的增强，质量成为企业在竞争中取胜的重要因素，许多企业已经实现了全面质量管理。全面质量管理等新观念、新理论和新方法的相继形成，对作为企业管理工具的成本会计提出了新的挑战。质量成本的计量和报告成为现代成本会计系统的主要特征，这就要求成本会计人员在以往质量成本核算的基础上根据全面质量管理的要求，采用质量成本决策、最佳成本模型和质量成本综合控制等方法进行系统管理，借以全面降低质量成本，并提高产品的社会效益、企业效益和用户效益；同时，这种具有激励作用的全面质量管理制度还影响到业绩的考核，它要求在提供业绩评价的信息时，还须提供一些非财务性的相关信息，如质量成本报告、质量成本趋势报告和质量成本业绩报告等。

五、以作业为基础的成本计算制度（Activity-Based-Costing System）

以作业为基础的成本计算制度（简称 ABC 制度）是以生产的电脑化、自动化为基础，同适时制与全面质量管理紧密联系的一种成本计算与成本管理相结合的制度。现在，作业成本法正成为广泛应用的一种产品成本计算方法，特别是在竞争激烈或直接人工成本较低的行业中更是如此。作业成本法的特点是制造费用核算过程大大明细了，它要求先将作业成本追溯到各项作业，诸如质量检验、机器维修、产品设计以及销售等活动，然后再追溯到消耗这些作业的产品或顾客。与传统的成本计算方法相比，作业成本法更详细，也更复杂，但它大大提高了成本分配的准确性，同时也有助于管理人员确定不增加价值但耗费资源的作业活动。

综上所述，随着经济全球化、社会经济的可持续发展、高新技术的飞速发展、信息产业化和知识经济的到来以及现代管理科学的发展，成本会计的内涵日趋丰富。现代成本会计已是包括质量成本、作业成本管理、战略成本管理等内容，以全面提高经济效益为核心的信息系统。

第二章　成本核算基本原理

第一节　成本核算的要求

成本核算是通过一定程序完成的,该程序应符合以下要求:

一、算管结合,算为管用

所谓算管结合,算为管用,就是成本核算应当与加强企业经营管理相结合,所提供的成本信息应当满足企业经营管理和决策的需要。成本核算不仅要提供事后的成本信息,而且必须加强对各项生产费用和期间费用的事前、事中审核和控制。为了满足企业经营管理和决策的需要,还应借鉴西方的一些成本概念和成本计算方法,为不同的管理目的提供不同的管理成本信息。

二、正确划分各种费用界限

为了正确地进行成本核算,正确地计算产品成本和期间费用,必须正确划分以下五个方面的费用界限。

1. 正确划分应否计入生产费用、期间费用的界限

工业企业的生产费用是指一定会计期间内为生产产品发生的各种耗费,包括生产产品耗用的直接材料、直接人工和制造费用等。生产费用归集到一定种类和数量的产品上,即形成该种产品的生产成本。期间费用特指管理费用、财务费用和营业费用,它们直接计入发生当期的损益,而不计入产品生产成本。

企业应根据各种支出或费用的用途,区分是否应计入生产费用或期间费用。例如,企业购建固定资产的支出,应计入固定资产的原价;固定资产盘亏损失、固定资产报废清理净损失等,应计入营业外支出;购买原材料的支出,应计入原材料的成本;为销售产品缴纳的消费税,应计入营业税金及附加;等等。如果将不应计入生产费用或期间费用的支出或费用计入生产费用或期间费用,或者将应计入生产费用或期间费用的支出或费用计入其他支出或费用,就会影响产品成本、当期损益等的正确性。

2. 正确划分生产费用与期间费用界限

生产费用和期间费用具有不同的性质。生产费用形成产品成本,并在产品销售后作为营业成本计入销售当期的损益;而当月投产的产品不一定当月完成,当月完成的产品也不一定当月销售,因而当月的生产费用不一定计入当月损益。本月发生的销售费用、管理费用和财务费用等期间费用,则直接计入当月损益。因此,为了正确计算产品成本和期间费用,正确计算企业各月份的损益,必须正确地划分生产费用与期间费用的界限。应当防止混淆生产费用与期间费用界限借以调节各月份产品成本和各月份损益的错误做法。

3. 正确划分各月份的生产费用与期间费用界限

为了按月分析和考核成本计划和期间费用的执行情况和结果，正确计算产品生产成本和各月份损益，还必须正确划分各月份的生产费用与期间费用界限。为此应该贯彻权责发生制原则，防止人为地调节各月份生产费用与期间费用，人为地调节产品生产成本和各月份损益的错误做法。

4. 正确划分各种产品的生产费用界限

如果企业生产的产品不止一种，那么，为了正确地计算各种产品的生产成本，必须将应计入本月产品成本的生产费用在各种产品之间正确地进行划分。凡属于某种产品单独发生，能够直接计入该种产品的生产费用，均应直接计入该种产品的生产成本；凡属于几种产品共同发生，不能直接计入某种产品的生产费用，则应采用适当的分配方法，分配计入这几种产品的成本。应该防止在盈利产品与亏损产品之间、可比产品与不可比产品之间任意转移生产费用，借以掩盖成本超支或以盈补亏的错误做法。

5. 正确划分完工产品与在产品的生产费用界限

在月末计算产品成本时，如果某种产品已全部完工，那么，这种产品的各项生产费用之和就是这种产品的完工产品成本；如果某种产品均未完工，那么，这种产品的各项生产费用之和就是这种产品的月末在产品成本；如果某种产品既有完工产品，又有在产品，则应将这种产品的各项生产费用采用适当的方法在完工产品与月末在产品之间进行分配，分别计算完工产品成本和月末在产品成本。应该防止任意提高或降低月末在产品成本，人为地调节完工产品成本的错误做法。

上述五个方面费用界限的划分过程，就是产品生产成本的计算和各项期间费用的归集过程。在这一过程中，应贯彻受益原则，即谁受益谁负担费用，何时受益何时负担费用；负担费用的多少应与受益程度的大小成正比。

三、正确确定财产物资的计价和价值结转方法

企业的生产经营过程，同时也是各种资源的耗费过程。在各种资源耗费中，财产物资的耗费(即生产资料价值的转移)占有相当的比重。因此，这些财产物资计价和价值结转方法是否恰当，会对成本计算的正确性产生重要的影响。为了正确地计算成本，对于各种财产物资的计价和价值的结转，应严格执行国家统一的会计制度。各种方法一经确定，应保持相对稳定，不能随意改变，以保证成本信息的可比性。

四、做好各项基础工作

为了加强成本的审核、控制，正确、及时地计算成本，企业应做好以下各项基础工作。

(1) 做好定额的制定和修订工作。

(2) 建立和健全材料物资的计量、收发、领退和盘点制度。

(3) 建立和健全原始记录工作。

(4) 做好厂内计划价格的制定和修订工作。

五、适应生产特点和管理要求，采用适当的成本计算方法

产品生产成本是在生产过程中形成的，产品的生产工艺过程、生产组织和管理要求不

同,所采用的产品成本计算方法也应该有所不同。因此,企业只有按照产品生产特点和管理要求,选用适当的成本计算方法,才能正确及时地计算产品成本,为成本管理提供有用的成本信息。

第二节 生产费用和期间费用的分类

一、生产费用的分类

生产费用可以按不同的标准分类,其中最基本的是按生产费用的经济内容和经济用途分类。

1. 按经济内容分类

产品的生产过程,是物化劳动(包括劳动对象和劳动手段)和活劳动的耗费过程。因而生产过程中发生的生产费用,按其经济内容可分为劳动对象方面的费用、劳动手段方面的费用和活劳动方面的费用三大类。生产费用按照经济内容分类,就是在这一划分的基础上,将生产费用划分为若干要素费用。

(1) 材料费用,指企业为生产产品而耗用的原料及主要材料、半成品、辅助材料、包装物、修理用备件和低值易耗品等。

(2) 燃料费用,指企业为生产产品而耗用的各种固体、液体和气体燃料。

(3) 外购动力费用,指企业为生产产品而耗用的一切从外单位购进的各种动力。

(4) 职工薪酬,指企业在生产产品过程中所发生的各种直接和间接人工费用。

(5) 折旧费,指企业直接用来生产产品的固定资产和车间管理用固定资产提取的折旧费用。

(6) 其他生产费用,指不属于以上各要素费用但应计入产品生产成本的生产费用,如差旅费、租赁费、外部加工费以及保险费等。

2. 按经济用途分类

计入产品成本的生产费用在产品生产过程中的用途也不尽相同,有的直接用于产品生产,有的用于管理和组织产品生产。因此,为具体反映计入产品成本的生产费用的各种用途,提供产品成本构成情况的资料,还应将其进一步划分为若干个项目,即产品生产成本项目。产品生产成本项目简称产品成本项目或成本项目。工业企业一般应设置以下几个成本项目:

(1) 直接材料,指直接用于产品生产、构成产品实体的原料、主要材料以及有助于产品形成的辅助材料费用。

(2) 燃料及动力,也称直接燃料及动力,指直接用于产品生产的各种燃料和动力费用。

(3) 直接人工,指直接参加产品生产的职工的薪酬。

(4) 制造费用,指间接用于产品生产的各项费用,以及虽直接用于产品生产,但不便于直接计入产品成本,因而没有专设成本项目的生产费用(如机器设备的折旧费用)。制造费用包括企业内部生产单位(分厂、车间)的管理人员职工薪酬、固定资产折旧费、修理费、租赁费(不包括融资租赁费)、机物料消耗、低值易耗品摊销、取暖费、水电费、办公费、运输费、保险费、设计制图费、试验检验费、劳动保护费、季节性或修理期间的停工损失以及其他制造费用。

企业可根据生产特点和管理要求对上述成本项目作适当调整，如有些企业不设置燃料及动力项目。

二、期间费用按经济用途的分类

企业的期间费用按照经济用途可分为销售费用、管理费用和财务费用。具体费用内容已在第二篇详细介绍。

第三节　成本核算的一般程序和主要账户

一、成本核算的一般程序

成本核算的一般程序是指对企业在生产经营过程中发生的各项生产费用和期间费用，按照成本核算的要求，逐步进行归集和分配，最后计算出各种产品的生产成本和各项期间费用的基本过程。根据前述的成本核算要求和生产费用、期间费用的分类，可将成本核算的一般程序归纳如下：

(1) 对企业的各项支出、费用进行严格的审核和控制，并确定其应否计入生产费用、期间费用，以及应计入生产费用还是期间费用。

(2) 根据权责发生制正确处理支出、费用。

(3) 将应计入本月产品的各项生产费用，在各种产品之间按照成本项目进行分配和归集，计算出按成本项目反映的各种产品的成本。

(4) 对于月末既有完工产品又有在产品的产品，将该种产品的生产费用(月初在产品生产费用与本月生产费用之和)在完工产品与月末在产品之间进行分配，计算出该种产品的完工产品成本和月末在产品成本。

二、成本核算的主要账户

为了进行成本核算，企业一般应设置“生产成本”、“制造费用”、“销售费用”、“管理费用”、“财务费用”等账户。如果需要单独核算废品损失和停工损失，还应设置“废品损失”和“停工损失”账户。下面重点介绍“生产成本”、“制造费用”、“废品损失”账户的用途。

1. “生产成本”账户

“生产成本”账户下设“基本生产成本”和“辅助生产成本”两个明细账户。

基本生产是指为完成企业主要生产目的而进行的商品产品生产。为了归集基本生产所发生的各种生产费用，计算产品生产成本，应在“生产成本”账户下设置“基本生产成本”明细账户。该账户借方登记企业为进行基本生产而发生的各种生产费用；贷方登记转出的完工入库的产品成本；余额在借方，表示基本生产的在产品成本。

辅助生产是指为基本生产服务而进行的产品生产和劳务供应。为了归集辅助生产所发生的各种辅助生产费用，计算辅助生产所提供的产品和劳务的成本，应在“生产成本”账户下设置“辅助生产成本”明细账户。该账户的借方登记为进行辅助生产而发生的各种耗费；贷方登记完工入库产品的成本或分配转出的劳务成本；余额在借方，表示辅助生产在产品的成本。

2.“制造费用”账户

为了核算企业为生产产品和提供劳务而发生的各项制造费用，应设置“制造费用”账户。该账户的借方登记实际发生的制造费用；贷方登记分配转出的制造费用；除季节性生产企业外，该账户月末应无余额。

“制造费用”账户应按车间、部门设置明细分类账，账内按费用项目设立专栏进行明细核算。

3.“废品损失”账户

需要单独核算废品损失的企业，应设置“废品损失”账户。该账户的借方登记不可修复废品的生产成本和可修废品的修复费用；贷方登记废品残料回收的价值、应收的赔款以及转出的废品净损失；该账户月末应无余额。

“废品损失”账户应按车间设置明细分类账，账内按产品品种分设专户，并按成本项目设置专栏或专行进行明细核算。

第三章　生产费用的核算

第一节　要素费用的核算

一、材料费用的核算

1. 材料核算的内容

制造企业在产品生产过程中耗用的，构成产品实体或有助于产品形成，便于生产进行的各种材料物资，称为直接材料。包括在产品生产过程中耗用的原料及主要材料、辅助材料、外购半成品、燃料、动力、包装物等。除产品生产耗用材料外，企业基本生产车间、辅助生产车间、管理部门、销售部门、基本建设方面等也可能耗用材料，并与直接材料一同核算。

（1）原料及主要材料指经过加工后构成产品主要实体的各种原料和材料。如机械制造企业中使用的金属材料、棉纺织企业使用的原棉等。

（2）辅助材料指直接用于生产或有助于产品的形成或便于生产顺利进行，但不构成产品主要实体的各种材料。如防锈剂、润滑油、染料、油漆等。

（3）外购半成品指从外部购入，还需继续加工或进行装配，构成产品主要实体的半成品及配套件。如纺织厂外购的棉纱、钢铁厂外购的生铁、电冰箱厂外购的压缩机等。

（4）燃料指在生产过程中用来燃烧发热或为创造正常劳动条件所用的各种燃料。包括固体、液体和气体燃料，如煤、各种油料和天然气等。

（5）动力指在生产过程中耗用的水、电、风、汽等。

（6）包装物指在生产中领用的，构成产品实体和价值组成部分的各种包装物品。如箱、桶、瓶、坛、袋等。

在生产过程中发生的各种边角余料、不可修复废品的残料，应当估价入账，从材料费用中扣除；已领未用的各种材料，应在月末办理退料手续，需留待下月继续使用的，应办理假退料手续，不得把领用数额当做消耗数额。

2. 材料费用的归集

制造企业归集材料费用，就是根据领料凭证注明的用途，分清各种材料的耗用对象，给这些材料找一个“归宿”。对于生产过程中耗用的、直接构成产品实体或有助于产品形成的直接材料，应按产品进行归集。

对于多种产品共同耗用材料费用的分配，可采用的分配标准很多，如定额耗用量比例、生产数量比例、面积比例、重量比例等。企业应根据具体情况选用适当标准进行分配，尽可能使分配标准能够比较准确地反映各种产品所耗材料用量。在一般情况下，制造企业对各种产品都要制定各种消耗定额，所以采用定额耗用量的比例进行材料费用分配较为普遍。现以定额耗用量比例为分配标准举例说明各种产品共同耗用材料费用的分配方法。

采用定额耗用量比例分配材料费用时，首先应根据各种产品的产量和单位消耗定额，算出各种产品的定额耗用量;再根据各种产品应分配的材料实际耗用总量及其定额耗用总量计算分配率;然后根据分配率分别按各种产品的定额耗用量计算出各种产品应负担的材料消耗量;最后根据材料单价计算各产品应负担的材料费用。计算公式如下:

$$\text{某种产品材料定额耗用量}=\text{该种产品实际产量}\times\text{单位产品材料消耗定额}$$

$$\text{某种产品应分配的材料数量}=\text{该种产品的定额消耗量}\times\text{材料消耗量分配率}$$

$$\text{材料消耗量分配率}=\frac{\text{材料实际消耗量}}{\text{各种产品材料定额消耗量之和}}$$

$$\text{某种产品应分摊的材料费用}=\text{该种产品分配的材料数量}\times\text{材料单价}$$

若采用其他分配标准,只需将上述公式略加变更即可。

【例 4-3-1】某车间生产领用原材料9 000千克,单价 20 元,原材料费用合计180 000元。生产甲产品 200 件,乙产品 400 件。甲产品单位消耗定额为 20 千克,乙产品为 15 千克。其材料费用分配结果计算如下:

(1) 每种产品定额消耗量:

甲产品材料定额消耗量 = 200 × 20 = 4 000(千克)

乙产品材料定额消耗量 = 400 × 15 = 6 000(千克)

(2) 材料消耗分配率 $=\dfrac{9\,000}{4\,000+6\,000}=0.9$

(3) 每种产品应分配的材料数量:

甲产品应分配的材料数量 = 4 000 × 0.9 = 3 600(千克)

乙产品应分配的材料数量 = 6 000 × 0.9 = 5 400(千克)

根据计算,编制“产品共同耗用材料分配表”如表 4-3-1。

表 4-3-1　　产品共同耗用材料分配表

20××年×月×日

产品名称	实际产量	单位产品消耗定额	定额消耗量	消耗分配率	分配材料费用		
					数量	单价	金额(元)
甲产品	200	20	4 000	0.9	3 600	20	72 000
乙产品	400	15	6 000	0.9	5 400	20	108 000
合　计			10 000	0.9	9 000	20	180 000

燃料、辅助材料等的分配与原材料分配相同,不再赘述。

材料退回和废料回收时,应根据退料凭证和废料交库凭证按材料领用时的用途归类汇总,冲减原领用的材料费用。

为了全面反映成本费用的发生和其他耗用材料情况,通常是根据领料凭证,按部门和用途归类汇总,按月编制“材料耗用汇总表”,并据以进行总分类核算。

【例 4-3-2】某企业材料费用分配汇总表如表 4-3-2。

表 4-3-2　材料费用分配汇总表

20××年×月×日

分配对象	材料项目	原材料	燃料	辅料	修理用备件	合　计
甲产品 乙产品	原材料 原材料	15 750 10 450				
小　计		26 200				26 200
机　修	燃料 辅料		1 500	210		
锅　炉	燃料		5 000			
小　计			6 500	210		6 710
基本生产	燃料 辅料 修理备件		200	360	280	
小　计			200	360	280	840
行政部门	燃料 辅料		100	384		
小　计			100	384		484
合　计		26 200	6 800	954	280	34 234

根据分配表编制会计分录如下：

借：生产成本——基本生产成本　　26 200

　　生产成本——辅助生产成本　　6 710

　　制造费用　　840

　　管理费用　　484

　贷：原材料　　34 234

二、职工薪酬的核算

职工薪酬是企业在生产产品或提供劳务活动过程中所发生的各种直接和间接人工费用，包括企业根据有关规定应付给职工的各种薪酬，如工资、职工福利、社会保险费、住房公积金、工会经费、职工教育经费、非货币性福利、辞退福利等。

职工薪酬的归集必须有一定的原始记录作为依据，实行计时工资制度的以考勤记录中的工作时间记录为依据，实行计件工资制度的以产量记录中的产品数量和质量记录为依据，计时工资和计件工资以外的奖金、津贴、补贴、福利、保险等按照国家和企业的有关规定计算。

职工薪酬的分配以工资结算单为依据，按照职工所在岗位不同分别加以汇总，编制职工薪酬分配表。直接生产工人的职工薪酬一般直接计入产品成本的直接人工项目，不能直接计入某种产品成本的职工薪酬按照工时、产量等比例进行合理分配，计入各有关产品成本的直接人工项目。生产车间发生的间接人工计入制造费用，企业管理部门人员、销售人员的职工薪酬分别计入管理费用和销售费用。

【例 4-3-3】某企业基本生产车间生产 A、B 两种产品，共支付生产工人职工薪酬 270 万元,按照生产工时比例分配,A 产品的生产工时为 500 小时,B 产品的生产工时为 400 小时。

生产工人职工薪酬分配率 = 270 ÷ (500 + 400) = 0.3

A 产品应分配的职工薪酬 = 500 × 0.3 = 150(万元)

B 产品应分配的职工薪酬 = 400 × 0.3 = 120(万元)

【例 4-3-4】某企业职工薪酬分配表如下。

表 4-3-3　　职工薪酬分配表

分配对象	生产工人薪酬			辅助生产人员薪酬	车间管理人员薪酬	行政人员薪酬	合　计
	工时	分配率	费用				
甲产品 乙产品	16 000 24 000		12 800 19 200				12 800 19 200
小　计	40 000	0.8	32 000				32 000
机修车间 锅炉车间				2 620 1 690			2 620 1 690
小　计				4 310			4 310
制造费用					3 565		3 565
管理费用						3 013	3 013
合　计			32 000	4 310	3 565	3 013	42 888

根据分配表编制会计分录如下:

借: 生产成本——基本生产成本　　32 000
　　生产成本——辅助生产成本　　4 310
　　制造费用　　3 565
　　管理费用　　3 013
　贷: 应付职工薪酬　　42 888

三、外购动力的核算

1. 外购动力费用归集的核算

企业外购的动力可直接用于产品生产,如生产工艺用电;也可间接用于产品生产,如车间照明用电;还可用于经营管理,如行政部门、销售部门用电。不同车间、部门使用外购动力,其费用应分别归集在不同的成本、费用明细账中。外购动力费用一般可根据电表等计量仪器的记录和动力的单价计算。由于动力供应单位抄表收款的计费期与企业会计核算期不一致,企业在月末核算各车间、部门动力费时,一般通过"应付账款"账户进行账务处理。企业通过计量仪器记录和通过动力单价计算出当月外购动力费时,应借记"生产成本——基本生产成本"、"生产成本——辅助生产成本"、"制造费用"、"管理费用"、"销售费用"等账户,贷记"应付账款"账户。企业实际支付外购动力费时,应借记"应付账款"账户,贷记"银行存款"等账户。

【例 4-3-5】根据供电局电费收费单,本月耗用42 000度电,每度电单价 0.4 元,应付电费16 800元。各部门耗用情况:基本生产车间耗用30 000度;辅助生产车间耗用5 000度,其中机修车间耗用1 000度、锅炉车间耗用4 000度;行政管理部门耗用7 000度。

表 4-3-4 外购电力费用计算表

分配对象		项　目	耗用量	分配率	分配金额
基本生产		电　费	30 000		12 000
辅助生产	机修	电　费	1 000		400
	锅炉	电　费	4 000		1 600
行政部门		电　费	7 000		2 800
合　计			42 000	0.40	16 800

根据费用计算表编制会计分录如下:

借:生产成本——基本生产成本　　12 000

　　生产成本——辅助生产成本　　2 000

　　管理费用　　2 800

　贷:应付账款　　16 800

2. 外购动力费用分配的核算

由于车间生产产品或提供劳务一般不能按品种项目安装动力计量仪器,而成本核算又要求按品种进行,因此,车间全月发生的外购动力费就必须在各产品或劳务之间进行分配。车间动力费的分配,通常可采用生产工时比例、机器工时比例、定额耗用量比例等分配标准。

【例 4-3-6】某基本生产车间本月生产产品共发生外购动力费10 400元。该车间生产 A、B 两种产品,A 产品生产工时32 000小时,B 产品生产工时20 000小时,按生产工时比例分配外购动力费。

表 4-3-5 产品动力费用分配表

分配对象	项　目	工　时	分配率	分配金额
甲产品	电　费	32 000		6 400
乙产品		20 000		4 000
合　计		52 000	0.20	10 400

四、折旧费用的核算

企业的固定资产在长期的使用过程中,虽然保持着原有的实物形态,但其价值会随着固定资产的损耗而逐渐减少。固定资产由于耗损而减少的价值就是固定资产的折旧,固定资产折旧应该作为折旧费用计入产品成本或期间费用。

折旧费用一般不单独作为一个成本项目。因为一种产品往往需要使用多种机器设备,而一种设备、一个车间往往又可能生产多种产品,分配工作比较困难、复杂,因此通常把各类固定资产折旧费按车间、部门分别记入"制造费用"、"管理费用"等账户,不直接记入"生产成本"账户。

折旧费用的分配是通过编制折旧费用分配表进行的。

【例 4-3-7】某企业折旧费用分配表如表 4-3-6 所示。

表 4-3-6 折旧费用分配表

分配对象		分配金额
基本生产		13 000
辅助生产	机修	1 200
	锅炉	800
行政部门		500
合计		15 500

根据分配表编制会计分录如下：

借：制造费用　13 000
　　生产成本——辅助生产成本　2 000
　　管理费用　500
　贷：累计折旧　15 500

五、其他费用的核算

其他费用是指办公费、差旅费、邮电费等，这些费用应按其发生的地点和部门进行归集与分配。

【例 4-3-8】某企业其他费用分配表如表 4-3-7。

表 4-3-7 其他费用分配表

分配对象	项目	分配金额
基本生产	办公费	49
机修	差旅费	2 032.40
锅炉	差旅费	1 432.40
行政部门	办公费	1 656.60
合计		5 170.40

根据分配表编制会计分录如下：

借：制造费用　49
　　生产成本——辅助生产成本　3 464.80
　　管理费用　1 656.60
　贷：银行存款　5 170.40

第二节 辅助生产费用的核算

一、辅助生产费用的特点

1. 辅助生产及辅助生产费用的概念

工业企业的辅助生产是指主要为基本生产车间、企业行政管理部门等单位提供服务而进行的产品生产和劳务供应。企业通常设置专门的辅助生产车间来组织辅助产品的生产和劳务的供应。辅助生产车间生产的产品和提供的劳务有时也对外销售,但这不是辅助生产的主要任务。

有的辅助生产车间只生产一种产品或只提供一种劳务,如供电、供水、供气、供风等车间;有的辅助生产车间则可能生产多种产品或提供多种劳务,如从事工具、模具、修理用备件的的制造以及机器设备的修理等。

辅助生产车间为生产产品或提供劳务而发生的原材料费用、动力费用、工资及福利费用以及辅助生产车间的制造费用,被称为辅助生产费用。为生产和提供一定种类和一定数量的产品或劳务所耗费的辅助生产费用之和,构成该种产品或劳务的辅助生产成本。

辅助生产车间生产的产品或提供的劳务在为基本生产车间、行政管理部门、销售机构等单位服务时,其辅助生产成本将转化为基本生产车间的生产费用、行政管理部门的管理费用、销售机构的销售费用等。所以辅助生产产品和劳务成本的高低影响着基本生产产品成本和经营管理费用;只有辅助生产产品和劳务成本确定以后,才能计算和确定基本生产的产品成本。因此,正确及时地归集辅助生产费用,计算辅助生产成本,分配辅助生产费用,对于正确及时地计算基本生产成本和归集经营管理费用,具有重要的意义。

2. 辅助生产费用核算的特点

辅助生产费用的核算包括辅助生产费用的归集和辅助生产费用的分配两个方面。辅助生产费用按照辅助生产车间以及产品和劳务类别归集的过程,也是辅助生产产品和劳务成本计算的过程。

辅助生产费用的归集是为辅助生产费用的分配作准备,因为只有先归集起来,才能够进行分配。辅助生产费用的分配是指按照一定的标准和方法,将辅助生产费用分配到各受益单位或产品上去的过程。分配的及时性和准确性,影响到基本生产产品成本、经营管理费用以及经营成果核算的及时性和准确性。辅助生产费用分配的核算是辅助生产费用核算的关键。

二、辅助生产费用分配的核算

(一)直接分配法

1. 特点及适用性

直接分配法是一种不考虑辅助生产部门之间的交互服务,简单地将辅助生产各部门的实际成本在辅助生产部门以外的各受益单位之间进行分配的方法。该方法是辅助生产部门之间相互提供劳务不分配费用,计算比较简单,但分配结果对成本计算的准确性有一定的影响。此法一般适用于辅助生产部门交互服务较少，并且辅助生产费用较少的中小型企业。

2. 分配计算原理

$$\text{单位成本（分配率）}=\frac{\text{辅助生产车间直接发生费用总额}}{\text{辅助生产车间以外部门受益总量}}$$

某部门应负担的辅助生产费用 = 该部门受益量 × 单位成本

3. 直接分配法的应用

【例 4-3-9】根据机修车间和锅炉车间明细账归集出机修车间直接发生的费用为 8 329.20元；锅炉车间直接发生的费用为10 759元。有关各部门受益数量如表 4-3-8 所示。

表 4-3-8

受益单位	受益数量	
	工　时	蒸汽(吨)
机修车间		300
锅炉车间	400	
基本生产车间	1 500	2 000
行政部门	500	502
合　计	2 400	2 802

根据资料采用直接分配法编制辅助生产费用分配表如表 4-3-9 所示。

表 4-3-9　辅助生产费用分配表（直接分配法）

项　目 ＼ 供应单位		机修车间	锅炉车间	合　计
待分配费用		8 329.20	10 759	19 088.20
耗用劳务（产品）总量		2 000	2 502	
单位成本		4.164 6	4.30	
基本生产	数量	1 500	2 000	
	金额	6 246.90	8 600	14 846.90
行政部门	数量	500	502	
	金额	2 082.30	2 159	4 241.30
合　计		8 329.20	10 759	19 088.20

根据分配表编制会计分录如下：

借：制造费用　　14 846.90

　　管理费用　　4 241.30

　贷：生产成本——辅助生产成本　　19 088.20

（二）交互分配法

1. 特点及适用性

交互分配法将辅助生产费用的分配分两次进行。第一次只在各相关辅助生产部门之间交互分配费用；第二次将辅助生产部门的实际费用采用直接分配法分配给辅助生产部门以外的其他各受益部门。该方法克服了直接分配法的缺点,但由于是分两次分配费用,因而增加了计算工作量。此法适用于劳务生产规模较大且辅助生产部门之间提供劳务数量较多且未实现会计电算化的企业。

2. 分配计算原理

交互分配:

$$\text{费用分配率}=\frac{\text{交互分配前的费用总额}}{\text{劳务(产品)总量}}$$

某辅助部门应分配费用 = 该部门耗用量 × 费用分配率

对外分配:

$$\text{费用分配率}=\frac{\text{对外分配的费用总额}}{\text{辅助车间以外部门耗用劳务或(产品)总量}}$$

$$\text{对外分配的费用}=\text{交互分配前费用}+\text{交互分配转入费用}-\text{交互分配转出费用}$$

某部门应分配费用 = 该部门耗用量 × 费用分配率

3. 交互分配法的应用

【例 4-3-10】仍以上例,采用交互分配法分配辅助生产费用见表 4-3-10 和表 4-3-11。

表 4-3-10　　辅助生产费用分配表(交互分配法)

项目 \ 供应单位		机修车间 数量	机修车间 分配率	机修车间 分配金额	锅炉车间 数量	锅炉车间 分配率	锅炉车间 分配金额	合计
直接费用		2 400	3.470 5	8 329.20	2 802	3.838 7	10 759	19 088.20
交互分配	机修车间	–	–	–	300		1 151.91	
	锅炉车间	400		1 388.20	–	–	–	
对外分配费用		2 000	4.046 4	8 092.91	2 502	4.394 6	10 995.29	
对外分配	基本生产	1 500		6 069.60	2 000		8 789.20	14 858.80
	行政部门	500		2 023.31	502		2 206.09	4 229.40

表 4-3-11

机修车间对外分配费用 = 8 329.20 + 1 151.91 − 1 388.20 = 8 092.91(元)

锅炉车间对外分配费用 = 10 759 + 1 388.20 − 1 151.91 = 10 995.29(元)

根据分配表编制会计分录如下：

交互分配：

借：生产成本——辅助生产成本（锅炉）　　1 388.20

　贷：生产成本——辅助生产成本（机修）　　1 388.20

借：生产成本——辅助生产成本（机修）　　1 151.91

　贷：生产成本——辅助生产成本（锅炉）　　1 151.91

对外分配：

借：制造费用　　14 858.80

　　管理费用　　4 229.40

　贷：生产成本——辅助生产成本　　19 088.20

（三）计划成本分配法

1. 特点及适用性

计划成本分配法同样要进行两次分配。第一次分配是辅助生产部门为各部门提供的产品或劳务一律按其计划单位成本进行分配，并计算各辅助部门实际发生的费用与按计划成本分配的费用之间的差额；第二次分配是将差异分配给辅助部门以外的受益单位，但为了简化核算工作，一般将差异全部计入管理费用。该方法有利于划清各单位的经济责任，便于各车间成本考核分析，克服了上述两种方法的不足，但分配结果仍不够准确。它适用于计划成本资料比较健全准确、管理水平较高的企业。

2. 分配计算原理

$$\text{辅助部门按计划成本分配的费用}=\text{辅助部门提供劳务(产品)总量}\times\text{计划单价}$$

$$\text{辅助部门实际发生的费用}=\text{直接发生费用}+\text{计划成本分配转入费用}$$

$$\text{成本差异}=\text{实际发生的费用}-\text{计划成本分配的费用}$$

3. 计划成本分配法的应用

【例 4-3-11】仍以上例，采用计划成本分配法分配辅助生产费用如表 4-3-12 所示。

表 4-3-12　　辅助生产费用分配表（计划成本分配法）

项目 \ 供应单位		机修车间	锅炉车间	合计
计划单位成本		4.0	4.8	
机修车间	数量	–	300	
	金额		1 440	1 440
锅炉车间	数量	400		
	金额	1 600		1 600
基本生产	数量	1 500	2 000	
	金额	6 000	9 600	15 600
行政部门	数量	500	502	
	金额	2 000	2 409.60	4 409.60

续表

项目 \ 供应单位	机修车间	锅炉车间	合计
计划成本分配合计	9 600	13 449.60	23 049.60
实际发生费用	9 769.20	12 359	22 128.20
成本差异	169.20(超支)	1 090.60(节约)	921.40(节约)

根据分配表编制会计分录如下：

按计划分配：

借：生产成本——辅助生产成本(锅炉)　　1 600
　　制造费用　　6 000
　　管理费用　　2 000
　贷：生产成本——辅助生产成本(机修)　　9 600

借：生产成本——辅助生产成本(机修)　　1 440
　　制造费用　　9 600
　　管理费用　　2 409.60
　贷：生产成本——辅助生产成本(锅炉)　　13 449.60

转成本差异：

借：管理费用　　169.20
　贷：生产成本——辅助生产成本(机修)　　169.20

借：管理费用　　1 090.60
　贷：生产成本——辅助生产(锅炉)　　1 090.60

（四）代数分配法

1. 特点及适用性

代数分配法是通过联立方程计算出各辅助部门的实际费用分配率，并据以分配辅助生产费用。该方法的主要特点是计算结果最准确，但在辅助部门较多的情况下，计算十分复杂，所以此方法适用于已经实现会计电算化的企业。

2. 分配计算原理

【例 4-3-12】仍以上例，采用代数分配法分配辅助生产费用如表 4-3-13。

设机修车间实际劳务单位成本为 x，锅炉车间实际单位成本为 y。

$8\,329.20 + 300y = 2\,400x$

$10\,759 + 400x = 2\,802y$

解得：$x = 4.0222$；$y = 4.4139$

3. 编制分配表

表 4-3-13　　辅助生产费用分配表

项目 \ 供应单位		机修车间	锅炉车间
待分配费用		8 329.20	10 759
劳务(产品)总量		2 400	2 802
实际单位成本		4.022 2	4.413 9
机修车间	数量	–	300
	金额	–	1 324.17
锅炉车间	数量	400	–
	金额	1 608.88	–
基本生产	数量	1 500	2 000
	金额	6 033.30	8 827.80
行政部门	数量	500	502
	金额	2 011.10	2 215.78
合计		9 653.28	12 367.75

根据分配表编制会计分录如下:

机修车间分配:

借:生产成本——辅助生产成本(锅炉)　1 608.88
　制造费用　6 033.30
　管理费用　2 011.10
　贷:生产成本——辅助生产成本(机修)　96 53.28

锅炉车间分配:

借:生产成本——辅助生产成本(机修)　1 324.17
　制造费用　8 827.80
　管理费用　2 215.78
　贷:生产成本——辅助生产成本(锅炉)　12 367.75

第三节　制造费用的核算

一、制造费用核算的内容

制造费用的归集通过“制造费用”账户进行。该账户应按车间、部门设置明细账,账内按费用项目设专栏,分别反映各车间、部门各项制造费用的支出情况。

企业发生的各项制造费用,按其用途和地点进行归集。按其记账依据不同可分为两种情况：一般费用发生时，根据支出凭证或据以编制的费用分配表借记“制造费用”账户及其所属有关明细账，如办公费、差旅费等；材料、工资、折旧以及应计费用，在月末应根据汇总编制的各种费用分配表记入“制造费用”明细账。

二、制造费用的分配方法

制造费用按其发生的地点和规定的明细项目归集后，在月末必须视受益情况，按一定分配标准，采用一定方法，在各成本计算对象之间进行分配。常用的分配方法有以下几种：

（一）生产工时比例法

生产工时比例法是以应负担制造费用的各种产品所消耗的直接生产工人生产工时为标准分配制造费用的一种方法。计算公式为：

$$\text{制造费用分配率}=\frac{\text{制造费用总额}}{\text{各受益产品生产工时总数}}$$

$$\text{某产品应负担的制造费用}=\text{某产品生产工人工时数}\times\text{制造费用分配率}$$

【例4-3-13】某车间同时生产A，B两种产品，本期共发生制造费用50 000元，A产品生产工人工时数为700小时，B产品生产工人工时数为300小时。A，B产品各自应负担的制造费用计算如下：

$$\text{制造费用分配率}=\frac{50\ 000}{700+300}=50\text{（元/小时）}$$

A产品应负担的制造费用 $=700\times50=35\ 000$（元）

B产品应负担的制造费用 $=300\times50=15\ 000$（元）

采用这种方法，能使劳动生产率同产品负担的费用水平联系起来，所需的工时资料较容易取得，所以，在实际工作中应用较广。但这种分配方法不宜在工艺过程机械化程度较高的企业中使用。

（二）生产工人工资比例法

生产工人工资比例法是以直接计入各种产品中生产工人工资的比例作为制造费用分配标准的一种方法。其计算公式如下：

$$\text{制造费用分配率}=\frac{\text{制造费用总额}}{\text{该车间直接生产工人工资总额}}$$

$$\text{某产品应负担的制造费用}=\text{某产品直接生产工人工资数}\times\text{制造费用分配率}$$

【例4-3-14】某车间生产A，B，C三种产品，该车间本期制造费用总额为63 000元，直接生产工人工资总额为42 000元，其中A产品26 000元，B产品11 000元，C产品5 000元。三种产品各自应负担的制造费用计算如下：

$$\text{制造费用分配率}=\frac{63\ 000}{26\ 000+11\ 000+5\ 000}=1.50$$

A产品负担的制造费用 $=26\ 000\times1.50=39\ 000$（元）

B产品负担的制造费用 $=11\ 000\times1.50=16\ 500$（元）

C产品负担的制造费用 $=5\ 000\times1.50=7\ 500$（元）

采用生产工人工资比例法分配制造费用，核算资料易取得，核算工作比较简便。但这种方法只有在各产品的工艺过程机械化程度或需要工人的操作技能大致相同的情况下才比较适用,否则会导致机械化程度较低的产品多负担制造费用,而机械化程度较高的产品少负担制造费用。因此,在产品生产工艺过程机械化程度悬殊的情况下不宜采用这种分配方法。

(三) 机器工时比例法

机器工时比例法是以各种产品生产所用机器设备的运转工作时数作为制造费用分配标准的一种方法。其计算公式如下:

$$\text{制造费用分配率}=\frac{\text{制造费用总额}}{\text{本车间机器工时总数}}$$

$$\text{某产品应负担的制造费用}=\text{某产品机器工时数}\times\text{制造费用分配率}$$

【例 4-3-15】某车间生产 A,B 两种产品,本期共发生制造费用60 000元,A 产品耗用机器工时数为2 820小时,B 产品耗用机器工时数为1 180小时。A,B 产品各自应负担的制造费用计算如下:

$$\text{制造费用分配率}=\frac{60\ 000}{2\ 800+1\ 180}=15(\text{元/小时})$$

$$\text{A 产品应负担的制造费用}=2\ 820\times15=42\ 300(\text{元})$$

$$\text{B 产品应负担的制造费用}=1\ 180\times15=17\ 700(\text{元})$$

这种分配方法适用于工艺过程机械化程度较高的车间。特别是在自动化生产时,这种分配标准能作最精确的分配,并能为管理人员提供有关闲置机器时间的资料。但此方法要花费成本及时间收集机器工作小时的资料。

(四) 耗用材料数量或成本比例法

该方法是以各种产品耗用的直接材料的数量或直接材料的成本作为分配标准来分配制造费用的一种方法。其计算公式如下:

$$\text{制造费用分配率}=\frac{\text{制造费用总额}}{\text{该车间直接材料数量(或成本)}}$$

$$\text{某产品应负担的制造费用}=\text{某产品耗用直接材料数量(或成本)}\times\text{制造费用分配率}$$

【例 4-3-16】某车间同时生产 A,B 两种产品,本期共发生制造费用70 000元,A,B 产品共同耗用甲种材料,A 产品耗用84 000千克,B 产品耗用56 000千克。两种产品各自负担的制造费用计算如下:

$$\text{制造费用分配率}=\frac{70\ 000}{84\ 000+56\ 000}=0.50(\text{元/千克})$$

$$\text{A 产品负担的制造费用}=84\ 000\times0.50=42\ 000(\text{元})$$

$$\text{B 产品负担的制造费用}=56\ 000\times0.50=28\ 000(\text{元})$$

该方法分配制造费用比较简便,因为各产品耗用的直接材料的数量(或成本)资料可以从有关明细账中直接取得。但这种分配标准的使用有很大的局限性,它只适用于各种产品使用同一种类原料及主要材料,加工过程比较简单,制造费用中对原料进行处理(如搬运、整理、外部加工等)的费用所占比重较大的车间或企业。

(五) 联合分配法

联合分配法是指将制造费用的明细项目按不同特征进行分类,并分别采用不同的分配标准进行分配的方法。

【例4-3-17】某基本车间生产A,B两种产品,A,B产品分别耗用机器工时为1 536小时、1 152小时;分别耗用生产工人工时为2 000小时、1 500小时。本月制造费用总额为28 378元,采用联合分配法分配制造费用。经分析,将制造费用的明细项目分为两类,甲类是与机器使用有关的折旧费、修理费等,其金额为16 128元,乙类是与工人工作时间相关的其他各项费用,金额为12 250元,并分别采用机器工时和生产工时进行分配。计算如下:

$$甲类分配率=\frac{16\ 128}{1\ 536+1\ 152}=6(元/小时)$$

$$乙类分配率=\frac{12\ 250}{2\ 000+1\ 500}=3.5(元/小时)$$

编制制造费用分配表如表4-3-14所示。

表4-3-14 制造费用分配表

×车间 20××年×月

项目 对象	甲类制造费用			乙类制造费用			合计
	机器工时	分配率	分配额	生产工时	分配率	分配额	
A产品	1 536		9 216	2 000		7 000	16 216
B产品	1 152		6 912	1 500		5 250	12 162
合计	2 688	6	16 128	3 500	3.5	12 250	28 378

根据分配表编制会计分录如下:

借:生产成本——基本生产成本(A产品) 16 216

生产成本——基本生产成本(B产品) 12 162

贷:制造费用 28 378

(六)年度计划分配率法

年度计划分配率法也称"预定分配率"或"正常分配率法"。它是根据企业正常生产经营条件下的年度制造费用计划数和计划的定额标准数(如计划产量的生产工人工时、生产工人工资、机器工时等),事先计算分配率,然后按计划分配率分配制造费用的一种方法。

1. 计算计划分配率

$$制造费用计划分配率=\frac{年度制造费用计划总额}{年度计划产量的定额标准总数}$$

2. 按计划分配率分配制造费用

$$某产品应负担的制造费用=某产品实际产量的定额标准\times 制造费用计划分配率$$

3. 差异处理

按计划分配率计算分配的制造费用数额与制造费用实际数额之间总会存在一定的差额。对于该差额,月末不进行调整,而是逐月累计,待年终采用一定的办法进行追加调整分配,调整分配额计入各该生产单位12月份所生产的产品成本。实际数大于已分配数,用蓝字补足;实际数小于已分配数,用红字冲回。

【例 4-3-18】某基本生产车间的有关资料如表 4-3-15 所示。

表 4-3-15

产品名称	年度计划产量(件)	单位产品定额标准(工时)	1 月份产品实际产量(件)
A	6 000	5	800
B	4 000	8	200

年度制造费用计划总额为124 000元。

1 月份实际制造费用为10 800元,本年度实际制造费用120 000元。

根据资料,该车间 1 月份 A,B 两产品应负担的制造费用计算如下:

$$制造费用计划分配率=\frac{124\ 000}{6\ 000\times5+4\ 000\times8}=2(元/小时)$$

A 产品应负担制造费用 $=800\times5\times2=8\ 000$(元)

B 产品应负担制造费用 $=200\times8\times2=3\ 200$(元)

1 月末制造费用账户有贷方余额 400 元(10 800 - 11 200),即多分配金额,平时不予调整。

假设年终已分配制造费用121 000元,其中 A 产品负担86 000元,B 产品负担35 000元,那么本年度多分配1 000元(121 000 - 120 000),该部分按已分配比例予以调整。

$$A 产品调减数额=1\ 000\times\frac{86\ 000}{12\ 100}=710.74(元)$$

$$B 产品调减数额=1\ 000\times\frac{35\ 000}{121\ 000}=289.26(元)$$

根据计算结果作调整分录:

借:生产成本——基本生产成本(A 产品)　　710.74

　生产成本——基本生产成本(B 产品)　　289.26

　贷:制造费用　　1 000

年终调整后,制造费用账户应无余额。

采用计划分配率法分配制造费用,简化了分配手续,使产品成本计算速度加快,但年度制造费用计划数与实际发生额之间的差额全部由最后一个月负担不尽合理。年度计划分配率法适用于计划管理水平较高且季节性生产的企业。

第四节　生产费用在完工产品和在产品之间的分配

生产费用经过一系列的分配、汇总后,应计入产品成本的各项费用,按成本项目全部归集在“生产成本”账户及其所属明细账中。如果产品全部完工,所归集的生产费用,就是该种完工产品的成本;如果期末既有完工产品,又有在产品,就需将期初在产品费用与本期发生的生产费用之和在本期完工产品与期末在产品之间进行分配。

一、在产品的含义

企业的在产品是指没有完成全部生产过程,不能作为商品销售的产品。在产品有狭义和广义之分。狭义在产品是指在生产车间内进行加工的在制品,以及正在返修的废品和已完成车间生产,但尚未验收入库的产品;而广义在产品是从整个企业范围来说的,不仅包括狭义在产品,还包括已经完成部分加工阶段,已由中间仓库验收,但还需要继续加工的半成品,以及等待返修的废品。对于不准备在本企业继续加工,等待对外销售的自制半成品,应作为商品产品,不应列入在产品之内。本节述及的在产品为狭义在产品。

生产费用在完工产品与在产品之间的分配方法,从在产品成本确定的先后顺序上看,主要有两种类型:一是先确定月末在产品成本,然后确定完工产品成本;二是完工产品成本与在产品成本同时确定,也就是将本月生产费用与月初在产品费用之和,按一定比例在完工产品与月末在产品之间进行分配,不分先后地计算出完工产品成本和月末在产品成本。

二、生产费用在完工产品与在产品之间的分配

生产费用在完工产品与在产品之间进行分配,是产品成本计算工作中又一个重要而复杂的问题。企业应根据月末结存在产品数量的多少、月末在产品数量变化的大小、月末在产品价值的大小、在产品成本中各项费用比重的大小,以及企业定额管理基础工作的扎实与否等方面的因素,采用适当的分配方法进行分配。常用的分配方法有以下几种:

(一)在产品不计价法

这是一种不计算月末在产品成本的方法。如果各月末在产品数量很少,价值很低,且各月在产品数量比较稳定,在这种情况下,为简化成本计算工作,可以不计算月末在产品成本,即某种产品每月发生的生产费用,全部由该种完工产品成本负担。例如,自来水生产企业、发电企业、采掘企业等都可采用这种方法。

(二)在产品按固定成本计价法

这是一种月末在产品固定按年初成本计价的方法。如果各月末在产品数量较少,或者虽然在产品数量较多,但各月末在产品数量变化不大,在这种情况下,月初、月末在产品成本的差额对完工产品成本影响不大。为简化成本计算工作,各月末在产品可按年初在产品成本计价。这样,各月月末在产品成本不变,月初与月末在产品成本相等,那么本月发生的各项生产费用全部由完工产品负担,也就是本月完工产品的成本。

采用在产品按固定成本计价法,每年到年终时,应根据实际盘点的在产品数量计算12月月末在产品的实际成本,并将计算出的年末在产品成本作为下一年度各月固定的在产品成本。冶炼企业和化工企业的产品,由于高炉和化学反应装置的容积固定,可以采用这种方法计算在产品成本。

(三)在产品按定额成本计价法

这是一种月末在产品以定额成本计价的方法。采用这种方法时可根据实际结存的在产品数量、投料和加工程度以及单位产品定额成本计算出月末在产品的定额成本,将其从月初在产品定额成本与本月生产费用之和中扣除,余额即为本月完工产品成本。就是说,每月生产费用脱离定额的差异,全部计入当月完工产品成本。

在产品按定额成本计价法,适用于定额管理工作较好,各项消耗定额比较准确、稳定,而且各月末在产品结存数量比较稳定的产品。

【例4-3-19】某企业生产甲产品,月初在产品和本月生产费用合计为65 600元,其中直接材料成本为48 000元,直接人工成本为5 600元,制造费用为12 000元。该月完工甲产品1 000件,月末在产品盘存200件,甲产品所耗直接材料是在生产开始时一次投入的,月末在产品完成定额工时500小时。甲产品定额资料:单位产品直接材料费用定额为30元,每小时直接人工定额为2元,每小时制造费用定额为3.20元。则甲产品本月完工产品与在产品成本分配计算如表4-3-16所示。

表4-3-16　产品成本计算单

产品名称:甲产品　　20××年×月

	直接材料	直接人工	制造费用	合　计
生产费用合计	48 000	5 600	12 000	65 600
月末在产品成本（定额成本）	200×30=6 000	500×2=1 000	500×3.20=1 600	8 600
完工产品成本	42 000	4 600	10 400	57 000
完工产品单位成本	42	4.60	10.40	57

(四) 定额比例法

定额比例法是指按完工产品与在产品的定额耗用量(或定额成本)的比例分配生产费用的一种方法。它适用于定额制度管理基础较好,各项消耗定额制度比较健全、稳定,各月末在产品数量变动较大的产品。在具体按成本项目进行分配时,对于直接材料成本项目,如果产品只耗用一种材料,可按直接材料的定额耗用量或定额成本比例进行分配;但如果产品耗用的直接材料不止一种时,由于各种直接材料的单位成本不可能完全相符,就必须按定额成本的比例进行分配。对于直接人工与制造费用成本项目,按定额耗用量和定额成本比例进行分配的结果是相同的,由于定额耗用量资料容易取得,所以,一般均按定额耗用量比例进行分配。各成本项目费用分配率和分配额的计算公式如下:

$$\text{费用分配率}=\frac{\text{月初在产品费用}+\text{本月生产费用}}{\text{完工产品定额耗用量(成本)}+\text{月初在产品定额耗用量(成本)}}$$

$$\text{完工产品某项目实际成本}=\text{该项目费用分配率}\times\text{完工产品该项目定额耗用量(成本)}$$

$$\text{月末在产品某项目实际成本}=\text{该项目费用分配率}\times\text{月末在产品该项目定额耗用量(成本)}$$

【例4-3-20】某企业4月份生产完工乙产品600件,月末结存在产品100件,加工程度达80%。乙产品有关定额资料如下:材料在生产开始时一次投入,单位产品直接材料定额成本为200元,单位产品工时消耗定额为15小时。

4月初在产品实际成本和本月发生的生产费用如表4-3-17所示。

表 4-3-17　　乙产品月初在产品实际成本和本月生产费用

	直接材料	直接人工	制造费用	合　计
月初在产品成本	36 160	4 100	6 480	46 740
本月生产费用	117 840	18 340	28 200	164 380

根据以上资料，分配完工产品与在产品成本可直接在产品成本计算单中进行，如表4-3-18所示。

表 4-3-18　　产品成本计算单

产品名称：乙产品　　20××年4月

摘　　要	直接材料	直接人工	制造费用	合　计
月初在产品成本	36 160	4 100	6 480	46 740
本月生产费用	117 840	18 340	28 200	164 380
合　计	154 000	22 440	34 680	211 120
完工产品定额	120 000	9 000	9 000	
月末在产品定额	20 000	1 200	1 200	
小　计	140 000	10 200	10 200	
分配率	1.1	2.2	3.4	
完工产品成本	132 000	19 800	30 600	182 400
完工产品单位成本	220	33	51	304
月末在产品成本	22 000	2 640	4 080	28 720

$$直接材料分配率=\frac{154\ 000}{600\times200+100\times200}=\frac{154\ 000}{120\ 000+20\ 000}=1.1$$

$$直接人工分配率=\frac{22\ 440}{600\times15+100\times80\%\times15}=\frac{22\ 440}{9\ 000+1\ 200}=2.2$$

$$制造费用分配率=\frac{34\ 680}{600\times15+100\times80\%\times15}=\frac{34\ 680}{9\ 000+1\ 200}=3.4$$

（五）约当产量比例法

约当产量比例法是指按照完工产品数量与月末在产品约当产量的比例分配计算完工产品成本与月末在产品成本的一种方法。所谓约当产量，是指将月末在产品数量按其投料程度和加工程度折算为相当于完工产品的数量（也就是完工程度为100%的约当产量），本月完工产品产量与月末在产品约当产量之和，称为约当总量，简称约当产量。约当产量比例法适用范围较广泛，当月末在产品数量较大，而且变化也大，不宜采用其他分配方法时，采用此种方法尤为合适。按约当产量比例法分配完工产品与在产品成本的计算公式为：

$$\begin{matrix}月末产品\\约当产量\end{matrix}=\begin{matrix}月末在产品\\结存数量\end{matrix}\times\begin{matrix}在产品加工程度\\（或投料程度）\end{matrix}$$

$$约当产量单位成本=\frac{月初在产品成本+本月生产费用}{完工产品产量+月末在产品约当产量}$$

完工产品成本 = 完工产品产量 × 费用分配率

月末在产品成本 = 月末在产品约当产量 × 费用分配率

【例 4-3-21】某企业生产丙产品，3 月初结存在产品 40 件，加工程度 60%。本月投产 360 件。本月完工产量为 300 件，月末在产品 100 件，加工程度为 50%。丙产品所耗直接材料在生产开始时投入全部材料的 70%，当加工程度达到 80% 时，再投入其余 30% 的直接材料。丙产品月初在产品成本为：直接材料 768.40 元，直接人工 73 元，制造费用 165.10 元，本月生产费用为：直接材料8 481.60元，直接人工1 467元，制造费用2 004.90元。

根据上述资料，采用约当产量比例法，完工丙产品和月末在产品成本计算如下：

(1) 直接材料成本的分配：

月末在产品约当产量 = 100 × 70% = 70（件）

$$约当产量单位成本 = \frac{768.40 + 8\,481.60}{300 + 70} = 25（元）$$

完工产品应负担的直接材料成本 = 300 × 25 = 7 500（元）

月末在产品应负担的直接材料成本 = 70 × 25 = 1 750（元）

(2) 直接人工成本的分配：

月末在产品约当产量 = 100 × 50% = 50（件）

$$约当产量单位成本 = \frac{73 + 1\,467}{300 + 50} = 4.40（元）$$

完工产品应负担的直接人工成本 = 300 × 4.40 = 1 320（元）

月末在产品应负担的直接人工成本 = 50 × 4.40 = 220（元）

(3) 制造费用的分配：

月末在产品约当产量 = 100 × 50% = 50（件）

$$约当产量单位成本 = \frac{165.10 + 2\,004.90}{300 + 50} = 6.20（元）$$

完工产品应负担的制造费用 = 300 × 6.20 = 1 860（元）

月末在产品应负担的制造费用 = 50 × 6.20 = 310（元）

(4) 计算完工产品成本和月末在产品成本：

300 件完工丙产品成本 = 7 500 + 1 320 + 1 860 = 10 680（元）

3 月末在产品成本 = 1 750 + 220 + 310 = 2 280（元）

从以上例子可见，以约当产量计算分配费用时，在产品的投料程度和完工程度的测定对于费用分配的正确性影响很大。在实际工作中，材料投入和产品加工情况千差万别，需要根据具体情况分别计算投料程度和完工程度，下面介绍投料程度和完工程度的确定方法。

1. 投料程度的确定

(1) 原材料在生产开始时一次投入，则每件在产品与每件完工产品的原材料消耗相同，其在产品投料程度亦为 100%，直接材料成本项目不需要计算月末在产品约当产量，可直接按照月末在产品数量和完工产品数量的比例进行分配。

(2) 原材料在生产过程中随生产加工进度陆续投入，在产品的投料程度与完工程度的计算方法相同，参见以下述及的完工程度的计算方法。

(3) 原材料分工序投入，并在每道工序开始时一次性投入。其计算公式如下：

$$\text{某道工序上的在产品投料程度}=\frac{\text{到本工序止的累计材料消耗定额}}{\text{完工产品材料消耗定额}}$$

【例4-3-22】戊产品由两道工序制成，其原材料分工序在每道工序开始时一次投入，戊产品原材料消耗定额的在产品的数量资料，以及投料程度和约当产量的计算，如表4-3-19所示。

表4-3-19 分工序投料约当产量计算表

工序	原材料消耗定额（千克）	月末在产品数量（件）	在产品投料程度	在产品约当产量（件）
1	350	1 600	350 ÷ 500 × 100% = 70%	1 600 × 70% = 1 120
2	150	800	（350 + 150）÷ 500 × 100% = 100%	800 × 100% = 800
合计	500	2 400		1 920

如果戊产品本月完工5 120件，月初在产品直接材料成本和本月发生的直接材料费用合计为36 608元，则直接材料成本分配计算如下：

直接材料约当产量单位成本 = 36 608 ÷（5 120 + 1 920）= 5.20（元）

完工产品应负担的直接材料成本 = 5.20 × 5 120 = 26 624（元）

月末在产品应负担的直接材料成本 = 5.20 × 1 920 = 9 984（元）

2. 完工程度的确定

（1）如果企业生产进度比较均衡，月末在产品在各工序加工数量都相差不多的情况下，后面各工序在产品多加工的程度可以抵补前面各工序少加工的程度，为简化核算，月末在产品的完工程度均可按50%计算。

（2）如果月末在产品各工序加工数量不均衡，则必须根据各工序在产品的累计工时定额占完工产品工时定额数的比率，分别计算各工序在产品的完工程度。其计算公式如下：

$$\text{某道工序在产品之完工程度}=\frac{\text{前面各道工序累计工时定额}+\text{本道工序工时定额}\times 50\%}{\text{产品工时定额}}\times 100\%$$

上述公式中的“本道工序工时定额”均按50%计算，是因为该工序中各在产品的加工程度虽然不同，但为简化起见，对本工序的加工程度一般不逐一测定，都按平均加工50%计算。对于从上一道工序转入下一道工序的在产品，因其上一道工序已加工完成，因此前面各道工序的工时定额都以100%计入。

【例4-3-23】某企业生产的丁产品，其单件工时定额为20小时，经两道工序制成，各工序工时定额分别为8小时和12小时。2月份丁产品完工4 000件，各工序在产品数量为：第1工序1 000件，第2工序800件。月初在产品和本月发生的制造费用合计为16 660元。其制造费用分配计算如下：

$$\text{第1道工序完工程度}=\frac{8\times 50\%}{20}\times 100\%=20\%$$

$$\text{第2道工序完工程度}=\frac{8+12\times 50\%}{20}\times 100\%=70\%$$

第1道工序在产品约当产量 = 1 000 × 20% = 200（件）

第2道工序在产品约当产量 = 800 × 70% = 560（件）

月末在产品约当产量总数 = 200 + 560 = 760（件）

$$制造费用约当产量单位成本 = \frac{16\ 660}{4\ 000 + 760} = 3.5$$

完工丁产品应负担的制造费用 = 3.5 × 4 000 = 14 000（元）

月末在产品应负担的制造费用 = 3.5 × 760 = 2 660（元）

三、完工产品成本的结转

制造企业发生的生产费用，采用前述方法在各成本计算对象之间以及完工产品与月末在产品之间进行分配后，就可以计算出各种完工产品的实际成本，为完工产品成本结转的账务处理提供可靠的依据。

制造业的完工产品，包括产成品、自制材料、自制工具和模具等。根据产品成本计算单所提供的完工产品的实际成本，从“生产成本”账户的贷方转入各有关账户的借方，其中完工入库产成品的成本，应转入“库存商品”账户的借方；完工入库自制半成品、自制材料、自制工具、模具的成本，应分别转入“自制半成品”、“原材料”和“低值易耗品”账户的借方。“生产成本”账户的期末余额，就是尚未加工完成的各项在产品的成本。

第四章　产品成本的核算

第一节　品　种　法

一、品种法的特点及适用范围

品种法以产品品种为成本计算对象,归集生产费用并计算产品生产成本。这种方法主要适用于大量大批单步骤生产企业,例如发电、采掘等企业。同时,在大量大批多步骤生产的企业中,如果规模较小,在管理上又不要求提供分步骤的成本资料时,也可以采用品种法计算产品的生产成本,如小型水泥、制砖等企业。

品种法以产品品种为成本计算对象。采用品种法计算产品生产成本的企业,如果只生产一种产品,成本计算对象就是该种产品,要为这种产品设置一张成本计算单,并且在单内按规定的成本项目分设专栏。在这种情况下,所发生的生产费用都是直接费用,可以直接汇入成本计算单中有关项目,不存在生产费用在各种产品之间的分配问题。如果生产的产品不止一种,就需要以每一种产品作为成本计算对象,分别设置成本计算单,发生的直接费用直接计入各种成本计算单,间接费用则要采用适当的分配方法,在各种产品之间进行分配,然后记入各成本计算单中有关成本项目。

品种法的成本计算按月定期,于每月的月终进行。成本计算期与会计报告期一致但与生产周期不一致。

月末计算产品生产成本时,如果没有在产品或在产品极少,则不需要计算在产品成本。各成本计算单中按成本项目归集的全部生产费用,就是各该产品的总成本;再分别以总成本除以产品数量,就是各该产品的单位成本。如果有在产品,而且数量较多,就应将产品成本计算单中归集的生产费用,采用适当的分配方法在完工产品和在产品之间进行分配,以便计算完工产品生产成本和在产品成本。

二、品种法的计算程序

1. 按产品品种(成本计算对象)设置成本明细账

按产品品种开设产品成本明细账或成本计算单,并按成本项目设置专栏。同时,还应开设辅助生产成本明细账和制造费用明细账。

2. 要素费用归集与分配

根据各要素费分配表,登记基本生产成本明细账、辅助生产成本明细账和制造费用明细账。

3. 辅助生产费用归集与分配

根据辅助生产成本明细账的全月发生额按受益部门耗用量编制辅助生产费用分配表,分配辅助生产费用,并据以登记有关成本费用明细账。

4. 制造费用归集与分配

根据制造费用明细账的全月发生额,编制制造费用分配表,分配制造费用,并据以登记基本生产成本明细账。

5. 生产费用在完工产品与在产品之间分配

根据基本生产成本明细账(或产品成本计算单)所归集的生产费用,在完工产品和期末在产品之间进行分配。

6. 编制完工产品成本汇总表,结转完工产品成本

三、品种法的举例

【例 4-4-1】某企业有一个基本生产车间,大量生产甲、乙两种产品。另有一个辅助生产部门——机修车间,该辅助车间的制造费用不通过“制造费用”账户核算,发生的辅助生产费用直接归集在“生产成本——辅助生产成本”账户中。产品采用品种法核算成本,设置“直接材料”、“直接人工”和“制造费用”三个成本项目,对动力费用不单设成本项目,将其并入“直接材料”成本项目核算。甲产品按约当产量比例法分配完工产品与在产品的生产费用,原材料开工一次投料,月末在产品完工程度平均为 50%。乙产品按定额比例法分配完工产品与在产品的生产费用,原材料开工时一次投料,单位产品材料消耗定额为 90 元,单位产品工时消耗定额为 10 工时,月末在产品完工程度平均为 50%。

1. 产量资料

表 4-4-1　　产量及耗用工时资料

产品名称	完工产品产量(件)	月末在产品数量(件)	消耗工时(小时)
甲	600	100	15 000
乙	400	50	5 000
合　计			20 000

2. 月初在产品成本

表 4-4-2　　月初在产品成本

产品名称	直接材料	直接人工	制造费用	合　计
甲	3 400	1 600	1 000	6 000
乙	5 600	2 200	1 200	9 000

3. 产品成本计算

(1) 按甲、乙产品设置成本明细账见表 4-4-3 和表 4-4-4。

表 4-4-3 基本生产成本明细账

20××年 6 月

产品名称：甲产品

完工产品：600 件　　月末在产品：100 件　　单位：元

年		凭证号数	摘　要	直接材料	直接人工	制造费用	合　计
月	日		月初在产品成本	3 400	1 600	1 000	6 000
6			分配材料费用				
			分配动力费用				
			分配职工薪酬				
			分配制造费用				
			合　计				
			结转完工产品成本				
			月末在产品成本				

表 4-4-4 基本生产成本明细账

20××年 6 月

产品名称：乙产品

完工产品：400 件　　月末在产品：50 件　　单位：元

年		凭证号数	摘　要	直接材料	直接人工	制造费用	合　计
月	日		月初在产品成本	5 600	2 200	1 200	9 000
6			分配材料费用				
			分配动力费用				
			分配职工薪酬				
			分配制造费用				
			合　计				
			结转完工产品成本				
			月末在产品成本				

（2）要素费用归集与分配。

① 根据现金、银行存款付款凭证，按其他费用发生的地点和用途，编制“其他费用分配表”，见表 4-4-5。

表 4-4-5 其他费用分配表

单位：元

分配对象	办公费	差旅费	运输费	合　计
基本生产车间	1 000	2 000	800	3 800
机修车间	600		400	1 000
合　计	1 600	2 000	1 200	4 800

根据分配表编制会计分录如下：

借：制造费用　　3 800

　　生产成本——辅助生产成本（机修）　　1 000

　贷：银行存款　　4 800

② 根据领料单、限额领料单等领料凭据，按其用途编制“材料费用分配汇总表”，见表4-4-6。

表 4-4-6　　材料费用分配汇总表

20××年6月　　单位：元

分配对象		成本项目或费用项目	原材料			周转材料		
			计划成本	差异（2%）	实际成本	计划成本	差异（-1%）	实际成本
基本生产车间	甲产品	直接材料	40 000	800	40 800			
	乙产品	直接材料	32 000	640	32 640			
	一般耗用	机物料消耗	1 200	24	1 224			
		劳动保护费				1 000	-10	990
机修车间		直接材料	3 000	60	3 060			
合计			76 200	1 524	77 724	1 000	-10	990

根据分配表编制会计分录如下：

借：生产成本——基本生产成本（甲产品）　　40 000

　　生产成本——基本生产成本（乙产品）　　32 000

　　生产成本——辅助生产成本（机修）　　3 000

　　制造费用　　1 200

　贷：原材料　　76 200

借：生产成本——基本生产成本（甲产品）　　800

　　生产成本——基本生产成本（乙产品）　　640

　　生产成本——辅助生产成本（机修）　　60

　　制造费用　　24

　贷：材料成本差异　　1 524

借：制造费用　　1 000

　贷：周转材料　　1 000

借：制造费用　　10（红字）

　贷：材料成本差异　　10（红字）

③ 根据本月外购动力结算凭证应付的电费和外购动力耗用量，编制“外购动力费用分配表”，见图表4-4-7和表4-4-8。

表 4-4-7 外购动力费用分配表

20××年6月 单位：元

分配对象	成本项目或费用项目	耗电量	单位成本（分配率）	分配金额
基本生产车间	燃料及动力	78 000		23 400
	水电费	3 000		900
机修车间	燃料及动力	9 000		2 700
合计		90 000	0.3	27 000

表 4-4-8 基本生产车间动力费用分配表

20××年6月 单位：元

分配对象	成本项目或费用项目	耗电量	单位成本（分配率）	分配金额
甲产品	直接材料	15 000		17 550
乙产品	直接材料	5 000		5 850
合计		20 000	1.17	23 400

根据分配表编制会计分录如下：

借：生产成本——基本生产成本（甲产品） 17 550

　　生产成本——基本生产成本（乙产品） 5 850

　　生产成本——辅助生产成本（机修） 2 700

　　制造费用 900

　贷：应付账款 27 000

④ 根据“本月工资结算汇总表”和工时统计记录，编制“职工薪酬分配表”，如表4-4-9。

表 4-4-9 职工薪酬分配表

20××年6月 单位：元

分配对象	成本项目或费用项目	分配标准（工时）	分配率	职工薪酬合计
甲产品	直接人工	15 000	2.109	31 635
乙产品	直接人工	5 000	2.109	10 545
基本生产车间	工资费用			3 420
机修车间	直接人工			4 560
	工资费用			2 280
合计				52 440

根据分配表编制会计分录如下：

借：生产成本——基本生产成本（甲产品） 31 635

生产成本——基本生产成本（乙产品）　10 545
生产成本——辅助生产成本（机修）　6 840
制造费用　3 420
贷：应付职工薪酬　52 440

⑤ 根据“固定资产折旧计算表”，编制“固定资产折旧费用分配表”，如表4-4-10。

表4-4-10　固定资产折旧费用分配表

20××年6月　单位：元

分配对象	费用明细项目	分配金额
基本生产车间	折旧费	3 000
机修车间	折旧费	1 000
合计		4 000

根据分配表编制会计分录如下：

借：生产成本——辅助生产成本（机修）　1 000
制造费用　3 000
贷：累计折旧　4 000

⑥ 根据有关资料编制“应计费用分配表”，如表4-4-11。

表4-4-11　应计费用分配表

20××年6月　单位：元

费用明细项目	预付账款		其他应付款		合计
	基本生产车间	机修车间	基本生产车间	机修车间	
保险费	800	400			1 200
修理费			1 500	200	1 700
合计	800	400	1 500	200	2 900

根据分配表编制会计分录如下：

借：生产成本——辅助生产成本（机修）　400
制造费用　800
贷：预付账款　1 200

借：生产成本——辅助生产成本（机修）　200
制造费用　1 500
贷：其他应付款　1 700

（3）辅助生产费用的归集与分配。

辅助生产车间所发生的费用是通过“辅助生产成本”明细账进行归集的。“辅助生产成本”明细账是根据有关费用分配表和凭证进行登记的，见表4-4-12。

表 4-4-12　　辅助生产成本明细账

机修车间　　20××年6月　　单位：元

200×年		摘　要	材料费	职工薪酬	折旧费	保险费	修理费	其　他	合　计
月	日								
6	30	分配其他费用						1 000	1 000
		分配材料费	3 060						3 060
		分配动力费	2 700						2 700
		分配职工薪酬		6 840					6 840
		分配折旧费			1 000				1 000
		分配应计费用				400	200		600
		月　　计	5 760	6 840	1 000	400	200	1 000	15 200
		月末分配转出	5 760	6 840	1 000	400	200	1 000	15 200

辅助生产费用的分配如表4-4-13。

表 4-4-13　　辅助生产费用分配表

20××年6月　　单位：元

受益单位	修理工时(小时)	分配率	分配金额(元)
基本生产车间	1 200		9 120
企业管理部门	800		6 080
合　　计	2 000	7.6	15 200

根据分配表编制会计分录如下：

借：制造费用　　9 120

　　管理费用　　6 080

　贷：生产成本——辅助生产成本(机修)　　15 200

(4) 制造费用归集与分配。

基本生产车间发生的制造费用，根据有关费用分配表和凭证记入制造费用明细账，如表4-4-14。

表 4-4-14　　制造费用明细账

20××年6月　　单位：元

摘　要	机物料消耗	劳动保护费	水电费	职工薪酬	折旧费	保险费	修理费	其　他	合　计
分配其他费用								3 800	3 800
分配材料费用	1 224	990							2 214
分配动力费用			900						900
分配职工薪酬				3 420					3 420
分配折旧费					3 000				3 000
分配应计费用						800	1 500		2 300
分配辅助生产费							9 120		9 120
月　　计	1 224	990	900	3 420	3 000	800	10 620	3 800	24 754
月末分配转出	1 224	990	900	3 420	3 000	800	10 620	3 800	24 754

月末,编制制造费用分配表分配制造费用,如表4-4-15。

表4-4-15　　**制造费用分配表**

车间名称:基本车间　　20××年6月　　单位:元

产品名称	生产工时(工时)	分配率	分配金额
甲产品	15 000		18 565.5
乙产品	5 000		6 188.5
合计	20 000	1.2377	24 754

根据分配表编制会计分录如下:

借:生产成本——基本生产成本(甲产品)　　18 565.5

　　生产成本——基本生产成本(乙产品)　　6 188.5

　贷:制造费用　　24 754

(5)生产费用在完工产品和在产品之间分配。

根据各项费用分配表,将制造产品所发生的生产费用,记入按产品品种设置的"基本生产成本明细账"中。月末,应将全部登记在"基本生产成本明细账"中的费用采用一定的分配方法,在完工产品和在产品之间进行分配,如表4-4-16和表4-4-17。

表4-4-16　　**基本生产成本明细账**

20××年6月

产品名称:甲产品

完工产品:600件　　月末在产品:100件　　单位:元

年		凭证号数	摘要	直接材料	直接人工	制造费用	合计
月	日		月初在产品成本	3 400	1 600	1 000	6 000
6			分配材料费用	40 800			40 800
			分配动力费用	17 550			17 550
			分配职工薪酬		31 635		31 635
			分配制造费用			18 565.5	18 565.5
			合计	61 750	33 235	19 565.5	114 550.5
			结转完工产品成本	52 926	30 678	18 060	101 664
			月末在产品成本	8 824	2 557	1 505.5	12 886.5

$$直接材料分配率=\frac{61\,750}{600+100}=88.21$$

$$直接人工分配率=\frac{33\,235}{600+100\times 50\%}=51.13$$

$$制造费用分配率=\frac{19\,565.5}{600+100\times 50\%}=30.10$$

表 4-4-17　　基本生产成本明细账

20××年6月

产品名称：乙产品

完工产品：400 件　　月末在产品：50 件　　单位：元

年		凭证号数	摘　要	直接材料	直接人工	制造费用	合　计
月	日		月初在产品成本	5 600	2 200	1 200	9 000
6			分配材料费用	32 640			32 640
			分配动力费用	5 850			5 850
			分配职工薪酬		10 545		10 545
			分配制造费用			6 188.5	6 188.5
			合　计	44 090	12 745	7 388.5	64 233.5
			结转完工产品成本	39 240	12 000	6 960	58 200
			月末在产品成本	4 850	745	428.5	6 023.5

$$直接材料分配率=\frac{44\ 090}{400\times90+50\times90}=1.09$$

$$直接人工分配率=\frac{12\ 745}{400\times10+25\times10}=3$$

$$制造费用分配率=\frac{7\ 388.5}{400\times10+25\times10}=1.74$$

（6）结转完工产品成本。

表 4-4-18　　产成品成本汇总表

20××年6月　　单位：元

产品名称	单位	产量	直接材料	直接人工	制造费用	合　计	单位成本
甲产品	件	600	52 926	30 678	18 060	101 664	169.44
乙产品	件	400	39 240	12 000	6 960	58 200	145.5
合　计	–	–	92 166	42 678	25 020	159 864	–

根据产品成本汇总表，编制会计分录如下：

借：库存商品——甲产品　　101 664

　　库存商品——乙产品　　58 200

　贷：生产成本——基本生产成本　　159 864

第二节　分　批　法

一、分批法的特点及适用范围

分批法以产品批别为成本计算对象归集生产费用，计算产品生产成本。在采用分批法计算产品生产成本的企业，产品的批量一般是根据订货单位的订单确定的，因此，分批法也称订单法。分批法的成本计算期与生产周期相一致，与会计报告期不一致。它适用于小批单件多步骤生产的企业，如船舶、重型机械、专用设备的制造等等。

分批法同其他的成本计算基本方法一样，也要按月归集各批产品实际发生的费用，并以成本计算单进行登记。但由于只有在该批产品完工时才能计算成本，因此，当该批产品全部完工时，成本计算单上归集的费用，就是完工产品的成本；而在未完工月份，成本计算单上所归集的费用全部是在产品成本。所以，一般来说，分批法不存在生产费用在完工产品和在产品之间分配的问题。但在产品跨月陆续完工并交付购货单位的情况下，则需要按一定的方法计算完工产品成本。在实际工作中，由于单件小批生产的批量一般都不大，月末批内产品中部分完工的情况不多。因此，通常采用先以该批产品的计划成本或定额成本来计算完工产品成本，然后以该批产品成本计算单上所归集的费用总额减去完工产品成本，求得在产品成本。如果完工产品占该批产品的数量较大，也可以采用一定的分配方法在完工产品和在产品之间进行分配。

二、分批法的计算程序

1. 按产品批别设置成本明细账

按产品批别（或生产通知单）开设产品成本明细账或成本计算单，并按成本项目设置专栏。同时，还应开设辅助生产成本明细账和制造费用明细账。

2. 要素费用归集与分配

根据原始凭证及有关资料，编制各要素费用分配表，将直接费用直接计入各批产品成本计算单，间接费用按一定标准分配计入各批产品成本计算单。

3. 辅助生产费用归集与分配

根据辅助生产明细账上所归集的辅助生产费用，编制“辅助生产费用分配表”分配辅助生产费用。

4. 制造费用归集与分配

根据制造费用明细账归集的制造费用编制“制造费用分配表”，将发生的制造费用分别计入各批产品成本计算单。

5. 跨月陆续完工的情况，生产费用在完工产品与在产品之间分配

如果某批产品跨月陆续完工，那么该批产品成本计算单上所归集的生产费用要采用一定的分配方法在完工产品和在产品之间进行分配。

6. 结转完工产品成本

三、分批法举例

【例 4-4-2】某企业产品成本采用分批法计算，有关资料如下：

（一）资料

1. 本月份生产产品批号

99501 号甲产品 7 件，5 月份投产，6 月（本月）份尚未完工。

99502 号乙产品 4 件，5 月份投产，6 月份全部完工，验收入库。

99601 号丙产品 18 件，6 月份投产，月末完工 10 件，在产品 8 件。

2. 月初在产品成本

表 4-4-19　　月初在产品成本

批　号	直接材料	燃料及动力	直接人工	制造费用	合　计
99501	61 200	7 320	9 320	27 310	105 150
99502	14 800	1 520	2 010	5 350	23 680

3. 本月生产费用

表 4-4-20　　本月生产费用

批　号	直接材料	燃料及动力	直接人工	制造费用	合　计
99501	158 100	16 210	16 410	51 830	242 550
99502	27 130	3 620	4 110	9 780	44 640
99601	252 900	28 350	42 525	56 700	380 475

4. 生产费用在完工产品和在产品之间分配方法

原材料费用在完工产品与月末在产品中按实际数量分配,其他费用按约当产量比例分配。

（二）产品成本计算

（1）设置产品成本明细账,见表 4-4-21、表 4-4-22、表 4-4-23。

表 4-4-21　　产品成本明细账

批号:99501　　购货单位: 大通公司　　投产日期: 5 月

产品名称: 甲　　批量: 7 件　　完工日期:

摘　要	直接材料	燃料及动力	直接人工	制造费用	合　计
月初在产品费用	61 200	7 320	9 320	27 310	105 150
本月生产费用	158 100	16 210	16 410	51 830	242 550
生产费用累计					

表 4-4-22　　产品成本明细账

批号:99502　　购货单位:南海集团　　投产日期:5 月

产品名称:乙　　批量:4 件　　完工日期:6 月

摘　要	直接材料	燃料及动力	直接人工	制造费用	合　计
月初在产品费用	14 800	1 520	2 010	5 350	23 680
本月生产费用	27 130	3 620	4 110	9 780	44 640
生产费用累计					
完工产品成本					
完工产品单位成本					

表 4-4-23　　产品成本明细账

批号:99601　　购货单位:光明公司　　投产日期:6 月

产品名称:丙　　批量:18 件　　完工日期:6 月（完工 10 件）

摘　要	直接材料	燃料及动力	直接人工	制造费用	合　计
本月生产费用	252 900	28 350	42 525	56 700	380 475
转出完工产品（10 件）成本					
完工产品单位成本					
在产品（8 件）成本					

（2）生产费用分配。

表 4-4-24　　第 99601 批丙产品月末在产品约当产量计算表

工　序	完　工　率	盘　存　数	约当产量计算
1	12.5	2	12.5% ×2 = 0.25
2	35	1	35% ×1 = 0.35
3	55	2	55% ×2 = 1.1
4	82.5	3	82.5% ×3 = 2.475
合　计		8	4.175

表 4-4-25　　产品成本明细账

批号:99501　　购货单位:大通公司　　投产日期:5 月

产品名称:甲　　批量:7 件　　完工日期:

摘　要	直接材料	燃料及动力	直接人工	制造费用	合　计
月初在产品费用	61 200	7 320	9 320	27 310	105 150
本月生产费用	158 100	16 210	16 410	51 830	242 550
生产费用累计	219 300	23 530	25 730	79 140	347 700

表 4-4-26　　产品成本明细账

批号:99502　　购货单位:南海集团　　投产日期:5 月

产品名称:乙　　批量:4 件　　完工日期:6 月

摘　要	直接材料	燃料及动力	直接人工	制造费用	合　计
月初在产品费用	14 800	1 520	2 010	5 350	23 680
本月生产费用	27 130	3 620	4 110	9 780	44 640
生产费用累计	41 930	5 140	6 120	15 130	68 320
完工产品成本	41 930	5 140	6 120	15 130	68 320
完工产品单位成本	10 482.5	1 285	1 530	3 782.5	17 080

表 4-4-27　　产品成本明细账

批号：99601　　购货单位：光明公司　　投产日期：6 月

产品名称：丙　　批量：18 件　　完工日期：6 月

（完工 10 件）

摘　要	直接材料	燃料及动力	直接人工	制造费用	合　计
本月生产费用	252 900	28 350	42 525	56 700	380 475
转出完工产品（10 件）成本	140 500	20 000	30 000	40 000	230 500
完工产品单位成本	14 050	2 000	3 000	4 000	23 050
在产品（8 件）成本	112 400	8 350	12 525	16 700	149 975

$$直接材料分配率=\frac{252\ 900}{10+8}=14\ 050$$

$$燃料及动力分配率=\frac{28\ 350}{10+4.175}=2\ 000$$

$$直接人工分配率=\frac{42\ 525}{10+4.175}=3\ 000$$

$$制造费用分配率=\frac{56\ 700}{10+4.175}=4\ 000$$

（3）结转完工产品成本。

借：库存商品——乙产品　　68 320

　贷：生产成本——基本生产成本——乙（99502）　　68 320

借：库存商品——丙产品　　230 500

　贷：生产成本——基本生产成本——丙（99601）　　230 500

四、简化分批法

在小批单件生产的企业或车间中，同一月份内投产的产品批数往往很多，有的多至几十批，甚至几百批。在这种情况下，各种间接计入费用在各批产品之间按月进行分配的工作就极为繁重。因此，在投产批数繁多而且在月末未完工批数较多的企业中，还可采用一种简化的分批法，也就是不分批计算在产品成本的分批法。

采用这种方法仍应按照产品批别设置产品成本明细账，但在各批产品完工之前，账内只需按月登记直接计入费用和生产工时。每月发生的间接计入费用，不是按月在各批产品之间进行分配，而是先将其在基本生产成本二级账中，按成本项目累计起来，只有在有完工产品的那个月份，才对完工产品按照其累计工时的比例，分配间接计入费用，计算完工产品成本；而全部产品的在产品应负担的间接计入费用，仍以总数反映在基本生产二级账中，不进行分配，不分批计算在产品成本。因此，这种方法可称之为不分批计算在产品成本的分批法。

设置基本生产成本二级账是简化分批法的一个显著特点。采用其他的成本计算方法可以不设置基本生产成本二级账，但采用简化分批法，则必须设置这种二级账。

对各批完工产品分配间接计入费用，一般是按照完工产品累计生产工时的比例进行分配的，其计算公式如下：

$$\text{全部产品累计间接计入费用分配率}=\frac{\text{全部产品累计间接计入费用}}{\text{全部累计工时}}$$

$$\text{某批完工产品应负担的间接计入费用}=\text{该批完工产品累计工时}\times\text{全部产品累计间接计入费用分配率}$$

【例4-4-3】某企业产品成本采用简化分批法计算，有关资料如下：

(1) 产品批号：

99705 批：甲产品 5 件，7 月投产，本月(9 月)完工；

99821 批：乙产品 19 件，8 月投产，本月完工 10 件；

99835 批：丙产品 9 件，8 月投产，尚未完工；

99901 批：丁产品 4 件，9 月投产，尚未完工。

(2) 累计工时：

产品生产累计总工时为122 060小时，其中：完工工时78 540小时(99705 批为51 960小时，99821 批为26 580小时)，未完工工时43 520小时。

(3) 基本生产成本二级账(表4-4-28)：

表4-4-28　　基本生产成本二级账

(各批产品总成本)

月	日	摘　要	直接材料	生产工时	直接人工	制造费用	成本合计
8	31	在产品	400 100	61 520	100 360	139 280	639 740
9	30	本月发生	124 160	60 540	107 142	141 458	372 760
9	30	累　计	524 260	122 060	207 502	280 738	1 012 500
9	30	全部产品累计间接费用分配率	–	–	1.7	2.3	–
9	30	本月完工产品转出	367 672	78 540	133 518	180 642	681 832
9	30	在产品	156 588	43 520	73 984	100 096	330 668

(4) 产品成本明细账(表4-4-29、表4-4-30、表4-4-31、表4-4-32)：

表4-4-29　　产品成本明细账

产品批号:99705　　购货单位:大华公司　　投产日期:7 月

产品名称:甲　　批量:5 件　　完工日期:9 月

月	日	摘　要	直接材料	生产工时	直接人工	制造费用	合　计
7	31	本月发生	130 760	19 640			
8	31	本月发生	70 940	12 640			
9	30	本月发生	51 480	19 680			
9	30	累计数及累计间接计入费用分配率	253 180	51 960	1.7	2.3	
9	30	本月转出完工产品成本	253 180	51 960	88 332	119 508	461 020
9	30	完工产品单位成本	50 636		17 666.4	23 901.6	92 204

表 4-4-30　　产品成本明细账

产品批号:99821　　购货单位:盛华公司　　投产日期:8 月

产品名称:乙　　批量:19 件　　完工日期:9 月(10 件)

月	日	摘　要	直接材料	生产工时	直接人工	制造费用	合　计
7	31	本月发生	150 620	14 780			
8	31	本月发生	12 940	19 520			
9	30	累计数及累计间接计入费用分配率	163 560	34 300	1.7	2.3	
9	30	本月转出完工产品成本	114 492	26 580	45 186	61 134	220 812
9	30	完工产品单位成本	11 449.2	2 658	4 518.6	6 113.4	22 081.2
9	30	在产品	49 068	7 720			

表 4-4-31　　产品成本明细账

产品批号:99835　　购货单位:诚信公司　　投产日期:9 月

产品名称:丙　　批量:9 件　　完工日期:

月	日	摘　要	直接材料	生产工时	直接人工	制造费用	合　计
8	31	本月发生	47 740	14 460			
9	30	本月发生	17 420	8 580			

表 4-4-32　　产品成本明细账

产品批号:99901　　购货单位:宏远公司　　投产日期:9 月

产品名称:丁　　批量:4 件　　完工日期:

月	日	摘　要	直接材料	生产工时	直接人工	制造费用	合　计
9	30	本月发生	42 360	12 760			

表 4-4-28 基本生产成本二级账中,8 月 31 号在产品的生产工时和各项费用由 8 月份的生产工时和生产费用资料结转而来;本月发生的原材料费用和生产工时,应根据本月原材料费用分配表、生产工时记录,与各批产品成本明细账平行登记;本月发生的各项间接计入费用就根据各该费用分配表汇总登记。全部产品累计间接计入费用分配率,以人工费用为例,计算如下:

人工费用分配率 = 207 502 ÷ 122 060 = 1.7

基本生产成本二级账中完工产品的原材料费用和生产工时,应根据后列各批产品成本明细中完工产品的原材料费用和生产工时汇总登记。完工产品的各项间接计入费用,可以根据账中完工产品生产工时分别乘以各该累计费用分配率计算登记;也可以根据后列各批产品成本明细账中完工产品的各该费用分别汇总登记。基本生产成本二级账中月末在产品的原材料费用和生产工时,可以根据账中累计的原材料费用和生产工时分别减去本月完工产品的原材料费用和生产工时计算登记;也可以根据后列各批产品成本明细账中月末在产品的原材料费用和生产工时分别汇总登记,两者计算结果应该相符。基本生产成本二级账中月末在产品的各项间接计入费用，可以根据其生产工时分别乘以各该费用累计分配率计算登记；也可以根据各该费用的累计数分别减去完工产品的相应的费用计算登记。

第三节　分　步　法

一、分步法的特点及适用范围

分步法是按产品品种和加工步骤归集生产费用和计算产品成本的一种成本计算方法。

分步法的成本计算对象是各加工步骤的产品品种或类别。如果企业只生产一种产品，那么成本计算对象就是这种产品及它所经过的各生产步骤。如果企业生产的是两种以上的产品，那么成本计算对象就是各种产品及其各种产品所经过的各生产步骤。

在采用分步法进行成本计算时，如果生产两种以上产品，直接费用就直接计入各成本计算对象，即某生产步骤上的某种产品。间接费用则要先按生产步骤来归集，月末再在该生产步骤上的各种产品之间进行分配。

这里所讲的步骤有两重含义，一为生产步骤，一为成本计算步骤，这两者可以是一致的，也可以是不一致的。当每一生产步骤都是成本计算步骤时，这两者就是一致的；而有时某一生产步骤并不要求进行成本计算，这时生产步骤与产品成本计算步骤就不一致了。这是由企业在管理与核算上的要求所决定的。

分步法一般适用于大批量多步骤的复杂生产，所以在月末经常会有一定数量的在产品存在，这就要求各成本计算步骤上的生产费用要在完工产品与在产品之间进行分配。

分步法下，只生产一种产品的企业，产品成本明细账应该按照该种产品所经过的生产步骤开立；生产两种以上产品的企业，产品成本明细账应该按照各种产品所经过的各个生产步骤开立。

二、分步法的适用范围

产品成本计算的分步法主要适用于大批量多步骤的复杂生产，无论是大批量的连续式复杂生产，还是大批量的装配式复杂生产都可以使用这种方法。在这样的企业里，生产是分步进行的。例如，纺织业就是很典型的连续式复杂生产，大的生产步骤是两步，即纺纱和织布，纺纱又可以分为清花、梳棉、纺纱等步骤。汽车制造业分别加工各种铸件、车身、万向节、发动机、齿轮等零部件，最后是组装，这是较典型的装配式复杂生产。在小型工业企业里，这些生产步骤可以是车间或工段；在大型企业里，这些生产步骤可以是一个个分厂。无论是车间还是分厂，都可以称为不同生产步骤。有的生产步骤在管理与核算上要求计算产品成本，而有的则不要求计算成本，或者将几个步骤合并在一起作为一个成本计算的步骤。

既然产品生产是分步进行的，上一生产步骤的产成品可以是下一生产步骤的加工对象，即原材料，那么就有一个生产成本在各步骤之间如何结转的问题。由于产品成本的计算和结转的方法不同，分步法可分为逐步结转分步法与平行结转分步法。

三、逐步结转分步法

逐步结转分步法是指按照产品加工的顺序逐步计算并结转半成品成本，直到最后加工步骤，从而计算出产品成本的一种成本计算方法。这种方法因为要计算半成品成本，并且要结转到下一生产步骤，逐步累计计算出产成品成本，因此称为计算半成本的分步法。各步骤间半成品的价值和实物一起转移，程序如图 4-4-1 所示。

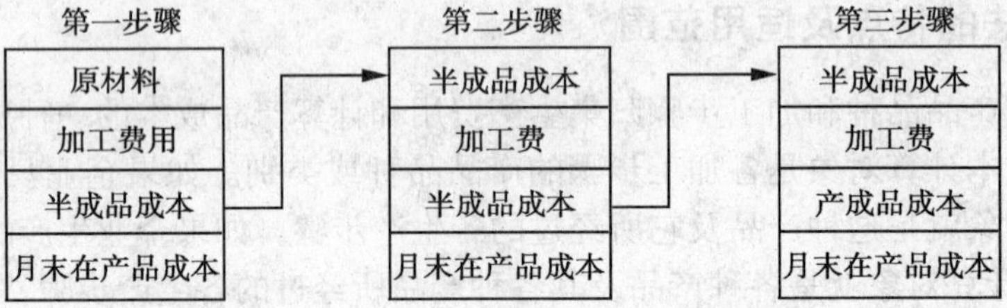

图 4-4-1

上一步骤完工的半成品可为下一步骤直接领用，所以半成品成本在各步之间直接转移。

既然企业各步生产的半成品不仅可以供企业内部用于制造各种产品，也可以作为商品产品对外销售，那就更有必要计算半成品成本。企业各步生产的半成品在需要进入半成品仓库时，下一生产步骤则通过半成品仓库领用上一步的半成品，程序如图 4-4-2 所示。

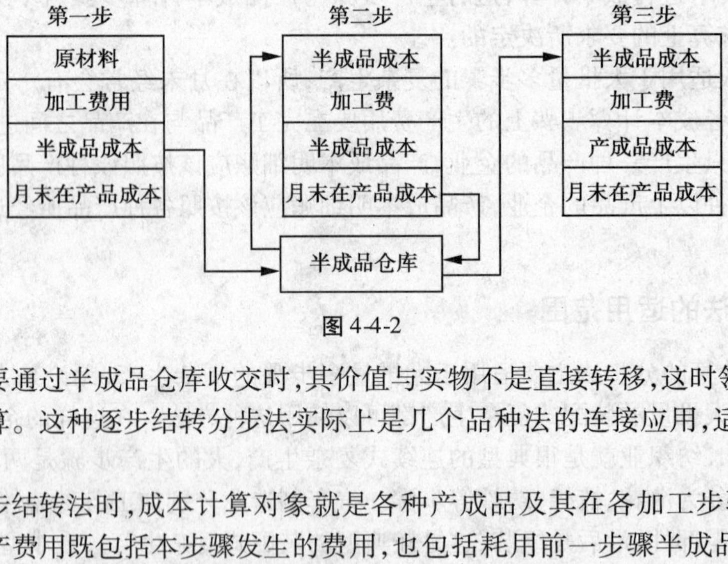

图 4-4-2

半成品需要通过半成品仓库收交时，其价值与实物不是直接转移，这时领用自制半成品应视同领料核算。这种逐步结转分步法实际上是几个品种法的连接应用，适用于多步骤连续式生产。

在采用逐步结转法时，成本计算对象就是各种产成品及其在各加工步骤上的半成品。各步骤上的生产费用既包括本步骤发生的费用，也包括耗用前一步骤半成品的费用。各步骤发生的生产费用在完工产品和在产品之间分配时，完工产品是指各步完工产品，既包括最后加工步骤的产成品，也包括各步骤所产的半成品；在产品是指正在加工的狭义在产品。

按半成品在下一步骤成本计算单中反映方式的不同，逐步结转法又可分为综合结转分步法和分项结转分步法。

（一）综合结转分步法

综合结转分步法是指把各步所耗用的上一步的半成品成本以“原材料”或“半成品”的成本项目，综合记入本步的成本计算单上。综合结转可以按照半成品的实际成本结转，也可以按照半成品的计价（或定额）成本结转。

1. 半成品按实际成本计价

采用这种方法计价时，各步所耗上一步的半成品是按照上一步骤的半成品的实际成本计入各该步的成本计算单上的。因为各月份所生产半成品的实际单位成本不等，所以各步间半成品的结转和材料按实际成本计价核算的方法一样，可以采用先进先出、加权平均等方法计算当月耗用半成品的实际单位成本。各步所耗上一步半成品的实际成本就是根据所耗半成品的实际数量乘以半成品实际单位成本计算求得的。采用这种方法时，各步成本计算要等待上一步计算出单位成本以后才能进行，影响成本计算的及时性，所以也可以按上月加权平均单价计算。

【例 4-4-4】假设某企业某种产品生产连续经过两个生产步骤，第一步生产的甲半成品按实际成本计价法结转到第二步，第二步生产出产成品。半成品结转按上月加权平均单价计算，通过半成品库收发。甲半成品明细账如表 4-4-33。月末在产品按所耗定额原材料费用计价，本月末在产品：第一步 100 件，单件消耗定额为 500 元；第二步 40 件，单件消耗定额为1 145元。计算如下：

表 4-4-33　　自制半成品明细账

半成品名称：甲

日期	摘要	收入			发出			结存		
		数量	单价	金额	数量	单价	金额	数量	单价	金额
6月30日	月初结存							460	772	355 120
7月6日	本月第二步领用				380	772	293 360	80		61 760
7月21日	交库	400	770	308 000				480		369 760

表 4-4-34 第一步产品成本计算单中有关成本资料由各种费用分配表转来。

表 4-4-34　　产品成本计算单（第一步）

半成品名称：甲　　20××年10月

产量：400 件　　单位：元

项目	直接材料	直接人工	制造费用	合计
月初在产品成本	42 000			42 000
本月发生费用	187 000	40 000	89 000	316 000
合计	229 000	40 000	89 000	358 000
结转完工产品成本	179 000	40 000	89 000	308 000
月末在产品成本	50 000			50 000

第一步产品成本计算单中结转完工产品成本，是完工的甲半成品成本，据以填制半成品交库单，编制会计分录如下：

借：自制半成品——甲半成品　　308 000

　贷：生产成本——基本生产成本（甲产品第一步）　　30 800

第二步领用甲半成品 380 件，按上月末加权平均单价 772 元计算，作为第二步的原材料费用,记入第二步产品成本计算单。第二步耗用半成品数量为380件,所以本月发生直接材料费用为293 360(380×772)元。编制会计分录如下:

借:生产成本——基本生产成本(甲产品第二步)　　293 360

　贷:自制半成品——甲半成品　　293 360

表4-4-35　　产品成本计算单(第二步)

产品名称:甲　　20××年10月

产量:100件　　单位:元

项　目	甲半成品	直接人工	制造费用	合　计
月初在产品成本	37 000			37 000
本月发生费用	293 360	85 200	110 340	488 900
合　计	330 360	85 200	110 340	525 900
结转完工产品成本	284 560	85 200	110 340	480 100
月末在产品成本	45 800			45 800

表4-4-35第二步产品成本计算单中直接人工和制造费用资料也由各种费用分配表转来。该步生产的产成品,按单中所列金额结转完工产品成本,编制会计分录如下:

借:库存商品——甲产品　　480 100

　贷:生产成本——基本生产成本(甲产品第二步)　　480 100

2. 半成品按计划成本计价

采用这种方法计价时,半成品日常收发均按计划单位成本核算。月末半成品的成本计算出以后,要计算半成品的成本差异率,将发出半成品的计划成本调整为实际成本。这一点与材料按计划成本计价,调整发出材料的计划成本为实际成本是一样的。

【例4-4-5】仍以前资料为例,自制半成品明细账如表4-4-36。第一步的产品成本计算单不变。第二步产品成本计算单中本月发生的甲半成品费用改为293 006元,其他资料均不变,再计算产成品成本,见表4-4-37。

表4-4-36　　自制半成品明细账

半成品名称:甲　　计划单位成本762元

日期	摘要	收入			发出			结存		
		数量	计划成本	实际成本	数量	计划成本	实际成本	数量	计划成本	实际成本
6月30日	月初结存							460	350 520	355 120
7月6日	第二步领用				380	289 560	293 006			
7月21日	交库	400	304 800	308 000						

根据自制半成品明细账记录,计算甲半成品成本差异率:

$$\text{甲半成品成本差异率}=\frac{355\,120+308\,000-350\,520-304\,800}{350\,520+304\,800}\times 100\%$$

$$=1.19\%$$

$$\text{发出甲产品实际成本}=289\ 560+289\ 560\times1.19\%=293\ 006(\text{元})$$

表 4-4-37　　产品成本计算单(第二步)

产品名称：甲　　20××年×月

产量：100 件　　单位:元

项　　目	甲半成品	直接人工	制造费用	合　计
月初在产品成本	37 000			37 000
本月发生费用	293 006	85 200	110 340	488 546
合　　计	330 006	85 200	110 340	525 546
结转完工产品成本	284 206	85 200	110 340	479 746
月末在产品成本	45 800			45 800

表 4-4-37 第二步产品成本计算单中甲半成品费用293 006元已调整为实际数，与表 4-4-35 中甲半成品实际费用293 360元相差 354 元，这是因为在按实际成本计价方法下，甲半成品费用采用的是上月末加权平均单价。

在采用按计划成本结转半成品费用的情况下，有利于加速成本核算工作的进度，又简化了实际成本方法下半成品出库时确定单价的大量计算工作。同时采用计划成本计价，剔除了半成品成本超支或节约的影响，更便于成本的考核与分析工作。

采用综合结转分步法时，各步耗用上一步的半成品成本是以“原材料”或“半成品”项目反映在下一步的成本计算单上的，到最后一步生产出的产成品，其成本结构中只有一小部分最后步骤的加工成本，其他大部分都为前面步骤结转下来的半成品成本。这样最终的产成品就不能以原始成本项目反映其成本构成。为了便于产品成本分析，这时就需要将产成品成本中的半成品项目逐步分解还原，直到第一步，还原为可以按原始成本项目反映的产成品成本构成。

从最后一个步骤起，把各步骤上耗用前一步骤半成品的综合成本，逐步分解、还原成直接材料、直接人工、制造费用等原始成本项目，从而求得按原始成本项目反映的产成品成本资料，就是半成品的成本还原。

成本还原的方法很多，一般常用的方法有系数还原法和项目比重还原法。

系数还原法是指从最后一个步骤起，将其所耗用上一步的半成品的综合成本，按照本月所产该种产成品的成本结构进行还原。

$$\text{还原系数}=\frac{\text{本月产成品耗用上一步半成品成本合计}}{\text{本月所产该种半成品成本合计}}$$

用上述公式求得的还原系数，分别乘以本月所产该种半成品的各成本项目，就将本月产成品所耗用的该种产品的综合成本，按照本月所产的这种半成品的成本结构进行分解、还原，求出按原始成本项目反映的产成品成本构成。

【例 4-4-6】某企业分三个生产步骤连续加工生产某种产品，采用逐步结转分步法进行成本计算，半成品在各步之间直接转移，各步成本资料见表 4-4-38 所示。

表 4-4-38　　某企业分步法成本资料

	一车间	二车间	三车间
半成品		16 000	25 200
原材料	8 000		
加工费	4 000	5 000	6 000
合　计	12 000	21 000	31 200

表 4-4-39　　产品成本还原计算表

项　目	还原前产成品成本	三车间半成品还原		二车间半成品还原		还原后产成品成本
		还原系数	金额	还原系数	金额	
半成品	25 200	$\frac{25\ 200}{21\ 000}=1.2$	19 200			
直接材料				$\frac{19\ 200}{12\ 000}=1.6$	12 800	12 800
加工费	6 000		6 000		6 400	18 400
成本合计	31 200		25 200		19 200	31 200

该企业产成品总成本为31 200元，其中半成品成本为25 200元，占总成本的 80% 以上。这个半成品是经过了二车间、一车间的加工制造，而在二车间投入了多少一车间的半成品，一车间投入了多少原材料，一车间、二车间各有多少加工费，是反映不出来的。为了得到产成品总成本的原始资料，必须先将三车间的半成品25 200元还原为二车间投入的半成品和加工费。按系数还原法原理，将三车间耗用二车间的半成品25 200元这一综合成本，按照当月二车间所产的这种半成品成本结构还原，二车间当月所产半成品为21 000元。所以三车间半成品成本还原系数为25 200 ÷ 21 000 = 1.2。由表 4-4-38 中成本资料得到二车间当月投入半成品为16 000元，那么25 200元中的半成品就是16 000 × 1.2 = 19 200（元）。其余就是二车间的加工费25 200 − 19 200 = 6 000（元）。同样道理，二车间投入的半成品19 200元，按一车间当月投入的原材料加工费用进行还原，还原系数为19 200 ÷ 12 000 = 1.6，其中原材料费用为8 000 × 1.6 = 12 800（元），加工费用为19 200 − 12 800 = 6 400（元）。三个生产步骤经过两次还原以后，产成品按原始成本结构反映为原材料是12 800元，加工费是18 400元（其中一车间加工费为6 400元，二车间加工费为6 000元，三车间加工费为6 000元）。产成品总成本还原前与还原后是一致的，均为31 200元。但是还原前的构成为半成品25 200元，三车间加工费6 000元，而还原后的构成为原材料12 800元，三个车间的加工费用共为18 400元，后者反映的是产成品的原始成本构成。

项目比重还原法是指把本月产品所耗上一步的半成品的综合成本项目，按本月所产该种半成品各成本项目在其总成本中所占的比重进行还原的方法。

【例 4-4-7】企业生产一种产品，经过三个生产步骤，半成品在各步之间逐步转移，第三步生产出产成品。成本资料列示于图表 4-4-40 中，按项目比重进行产品成本还原计算。

表 4-4-40 中还原前产成品成本为12 000元，其中耗用上步半成品成本11 300元，上步本月产这种半成品成本为8 400元，其中第一步和第二步半成品的加工费比重为 0.8∶0.2。按此比重还原产成品11 300（元），11 300 × 0.8 = 9 040元是第一步的半成品，11 300 − 9 040 =

2 260(元)则是第二步加工费。第三步还原为第二步以后,半成品成本为9 040元,加工费是700 +2 260 =2 960(元),总成本仍为12 000元。第一步半成品9 040元,还要经过再一次还原,按第一步当月所产该种半成品成本比重0.7:0.3还原。9 040 ×0.7 =6 328(元)是第一步的原材料费用,9 040 -6 328 =27 125(元)是第一步的加工费。第二步还原为第一步以后原材料费用为6 328元,加工费为5 672元(其中第一步加工费为2 721元,第二步加工费为2 260元,第三步加工费为700元)。还原前后总成本均为12 000元,没有变化,也不应该有变化。但产品成本结构改变了,还原前半成品为11 300元,加工费为700元,还原后原材料为6 328元,加工费为5 672元。后者反映的是产成品原始成本构成。

表 4-4-40　　产品成本还原计算表

	成本项目	还原前产成品成本	上步生产该半成品		半成品成本还原	还原后产成品成本
			总成本	成本项目比重		
第三步还原为第二步	半成品	11 300	6 720	0.8	9 040	9 040
	加工费	700	1 680	0.2	2 260	2 960
	合　计	12 000	8 400	1	11 300	12 000
第二步还原为第一步	原材料		4 900	0.7	6 328	6 328
	半成品	9 040	–	–	–	–
	加工费	2 960	2 100	0.3	2 712	5 672
	合　计	12 000	7 000	1	9 040	12 000

项目比重还原法和系数还原法计算结果一样,但前者比后者计算烦琐,因为要把所有成本项目在总成本中的比重求出来,而后者只需求一个还原系数,所以系数还原法应用更多一些。

一些工业企业生产的半成品,不仅供本企业生产所耗费,同时也作为重要的商品产品对外出售,其国民经济价值的独立地位也较突出,这样,从管理上必然要求计算各步骤的完工半成品成本。例如,钢铁工业生产的生铁、钢锭,纺织工业生产的棉纱都在国民经济中具有重要地位,是企业重要的商品产品,一定要单独计算其成本。在一般情况下,不需要反映其原始成本构成,也就不必要进行产品成本的还原工作,只要求反映半成品费用水平,这种企业就会采用逐步综合结转分步法进行成本计算。如果是需要按原始成本项目反映产品成本构成的企业,就应采用逐步分项结转分步法进行成本核算。

(二) 分项结转分步法

分项结转分步法是指各步所耗上一步半成品费用,按照成本项目分项转入各该步的产品成本计算单中,以得到按成本项目反映的各步产品成本。

在采用分项结转分步法时,如果半成品要通过半成品仓库收发,那么自制半成品明细账中,也要按其成本项目进行登记。收入、发出和结存的成本均要按成本项目分项登记。

分项结转半成品,可以按照半成品的实际单位成本结转,也可以按照半成品的计划单位成本结转,然后还要按照成本项目分项进行成本差异的调整,计算工作量很大。所以一般在半成品种类不很多的情况下,就按其实际单位成本结转。如果半成品种类多,按实际成本分成本项目计算出半成品单价,计算工作量也很大,这时,就可以将半成品归类,按类计算半成品实际成本或按类制定计划单位成本,计算成本差异,调整所耗半成品成本差异。还可以采取更简化的方法对各步所耗半成品就按计划成本计价，不予以调整，而集中到最后产成品成本中去调整。即产成品中所耗半成品均为计划成本，在计算产成品成本时，把其中所含的半成品的计划成本调整为实际成本。

【例4-4-8】假设仍以前面综合结转分步法所列举的资料为例，采用分项结转分步法计算产成品成本。半成品成本结转按全月一次加权平均单价计算，月末在产品仍按所耗定额原材料费用计价。

第一步产品成本计算单和综合结转分步法相同，不再重列。当月交库甲半成品400件，成本为308 000元，自制半成品明细账如表4-4-41。

表4-4-41　　自制半成品明细账

日期	项目	数量	直接材料	直接人工	制造费用	成本合计
6月30日	月初结存	460	211 600	46 160	97 360	355 120
7月	交库	400	184 800	38 800	84 400	308 000
7月	累计	860	396 400	84 960	181 760	663 120
7月	平均单位成本		460. 93	98. 79	211. 35	771. 07
7月	本月发出	380	175 153. 40	37 540. 20	80 313	293 006. 60
7月	月末余额	480	221 246. 60	47 419. 80	101 447	370 113. 40

从表4-4-41自制半成品明细账可看出，在分项结转时，该明细账中半成品的出入库均要按成本项目分项结转。表中入库400件，是从第一步的产品成本计算单中直接转来，而出库的380件，则是按月初与本月分成本项目计算加权平均单价，然后再分成本项目转出。如直接材料一项，平均单位成本为396 400 ÷ 860 = 460. 93（元）。转出380件，则直接材料费用为460. 93 × 380 = 175 153. 40（元）。其他成本项目均如此计算。按月发出数分成本项目结转到第二步产品成本计算单中。见表4-4-42。

表4-4-42　　第二步产品成本计算单

产量：100件

项　目	直接材料	直接人工	制造费用	成本合计
月初在产品成本	37 000	–	–	37 000
本步本月发生费用	–	85 200	110 340	195 540
上步半成品费用	175 153. 40	37 540. 20	80 313	293 006. 60
合　计	212 153. 40	122 740. 20	190 653	525 546. 60
结转完工产品	166 353. 40	122 740. 20	190 653	479 746. 60
单位成本	1 663. 53	1 227. 40	1 906. 53	4 797. 46
月末在产品成本	45 800	–	–	45 800

第二步计算出完工产成品成本为479 746.60元，与综合结转分步法（按计划成本结构）下计算出的完工产成品是一样的。但按综合结转时，完工产成品结构为甲半成品284 206元，直接人工85 200元和制造费用110 340元仅是第二步发生的。而按分项结转时，完工产成品成本结构为直接材料166 353.40元，直接人工122 740.20元，制造费用190 653元。很明显，后者是直接按原始成本项目反映了产成品成本的构成，不用进行产成品成本的还原，计算工作相对简化了。但是分项结转的计算工作量也比较大，同时，在各步的完工产品成本中看不出本步费用和上步费用各是多少，不便于加强成本管理。因此，分项结转分步法适用于那些不要求计算各步完工产品所耗上一步半成品的费用及本步加工费用各是多少，而要求按原始成本项目反映产成品成本构成的企业。

以上举例的月末在产品是按定额原材料费用计算的，简化了生产费用在完工产品和在产品之间的分配。如果是用约当产量法来计算月末在产品成本，成本的结转、计算工作是十分繁复的。不仅成本计算单中每个成本项目都要区分开上步、本步单独反映，而且在产品的约当量计算也要区分开本步与上步。因为本步骤是在上一步转来的半成品基础上继续加工制造的，因而半成品费用对于本步骤来讲，无论是完工还是在产品都应该按百分之百承担，不存在约当产量的计算问题。但是对本步骤的费用则应该按照完工产品产量和在产品约当量比例进行分配。

【例4-4-9】某企业生产过程分三个步骤，第一步对原材料进行加工制造甲半成品，第二步继续对甲半成品进行加工，制造出乙半成品，第三步继续对乙半成品进行加工，制造出A产成品。各步生产费用在该步完工产品与月末在产品之间的分配，采用约当产量比例法。原材料在生产开始时一次性投入，各步在产品完工程度均按50%计算。各步完工半成品直接转移，不通过半成品库收发。采用逐步分项结转分步法计算成本。产量资料见表4-4-43，各步成本资料见表4-4-44。

表4-4-43　　产量记录表

单位：件

项　目	第一步	第二步	第三步
月初在产品	80	120	200
本月投入	760	720	760
本月产出	720	760	800
月末在产品	120	80	160

表4-4-44　　成本资料表

项　目	月初余额			本月发生额		
	一	二	三	一	二	三
原材料（或半成品）	640	1 200	2 600	6 080	–	–
加　工　费	80	180	100	1 480	2 220	780
合　计	720	1 380	2 700	7 560	–	–

开设三个步骤的产品成本计算单，根据以上有关资料计算于表中，见表4-4-45、表

4-4-46、表 4-4-47。

表 4-4-45　　第一步骤　甲半成品成本计算单

项　目	原材料	加工费	合　计
月初在产品成本	640	80	720
本月发生费用	6 080	1 480	7 560
合　计	6 720	1 560	8 280
约当产量	840	780	–
单位成本	8	2	10
转出半成品成本	5 760	1 440	7 200
月末在产品成本	960	120	1 080

表 4-4-45 中，原材料因为是一次性投入，分配原材料费用不需要计算在产品约当量，所以按完工甲半成品和在产品共 840 件分配。而加工费则是在产品按 50% 负担，所以约当量为 120 ÷ 2 = 60（件），完工与在产品合计为 720 + 60 = 780（件）。单位成本实际是费用分配率，计算如下：

$$原材料分配率 = \frac{6\ 720}{720 + 120} = 8$$

$$加工费分配率 = \frac{1\ 560}{720 + 60} = 2$$

转出半成品成本是用完工半成品产量 720 件，分别乘以原材料单位成本和加工费单位成本：720 × 8 = 5 760（元）；720 × 2 = 1 440（元）。月初与本月发生费用合计数减去转出半成品成本就是月末在产品成本。

表 4-4-46　　第二步　乙半成品成本计算单

项　目	原材料（半成品）	加工费	合　计
月初在产品成本	1 200	180	1 380
本月发生费用	–	2 220	2 220
上步转来半成品成本	5 760	1 440	7 200
合　计	6 960	2 400 + 1 440	10 800
约当产量	840	800 + 840	–
单位成本	8.2857	3 + 1.7143	13
转出半成品成本	6 297	3 583	9 880
月末在产品成本	663	257	920

表 4-4-46 中，“上步转来半成品成本”由“第一步甲半成品成本计算单”中转来。转来半成品相当于原材料是一次投入，所以不存在约当产量问题，完工乙半成品和在产品合计 840 件，单位成本为6 960 ÷ 840 = 8.2857（元），转出半成品为 8.2857 × 760 = 6 297（元），月末在

产品为6 960 - 6 297 = 663(元)。而加工费应分为本步加工费是 180 + 2 220 = 2 400(元),上步转来加工费是1 440元。对上步转入的加工费不分完工、在产,应全部负担,也不用计算在产品约当量,即按 840 件分配,而本步的加工费用则应是按约当产量分配,即按 800 件(760 + 40)分配,所以单位成本(分配率)也是分别计算的。

$$上步加工费用分配率 = \frac{1\ 440}{840} = 1.714\ 3$$

$$本步加工费用分配率 = \frac{2\ 440}{760 + 40} = 3$$

转出半成品应负担加工费为(3 + 1.7143) × 760 = 3 583(元),而月末在产品应负担加工费为 3 × 40 + 1.7140 × 80 = 257(元),其中本步单位成本是 3 元,按约当产量负担是 3 × 40;上步转入单位成本是 1.7143,应 100% 负担,是 1.7143 × 80。

表 4-4-47 中,上步转来半成品成本是从"第二步乙半成品成本计算单"中转来。转来半成品相当于投入原材料,是一次性投入,所以完工产品和月末在产品同样负担,单位成本为 8 897 ÷ 960 = 9.2677(元),转出完工产品成本为 800 × 9.2677 = 7 414(元),月末在产品为 8 897 - 7 414 = 1 483(元)。而加工费和前面所讲道理一样,应分为本步加工费和上步转来加工费。上步转来加工费,完工产品和在产品一样 100% 负担,单位成本为3 583 ÷ 960 = 3.7323(元);本步加工费在产品按完工程度 50% 负担,所以单位成本为 880 ÷ (800 + 80) = 1(元),完工产品应负担的加工费为(1 + 3.7323) × 800 = 3 786(元),而在产品应负担的加工费为 3.7323 × 160 + 1 × 80 = 677(元)。

表 4-4-47　　　　**第三步　A 产品成本计算单**

产量: 800 件

项　目	原材料（半成品）	加工费	合　计
月初在产品成本	2 600	100	2 700
本月发生费用		780	780
上步转来半成品成本	6 297	3 583	9 880
合　　计	8 897	880 + 3 583	13 360
约当产量	960	880 + 960	-
单位成本	9.2677	1 + 3.7323	14
转出半成品成本	7 414	3 786	11 200
月末在产品成本	1 483	677	2 160

以上所举两例,半成品在各步之间转移,一为通过半成品库收发,一为各步间直接转移,但均是按实际成本计价,分成本项目结转。在分项结转分步法下,也可以按计划成本计价并结转,但要分项计算成本差异,分项进行调整,这个工作量太大,所以,在采用分项逐步结转分步法时,一般是按实际成本计价分项结转半成品成本的。

四、平行结转分步法

平行结转分步法是指各步骤应计入相同产成品成本的份额,平行结转汇总,计算产成品成本的计算方法。

在一些大批量多步骤生产的企业里，各生产步骤上半成品种类极多，不可能也不需要计算所有的半成品成本，为了简化和加速成本的计算工作，只要计算各步骤发生的费用和这些费用中应计入产成品成本的份额即可。所以，这种方法也称为不计算半成品成本的分步法。

平行结转分步法要把各步应计入相同产品成本的份额平行结转出来，所以它的成本计算对象就是企业的各种产成品成本及其各个步骤上的份额。

为了确定各步应计入企业的产成品成本中去的份额，就必须将各步发生的费用在企业的完工产品和在产品之间进行分配。必须指出的是，各步的生产费用只计算本步骤发生的费用，而不包括耗用上一步的半成品费用。完工产品指的是企业的产成品，而不包括各步骤完工半成品。在产品是广义在产品，既包括各步完工的半成品，又包括各步正在加工中的在产品。总之，这种方法是把各步本身发生的费用，在最后完工产成品和广义在产品之间分配。平行结转分步法计算程序见图 4-4-3 所示。

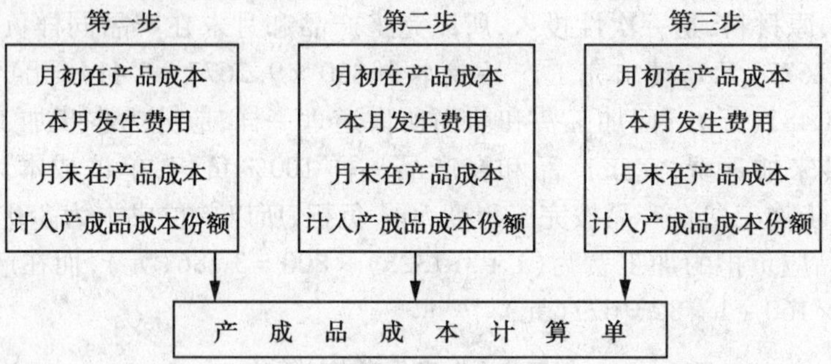

图 4-4-3

从图 4-4-3 可见，各步之间不逐步结转半成品成本，无论半成品是否通过自制半成品库的收发或是在各步之间直接转移，都不需要通过“自制半成品”科目核算，还有些装配式复杂生产的企业，半成品实物及价值根本不在各步之间转移，而各生产步骤各自独立投入原材料、各自加工，最后在一个总装车间制成产成品。如机械制造业、电视机生产、汽车制造业，都是这种类型的生产。平行加工，各自计算成本，最后平行汇总出产成品成本，就是采用平行结转分步法计算产品成本。

各步平行结转分步法汇总计入相同产成品成本的份额实质上是应用前面所讲的生产费用在完工产品与在产品之间分配的方法，但是这里的完工产品是企业的完工产成品，在产品是各步正在加工的狭义在产品和该步已经完工的半成品但尚未计入产成品成本的那部分，也有可能这部分半成品分布在其他步骤上。

【例 4-4-10】某企业生产甲产品，由两个生产车间平行加工而成，生产费用在完工产品与在产品之间分配采用定额比例法，产品成本计算采用平行结转分步法。有关资料如下：

（1）定额资料见表 4-4-48。

（2）成本资料见表 4-4-49。

表 4-4-48　　定额资料

生产步骤	月初在产品		本月投入		甲产成品		
	原材料定额消耗量（千克）	定额工时（小时）	原材料定额消耗量（千克）	定额工时（小时）	产量（吨）	单位定额	
						原材料（千克）	工时（小时）
第一步	30 850	30 500	26 500	25 500	2 500	7. 49	7. 2
第二步	28 000	2 100	39 000	37 900	2 500	6. 8	7

表 4-4-49　　各步成本资料

项　目	第一步骤		第二步骤	
	月初在产品	本月投入	月初在产品	本月投入
原材料	27 115	24 500	18 600	32 320
工　资	13 790	12 250	610	10 990
制造费用	25 880	22 000	2 000	26 600

月末在产品不盘点，其定额资料是根据月初在产品定额资料、本月投入定额资料、产成品定额资料计算求得。

原材料费用按定额消耗量比例分配，其他费用按定额工时比例分配。

表 4-4-50 中月初在产品和本月发生两行是从以上定额资料、成本资料中转来的。

表 4-4-50　　第一步产品成本计算单

20××年×月

产量：2 500吨

项　目	原材料		定额工时（小时）	直接人工	制造费用	成本合计
	定额消耗量（千克）	实际费用				
月初在产品	30 850	27 115	30 500	13 790	25 880	66 785
本月发生	26 500	24 500	25 500	12 250	22 000	58 750
合　　计	57 350	51 615	56 000	26 040	47 880	125 535
分配率		0. 9		0. 465	0. 855	
产成品成本中本步份额	18 725	16 852. 50	18 000	8 370	15 390	40 612. 50
月末在产品	38 625	34 762. 50	38 000	17 670	32 490	84 922. 50

分配率计算如下：

原材料分配率 $=\frac{51\ 615}{57\ 350}=0.9$

直接人工分配率 $=\frac{26\ 040}{56\ 000}=0.465$

制造费用分配率 $=\frac{47\ 880}{56\ 000}=0.855$

计入产成品成本中的原材料的定额消耗量为2 500 ×7.49 = 18 725(千克),即产成品数量乘原材料单件消耗定额。计入产成品成本中原材料费用为18 725 ×0.9 = 16 852.50(元)。月末在产品的原材料定额消耗量为3 050 + 26 500 - 18 725 = 38 625(千克),所以月末在产品成本中原材料费用为38 625 ×0.9 = 34 762.50(元)。

计入产成品的定额工时为单件工时定额乘以产成品数量,即 7.2 × 2 500 = 18 000(小时),计入产成品成本中的直接人工费用为18 000 ×0.465 = 8 370(元)。月末在产品的定额工时应为30 500 + 25 500 - 18 000 = 38 000(小时),月末在产品成本中人工费用为38 000 × 0.465 = 17 670(元)。

计入产成品成本中的制造费用份额为18 000 ×0.855 = 15 390(元),月末在产品成本中的制造费用为38 000 ×0.855 = 32 490(元)。

表 4-4-51 第二步产品成本计算单

20××年×月

产量:2 500吨

项目	原材料		定额工时(小时)	直接人工	制造费用	成本合计
	定额消耗量(千克)	实际费用				
月初在产品	28 000	18 600	2 100	610	2 000	21 210
本月发生	39 000	32 320	37 900	10 990	26 600	69 910
合计	67 000	50 920	40 000	11 600	28 600	91 120
分配率		0.76		0.29	0.715	
产成品成本中本步份额	17 000	12 920	17 500	5 075	12 512.50	30 507.50
月末在产品	50 000	38 000	22 500	6 525	16 087.50	60 612.50

表4-4-51 中月初在产品和本月发生两行数字来自以上提供的定额资料和成本资料。分配率计算如下:

原材料分配率 $=\frac{50\ 920}{67\ 000}=0.76$

直接人工分配率 $=\frac{11\ 600}{40\ 000}=0.29$

制造费用分配率 $=\frac{28\ 600}{40\ 000}=0.715$

计入产成品成本中原材料的定额消耗量为2 500 ×6.8 = 17 000(千克),计入产成品成本中原材料费用为17 000 ×0.76 = 12 920(元),月末在产品的原材料定额消耗量为28 000 + 39 000 - 17 000 = 50 000(千克),月末在产品的原材料费用为50 000 × 0.76 = 38 000(元)。计入产成品成本中的定额工时为2 500 ×7 = 17 500(小时),计入产成品的成本中的人工费用为17 500 × 0.29 = 5 075(元)。计入产成品成本中的制造费用为17 500 × 0.715 =

12 512.50(元)。月末在产品的定额工时应为2 100 + 37 900 - 17 500 = 22 500(小时),月末在产品的人工费用为22 500 × 0.29 = 6 525(元),月末在产品制造费用为22 500 × 0.715 = 168 087.50(元)。

根据以上两个步骤的产品成本计算单的计算结果,平行汇总甲产成品成本计算表,如表4-4-52。

表 4-4-52　甲产品成本汇总计算表

20××年×月

产量:2 500吨

步　骤	直接材料	直接人工	制造费用	成本合计
一	16 852.50	8 370	15 390	40 612.50
二	12 920	5 075	12 512.50	30 507.50
合　计	29 772.50	13 445	27 902.50	71 120
单位成本	11.909	5.378	11.161	28.448

表中一、二两个步骤各成本项目数均为应计入甲产成品成本中各步的份额。甲产成品产量为2 500吨的份额结转出来,平行汇总,最后计算出甲产成品的总成本和单位成本。

平行结转分步法下,生产费用在完工产品和在产品之间的分配,如果采用约当量法计算,同时半成品要在各步间转移,在计算约当量时,要注意各步的半成品的约当量计算。某一步骤的在产品约当量,除该步的在产品按完工程度计算以外,以后各步存在该步的半成品一律按 100% 完工计算,因为既然是到了以后的生产步骤,就是在该步全部完工,不存在约当量问题,所以应按完工半成品计算。

【例 4-4-11】某企业加工制造甲产成品,经过三个生产步骤,半成品在一、二、三步间直接转移,原材料系生产开始时一次性投入,各步在产品完工程度均按 50% 计算,为简化起见,只设直接材料和加工费两个成本项目。有关资料如下表,表 4-4-53 为产量记录,表 4-4-54 为成本资料。

表 4-4-53　产 量 记 录

单位:件

项　目	第一步	第二步	第三步
月初在产品	80	120	200
本月投入	760	720	760
本月产出	720	760	700
月末在产品	120	80	260

表 4-4-54　各步成本资料

项　目	第一步		第二步		第三步	
	月初在产品	本月投产	月初在产品	本月投产	月初在产品	本月投产
直接材料	41 160	76 000				
加工费用	28 000	53 400	19 100	42 000	20 400	56 375

表 4-4-55　　第一步产品成本计算单

20××年×月

项　目	直接材料	加 工 费	成本合计
月初在产品成本	41 160	28 000	69 160
本月投入费用	76 000	53 400	129 400
合　计	117 160	81 400	198 560
约当产量	1 160	1 100	-
分 配 率	101	74	-
应计入产品成本份额	70 700	51 800	122 500
月末在产品成本	46 460	29 600	76 060

表 4-4-55 中,因为原材料系生产开始时一次性投入,对完工产品和月末在产品一样,均按 100% 负担。在平行结转分步法下,月末在产品是广义在产品,不仅本步骤有在产品,后两个步骤的月初在产品也应该计入本步骤,作为完成一段落的生产,而没有最后成为产成品的广义在产品。第一步完工半成品为 720 件,广义在产品为 120 + 120 + 200 = 440(件),所以表中直接材料的约当产量为 720 + 120 + 120 + 200 = 1 160(件)。而加工费在第二步、第三步的月初在产品,是全部完成了第一步,所以应 100% 负担,第一步的月末在产品,应按 50% 完工程度负担,所以加工费用的约当产量应为 720 + 120 + 200 + 120/2 = 1 100(件)。材料费用和加工费用分配率,应分别按这个约当量计算,直接材料分配率为117 160 ÷ 1 160 = 101;加工费用分配率为81 400 ÷ 1 100 = 74。应计入产成品成本的份额,要按最后一生产步骤的产成品数量计算,产成品数为 700 件,所以本步应计入产成品成本的原材料的费用为 700 × 101 = 70 700(元),加工费用为 700 × 74 = 51 800(元)。月末在产品的原材料费用为117 160 - 70 700 = 46 460(元),月末在产品加工费用为81 400 - 51 800 = 29 600(元)。

表 4-4-56 中,只反映第二步的加工费用,而不反映原材料或半成品,尽管第一步的半成品直接转给了第二步,但在平行结转分步法下,各步只计算本步发生的费用,半成品实物转移,价值不转移,所以不予反映。

加工费的约当产量 = 200 + 760 + 80/2 = 1 000(件)

加工费的分配率 $= \frac{61\ 100}{1000} = 61.1$

表 4-4-56　　第二步产品成本计算单

20××年×月

项　目	直接材料	加 工 费	成本合计
月初在产品成本		19 100	19 100
本月投入费用		42 000	42 000
合　计		61 100	61 100
约当产量		1 000	
分 配 率		61.1	
应计入产成品成本份额		42 770	42 770
月末在产品成本		18 330	18 330

应计入产成品成本的加工费用同样要按最后一步的产成品数量计算，即 61.1×700＝42 770(元)，月末在产品的加工费为61 100－42 770＝18 330(元)。

表 4-4-57 和第二步同样不反映原材料或半成品费用，只反映该步骤的加工费。加工费的约当产量为 700＋260/2＝830(件)，加工费分配率为76 775÷830＝92.5。应计入产成品成本的该步加工费也是按最后一步产成品数量计算转出，即 92.5×700＝64 750(元)，月末在产品加工费为76 775－64 750＝12 025(元)。

表 4-4-57　　第二步产品成本计算单

20××年×月

项　目	直接材料	加 工 费	成本合计
月初在产品成本		20 400	20 400
本月投入费用		56 375	56 375
合　计		76 775	76 775
约当产量		830	
分　配　率		92.5	
应计入产成品成本份额		64 750	64 750
月末在产品成本		12 025	12 025

根据以上三步骤产品成本计算单，汇总编制甲产成品成本汇总计算表，如表 4-4-58 所示。

表 4-4-58　　甲产成品成本汇总计算表

20××年×月

产量:700 件

生产车间	直接材料	加工费	车间成本
一	70 700	51 800	122 500
二		42 770	42 770
三		64 750	64 750
总成本	70 700	159 320	230 020
单位成本	101	227.60	328.60

以上所举平行结转分步法两例，一为半成品不在各步之间转移，各步都有投入的原材料，平行加工生产，最后平行汇总产成品成本；另一为半成品实物在各步间直接转移，但其价值并不转移，仍然是最后平行汇总产成品成本。无论哪一种方式，最后的产成品成本汇总计算表中只反映各步本身的费用，并不反映耗用前步半成品费用，但产成品是按原材料成本项目反映的。

综上所述，平行结转分步法可以按原始成本项目反映产成品成本的构成，不必逐步结转半成品成本，也不用进行成本还原或分项结转半成品成本的复杂计算，加速了成本计算工作。但是这种方法正是由于不计算各步结转的半成品成本，而使得半成品实物在各步间转移时脱离了其价值，既不利于半成品资金的管理，又不能反映各步的半成品成本资料，也就不能全面反映各步的成本水平。这些利弊与逐步结转分步法下的利弊正相反。所以，这种平行结转分步法正如前面所述，适合于多步骤装配式复杂生产，各步有许多种半成品，但管理上不要求计算这些半成品成本，只需要按原始成本项目反映产成品成本构成的成本资料的企业。采用这种方法时,如果半成品要在各步间转移,应加强半成品的实物管理,建立在产品收、发、存数量台账,期末做好在产品清查工作。

第四节 分 类 法

一、分类法的基本特点

分类法按照产品类别设置成本计算单,先按类别归集和分配费用,计算各类产品成本,再按一定标准分配计算类内各种产品生产成本。这种方法适用于产品品种或规格较多的企业,如鞋帽、针织、无线电元件等类型的企业。在这些企业中,如果按照产品品种或规格作为成本计算对象,则成本计算工作量非常大。因此,为了简并成本计算对象,简化成本计算手续,便采用了分类法。分类法的基本特点是:

1. 以产品类别作为成本计算对象

采用分类法时,要以产品所耗用原材料和工艺技术过程是否相同或相近为标准,将产品划分为若干类别,按类别开设成本计算单。各类产品的直接费用直接计入,间接费用分配计入。

2. 选择合理的标准分配计算类内各种产品的成本

在分配标准的选择上,应以是否与产品成本有直接关系为标准。通常采用的分配标准有产品的重量、体积、长度、计划成本、定额成本、生产工时和销价等。

在实际工作中,一般是将分配标准折合成系数,具体做法是:在类内产品中选择一种产量较大、生产比较稳定或规格折中的产品作为标准产品,把这种产品的系数定为“1”,用其他产品的单位产品的分配标准与标准产品的分配标准相比,即可求出其他产品与标准产品的比例,即系数。系数确定以后,以各种产品的产量乘以系数,折合为标准产品的产量,据以进行分配计算类内各产品的成本。

由于企业对成本管理的要求不同,系数可分为综合系数和单项系数。

综合系数是以产品的全面因素(如计划成本、定额成本、售价等)为基础换算的系数。以定额成本为例,其产品单位成本系数计算公式如下:

$$单位成本系数=\frac{某种产品的单位定额成本}{标准产品的单位定额成本}$$

单项系数是以产品成本中某一项目计算的系数。以直接材料消耗定额为例,直接材料成本系数计算公式如下:

$$直接材料成本系数=\frac{某种产品的直接材料定额成本}{标准产品的直接材料定额成本}$$

分类法不是一种独立的成本计算方法,它与生产类型无直接关系,只是为了简化产品品种、种类繁多的企业成本计算而采用的一种辅助成本计算方法。

二、分类法举例

【例 4-4-12】某企业的产品规格很多,其中,甲、乙、丙三种产品耗用原材料和生产工艺

过程比较接近,因而将其归并为一类,按分类法计算产品成本。有关资料如下:

(1)该类产品的消耗定额比较准确、稳定,因而该企业月末在产品定额成本和本月发生的费用如表4-4-59所示。

表4-4-59

项目	直接材料	直接人工	燃料和动力	制造费用	合计
月初在产品	17 520	3 920	2 560	9 000	33 000
本月费用	156 240	26 600	30 640	64 320	277 800
月末在产品	17 160	5 935	2 357	6 270	31 722

(2)消耗定额和产量如表4-4-60所示。

表4-4-60

产品名称	产量	材料消耗定额(千克)	工时消耗定额(小时)
甲产品	3 600	23.40	14.40
乙产品	4 800	18	16
丙产品	1 200	14.40	12

(3)乙产品为标准产品。

(4)根据以上资料,采用分类法计算甲、乙、丙三种产品成本如下:

① 计算类别产品成本如表4-4-61所示。

表4-4-61

项目	直接材料	直接人工	燃料和动力	制造费用	合计
月初在产品成本	17 520	3 920	2 560	9 000	33 000
本月费用	156 240	26 600	30 640	64 320	277 800
合计	173 760	30 520	33 200	73 320	310 800
完工产品成本	156 600	24 585	30 843	67 050	279 078
月末在产品	17 160	5 935	2 357	6 270	31 722

(2)计算材料和工时定额消耗系数如表4-4-62所示。

表4-4-62

产品名称	单位产品		材料定额消耗量系数	定额工时系数
	材料消耗定额	工时定额		
甲	23.4	14.4	1.3	0.9
乙	18	16	1	1
丙	14.4	12	0.8	0.75

(3)计算类内各种产品成本如表4-4-63所示。

表 4-4-63

产品	产量	材料定额消耗量系数	定额工时系数	总系数		总成本				合 计	单位成本
				直接材料	其他费用	直接材料	直接人工	直接燃料和动力	制造费用		
1	2	3	4	5 =2 ×3	6 =2 ×4	7 =5 ×分配率	8 =6 ×分配率	9 =6 ×分配率	10 =6 ×分配率	11 =7 +8 +9 +10	12 =11 ÷2
分配率						15	2. 75	3. 45	7. 5		
甲	3600	1. 3	0. 9	4 680	3 240	70 200	8 910	11 178	24 300	114 588	8
乙	4 800	1	1	4 800	4 800	72 000	13 200	16 560	36 000	137 760	28. 7
丙	1 200	0. 8	0. 75	960	900	14 400	2 475	3 105	6 750	26 730	22. 275
合计				10 440	8 940	156 600	24 585	30 843	67 050	279 078	

第五节　定　额　法

一、定额法的基本特点

定额法是以产品的现行定额成本为基础，加减实际成本脱离定额差异，计算产品实际成本的一种方法。定额法的基本特点如下：

（1）将产品实际成本分解为定额成本和实际成本脱离定额差异两个部分。在现行定额已知的情况下，实际上关键是采用一定方法确定脱离定额的差异。计算公式如下：

产品实际成本 = 现行定额成本 ± 脱离定额差异

（2）在定额标准因劳动生产率提高或生产条件发生变化而修订时，会产生定额变动差异，这时期初在产品应调整为现行定额成本，因此，产品实际成本计算公式如下：

产品实际成本 = 原定额成本 ± 定额变动差异 ± 脱离定额差异

（3）定额法是成本计划、核算、分析和控制的有机结合，因而更符合现代管理需要。

定额法适用于定额管理制度比较健全，定额管理工作基础比较好，产品的生产已定型，消耗定额比较准确、稳定的企业。

定额法不是一种独立的成本计算方法，它与生产类型无直接关系，只是为了加强控制和简化成本核算而采用的一种辅助的成本计算方法，它必须结合品种法、分批法、分步法使用。

二、定额法的基本内容

（一）定额成本的计算

定额成本是根据企业某一时期所实行的各种消耗定额和其他资料计算出来的成本。

产品的定额成本与计划成本不同。定额成本是以现行的各种费用消耗定额为依据计算出来的成本。定额成本反映企业在当前条件下应达到的水平，是生产费用支出的尺度。计划成本是以当前计划期内平均消耗定额为依据计算出来的产品成本，它表明企业在计划期内平均达到的水平。

定额成本的计算是通过编制定额成本计算表进行的，定额成本计算表的编制方法同产品的结构、零件的多少、企业规模的大小等因素有密切关系。一般来说，在零、部件不多的情况下，可以先编制零件的定额成本计算表，然后再汇编部件和产成品定额成本表。在零部件较多的情况下，为了简化其编制手续，可以不编零、部件定额成本表，直接编制每种产品的车间单位产品定额成本表，然后再汇编企业单位产品定额成本表。定额成本计算是按成本项目进行的。其计算方法如下：

（1）“直接材料”项目是根据现行消耗定额及计划价格计算的。

（2）“直接人工”项目是根据该产品现行工时定额及每小时计划直接人工计算的。

（3）“直接燃料和动力”项目是根据该产品现行工时定额及每小时直接燃料和动力计算的。

（4）“制造费用”项目是根据该产品现行工时定额及每小时计划制造费用计算的。

（二）定额差异的核算

定额差异是指在生产过程中各项实际费用脱离现行定额的差异。实际费用高于定额费用（即定额成本）的差额为超支差异；实际费用低于定额费用（即定额成本）的差异为节约差异。在定额法下，把实际发生费用分为符合定额的定额费用（即定额成本）和脱离定额的费用（即定额差异）两部分计算与反映。定额成本和定额差异的代数和等于实际成本，只是超支的定额差异用“+”号表示，节约的定额差异用“-”号表示。通过定额差异的核算和分析，可以对生产费用支出进行日常监督，及时反映生产消耗的节约和浪费，有利于加强成本管理，控制生产费用支出，降低产品成本。由此可以看出，定额差异的核算是定额法计算产品成本的关键环节，定额差异核算是否准确、及时，直接影响实际成本的计算。

定额差异包括直接材料定额差异、直接人工定额差异和其他费用定额差异三个部分。下面分别说明它们的核算方法。

1. 直接材料定额差异的核算

在采用定额法的企业中，生产产品耗用的材料，一般都采用限额领料制度。对于限额内的用料，应填写限额领料单办理领料手续。由于增加产品产量发生的超过限额的领料，经过追加限额手续后，仍可填写限额领料单办理。由于其他原因发生超过限额领料时，应填写超限额领料单等差异凭证，办理领料手续，或用普通领料单代替，但应以不同颜色或加盖专用的标记加以区别，这种超过限额的费用就是直接材料定额差异。

生产领用代用材料时，应折算出相当于原规定材料的数量后计算定额差异，填写差异凭证，对于差异凭证的签发，都必须经过一定的审批手续。每批生产任务完成后，应根据车间余料数额填写退料单，办理退料手续。退料单也应视作差异凭证，它反映的是实际消耗量与定额消耗量的节约差异。

企业对于某些贵重材料或经常大量使用、需要经过切割才能投入生产的材料，还应设置“材料切割计算单”项目，用来计算材料脱离定额的差异及其原因。“材料切割计算单”应按每一班组、每批材料开设，在切割单中通过月初结存加本月用料减本月退料和结存，计算出生产本批产品实际消耗定额，求出直接材料定额消耗量，然后与材料实际消耗量相比较，就可以确定脱离定额差异。

在连续投料、生产不能按批划分的大量生产企业中，材料定额消耗量和脱离定额差异就无法按照生产任务的批别进行，而只能定期（每周、每旬或每月）通过盘存的方法进行核算。即根据产量凭证、在产品盘存或账面资料，以及材料消耗定额，计算材料定额消耗量；根据限额领料单、差异凭证和车间原材料的盘存资料，计算材料实际消耗量，然后用实际消耗量与定额消耗量进行比较，确定出脱离定额的差异。

2. 直接人工定额差异的核算

生产工人工资定额差异，是指生产中工资费用的实际支出脱离定额的差异。由于采用的工资支付形式不同，其定额差异计算方法也不相同。

在计件工资形式下，符合定额生产工人工资，应该反映在产量记录中。脱离定额的差异应经过一定的手续登记在专设的补付单差异凭证中，并注明产生差异的原因，以便根据差异凭证进行分析。

在计时工资形式下，如果工人工资是直接记入某种产品成本的，其脱离定额差异就可以用该种产品的实际生产工人工资同实际产量的定额工资比较确定。其计算公式如下：

$$\begin{matrix}\text{某种产品直接}\\ \text{工资的定额差异}\end{matrix}=\begin{matrix}\text{该种产品实际}\\ \text{生产工人工资}\end{matrix}-\begin{matrix}\text{该种产品}\\ \text{实际产量}\end{matrix}\times\begin{matrix}\text{单位产品}\\ \text{定额工资}\end{matrix}$$

如果生产工人工资不是直接记入，而是采用实际生产工时分配时，其定额差异可用下列公式计算：

$$\begin{matrix}\text{某种产品直接}\\ \text{工资的定额差异}\end{matrix}=\begin{matrix}\text{该种产品实际产量}\\ \text{的实际生产工时}\end{matrix}\times\begin{matrix}\text{实际每小}\\ \text{小时平均工资}\end{matrix}-\left(\begin{matrix}\text{该种产品实际产量}\\ \text{的定额生产工时}\end{matrix}\times\begin{matrix}\text{计划小时}\\ \text{平均工资}\end{matrix}\right)$$

从上列公式可以看出，生产工人工资的定额差异是由两个因素造成的，一个是工时差异，一个是小时工资率差异。因此，在日常记录中，应按产品分别反映定额工时、实际工时和工时定额的差异产生的原因，以便定期按产品分别汇总。

为了计算小时平均工资率的差异，要在月末实际生产工人工资总额确定以后，除以生产工人实际工时，先求得实际小时平均工资。其计算公式如下：

$$\text{实际小时平均工资}=\frac{\text{某车间实际生产工人工资总额}}{\text{某车间实际生产工人工时}}$$

计算出实际小时平均工资后，用以同计划小时平均工资相比较，即可求出小时工资差异。其计算公式如下：

$$\begin{matrix}\text{计划小时}\\ \text{平均工资}\end{matrix}=\frac{\text{某车间计划产量的定额生产工人工资总额}}{\text{某车间计划产量的定额生产小时总额}}$$

$$\text{小时工资率差异}=\text{实际小时平均工资}-\text{计划小时平均工资}$$

从上列公式可以看出，小时工资率由生产工人工资总额和生产工人总工时两个因素决定。因此，小时工资率差异，一方面由实际生产工人工资总额与按计划产量计算的定额生产工人工资总额之间的差异造成；另一方面由实际生产工时总数与按计划产量计算的定额生产工时总数之间的差异造成。

3. 其他费用定额差异的核算

其他费用是指直接燃料和动力及制造费用，这些费用不能在费用发生的当时直接确定脱离定额差异，而是必须在月末实际费用总额计算出来以后，将实际费用与定额费用相对比，才能确定其定额差异。

现以制造费用为例，并假设按生产工时分配，则计算公式如下：

某种产品制造费用的定额差异 = 该种产品实际制造费用 − 该种产品实际产量的定额工时 × 计划每小时制造费用

直接燃料和动力及制造费用按生产工时分配时，其脱离定额的差异也是由工时差异和小时平均费用差异两个因素组成的，其计算方法与生产工人工资定额差异的计算方法基本相同。

（三）定额变动差异的核算

定额变动差异与定额差异不同，定额变动差异是指因劳动生产率的提高和生产条件的变化，企业对定额进行修改而产生的新旧定额之间的差额，因此，它是定额本身变动的结果，同生产费用支出的节约或超支无关。而定额差异是指生产中各项生产费用的实际支出脱离定额的差额，它表明各项费用支出的合理程度。可见定额差异与定额变动差异是不同的。首先是两者的经济内容和作用不同，其次是两者在核算方法上不一样。由于费用支出经常同定额发生差异，因而在核算中要及时揭示，而定额相对来说不经常变动，当然也就不需要经常计算；此外，定额差异的发生，不一定是由某一种产品单独引起的，因而定额差异有的可能直接记入产品成本，有的可能间接分配记入产品成本，但定额变动差异同某一种产品直接有关，因此一般都是直接记入产品成本。

各项消耗定额的修改，一般在年初进行，如果某些定额变动较大，在年度内也可进行调整，变动后的定额一般是在月初实行的。当月初有在产品时，其定额成本要按新的定额进行调整，以便将月初在产品定额成本和按新定额计算的本期发生的定额成本在同一基础上相加。如果消耗定额降低，一方面应在月初按旧定额计算的产品定额成本中扣除定额差异，另一方面由该项差异是月初在产品生产费用的实际支出，所以，还应该将这些差异记入当月产品成本。反之，如果消耗定额提高，则月初在产品定额成本应加上这项变动差异，但实际上并未发生这部分支出，所以，应从本月生产费用中扣除。无论消耗定额是调低还是调高，所形成的定额变动差异都不会影响月初在产品和本月生产费用的总额。现举例说明计算方法。

【例 4-4-13】某企业月初在产品 100 件，直接材料项目的定额成本按上月旧定额每件 30 元计算，共计3 000元，自本月起每件费用定额改为 28 元，本月投产 400 件，实际发生直接材料费用为11 600元。产品 500 件本月全部完工，则计算结果如下：

月初在产品定额成本	3 000（元）
减：月初在产品定额成本降低数	100 ×（30 − 28）= 200（元）
加：本月投入产品定额成本	400 × 28 = 11 200（元）
定额成本合计数	3 000 − 200 + 11 200 = 14 000（元）
加：定额差异	11 600 − 11 200 = 400（元）
加：定额变动差异	200（元）

实际成本　　14 600(元)

对于定额变动差异,一般应按照定额成本的比例,在完工产品和在产品之间进行分配。但如果差异数额不大或者产品的生产周期小于一个月,也可以全部由完工产品成本负担。

定额法能够在生产费用发生的当时,反映和监督脱离定额的差异,从而把成本计划、成本核算、成本分析和成本控制有机地结合起来,便于定期及时进行成本分析,并有效地进行成本控制,有利于挖掘企业潜力,不断降低成本。定额法有利于提高成本计划工作和定额管理工作的水平,并有利于采用现成的定额成本资料,较合理和简便地解决完工产品和月末在产品之间分配费用的问题。

但采用定额法时,必须制定定额成本,单独核算实际脱离定额的差异和定额变动差异,因而其核算工作量比较大,当定额成本计算得不准确、定额制定得不合理或定额不稳定时,会对实际成本计算产生不利影响。

三、定额法举例

【例 4-4-14】某企业大批量生产甲产品,该产品的各项消耗定额比较准确、稳定,采用定额法计算产品成本,成本核算工作集中在厂部财会部门。有关资料如下:

(1) 定额资料如表 4-4-64 所示(材料在生产开始时一次投入)。

表 4-4-64

项　目	耗 用 量	计划单价	定额成本
直接材料	100 千克	4. 50	450
直接人工	200 小时	0. 40	80
直接燃料和动力	200 小时	0. 35	70
制造费用	200 小时	0. 50	100
合　计			700

(2) 月初在产品 100 件,其成本资料如表 4-4-65 所示。

表 4-4-65

项　目	定额成本	定额差异
直接材料	45 500	2 000
直接人工	8 000	100
直接燃料和动力	7 000	80
制造费用	10 000	100
合　计	70 500	2 280

(3) 定额变动资料:

甲产品直接材料费用定额由上月的 455 元降为 450 元,由于月初在产品为 100 件,所以甲产品的定额变动差异为 500(5 × 100)元。

(4) 本月实际发生费用为365 425元。其中:直接材料为236 525元,直接人工为41 660

元，直接燃料动力为36 075元，制造费用为51 165元。

（5）本月投产500件，当月完工400件。

（6）成本计算如表4-4-66所示。

表4-4-66

成本项目	月初在产品		月初在产品定额变动		本月费用		生产费用合计			差异分配率	产品成本				月末在产品	
	定额成本	定额差异	定额成本调整	定额成本	定额差异	定额差异	定额成本	定额差异	定额变动差异		定额成本	定额差异	定额变动差异	实际成本	定额成本	定额差异
1	2	3	4	5	6	7	8 = 2 + 4 + 6	9 = 3 + 7	10 = 5	11 = 9 ÷ 8	12	13 = 12 × 11	14 = 10	15 = 12 + 13 + 14	16 = 6 + 12	17 = 9 − 13
直接材料	45 500	2 000	−500	+500	225 000	11 525	270 000	13 525	+500	0.0501	180 000	9 018	+500	189 518	90 000	4 507
直接人工	8 000	100			40 000	1 660	48 000	1 760		0.0367	32 000	1 174.40		33 174.40	16 000	585.60
燃料动力	7 000	80			35 000	1 075	42 000	1 155		0.0275	28 000	770		28 770	14 000	385
制造费用	10 000	100			50 000	1 165	60 000	1 265		0.0211	40 000	844		40 844	20 000	421
合计	70 500	2 280	−500	+500	350 000	15 425	420 000	17 705	+500		280 000	11 806.40	+500	292 306.4	140 000	5 898.60

第六节　作业成本法

一、作业成本法的概念

作业成本法（Activity Based Costing，简称ABC）是以作业为基础，通过对作业成本动因的分析来计算产品生产成本，并为企业作业管理提供更为相关、相对准确成本信息的一种成本计算方法。

1. 作业、作业链和价值链

作业是企业为提供一定量的产品或劳务所消耗的原材料、人力、技术、方法和环境等的集合体，是与产成品的独特特性无关的重复执行的标准化方法或技术。“作业”一词在使用上比较广泛，它可以是一个部门或一个生产流程的同义词。例如，一个服装制造商可能在一个部门中进行裁布作业和缝纫作业。

每个企业可根据自己企业作业的特点设计作业类型。设计作业时应考虑生产的类型、组成、多样性和复杂性，而不能仅考虑生产的业务量。在作业成本法下，将制造费用看成是一系列作业的结果，这些作业消耗资源，并确定制造费用的成本水平。也就是说，是作业驱动了制造费用成本。所以要反映产品真实的资源消耗，它们的制造费用份额必须按这种作业基础来吸纳，同时，它要求管理者分清导致成本发生的原因，在正确的层次上加以控制。

与作业相关联的概念是“作业链”和“价值链”。现代企业实质上是为满足顾客需要而设计的作业的集合体,因为从产品设计到产品销售的整个生产经营过程,都是由一系列前后有序的作业构成的。这些作业由此及彼、由内到外相连接,就形成了一条"作业链"。作业消耗资源,产品消耗作业,每一项作业的完成都需要消耗一定的资源,同时又有一定的价值量和产出转移到下一个作业。价值沿作业链在各作业之间转移,就构成了一条"价值链"。因此,"作业链"的形成过程其实就是"价值链"的形成过程。作业的推移同时也表现为价值在企业内部的逐步积累和转移,最后形成转移给外部顾客的总价值,这个总价值就是产品的总成本。

2. 成本动因

成本动因是指驱动或产生成本、费用的各种因素,是作业基础成本体系中非常重要的一个概念。在作业成本会计中,成本动因可分为两种:一是资源动因,二是作业动因。资源动因是指将资源成本分配到作业中心的标准,它反映了作业中心对资源的耗用情况。例如,如果人工费用的耗用主要和从事各项作业的人数有关,那么,就可以按照人数来向各作业中心分配人工方面的费用,这里的人数就是资源动因。将资源一项一项地分配到作业中心的成本要素进行加计汇总,就形成了作业成本库。通过对成本要素和成本库的分析,可以揭示哪些资源需要减少,哪些资源需要重新配置,最终确定如何改进和降低作业成本。

作业动因是将作业中心的成本分配到产品或劳务的标准,它反映了产品消耗作业的情况。例如,各种产品或劳务所发生的设备维修费与维修小时有关,那么,维修小时就是作业动因。通过分析作业动因可以揭示哪些作业是多余的,应予以消除,哪些作业应予以改进,以及整体成本应该如何改善、如何降低等。

二、作业成本法核算的基本程序

作业成本法是以作业消耗资源、产品消耗作业的概念为基础的。所以,作业成本计算的基本程序就是先将各类资源价值分配到各作业成本库,然后再把各作业成本库所归集的成本分配给各种产品。具体步骤如下:

(1) 确定成本计算对象。如以产品的品种、批次或步骤作为成本计算对象。

(2) 确定直接生产成本类别。如直接材料、直接人工等。

(3) 确认作业类别,建立作业中心。如可将制造企业的作业确认为订单作业、采购作业、进货作业、生产作业、质量检验作业、销售作业、发货作业、售后服务作业等。

(4) 将资源分配到各作业中心,计算各作业成本。在将资源分配到各作业中心时,如果某资源能分清是哪一作业所耗的,可将该资源直接分配到该作业中,如某作业中心发生的办公用品费;如果某资源由几个作业中心共同耗费,能分清是哪一作业所耗的,则须采用一定的资源动因,将该资源在共同耗费该资源的作业中心之间进行分配。

(5) 分配作业成本。选择成本分配基础,即作业动因,计算间接成本动因率,用成本动因率乘以产品或批次耗用的成本动因量,即得该产品或批次所分得的该项间接成本。成本动因的选择,应遵循因果关系或受益性、合理性等原则。

(6) 计算各产品成本。将各产品发生的直接生产成本和各成本库中的作业成本分别汇总,即得该产品总成本或单位成本。

作业成本法的成本计算程序可见图 4-4-4 所示。

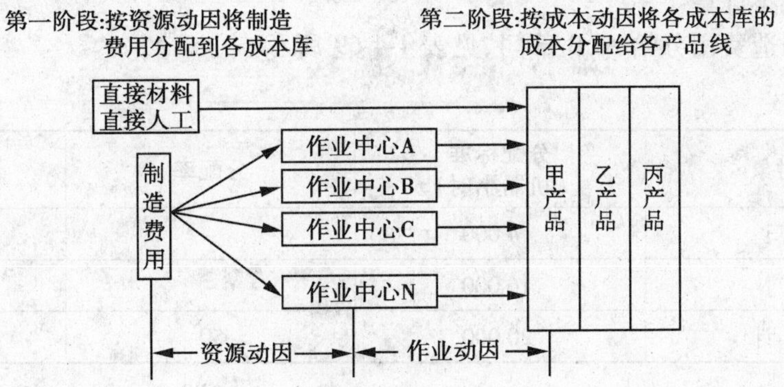

图 4-4-4

三、作业成本法举例

【例 4-4-15】某制造企业分厂生产甲、乙两种产品,经过 A 和 B 两个生产车间,A 车间是机器加工车间、B 车间是装配车间。原先使用传统的成本计算方法分两步计算其产品成本:第一步,先将分厂的制造费用按机器小时分到两个生产车间 A 和 B;第二步,再根据直接人工工时将制造费用分给甲产品和乙产品。

某年度某月份该企业共发生制造费用1 000 000元,A,B 车间的机器小时分别为4 000小时和16 000小时,直接人工小时分别为2 000小时和1 000小时。

该月份其他有关资料见表 4-4-67。

表 4-4-67

	甲产品	乙产品
生产和销售数(件)	200	800
直接材料的单位成本(元)	100	50
每小时直接人工工资率(元)	25	20
A 车间直接人工小时	400	1 600
B 车间直接人工小时	200	800

现考虑采用作业成本法,经分析该企业的作业情况见表 4-4-68。

表 4-4-68

作业中心	资源分配	动 因	动 因 量		动因率
			甲产品	乙产品	
移动材料	150 000	移动数	150	350	300
启动机器	100 000	启动数	10	15	4 000
设备维修	200 000	维修小时	800	1 200	100
质量控制	120 000	产品数量	200	800	120
产品运输	160 000	运输次数	20	60	2 000
其　他	180 000	机器小时	6 000	14 000	9
其　他	90 000	人工小时	800	2 200	30

1. 传统成本计算

（1）将制造费用分给 A,B 部门,见表 4-4-69 所示。

表 4-4-69

分配对象	分配标准（机器小时）	分配率	分配额
A 部门	4 000	–	200 000
B 部门	16 000	–	800 000
合　计	20 000	50	1 000 000

（2）将 A,B 部门的制造费用分别分给甲、乙产品,见表 4-4-70 所示。

表 4-4-70

部　门		甲产品	乙产品	合　计
A 部门	分配标准	400	1 600	2 000
	分配率	–	–	100
	分配额	40 000	160 000	200 000
B 部门	分配标准	200	800	1 000
	分配率	–	–	800
	分配额	160 000	640 000	800 000
合　计		200 000	800 000	1 000 000
单位产品制造费用 200 000 ÷ 200 800 000 ÷ 800		1 000	1 000	

（3）计算甲、乙产品的单位成本和总成本,见表 4-4-71 所示。

表 4-4-71

项　目	甲产品	乙产品
直接材料	100	50
直接人工 25 × (400 + 200) ÷ 200 20 × (1 600 + 800) ÷ 800	75	60
制造费用	1 000	1 000
单位成本	1 175	1 110
总成本 200 × 1 175 800 × 1 110	235 000	888 000

2. 作业成本计算

（1）按成本动因率分配各作业中心的成本,见表 4-4-72 所示。

表 4-4-72

	甲产品	乙产品
材料移动		
300 × 150	45 000	
300 × 350		105 000
启动机器		
4 000 × 10	40 000	
4 000 × 15		60 000
设备维修		
100 × 800	80 000	
100 × 1 200		120 000
质量控制		
120 × 200	24 000	
120 × 800		96 000
产品运输		
2 000 × 20	40 000	
2 000 × 60		120 000
其他		
机器小时		
9 × 6 000	54 000	126 000
9 × 14 000		
人工小时		
30 × 800	24 000	
30 × 2 200		66 000
总　　计	307 000	693 000
单位制造费用	1 535	866. 25

（2）计算甲、乙产品的总成本和单位成本，见表 4-4-73 所示。

表 4-4-73

项　　目	甲产品	乙产品
直接材料	100	50
直接人工	75	60
制造费用	1 535	866. 25
单位成本	1 710	976. 25
总成本		
200 × 1 710	342 000	
800 × 976. 25		781 000

3. 传统成本法与作业成本法计算结果的比较

表 4-4-74

	甲产品		乙产品	
	元	%	元	%
传统成本法	1 175	51.42	1 110	48.58
作业成本法	1 710	63.66	976.25	36.34

从表 4-4-74 可见，与作业成本法相比，采用传统成本法甲产品成本少分配 535 元，乙产品成本多分配 133.75 元。作业成本法则较好地反映了制造费用成本的同质性，并且按不同成本动因进行分配，提供的成本信息相对比较精确。

第五章　产品成本分析

第一节　产品成本分析概述

一、产品成本分析的意义

成本分析是为了满足企业各管理层次了解成本状况及进行经营决策的需要，以成本报表为分析的主要对象，结合其他有关的核算、计划和统计资料，采用一定的方法解剖成本变动原因、经营管理缺陷及业绩的管理活动。

通过成本分析，可以进一步明确企业的成本费用状况，全面正确地评价企业内部各部门、各单位成本责任的履行情况，揭示和测定各因素变动对成本的影响程度，对进一步了解企业经济效益及其好坏的原因、寻求降低成本的有效途径具有重要的意义。

二、产品成本变动的影响因素

成本分析的主要任务是正确评价企业成本计划的执行结果，揭示成本升降的原因，以寻求进一步降低成本的途径和方法。企业成本费用的发生受多种因素的影响，不仅受内在因素，而且受外在因素的影响，不仅受技术因素，而且受经济甚至社会因素的影响。全面研究成本变动原因，对实现上述成本分析的任务大有裨益。

影响成本变动的因素主要包括：

（1）企业地理位置的变迁将给企业成本费用的发生带来多方面的影响。由于气候条件的变化对材料的保管条件有不同的要求，从而造成了企业成本费用水平上的差别；由于地理位置上的变化，在对外协作、产品销售上发生的耗费将不相同。正确认识这一点对成本决策具有重要的意义。

（2）企业规模和技术装备水平的变化将对成本费用的发生带来直接影响。通常适度的企业生产规模和较先进的技术装备，在使资源合理配置、提高产品质量和劳动生产率等方面，具有较强的优势，从而达到成本降低的目的。但不适当地扩大企业生产规模和盲目引进先进的生产设备也是造成成本费用超支的一个重要影响因素。

（3）企业经营管理的好坏是对成本费用超支或节约的重要影响因素。如果企业经营管理得力，原材料、燃料、动力利用节约，劳动力资源配置合理，劳动生产率较高，生产设备的利用程度较高，产品质量很好，资金运用合理，那么，企业的成本费用开支将会保持一个令人满意的水平。否则，将给企业带来不利的影响。

三、成本分析的方法

成本分析的方法很多，具体采用什么方法，应根据分析的要求和掌握资料的情况而定。常用的分析方法有对比分析法、比率分析法、趋势分析法、因素分析法等。

1. 对比分析法

对比分析法也称比较分析法。它是指通过实际数与基数的对比来揭示实际数与基数之间的差异,借以了解经济活动的成绩和问题的一种分析方法。工业企业各种成本的分析都要采用这种方法,因此,可以说它是最基本的成本分析方法。

对比分析法所比较的基数由于分析的目的不同而有所不同。例如,将实际数与计划数或定额数对比,可以揭示计划或定额的执行情况;将本期实际数与前期实际数或以往年度同期实际数对比,可以考察经济业务的发展变化情况;将本期实际数与本企业的历史先进水平对比,将本企业实际数与国内外同行业的先进水平对比,可以发现与先进水平之间的差距等。

采用对比分析法,应注意指标间的可比性。

根据需要,对比分析可采用不同的比较形式,如绝对数比较、增减数比较、指数比较等。

2. 比率分析法

比率分析法是指通过计算指标之间的比率来考察企业经济活动相对效益的一种分析方法。比率分析法主要有相关指标比率分析法和构成比率分析法。

相关指标比率分析法是通过计算两个性质不同而又相关的指标的比率进行数量分析的方法。例如计算成本与产值、销售收入或利润相比的相对数,即产值成本率、销售收入成本率或成本利润率,并将实际数与基数进行对比,就可以反映企业经济效益的好坏,揭示其与基数之间的差异。

构成比率分析法是通过计算某项指标的各组成部分占总体的比重进行数量分析的方法。例如,将构成产品成本的各费用项目分别与产品成本总额相比,计算产品成本的构成比率;将构成管理费用的各项费用分别与管理费用总额相比,计算管理费用的构成比率。通过这种分析,反映产品成本或经营管理费用的构成情况。

3. 趋势分析法

趋势分析法是指将企业连续几个会计期间的成本资料采用列表或绘制统计图的形式来反映,并借以观察企业成本增减变动趋势及变动程度的一种分析方法。

【例 4-5-1】某企业生产的甲产品 2008—2012 年各年的单位成本如表 4-5-1 所示。

表 4-5-1

年　度	2008	2009	2010	2011	2012
单位成本(元)	500	496	480	450	425

甲产品单位成本表表明,甲产品的单位成本总趋势是逐年降低。为了进一步说明成本降低的程度,可计算两种趋势百分比。

一是定比趋势百分比。基本做法是,选定某年为基年(假定以 2008 年为基年),计算连续各年的趋势百分比,这一百分比说明其他各年的成本占基年成本水平的百分比。仍以上例资料为例,定比趋势百分比的计算结果如表 4-5-2 所示。

表 4-5-2

年　度	2008	2009	2010	2011	2012
单位成本(元)	100%	99.2%	96%	90%	85%

上述数据表明,2009 年的单位成本比 2008 年降低了 0.8%,2010 年比 2008 年降低了 4%,2011 年比 2008 年降低了 10%,2012 年比 2008 年降低了 15%。

为了分别确定各年成本比上年降低的幅度,则需要计算一个环比趋势百分比,其计算结果如表 4-5-3 所示。

表 4-5-3

年　度	2008	2009	2010	2011	2012
单位成本(元)	100%	99.2%	96.77%	93.75%	94.44%

上述计算表明,2009 年的成本比 2008 年降低了 0.8%,2010 年比 2009 年降低了 3.23%,2011 年比 2010 年降低了 6.25%,2012 年比 2011 年降低了 5.56%。由此可见,2011 年单位成本降低的幅度最大,应进一步查明原因。

4. 因素分析法

因素分析法是指把综合性指标分解为各个因素,研究诸因素变动对综合性指标变动影响程度的一种分析方法。因素分析按其综合指标中各构成因素的关系,又可分为简单因素分析和复杂因素分析。简单因素分析指综合指标的各构成因素之间没有直接的关系,分析一因素的变动对综合指标的影响时,排除其他因素不致于造成错误的分析结果。复杂因素分析指综合指标的各构成因素之间有一定的连带关系,在这种特定关系中,每一因素都处在一定的地位,分析某一因素的变动对综合指标变动的影响时,排除了其他任何一个因素,都将会造成错误的分析结果。例如,材料超支是由于产品生产数量的变动、材料价格的变动、单位产品耗用量的变动三个因素共同作用的结果,若分析其中一个因素变动对综合指标的影响,应同时考虑另两个因素。在此情况下,通常要用连锁替代法进行分析。

连锁替代法也称连环替代法,它是用来确定某项综合指标构成因素的变动对综合指标影响程度的一种方法。其基本点是:(1) 在计算某一因素对综合指标的影响时,假定其他因素不变。(2) 确定各个因素的替代顺序,然后按照这一顺序替代计算。替代顺序一经确定不应随意变更。因为同一因素因替代顺序的不同对综合指标的影响程度将不相同,但所有构成因素综合影响程度不变。替代顺序确定的一般原则是:先数量,后质量,即先替代数量指标,后替代质量指标;先实物量指标,后价值量指标;先分子,后分母。

假定某经济指标 N 受 A,B,C 三因素影响,关系式为 $N = A \times B \times C$,基期指标 N_0 由 A_0,B_0,C_0 组成,报告期指标 N_1 由 A_1,B_1,C_1 组成。即:

$$N_0 = A_0 \times B_0 \times C_0 \quad (1)$$

$$N_1 = A_1 \times B_1 \times C_1$$

两个时期指标的差异数 $N_1 - N_0$ 即为分析对象。设连环替代顺序依次为 A,B,C,那么三因素变动对指标 N 变动的影响计算过程如下:

第一次替代,假定 A 变,B,C 保持基期不变,得 N_2。

$$N_2 = A_1 \times B_0 \times C_0 \quad (2)$$

第二次替代，假定 B 变，A 也变，C 保持基期不变，得 N_3。

$$N_3 = A_1 \times B_1 \times C_0 \qquad (3)$$

第三次替代，假定 C 变，A，B 也变，即得到报告期指标 N_1。

$$N_1 = A_1 \times B_1 \times C_1 \qquad (4)$$

则有$(2)-(1)=N_2-N_0$　表示 A 因素变动的影响；

$(3)-(2)=N_3-N_2$　表示 B 因素变动的影响；

$(4)-(3)=N_1-N_3$　表示 C 因素变动的影响。

最后，将 A，B，C 因素变动的影响程度相加：

$$(N_2-N_0)+(N_3-N_2)+(N_1-N_3)=N_1-N_0$$

分析结果与分析对象相符合。

【例 4-5-2】某企业上年与本年的总产值、职工人数、人均产量及产品单价资料如表 4-5-4 所示。

表 4-5-4

项　目	人数(A)	人均产量(B)	单价(C)	总产值(N)
N_0	100	10	10	10 000
N_1	150	12	13	23 400

资料表明，本年产值较上年增加13 400元，其影响因素为职工人数、人均产量及产品销售单价。现分析各因素变动对总产值变动的影响。假定替代顺序为 A，B，C。

第一次替代：$150 \times 10 \times 10 = 15\,000$(元)

第二次替代：$150 \times 12 \times 10 = 18\,000$(元)

第三次替代：$150 \times 12 \times 13 = 23\,400$(元)

A 因素变动影响程度为：$15\,000 - 10\,000 = 5\,000$(元)

B 因素变动影响程度为：$18\,000 - 15\,000 = 3\,000$(元)

C 因素变动影响程度为：$23\,400 - 18\,000 = 5\,400$(元)

三个因素变动影响程度合计：

$5\,000 + 3\,000 + 5\,400 = 13\,400$(元)

连环替代法还可以采用数学变形的简化计算方式，即差额分析法进行分析。其计算分析原理如下：

A 因素变动影响程度为：$(A_1 - A_0) \times B_0 \times C_0$

B 因素变动影响程度为：$(B_1 - B_0) \times A_1 \times C_0$

C 因素变动影响程度为：$(C_1 - C_0) \times A_1 \times B_1$

仍以上例资料，采用差额分析法如下：

A 因素变动影响程度为：$(150 - 100) \times 10 \times 10 = 5\,000$(元)

B 因素变动影响程度为：$(12 - 10) \times 150 \times 10 = 3\,000$(元)

C 因素变动影响程度为：$(13 - 10) \times 150 \times 12 = 5\,400$(元)

三个因素变动影响程度合计：

$5\,000 + 3\,000 + 5\,400 = 13\,400$(元)

第二节　全部产品成本分析

一、全部产品成本计划完成情况分析

在产品成本表中，将全部产品的实际成本同计划成本进行比较，并分别考察可比产品成本和不可比产品成本的超支和节约情况，以了解全部产品成本计划完成情况，并为进一步进行成本分析提供线索；将可比产品上年实际成本和本年累计实际成本比较，可以揭示可比产品成本的增减变动趋向。

根据产品生产成本表的有关资料，编制全部产品成本分析表，如表 4-5-5 所示。

从表中可以看出，全部产品的实际成本比计划成本降低3 630元，其降低率为 9.94%。据此可初步判断，企业在执行计划方面取得了一定成绩。进一步分析可以发现，可比产品成本计划完成情况好于不可比产品成本计划完成情况。另外，可比产品成本本年较上年有大幅度的下降，需进一步分析其原因。

二、可比产品成本分析

可比产品成本分析的目的在于揭示可比产品成本降低任务的完成情况，查明影响可比产品成本升降的因素及其影响程度。所以，可比产品成本分析的内容主要包括可比产品成本降低任务完成情况的分析以及影响可比产品成本降低任务完成情况的因素分析。

（一）可比产品成本降低任务完成情况的分析

可比产品成本降低任务完成情况的分析主要指实际降低额和降低率与计划降低额和降低率的比较分析，以判断本期计划的执行情况。计划降低额和降低率、实际降低额和降低率的计算公式如下：

$$\begin{matrix}\text{可比产品成本}\\\text{计划降低额}\end{matrix}=\sum\left(\begin{matrix}\text{计划}\\\text{产量}\end{matrix}\times\begin{matrix}\text{上年实际}\\\text{单位成本}\end{matrix}\right)-\sum\left(\begin{matrix}\text{计划}\\\text{产量}\end{matrix}\times\begin{matrix}\text{本年计划}\\\text{单位成本}\end{matrix}\right)$$

$$\begin{matrix}\text{可比产品成本}\\\text{计划降低率}\end{matrix}=\frac{\text{可比产品成本计划降低额}}{\sum(\text{计划产量}\times\text{上年实际单位成本})}\times 100\%$$

$$\begin{matrix}\text{可比产品成本}\\\text{实际降低额}\end{matrix}=\sum\left(\begin{matrix}\text{实际}\\\text{产量}\end{matrix}\times\begin{matrix}\text{上年实际}\\\text{单位成本}\end{matrix}\right)-\sum\left(\begin{matrix}\text{实际}\\\text{产量}\end{matrix}\times\begin{matrix}\text{本年实际}\\\text{单位成本}\end{matrix}\right)$$

$$\begin{matrix}\text{可比产品成本}\\\text{实际降低率}\end{matrix}=\frac{\text{可比产品成本实际降低额}}{\sum(\text{实际产量}\times\text{上年实际单位成本})}\times 100\%$$

【例 4-5-3】以表 4-5-5 全部产品生产成本分析表的资料为例，根据上述计算公式分析可比产品成本降低任务完成情况如下：

$$\begin{matrix}\text{可比产品成本}\\\text{计划降低额}\end{matrix}=(310\times 61+300\times 51+220\times 36)-(310\times 56+300\times 46+220\times 31.5)$$

$$=4\,040(\text{元})$$

$$\text{可比产品成本计划降低率}=\frac{4\,040}{42\,130}\times 100\%=9.59\%$$

$$\begin{aligned}&\text{可比产品成本实际降低额} = (315\times61+300\times51+180\times36)-(315\times49+300\times43+180\times30)\\&= 40\,995-33\,735=7\,260(\text{元})\end{aligned}$$

$$\text{可比产品成本实际降低率}=\frac{7\,260}{40\,995}\times100\%=17.71\%$$

表 4-5-5

产品名称	产量		单位成本			本年累计总成本			实际与计划比		本年实际与上年比	
	实际	计划	上年实际平均	本年计划	本年实际	按上年实际平均单位成本计算	按本年计划单位成本计算	本年实际	降低额（元）	降低率（%）	降低额（元）	降低率（%）
	(1)		(2)	(3)	(4)	(5) = (1) × (2)	(6) = (1) × (3)	(7) = (1) × (4)	(8) = (6) − (7)	(9) = (8) ÷ (6)	(10) = (5) − (7)	(11) = (10) ÷ (5)
可比产品名称	×	×	×	×	×	40 995	37 110	33 735	+3 375	+9.09	+7 260	+17.71
其中：												
1. 甲	315	310	61	56	49	19 215	17 640	15 435	+2 205	+12.50	+3 780	+19.67
2. 乙	300	300	51	46	43	15 300	13 800	12 900	+900	+6.52	+2 400	+15.69
3. 丙	180	220	36	31.5	30	6 480	5 670	5 400	+270	+4.76	+1 080	+16.67
4.												
不可比产品合计	×		×	×	×	×	3 054	2 799	+255	+8.35	×	×
其中：												
1. 子	27	25	×	87	77	×	2 349	2 079	+270	+11.49	×	×
2. 丑	30	30	×	23.5	24	×	705	720	−15	−2.13	×	×
3.												
全部产品成本	×	×	×	×	×	×	40 164	36 534	+3 630	+9.94	×	×

实际与计划比较如表 4-5-6。

表 4-5-6

	计 划	实 际	差 异
降低额	4 040	7 260	3 220
降低率	9.59%	17.71%	8.12%

由此可见，企业可比产品成本实际降低额和降低率都远远超过了计划降低额和降低率。企业应进一步分析其原因。

（二）影响可比产品成本降低任务完成情况的因素分析

在生产多种可比产品的条件下，影响可比产品成本降低任务完成的因素有三个，即产品产量变动的影响、产品品种结构变动的影响和产品单位成本变动的影响。产品产量同比例的升降，影响成本降低额，不影响成本降低率。而产品结构及单位成本的变动，既影响降低额，又影响降低率。

1. 产量变动的影响

在其他因素不变的条件下，单纯产量变动，将引起成本降低额发生相对变化，但不影响成本降低率，其变动金额的计算公式为：

$$\text{产量变动对降低额的影响} = \sum\left[\left(\text{本年实际产量} - \text{本年计划产量}\right) \times \text{上年单位成本}\right] \times \text{计划降低率}$$

【例 4-5-4】按上例，可比产品成本计划降低率为 9.59%，由于产量变动，对降低额的影响值为：

$$\begin{aligned}\text{产量变动对降低额影响值} &= [(315-310)\times 61+(180-220)\times 36]\times 9.59\% \\ &= -108.85(\text{元})\end{aligned}$$

2. 品种结构变动的影响

品种结构变动对成本降低额与降低率均有影响，其影响值可按下列公式计算：

$$\begin{aligned}\text{品种结构变动对降低额的影响值} &= \sum\left[\text{本年实际产量} \times \left(\text{上年单位成本} - \text{计划单位成本}\right)\right] \\ &\quad - \sum\left[\left(\text{本年实际产量} \times \text{上年单位成本}\right) \times \text{计划成本降低率}\right]\end{aligned}$$

$$\text{品种结构变动对降低率的影响值} = \frac{\text{品种结构变动对降低额的影响值}}{\sum\left(\text{本年实际产量} \times \text{上年单位成本}\right)}$$

【例 4-5-5】根据上例资料和计算公式，由于品种结构变动而对降低额与降低率的影响值计算结果如下：

$$\begin{aligned}\text{品种结构变动对降低额的影响值} &= [315\times(61-56)+300\times(51-46) \\ &\quad +180\times(36-31.5)]-[(315\times 61 \\ &\quad +300\times 51+180\times 36)\times 9.59\%] \\ &= -46.4205(\text{元})\end{aligned}$$

$$\text{品种结构变动对降低率的影响值} = \frac{-46.4205}{40\,995}\times 100\% = -0.11\%$$

3. 单位成本变动的影响

单位成本变动影响的成本降低额和降低率可用下列公式计算：

$$\text{单位成本变动对降低额的影响值} = \sum\left[\text{实际产量} \times \left(\text{计划单位成本} - \text{实际单位成本}\right)\right]$$

$$\text{单位成本变动对降低率的影响值} = \frac{\text{单位成本变动对降低额的影响值}}{\sum\left(\text{实际产量} \times \text{上年单位成本}\right)} \times 100\%$$

【例 4-5-6】根据上例资料，由于单位成本变动而对成本任务完成情况的影响程度计算如下：

$$\begin{aligned}\text{单位成本变动对降低额的影响值} &= 315\times(56-49)+300\times(46-43) \\ &\quad +180\times(31.5-30) \\ &= 3\,375(\text{元})\end{aligned}$$

$$\text{单位成本变动对降低率的影响值} = \frac{3\,375}{315\times 61+300\times 51+180\times 36}\times 100\%$$

$$=\frac{3\ 375}{40\ 995}\times 100\%$$

$$=8.23\%$$

上述三个因素变动对可比产品成本降低任务完成情况的影响见表4-5-7。

表4-5-7

项　　目	对降低额的影响	对降低率的影响
产量因素	-108.85	
品种结构因素	-46.4205	-0.11%
单位成本因素	3 375	8.23%
合　　计	3 220	8.12%

从分析可知,该企业可比产品成本降低任务的超额完成,主要原因在于单位成本的降低。

第三节　主要产品单位成本分析

在对企业全部产品及可比产品成本降低任务完成情况进行全面分析的基础上,应对企业主要产品(指对降低额、降低率影响大的产品)进行深入分析,以便寻求降低成本的具体途径。

主要产品单位成本分析包括两方面的内容:一是单位成本计划完成情况的分析;二是技术经济指标变动对单位成本的影响分析。

一、单位成本计划完成情况的分析

进行主要产品单位成本计划完成情况的分析,一般先是从总体上分析主要产品单位成本比计划单位成本、上期单位成本的升降情况,然后进一步按成本项目分析其成本变动情况,查明造成单位成本升降的原因。产品单位成本分析的依据是企业编制的"主要产品单位成本表"。分析方法可采用简化的对比法,即可用本年实际成本直接与本年计划成本、上年实际成本对比,而不必先求得实际降低额和降低率,再与计划降低额和降低率对比。

【例4-5-7】现以甲产品资料为例,编制12月份及全年单位成本分析表如表4-5-8所示。

表4-5-8

单位:元

成本项目	本月比上年实际平均		本月比本年计划		本月比本年实际平均		本年实际平均比上年		本年实际平均比计划	
	降低额	降低率(%)	降低额	降低率(%)	降低额	降低率(%)	降低额	降低率(%)	降低额	降低率(%)
直接材料	82-80=2	2.44	81.5-80=1.5	1.84	80.5-80=0.5	0.62	82-80.5=1.5	1.83	81.5-80.5=1	1.23

续表

成本项目	本月比上年实际平均		本月比本年计划		本月比本年实际平均		本年实际平均比上年		本年实际平均比计划	
	降低额	降低率（%）	降低额	降低率（%）	降低额	降低率（%）	降低额	降低率（%）	降低额	降低率（%）
直接人工	35 − 34.5 = 0.5	1.43	34.2 − 34.5 = −0.3	−0.88	34 − 34.5 = −0.5	−1.47	35 − 34 = 1	2.86	34.2 − 34 = 0.2	0.58
制造费用	21 − 20.5 = 0.5	2.38	20.3 − 20.5 = −0.2	−0.99	20.7 − 20.5 = 0.2	0.97	21 − 20.7 = 0.3	1.43	20.3 − 20.7 = −0.4	−1.97
合　计	3	2.17	1	0.74	0.2	0.15	2.8	2.03	0.8	0.59

从表 4-5-8 的计算可以看出，12 月份甲产品的单位成本比上年、本年计划、本年实际平均都有不同程度的降低，说明 12 月份成本任务的执行情况取得了一定成绩。其中材料成本降低的幅度较大，而直接人工成本未完成本年计划，且高于本年实际平均值。制造费用开支也超出了计划，但低于本年实际平均水平。

从本年实际单位成本与上年实际、本年计划比较发现，本年实际单位成本较上年有所降低，也完成了本年计划。其中，直接材料成本较计划降低幅度最大，而制造费用单位成本却上升了 0.4 元。

为了进一步查明造成各成本项目升降的原因，需对其作更深入的分析。

1. 直接材料项目的分析

影响单位成本中材料费用的基本因素为单位产品材料耗用量和材料单价。其中：

$$\text{材料耗用量变动的影响}=\left(\text{计划单位耗用量}-\text{实际单位耗用量}\right)\times\text{计划单价}\quad\text{（与计划比）}$$

或

$$\text{材料耗用量变动的影响}=\left(\text{上年单位耗用量}-\text{实际单位耗用量}\right)\times\text{上年单价}\quad\text{（与上年比）}$$

$$\text{材料单价变动的影响}=\left(\text{计划单价}-\text{实际单价}\right)\times\text{实际单位耗用量}\quad\text{（与计划比）}$$

或

$$\text{材料单价变动的影响}=\left(\text{上年单价}-\text{实际单价}\right)\times\text{实际单位耗用量}\quad\text{（与上年比）}$$

【例 4-5-8】假定甲产品耗用材料单价及单位产品材料消耗量资料如表 4-5-9 所示。

表 4-5-9

材料名称	单耗			单价		
	上年实际	本年计划	本年实际	上年实际	本年计划	本年实际
A	5	4.5	5	6.2	7	6.5
B	6	5	4	8.5	10	12

根据上述资料编制甲产品直接材料成本变动分析表，如表 4-5-10 所示。

表 4-5-10

产品名称：甲产品　　　　　　　　　　　　　　　　　　　　单位：元

材料名称	单耗			单价			单位成本			本年比上年			本年比计划		
	上年实际	本年计划	本年实际	上年实际	本年计划	本年实际	上年实际	本年计划	本年实际	降低额	量差	价差	降低额	量差	价差
	(1)	(2)	(3)	(4)	(5)	(6)	(7)=(1)×(4)	(8)=(2)×(5)	(9)=(3)×(6)	(10)=(7)-(9)	(11)=[(1)-(3)]×(4)	(12)=[(4)-(6)]×(3)	(13)=(8)-(9)	(14)=[(2)-(3)]×(5)	(15)=[(5)-(6)]×(3)
A	5	4.5	5	6.2	7	6.5	31	31.5	32.5	-1.5	0	-1.5	-1	-3.5	2.5
B	6	5	4	8.5	10	12	51	50	48.0	3	17	-14	2	10	-8
合计							82	81.5	80.5	1.5	17	-15.5	1	6.5	-5.5

根据表4-5-10的分析，甲产品直接材料单位成本本年与上年相比降低1.5元，其中消耗量变动使用料成本降低了17元，由于材料价格上升使材料成本比上年超支15.5元。本年与计划相比节约1元，其中，消耗量变动使材料成本按计划节约6.5元，由于材料单价变动使材料成本超支5.5元。具体说来，是A材料消耗量上升和价格下降同B材料消耗量下降和价格上升综合作用的结果。企业利用降低消耗量的办法，使原材料涨价因素在企业内部消化，是本月材料消耗任务完成的重要原因。

2. 直接人工项目的分析

$$\text{单位产品直接人工成本}=\text{单位产品工时消耗量}\times\text{小时工资率}$$

可见，影响产品成本中工资成本的基本因素为单位产品工时消耗量和小时工资率。其中，小时工资率等于直接人工的工资总额除以工时消耗总额。它是反映直接生产工人平均工资水平的重要指标。小时工资率越高，单位产品中包括的工资费用也越高。单位产品的工时消耗量反映劳动生产率的高低。劳动生产率越高，单位产品的工时消耗量则越少。提高劳动生产率是降低单位产品直接人工成本的主要途径。

工时消耗量及小时工资率变动对单位产品工资成本的影响程度可用下列公式计算求得：

$$\text{工时消耗量变动的影响}=\left(\text{计划单位消耗量}-\text{实际单位消耗量}\right)\times\text{计划小时工资率}$$

$$\text{小时工资率变动的影响}=\left(\text{计划小时工资率}-\text{实际小时工资率}\right)\times\text{实际单位耗用量}$$

与上年比较原理同上，不再赘述。

【例4-5-9】仍以甲产品为例，其有关直接人工成本资料如表4-5-11所示。

表 4-5-11

项　　目	本年计划	本年实际	降低额	工时消耗变动影响	小时工资率变动影响
单位产品工时消耗量	15	20	-5	-11.40	-
小时工资率	2.28	1.7	0.58	-	11.60
单位产品直接人工成本	34.20	34	0.20	-11.40	11.60

分析结果表明，单位产品直接人工成本节约 0.2 元，是单位产品工时消耗量增加和小时工资率降低共同作用的结果。其中，由于工时消耗量的增加使单位产品直接人工成本增加了 11.40 元，小时工资率的减少，使单位产品直接人工成本降低了 11.60 元。企业应在提高劳动生产率、降低单位产品工时消耗方面采取强有力措施。

3. 制造费用项目的分析

企业生产单位的制造费用是以分配的方式计入产品成本的。其分配标准通常是工时消耗量（或其他分配标准）。影响产品成本中制造费用的基本因素为单位产品工时消耗量（或其他分配标准）和小时费用分配率（或其他分配率）。单位产品工时消耗量越多，小时费用分配率越高，该产品负担的制造费用也越多。

工时消耗量变动及费用分配率变动对单位成本中制造费用变动的影响值可用下列公式计算求得：

$$\text{工时消耗量变动的影响}=\left(\text{计划单位工时消耗量}-\text{实际单位工时消耗量}\right)\times\text{计划小时费用分配率}$$

$$\text{费用分配率变动的影响}=\left(\text{计划小时费用分配率}-\text{实际小时费用分配率}\right)\times\text{实际单位工时消耗量}$$

【例 4-5-10】仍以甲产品为例，制造费用分析结果如表 4-5-12 所示。

表 4-5-12

项　　目	本年计划	本年实际	降低额	工时消耗变动影响	费用分配率变动影响
单位产品工时消耗量	15	20	-5	-6.765	-
小时费用分配率	1.353	1.035	0.318	-	6.36
单位产品直接人工成本	20.295	20.70	-0.405	-6.765	6.36

分析结果表明，单位制造费用较计划升高 0.405 元的原因是工时消耗量的升高造成的，这也体现出劳动生产率低下对产品单位成本的不利影响。

二、单位成本的技术经济分析

产品单位成本除受上述分析因素变动的影响外，企业技术经济指标的变动对单位成本也会带来不同程度的影响。通过对影响单位成本变动技术经济指标的剖析，计算其变动对成本的影响程度，可促使企业提高各项技术经济指标，以达到不断降低产品成本的目的。技术经济指标是指同企业的生产技术特点有着内在联系的经济指标，如材料利用率、劳动生产率、设备利用率、产量增长率、产品合格率等。制造企业的技术经济指标涉及内容十分广泛，而且各企业因生产工艺技术特点不同，用于企业成本分析的技术经济指标也不相同。通常企业可从产品产量、产品质量、原材料消耗和劳动生产率等四个方面进行分析。

1. 产品产量变动对单位成本影响的分析

进行产量变动对单位成本影响的分析，需将产品成本划分为变动和固定两部分。单位产品中的变动成本与产量变动没有关系，而单位产品中的固定部分，当产量在相关范围内变动时，产量增加，单位产品的固定费用减少；反之，则会增加。因此，在企业现有生产能力允许且产品畅销的前提下，适当增加产品产量是降低产品单位成本的一条途径。

【例 4-5-11】某企业的产品产量对单位成本的影响资料如表 4-5-13 所示。

表 4-5-13

产品名称：乙产品

项　目	本年计划			本年实际			降　低		
	产量（件）	总成本（元）	单位成本	产量（件）	总成本（元）	单位成本	产量（件）	总成本（元）	单位成本
变动成本	–	100 000	200	–	110 000	200	–	–10 000	0
固定成本	–	25 000	50	–	25 000	45.45	–	0	4.55
合　　计	500	125 000	250	550	135 000	245.45	–50	–10 000	4.55

由表 4-5-13 产品产量变动对单位成本影响分析表看出，在其他条件不变的情况下，产量由 500 件增加到 550 件时，单位产品成本则下降了 4.55 元。

产量变动对成本的降低幅度可用下列公式计算：

$$\text{单位产品成本降低率}=\left(1-\frac{1}{1+\text{产量增长率}}\right)\times\text{计划固定成本占单位产品全部成本的比重}$$

依上例，产品产量增长率为 10%，计划固定成本占单位产品全部成本的比重为 20%（50÷250），那么，乙产品由于产量变动使单位产品成本降低幅度为：

$$\text{单位产品成本降低率}=(1-\frac{1}{1+10\%})\times 20\% =1.8\%$$

即产量提高 10%，使单位成本下降了 1.8%。

2. 产品质量变动对成本的影响

在生产消耗水平不变的前提下，提高产品质量是降低产品单位成本的又一途径。衡量产品质量的指标通常有合格品率、废品率、等级品率等。在其他因素不变的条件下，合格品率越高，废品率则越低，单位产品的成本也就越低。因为废品的耗费是由合格品来负担的。

【例 4-5-12】某企业丙产品质量变动对单位成本变动影响的分析如表 4-5-14 所示。

表 4-5-14

产品名称：丙

项　目	计　划	实　际	降　低
产量(件)	500	500	0
废品率	2%	1%	1%
废品数量(件)	10	5	5
单位成本(不含废品损失)	600	600	0
废品残值回收率	10%	10%	0
废品残值	60	60	0
废品损失	10×(600－60)＝5 400	5×(600－60)＝2 700	2 700
合格品成本	$\frac{5\,400+600\times490}{490}=611.02$	$\frac{2\,700+600\times495}{495}=605.45$	5.57

由上述分析可见，因产品质量提高了 1%，产品单位成本下降了 5.57 元，降低率为 0.91%。

3. 劳动生产率变动对产品成本的影响

在单位产品成本项目分析中，已述及因劳动生产率及小时工资率的变动对直接人工成本的影响，在此，继续分析劳动生产率及小时工资率变动对单位产品成本的影响。两个因素共同作用，对产品成本的影响可用下列公式计算：

$$\begin{matrix}\text{单位产品成本降低率}\\(\text{劳动生产率变动影响})\end{matrix}=\frac{\begin{matrix}\text{劳动生产率}\\\text{提高百分比}\end{matrix}-\begin{matrix}\text{小时工资率}\\\text{提高百分比}\end{matrix}}{1+\text{劳动生产率提高百分比}}\times\begin{matrix}\text{计划直接人工成本}\\\text{占单位产品成本比重}\end{matrix}$$

【例 4-5-13】某企业生产甲产品，计划单位成本 400 元，其中，直接人工成本 100 元，本年劳动生产率比计划增长了 15%，小时工资率增长了 10%。劳动生产率变动对产品单位成本的影响程度为：

$$\begin{matrix}\text{单位产品成本}\\\text{降低率}\end{matrix}=\frac{15\%-10\%}{1+15\%}\times\frac{100}{400}\times100\%=1.09\%$$

4. 材料利用率变动对成本的影响

材料利用率是指投入材料的重量和实际利用材料的重量之间的比例。投入材料后，发生的切割损耗、边角余料及切削下来的废料越少，说明材料的利用率越高，这也就是单位材料消耗降低。材料利用率变动对单位成本的影响可用下列公式计算：

$$\begin{matrix}\text{材料利用率变动}\\\text{对单位成本影响}\end{matrix}=\left(\frac{\begin{matrix}\text{实际单位}\\\text{原材料成本}\end{matrix}-\begin{matrix}\text{计划单位}\\\text{原材料成本}\end{matrix}}{\text{计划单位原材料成本}}\right)\times\begin{matrix}\text{计划单位成本中}\\\text{原材料成本比重}\end{matrix}$$

$$=\left(\frac{\text{计划原材料利用率}}{\text{实际原材料利用率}}-1\right)\times\begin{matrix}\text{计划单位成本中}\\\text{原材料成本比重}\end{matrix}$$

上式计算结果若为负数,表示因提高材料利用率使产品单位成本下降的比率;反之,则表示产品单位成本上升的比率。

【例4-5-14】某企业报告年度丙产品计划材料利用率为95%,计划单位成本中材料成本占65%,在其他条件不变的情况下,实际原材料利用率为97%,则产品单位成本下降的比率为:

$$\left(\frac{95\%}{97\%}-1\right)\times 65\% = -1.34\%$$

即材料利用率提高2%,使单位成本下降了1.34%。

模拟试题

会计学基础模拟试题一

一、单项选择题(每小题1分,共20分)

1.“原材料”账户期初借方余额10 000元,本期贷方发生额20 000元,期末借方余额8 000元,则该账户本期借方发生额为(　　)元。

A. 18 000　　B. 20 000　　C. 2 000　　D. 22 000

2.“制造费用”账户属于(　　)类账户。

A. 资产　　B. 成本计算　　C. 费用　　D. 负债

3. 企业购买一台设备,价款总计100 000,用银行存款支付。这项经济业务对会计要素的影响是(　　)。

A. 资产与负债都增加100 000元

B. 一项资产增加100 000元,另一项资产减少100 000元

C. 资产与所有者权益都增加100 000元

D. 资产减少100 000元,负债增加100 000元

4. 财产清查中发现短缺的材料,经查明是因仓库保管员过失造成的,应由其赔偿,借记的账户是(　　)。

A. 营业外支出　　B. 管理费用

C. 待处理财产损溢　　D. 其他应收款

5. 在借贷记账法下,账户贷方反映的内容是(　　)。

A. 费用的增加额　　B. 所有者权益的减少额

C. 负债的减少额　　D. 收入的增加额

6. 资产类账户的期末余额计算公式是(　　)。

A. 期初借方余额 + 本期借方发生额 - 本期贷方发生额

B. 期初贷方余额 + 本期贷方发生额 - 本期借方发生额

C. 期初贷方余额 + 本期借方发生额 - 本期贷方发生额

D. 期初借方余额 + 本期贷方发生额 - 本期借方发生额

7. 根据权责发生制，下列表述中不正确的是(　　)。

A. 本期支付但以后各期受益的支出不应计入本期费用

B. 尚未支付但本期已经受益的费用应计入本期费用

C. 预先计入当期但尚未支付的费用称为应计费用

D. 凡是本期实际收入和付出的款项都作为本期收入和费用

8. “应付账款”账户的期初贷方余额为8 000元，本期增加额为12 000元，期末贷方余额为6 000元，则该账户本期减少额为(　　)。

A. 10 000　　B. 14 000　　C. 2 000　　D. 4 000

9. 下列经济业务中，会引起一项资产减少而另一项资产增加的经济业务是(　　)。

A. 用银行存款购买材料　　B. 以银行存款偿还银行借款

C. 以银行借款偿还应付账款　　D. 向银行借入款项

10. 根据“资产 = 负债 + 所有者权益”这一会计等式编制而成的会计报表是(　　)。

A. 利润表　　B. 资产负债表

C. 现金流量表　　D. 所有者权益变动

11. 关于科目汇总表账务处理程序，下列说法正确的有(　　)。

A. 登记总分类账的直接依据是记账凭证

B. 登记总分类账的直接依据是科目汇总表

C. 编制会计报表的直接依据是科目汇总表

D. 与记账凭证账务处理程序相比，不需要编制记账凭证

12. 销售一批商品，部分货款已收回并存入银行，另有部分货款尚未收回，应填制(　　)。

A. 收款凭证和转账凭证　　B. 付款凭证和转账凭证

C. 收款凭证和付款凭证　　D. 两张转账凭证

13. 登记日记账的方式是按照经济业务发生的时间顺序进行(　　)。

A. 逐日逐笔登记　　B. 逐日汇总登记

C. 逐笔定期登记　　D. 定期汇总登记

14. 下列会计科目属于负债类的是(　　)。

A. 财务费用　　B. 预付账款　　C. 预收账款　　D. 其他应收款

15. 复式记账法对每一笔经济业务都以相等的金额在(　　)中登记。

A. 一个账户　　B. 两个账户

C. 三个账户　　D. 两个或两个以上账户

16. 下列公式中不正确的是(　　)。

A. 资产 + 负债 = 所有者权益　　B. 收入 - 费用 = 利润

C. 利润总额 - 所得税费用 = 净利润　　D. 资产 = 负债 + 所有者权益

17. 在结账前之前发现账簿记录有错，而记账凭证无误，采用的更正方法是(　　)。

A. 红字更正法　　B. 划线更正法　　C. 红字冲销法　　D. 补充登记法

18. 制造费用期末应分配计入(　　)。

A. 本年利润　　B. 生产成本　　C. 管理费用　　D. 库存商品

19. 下列经济业务影响所有者权益总额变动的是(　　)。
A. 偿还一笔应付款　　B. 购买固定资产
C. 收到投资者投入设备　　D. 收回一笔应收款

20. 下列经济业务不影响资产总额变动的是(　　)。
A. 以现金发放职工工资　　B. 接受投资者投资
C. 向银行借款　　D. 购买材料支付货款

二、多项选择题(多选少选均不得分,每小题2分,共20分)

1. 可以采用实地盘点法进行清查的财产物资有(　　)。
A. 应收账款　　B. 库存现金　　C. 原材料
D. 固定资产　　E. 银行存款

2. 期末需要结转至"本年利润"账户的有(　　)。
A. 制造费用　　B. 管理费用　　C. 主营业务成本
D. 所得税费用　　E. 销售费用

3. 总分类账户和明细分类账户平行登记的基本要点是(　　)。
A. 登记的人员相同　　B. 登记的依据相同
C. 登记的方向相同　　D. 登记的时间相同
E. 登记的金额相同

4. 下列属于工业企业流动资产的是(　　)。
A. 原材料　　B. 厂房　　C. 应收账款
D. 现金　　E. 机器设备

5. 产品的生产成本包括(　　)
A. 直接材料　　B. 直接人工　　C. 制造费用
D. 销售费用　　E. 管理费用

6. 下列经济业务影响资产总额变动的是(　　)。
A. 收回应收账款　　B. 向银行借款
C. 职工出差前预借差旅费　　D. 从银行提取现金
E. 接受所有者投资

7. 下列属于利润范畴的是(　　)。
A. 净利润　　B. 所得税费用　　C. 管理费用
D. 营业利润　　E. 利润总额

8. 下列可作为登记总账的直接依据的是(　　)。
A. 原始凭证　　B. 记账凭证　　C. 汇总记账凭证
D. 外来凭证　　E. 科目汇总表

9. 在权责发生制下,属于本期费用的是(　　)。
A. 支付上月水电费　　B. 预付下年度财产保险费
C. 应付本月职工工资　　D. 应交本月销售税金
E. 计提本月固定资产折旧

10. 下列记账错误中应采用红字更正法的有(　　)

A. 记账以后,发现记账凭证所列会计科目有错

B. 记账以后,发现记账凭证所列金额大于正确金额,会计科目没有错

C. 记账以后,发现记账凭证所列金额小于正确金额,会计科目没有错

D. 结账之前,发现账簿记录有文字错误,而记账凭证没有错

E. 结账之前,发现账簿记录有数字错误,而记账凭证没有错

三、判断题(正确的打"√",错误的打"×"。每小题1分,共10分)

1. 借贷记账法起源于中国。(　　)
2. 一借多贷的会计分录属于复合会计分录。(　　)
3. "待处理财产损溢"账户期末应无余额。(　　)
4. 只要账簿记录过程中不发生差错,就能保证会计信息的客观性和正确性。(　　)
5. 根据借贷记账法的记账规则,每个账户本期借方发生额必定等于本期贷方发生额。(　　)
6. 企业的转账凭证是根据不涉及现金和银行存款业务的原始凭证编制的。(　　)
7. 采用权责发生制,应在会计期末对有关账目进行调整。(　　)
8. 企业与开户银行核对账目,如果发现双方的存款账面余额不一致,说明其中有一方肯定记账出现差错。(　　)
9. 企业只能使用国家统一规定的会计科目进行会计核算。(　　)
10. 在会计人员较少的单位,出纳可以兼管稽核、会计档案保管和收入、支出、费用、债权债务账目的登记工作。(　　)

四、综合题(共50分)

(一) 资料:某企业6月初,"应付账款"账户的贷方余额是56 000元,6月份发生下列经济业务。

1. 2日,购买材料,价款300 000元,增值税51 000元,开出转账支票支付。
2. 4日,收到投资人投入设备一台,经评估作价800 000元。
3. 6日,购买材料,价款200 000元,增值税34 000元,尚未支付。
4. 7日,开出转账支票28 000元,交纳所欠税金。
5. 10日,从银行提取现金1 500元备用。
6. 15日,向银行借入三年期借款200 000元。
7. 16日,销售产品一批,货款150 000元,增值税额25 500元,代垫运费3 000元以银行存款支付,款项尚未收到。
8. 20日,以银行存款偿还前欠材料货款50 000元。
9. 22日,职工王某报销医药费250元,以现金支付。
10. 25日,预付下半年财产保险费3 000元,以银行存款支付。
11. 25日,预提应由本月负担的车间固定资产修理费2 000元。
12. 30日,仓库转来本月发出材料登记表,本月生产产品共领用材料46 000元。
13. 30日,分配本月职工工资,其中生产工人工资40 000元,车间管理人员工资6 000元,

企业管理人员工资6 000元。

14. 30 日，支付本月借款利息2 000元。

15. 30 日，以银行存款支付某广告公司户外广告费8 000元。

要求：(1) 根据以上经济业务编制会计分录。

(2) 登记“应付账款”丁字形账户，并结计出该账户的月末余额。(34 分)

借方	应付账款	贷方

(二) 资料：某企业月末银行存款日记账余额为657 530元，银行对账单余额为681 530元。经与银行对账，共有以下四笔未达账项：

(1) 开出转账支票一张，金额15 000元，持票人尚未到银行办理转账。

(2) 收到转账支票一张，金额30 000元，送存银行，而银行尚未入账。

(3) 本月水电费1 000元，银行已划出，企业尚未记账。

(4) C 公司偿付前欠货款40 000元，银行已收入企业账户，企业尚未记账。

要求：编制企业银行存款余额调节表。(8 分)

银行存款余额调节表

银行存款日记账余额：	银行对账单余额：
加：	加：
减：	减：
调节后余额：	调节后余额：

(三) 资料：某企业20××年6 月20 日，王经理出差前预借差旅费800 元，以现金付讫。

要求：填制完成下列记账凭证。(4 分)

付 款 凭 证

贷方科目：　　　　20××年6 月20 日

摘　要	借方科目	金额										✓
		千	百	十	万	千	百	十	元	角	分	

(四) 资料：计提生产车间本月固定资产折旧费1 400元。“制造费用”和“累计折旧”账户中金额均记成4 100元，经查原编记账凭证的会计分录为：

借：制造费用　　　　4 100

　贷：累计折旧　　　　4 100

要求：指出上述错误应采用何种更正方法更正，并编制更正分录。(4 分)

会计学基础模拟试题二

一、单项选择题(每小题1分,共20分)

1. 账户的期末余额一般在(　　)。

A. 增加额这一方　B. 减少额这一方　C. 借方　D. 贷方

2. 下列会计科目属于资产类的是(　　)。

A. 财务费用　B. 预付账款　C. 应付利息　D. 预收账款

3. 流动资产不包括(　　)。

A. 存货　B. 厂房　C. 货币资金　D. 应收账款

4. “限额领料单”属于(　　)。

A. 累计凭证　B. 一次凭证　C. 外来凭证　D. 汇总凭证

5. 下列支出应在“财务费用”账户中核算的是(　　)。

A. 广告费　B. 医药费　C. 利息费　D. 业务招待费

6. 下列关于原始凭证的描述正确的是(　　)。

A. 原始凭证中必须明确应借、应贷的会计科目

B. 所有原始凭证必须一次填制完成

C. 原始凭证必须由会计人员填制

D. 同类经济业务的原始凭证可以汇总

7. “累计折旧”账户属于(　　)账户。

A. 资产　B. 负债　C. 费用　D. 损益

8. 采用借贷记账法,负债类账户的结构特点是(　　)。

A. 增加记借方,减少记贷方,期末一般无余额

B. 增加记贷方,减少记借方,期末余额在贷方

C. 增加记贷方,减少记借方,期末一般无余额

D. 增加记借方,减少记贷方,期末余额在借方

9. 在核对账目时如果发现账簿记录的金额少记,是因记账凭证少记所致,采用的更正方法是(　　)。

A. 红字更正法　B. 划线更正法　C. 红字冲销法　D. 补充登记法

10. 企业在撤消或合并时,应对财产物资进行(　　)。

A. 全面清查　B. 局部清查　C. 重点清查　D. 定期清查

11. 从银行提取现金,应填制的记账凭证是(　　)。

A. 现金收款凭证　B. 银行存款付款凭证

C. 转账凭证　D. 现金支票

12. 根据权责发生制,下列表述中不正确的是(　　)。

A. 本期支付但以后各期受益的支出不应计入本期费用

B. 尚未支付但本期已经受益的费用应计入本期费用

C. 尚未支付的本期利息应确认为本期费用

D. 采用权责发生制期末不需进行账项调整

13. 财务费用期末应结转至(　　)。

A. 本年利润　B. 生产成本　C. 管理费用　D. 库存商品

14. 下列经济业务影响不资产总额变动的是(　　)。

A. 偿还一笔应付款　B. 向银行借到一笔款项

C. 收到投资者投入设备　D. 收回一笔应收款

15. 单位购买材料一批,货款以银行存款支付一部分,其余暂欠,应填制的记账凭证是(　　)。

A. 付款凭证和收款凭证　B. 转账凭证和付款凭证

C. 两张转账凭证　D. 两张付款凭证

16. 权责发生制下,预付下年度报刊杂志订阅费应作为(　　)。

A. 其他应收款　B. 制造费用　C. 预付账款　D. 管理费用

17. 下列账户年终结账后无余额的是(　　)。

A. 利润分配　B. 累计折旧　C. 本年利润　D. 实收资本

18. 活页式账簿和卡片式账簿主要适用于(　　)。

A. 特种日记账　B. 普通日记账　C. 总分类账簿　D. 明细分类账簿

19. 属于会计假设之一的是(　　)。

A. 会计监督　B. 权责发生制　C. 会计主体　D. 会计要素

20. 下列经济业务影响所有者权益总额变动的是(　　)。

A. 以现金发放职工工资　B. 接受投资者投资

C. 向银行借款　D. 购买材料支付货款

二、多项选择题(多选少选均不得分,每小题 2 分,共 20 分)

1. 记账凭证必须具备的基本内容包括(　　)。

A. 凭证的名称　B. 填制的日期

C. 经济业务内容摘要　D. 接受原始凭证的单位名称

E. 应记账户名称、记账方向、金额

2. 下列会计科目属于所有者权益类的是(　　)。

A. 本年利润　B. 实收资本　C. 利润分配

D. 盈余公积　E. 应付股利

3. 下列会计科目属于资产类的是(　　)。

A. 银行存款　B. 预付账款　C. 管理费用

D. 其他应付款　E. 库存商品

4. 期末需要结转至“本年利润”账户的有(　　)。

A. 制造费用　B. 管理费用　C. 生产成本

D. 所得税费用　E. 财务费用

5. 可以采用实地盘点法进行清查的财产物资有(　　)。
A. 银行存款　B. 库存现金　C. 原材料
D. 固定资产　E. 库存商品

6. 下列经济业务影响资产总额变动的是(　　)。
A. 收回应收账款　B. 向银行借款
C. 职工出差前预借差旅费　D. 从银行提取现金
E. 接受所有者投资

7. 会计核算的基本前提包括(　　)。
A. 权责发生制　B. 会计主体　C. 持续经营
D. 会计分期　E. 货币计量

8. 在权责发生制下,属于本期费用的是(　　)。
A. 上月水电费　B. 下年度财产保险费
C. 本月职工工资　D. 本月销售税金
E. 本月固定资产折旧

9. 总分类账户和明细分类账户平行登记的基本要点是(　　)。
A. 登记的人员相同　B. 登记的依据相同
C. 登记的方向相同　D. 登记的时间相同
E. 登记的金额相同

10. 各种原始凭证,必须具备的基本内容包括(　　)。
A. 凭证的名称　B. 填制的日期
C. 经济业务的基本内容　D. 接受原始凭证的单位名称
E. 会计科目的名称和记帐方向

三、判断题(对打"√",错打"×"。每小题1分,共10分)

1. 企业由于自然灾害发生的非常损失净额应当确认为营业外支出。(　　)

2."累计折旧"账户是"固定资产"账户的调整账户。(　　)

3. 某会计人员在填制记账凭证时,将金额1 980元误写成1 890元,并已登记入账。月终结账前发现此项错误,更正时应采用补充登记法。(　　)

4. 现金和银行存款日记账是由出纳人员根据现金和银行存款的收付款凭证汇总登记的。(　　)

5. 企业销售过程中发生的费用应计入主营业务成本。(　　)

6. 企业发生经营亏损不会破坏会计等式的平衡关系。(　　)

7. 用资本公积和盈余公积转增资本不影响所有者权益总额。(　　)

8. 结转本期已销售产品的生产成本是从"生产成本"账户的贷方结转到"主营业务成本"账户的借方。(　　)

9. 企业决定向投资者分配现金股利,不会引起留存收益总额的变动。(　　)

10. 对未达账项应编制银行存款余额调节表进行调整,并据以编制记账凭证登记入账。(　　)

四、综合题(共 50 分)

(一) 资料: 某企业为增值税一般纳税人,8 月 31 日各总分类账账户余额如下(金额单位: 元):

借方		贷方	
库存现金	6 000	累计折旧	6 000
银行存款	80 000	短期借款	50 000
原材料	20 000	应付账款	60 000
库存商品	30 000	应交税费	30 000
应收账款	80 000	实收资本	300 000
固定资产	250 000	资本公积	20 000

假设该企业 9 月份仅发生下列经济业务:

(1) 收到投资者追加投资共计 130 000 元,其中:50 000 元现金存入银行,全新设备一台价值 80 000 元已经交付使用。

(2) 用银行存款 30 000 元归还前欠外单位的购料款。

(3) 收回某公司的应收账款 50 000 元,款项已存入银行。

(4) 购入原材料 20 000 元,增值税专用发票注明增值税额为 3 400 元,款项尚未付,材料已验收入库。

(5) 用资本公积 15 000 元转增资本。

要求:(1) 根据上述业务,编制会计分录;

(2) 填制完成本期发生额及余额试算平衡表。(32 分)

总分类账户本期发生额及余额试算平衡表

项目	期初余额		本期发生额		期末余额	
	借方	贷方	借方	贷方	借方	贷方
库存现金						
银行存款						
原材料						
库存商品						
应收账款						
固定资产						
累计折旧						
短期借款						
应付账款						
应交税费						
实收资本						
资本公积						
合计						

（二）资料：某企业12月份发生下列经济业务。

（1）销售产品50 000元，其中40 000元货款已经收到存入银行，其余尚未收到。

（2）出租闲置房屋一栋，本月应收租金50 000元，款项尚未收到。

（3）预付下年度财产保险费6 000元。

（4）支付第四季度短期借款利息9 000元，其中属于本月的利息为3 000元。

（5）收回上月销货款8 000元存入银行。

要求：分别采用权责发生制和收付实现制确认本月收入和费用。（10分）

业务序号	权责发生制		收付实现制	
	收入	费用	收入	费用
（1）				
（2）				
（3）				
（4）				
（5）				
（6）				
合　计				

（三）资料：某企业6月末资产总额1 080 000元，负债总额为780 000元，所有者权益总额为300 000元。7月份发生的经济业务事项如下：

1. 以银行存款500 000元，归还到期短期借款。

2. 开出商业承兑汇票180 000元，购进一台设备。

3. 预收华联公司购货款20 000元，款已存入银行。

要求：（1）编写会计分录；（2）计算7月末资产、负债余额。（8分）

财务会计学模拟试题一

一、单项选择题(每小题2分,共20分)

1. 购入原材料用银行汇票结算,此时应贷记的会计科目是(　　)。

A. 库存现金　B. 其他应收款　C. 其他货币资金　D. 应付账款

2. 20××年11月1日A公司收到一张商业汇票,面值100 000元,年利率6%,期限6个月。对该项应收票据,年末A公司资产负债表上"应收票据"项目应填列的金额为(　　)。

A. 100 000元　B. 100 500元　C. 101 000元　D. 103 000元

3. 一项存货与一台设备交换,两项资产均存在活跃的交易市场且公允价值相等。若该项交易具有商业实质,则换入资产的入账价值为(　　)。

A. 换出资产的账面价值

B. 换出资产的公允价值

C. 换出资产的公允价值+应支付的相关税费

D. 换出资产的账面价值+应支付的相关税费

4. 购入普通股4 000股作为交易性金融资产,股票每股面值1元,每股买价5.50元,其中包括已宣告分派但未支付的现金股利0.50元。另外支付佣金4 000元。据此,该项交易性金融资产的入账价值应为(　　)。

A. 20 000元　B. 22 000元　C. 24 000元　D. 26 000元

5. 下列设备应计提折旧的是(　　)。

A. 融资租赁方式出租的设备　B. 季节性停用的设备

C. 当月购入并交付使用的设备　D. 已提足折旧仍继续使用的设备

6. 下列项目中,不属于或有负债的是(　　)。

A. 未决诉讼　B. 提供债务担保

C. 应交税费　D. 已贴现的商业承兑汇票

7. 采用实际利率法分摊应付债券溢、折价时,企业各期的实际利息费用应为(　　)。

A. 按债券面值乘以债券票面利率计算的利息

B. 按债券期初摊余成本乘以发行时市场利率计算的利息

C. 按债券面值乘以发行时市场利率计算的利息

D. 本期应付利息减去(或加上)分摊的债券溢价(或折价)后的金额

8. 下列各项中,应作为其他业务收入核算的是(　　)。

A. 出售无形资产的收入　B. 取得的罚款收入

C. 写字楼的出租收入　D. 固定资产的变卖收入

9. 企业发生销货退回(非资产负债表日后事项)时,对原已入账的销售收入,正确的会计处理方法是(　　)。

A. 作为以前年度损益调整处理

B. 直接减少退货当期的主营业务收入

C. 减少原销售期间的主营业务收入

D. 直接减少退货当期的未分配利润

10. 2010 年公司实现净利润 8 500 万元。公司 2010 年发生和发现的下列交易与事项中,会影响其年初未分配利润的是(　　)。

A. 发现 2009 年少计销售费用 950 万元

B. 发现 2009 年多计财务费用 5 000 元

C. 为 2009 年售出的设备提供售后服务发生支出 550 万元

D. 因客户资信状况明显改善将应收账款坏账准备计提比例由 10% 改为 5%

二、多项选择题(多选少选均不得分,每小题 3 分,共 15 分)

1. 根据中国人民银行《支付结算办法》的规定,下列票据可以背书转让的有(　　)。

A. 银行汇票　　B. 银行本票

C. 现金支票　　D. 银行承兑汇票

E. 商业承兑汇票

2. 下列属于企业实收资本增加途径的有(　　)。

A. 接受投资者投资　　B. 经批准盈余公积转增资本

C. 经批准用资本公积转增资本　　D. 接受现金捐赠

E. 将债务转为资本

3. 对下列资产计提的减增损失,我国企业会计准则不允许转回的有(　　)。

A. 无形资产减增损失　　B. 应收账款的坏账损失

C. 存货跌价损失　　D. 固定资产减值损失

E. (对子公司的)长期股权投资减值损失

4. 2010 年度,公司实现营业收入 4 000 万元。所得税核算中,本年确认的下列各项收支中按税法规定应进行纳税调整的有(　　)。

A. 国债投资收益　　B. 应付债券利息

C. 业务招待费 30 万元　　D. 非公益性捐赠支出

E. 交易性金融资产发生的公允价值变动净损失

5. 下列各项,影响资产负债表中“应付债券”项目期末余额的有(　　)。

A. 发行债券发生的溢价额

B. 发行债券发生的折价额

C. 各期分摊的溢价或折价额

D. 到期一次还本付息债券的应付利息

E. 分期付息债券的应付利息

三、简答题(每小题 5 分,共 10 分)

1. 会计上应如何确认预计负债?

2. 什么是会计政策? 企业为什么要变更会计政策?

四、综合题(共55分)

(一)资料:

1. 购入一台设备已交付使用,增值税专用发票上列示价款800 000元、增值税额136 000元。款项已通过银行支付。

2. 库存现金盘亏300元,经查属于出纳员工作差错所致,出纳员已同意赔偿。

3. 销售商品一批,售价300 000元,增值税51 000元。经查,该批商品货款已于上月预收200 000元,余额收妥并存入银行。

4. 将一张不带息的银行承兑汇票贴现,该汇票面值1 800 000元,支付贴现利息9 000元,贴现净额存入公司存款账户。

5. 本月应付职工薪酬150 000元,其中应付生产工人薪酬80 000元,车间管理人员薪酬20 000元,行政管理人员薪酬40 000元,在建工程人员薪酬10 000元。

6. 采购钢材一批,实际成本240 000元,计划成本250 000元,增值税额40 800元;钢材按计划成本核算。公司已开出面值为300 000元的银行汇票交予供货方结算该笔货款,材料未到。

7. 按面值200 000元购入3年期债券一批,计划持有至到期,款项已用银行存款支付。

8. 以银行存款支付广告费50 000元。

9. 去年所欠A公司货款800 000元无力偿还,与对方商议进行债务重组,由公司一次性支付A公司现款500 000元了结。

10. 将本年度实现的净利润7 000 000元结转至"利润分配"账户。

要求:根据以上经济业务编制会计分录。(30分)

(二)资料:新华公司平时对利润的核算采取"表结法",2010年年末结转前各损益类账户期末余额如下(单位:元):

账户名称	借　方	贷　方
主营业务收入		1 000 000
主营业务成本	700 000	
营业税金及附加	40 000	
其他业务收入		50 000
其他业务成本	20 000	
销售费用	150 000	
管理费用	80 000	
财务费用	60 000	
公允价值变动损益		70 000
资产减值损失	10 000	
投资收益		120 000
营业外收入		40 000
营业外支出	20 000	
所得税费用	40 000	

此外，公司决定分别按税后利润的10%、5%提取法定盈余公积与任意盈余公积，按税后利润的50%向股东分派现金股利。

要求：计算新华公司2010年的营业利润、利润总额、净利润和年末未分配利润。（10分）

（三）资料：2010年江海公司实现税前利润1 000 000元。经查，本年度确认的收支中，有购买国债的利息收入80 000元，支付罚金12 000元，去年底投入使用的一项设备，原价200 000元，本年度利润表中列支年折旧费用45 000元，按税法规定应列支的年折旧额57 000元。公司所得税率为25%，采用资产负债表债务法核算，"递延所得税资产"与"递延所得税负债"账户的年初余额均为0。假设该公司当年无其他纳税调整事项。

要求：

（1）计算江海公司本年末固定资产账面价值、计税基础与暂时性差异，指出暂时性差异的类型；

（2）计算江海公司本年的递延所得税资产或递延所得税负债；

（3）计算江海公司本年的纳税所得额与应交所得税；

（4）编制公司年末核算应交所得税的会计分录。（15分）

财务会计学模拟试题二

一、单项选择题(每小题2分,共20分)

1. 企业下列存款的增加,不通过"其他货币资金"账户核算的是(　　)。
A. 银行本票存款　　B. 银行汇票存款
C. 信用证保证金存款　　D. 转账支票存款

2. 存货采用成本与可变现净值孰低法计量期末价值,并按单项存货计提跌价准备。2010年6月30日,D存货成本35万元,预计售价(不含增值税)50万元,销售费用为6万元。之前该项存货未计提跌价准备,不考虑其他因素。则2010年6月30日,对该项存货应计提跌价准备(　　)。
A. 21万元　　B. 15万元　　C. 9万元　　D. 0

3. 下列各项中,与无形资产摊销的会计处理无关的是(　　)。
A. 增加财务费用　　B. 增加累计摊销
C. 增加其他业务成本　　D. 增加管理费用

4. 购入一批债券计划持有至到期,所发生的相关税费的会计处理方法是(　　)。
A. 计入财务费用　　B. 减少投资收益
C. 计入投资成本　　D. 增加管理费用

5. 对于一次还本付息的长期借款,其应付利息的核算账户是(　　)。
A. 应付账款　　B. 应付利息　　C. 长期应付款　　D. 长期借款

6. 企业发生销货退回(非资产负债表日后事项)时,对原已入账的销售收入,正确的会计处理方法是(　　)。
A. 作为以前年度损益调整处理
B. 直接减少退货当期的主营业务收入
C. 减少原销售期间的主营业务收入
D. 直接减少退货当期的未分配利润

7. 下列各项中,能引起企业所有者权益总额发生变动的是(　　)。
A. 分配现金股利　　B. 用盈余公积转增资本金
C. 提取法定盈余公积　　D. 提取任意盈余公积

8. 资产负债表日,可供出售金融资产发生的公允价值减少额,会计上应借记(　　)。
A. 可供出售金融资产　　B. 资本公积
C. 公允价值变动损益　　D. 投资收益

9. 会计实务中,某项会计变化如果不易分清会计政策变更和会计估计变更时,正确的做法是(　　)。
A. 不作处理,待分清后再处理
B. 按会计政策变更处理

C. 按会计估计变更处理

D. 在会计政策变更、会计估计变更的处理方法中任选

10. 下列各项中,属于投资活动产生的现金流入的是(　　)。

A. 购进商品支付的现金　　B. 购买债券支付的现金

C. 取得投资收益受到的现金　　D. 取得借款收到的现金

二、多项选择题(多选少选均不得分,每小题 3 分,共 15 分)

1. 下列各项固定资产应计提折旧的有(　　)。

A. 融资租入的机器设备

B. 经营出租的机器设备

C. 季节性停用的机器设备

D. 已提足折旧继续使用的机器设备

E. 已达到预定可使用状态的办公大楼

2. 下列有关无形资产的会计处理中,不正确的有(　　)。

A. 出租无形资产取得的收入应计入其他业务收入

B. 使用寿命确定的无形资产摊销只能采用直线法

C. 出售无形资产所发生的净损失应计入营业外支出

D. 使用寿命不确定的无形资产既不应摊销又不核算减值

E. 无形资产的摊销额只能计入当期管理费用

3. 企业发生的下列增值税(均有合法的专用发票)应计入所购货物成本的有(　　)。

A. 小规模纳税人购入生产用原材料支付的增值税

B. 一般纳税人购入作为固定资产的设备支付的增值税

C. 一般纳税人购入工程物资支付的增值税

D. 一般纳税人购进用于对外投资的存货所支付的增值税

E. 一般纳税人购进包装物支付的增值税

4. 下列各所有者权益项目中,与企业当年净利润直接相关的是(　　)。

A. 实收资本　　B. 资本公积

C. 法定盈余公积　　D. 任意盈余公积

E. 未分配利润

5. 下列各账户的期末余额,影响资产负债表中“应收账款”项目期末金额的是(　　)。

A. 预付账款明细账户的借方余额　　B. 预收账款明细账户的借方余额

C. 应收账款明细账户的借方余额　　D. 坏账准备账户的贷方余额

E. 预收账款明细账户的贷方余额

三、简答题(每小题 5 分,共 10 分)

1. 什么是债务重组?债务重组的主要方式有哪些?

2. 什么是可抵扣暂时性差异?试举一例负债项目说明。

四、综合题(共55分)

(一)资料:

1. 购入普通股2 000股作为可供出售金融资产,股票每股面值1元,每股买价12元(其中包括已宣告分派但尚未支付的现金股利2元),另外支付佣金1 000元,全部款项已通过银行支付。

2. 购入债券一批准备持有至到期,债券面值为50 000元,实付款52 000元,以银行存款支付。

3. 购入一台设备已交付使用,增值税专用发票上列示价款900 000元、增值税额153 000元,另外支付运杂费7 000元,款项通过银行支付。

4. 开出并承兑商业汇票一张,金额800 000元,期限3月,用于抵付前欠购料款。

5. 分期收款销售商品,本期确认已实现融资收益120 000元。

6. 委托某证券公司代理发行普通股股票600 000股,每股面值1元,发行价格为每股1.5元,按协议证券公司从发行收入中扣取2%的手续费。股票发行款已结算并存入公司账户。

7. 结转固定资产清理净损失20 000元。

8. 销售商品一批,增值税专用发票上列示价款500 000元、增值税85 000元,现金折扣条件为“2/10,N/30”。(采用总额法核算)

9. 出售专利权一项,取得收入360 000元存入银行,该项收入使用的营业税税率为5%,专利权的账面余额为400 000元,累计摊销额为80 000元,并已计提减值准备40 000元。

10. 计提存货跌价准备80 000元。

要求:根据以上经济业务编制会计分录。(30分)

(二)资料:

江海公司2010年度与利润有关的资料如下:(单位:元)

净利润	200 000
计提资产减值损失	10 000
管理费用中的固定资产折旧额	20 000
营业外收入中的处置固定资产收益	40 000

江海公司2010年12月31日资产负债表有关资料如下:(单位:元)

	年初数	年末数
应收账款	200 000	150 000
存货	300 000	250 000
应付账款	50 000	150 000

要求:根据上述资料,运用间接法计算江海公司2010年度经营活动产生的现金流量净额(列出计算过程)。(10分)

（三）资料：2009年初新华公司取得大阳公司30%的股份，能够对大阳公司施加重大影响。该股份的投资成本为1 000 000元，投资日大阳公司可辨认净资产公允价值为4 000 000元（假设投资日大阳公司可辨认净资产公允价值与账面价值相等）。2009年度大阳公司实现净利润600 000元，2010年4月5日，大阳公司宣告将净利润的40%用于分配现金股利；2010年4月25日，新华公司将收到的现金股利存入银行。2010年大阳公司发生亏损1 500 000元。

要求：编制新华公司上述业务的会计分录（“长期股权投资”账户要求写出明细账户）。（15分）

管理会计学模拟试题一

一、单项选择题(每小题1分,共20分)

1. 在管理会计中,狭义相关范围是指(　　)。
A. 成本的变动范围　　B. 业务量的变动范围
C. 时间的变动范围　　D. 市场容量的变动范围

2. 下列各项中,能反映变动成本法局限性的说法是(　　)。
A. 导致企业盲目生产　　B. 不利于成本控制
C. 不利于短期决策　　D. 不符合传统的成本观念

3. 在变动成本法下,销售收入减变动成本等于(　　)。
A. 销售毛利　　B. 税后利润　　C. 税前利润　　D. 贡献边际

4. 如果本期销售量比上期增加,其他条件不变,则可断定变动成本法计算的本期营业利润(　　)。
A. 一定等于上期　　B. 一定大于上期
C. 应当小于上期　　D. 可能等于上期

5. 在计算保本量和保利量时,有关公式的分母是(　　)。
A. 单位贡献边际　　B. 贡献边际率
C. 单位变动成本　　D. 固定成本

6. 在其他因素不变时,固定成本减少,保本点(　　)。
A. 升高　　B. 降低　　C. 不变　　D. 不一定变动

7. 经营杠杆系数等于1,说明(　　)。
A. 固定成本等于0　　B. 固定成本大于0
C. 固定成本小于0　　D. 与固定成本无关

8. 已知上年利润为100 000元,下一年经营杠杆系数为1.4,销售量变动率为15%,则下一年利润预测数为(　　)。
A. 140 000　　B. 150 000　　C. 121 000　　D. 125 000

9. 在管理会计中,单一方案决策又称为(　　)。
A. 接受或拒绝方案决策　　B. 互斥方案决策
C. 排队方案决策　　D. 组合方案决策

10. 下列各项中,属于无关成本的是(　　)。
A. 沉没成本　　B. 增量成本　　C. 机会成本　　D. 专属成本

11. 属于长期投资决策分析的方法是(　　)。
A. 净现值法　　B. 贡献边际法
C. 差别损益分析法　　D. 边际贡献法

12. 下列各项中,属于非折现指标的是(　　)。

A. 投资回收期法　　B. 净现值法

C. 内含报酬率法　　D. 现值指数法

13. 变动成本法下期末存货成本不包括(　　)。

A. 直接材料　　B. 直接人工

C. 固定制造费用　　D. 变动制造费用

14. 完全成本法下期间费用包括(　　)。

A. 直接材料　　B. 变动制造费用

C. 推销及管理成本　　D. 固定制造费用

15. 在既有期初存货又有期末存货的情形下,按完全成本法计算的净收益与按变动成本法计算的净收益相比(　　)。

A. 一定较高　　B. 一定较低　　C. 一定相等　　D. 高低不确定

16. 在保本分析中,下列表述正确的是(　　)。

A. 保本点越高,安全边际越大

B. 降低单价,保本点随之降低

C. 降低固定成本总额,可以使保本点降低

D. 保本点越高,企业盈利能力越强

17. 下列公式中不正确的是(　　)。

A. 保本销售额 = 固定成本总额 ÷ 贡献边际率

B. 利润 = 贡献边际总额 × 安全边际量

C. 销售量 × 单位贡献边际 − 固定成本总额 = 利润

D. 贡献边际率 + 变动成本率 = 1

18. 不受固定成本影响,和产销量保持一致变动的是(　　)。

A. 贡献边际总额　　B. 单位变动成本

C. 利润　　D. 保本点

19. 每期等额的收入或支出的复利终值之和称为(　　)。

A. 复利现值　　B. 复利终值　　C. 年金终值　　D. 年金现值

20. 某产品售价为200元,单位变动成本为160元,固定成本总额为100 000元,预计销售量为5 000件,则安全边际率和贡献边际率分别为(　　)。

A. 100%,20%　　B. 100%,80%　　C. 50%,20%　　D. 200%,20%

二、多项选择题(多选少选均不得分,每小题2分,共20分)

1. 考虑货币时间价值的长期投资决策分析方法是(　　)。

A. 净现值法　　B. 投资回收期法　　C. 内含报酬率法　　D. 现值指数法

E. 投资报酬率法

2. 根据成本性态,可将成本划分为(　　)。

A. 固定成本　　B. 责任成本　　C. 变动成本　　D. 直接成本

E. 混合成本

3. 属于酌量性固定成本的是(　　)。

A. 计件工资　　B. 广告费　　C. 厂房折旧费　　D. 职工培训费

E. 管理人员工资

4. 下列表述正确的有(　　)。

A. 在其他因素不变时,产销量越大,经营杠杆系数越大

B. 安全边际率越高,企业经营风险越小

C. 安全边际率与保本作业率之和为1

D. 贡献边际小于固定成本,企业亏损

E. 经营杠杆系数与安全边际率之和为1

5. 下列短期决策正确的是(　　)。

A. 将亏损产品停产,其生产能力用来生产贡献边际更大的产品

B. 贡献边际为负数的产品立即停产

C. 亏损产品若仍能提供贡献边际,则不一定立即停产

D. 接受客户追加订货的条件是其出价必须高于单位产品生产成本

E. 有剩余生产能力时,只要客户出价高于单位产品变动成本即可为其加工生产

6. 降低保本点的途径有(　　)。

A. 降低单位售价　　B. 降低固定成本总额

C. 提高售价　　D. 提高贡献边际率高的产品销售比重

E. 降低单位变动成本

7. 在相关范围内,不随产量变动而变动的是(　　)。

A. 单位产品成本　　B. 单位变动生产成本

C. 固定制造费用总额　　D. 单位固定制造费用

E. 固定推销及管理成本总额

8. 影响保本点的因素有(　　)。

A. 单位售价　　B. 单位变动成本

C. 固定成本总额　　D. 安全边际率

E. 品种结构

9. 下列关于固定成本的正确表述是(　　)。

A. 总额永远固定不变

B. 在相关范围内,总额不随业务量变动而变动

C. 在相关范围内,单位固定成本与业务量之间呈反方向变化

D. 在坐标图中,单位固定成本是一条平行于横轴的直线

E. 酌量性固定成本在不同的会计年度数额可能不等

10. 与决策相关的成本是(　　)。

A. 机会成本　　B. 增量成本　　C. 沉没成本　　D. 专属成本

E. 可延缓成本

三、判断题(正确的打"√",错误的打"×"。每小题1分,共10分)

1. 成本性态分析的最终目的就是把全部成本分为固定成本、变动成本和混合成本三

大类。 ( )

2. 定期支付的广告费属于约束性固定成本。 ( )

3. 变动成本法取代完全成本法不符合现行会计制度的统一要求。 ( )

4. 保本作业率能反映保本状态下生产经营能力的利用程度。 ( )

5. 采用高低点法进行成本性态分析时,若业务量最高点、最低点与成本最高点、最低点不一致时,高低点坐标的选择以业务量为准。 ( )

6. 单一品种下,保本点销售量随着贡献边际率的上升而上升。 ( )

7. 当企业生产多品种时,无法使用本量利分析法。 ( )

8. 在短期决策中,所有固定成本或折旧费都是沉没成本。 ( )

9. 凡是亏损产品都应停止生产。 ( )

10. 如果追加订货的价格低于其完全成本,则不能接受追加订货。 ( )

四、计算分析题(共50分)

(一)资料:某公司只产销一种产品,本年单位变动成本为6元,变动成本总额为84 000元,获营业利润18 000元,假设该公司计划下一年度变动成本率仍维持本年度的40%,其他条件不变。

要求:预测下一年度的保本销售量及保本销售额。(10分)

(二)资料:某企业尚有一定的闲置生产能力,拟开发一种新产品,现有A、B两种产品可供选择。A产品单价是120元,单位变动成本是60元,单位产品机器台时定额消耗量是2小时;B产品单价是140元,单位变动成本是40元,单位产品机器台时定额消耗量是8小时。

要求:试用单位资源贡献边际分析法作出开发哪种产品的决策分析,并说明理由。(10分)

(三)资料:某项目的投资建设期为4年,每年年末需投入资金250 000元。生产经营期10年,期末无残值,每年可获净利100 000元,直线法计提折旧。假设资金成本率为10%。

要求:用净现值法分析该投资方案是否可行。(15分)

i(%)	10%
4年年金现值系数	3.170
4年复利现值系数	0.683
10年年金现值系数	6.145
14年年金现值系数	7.367

(四)资料:某企业产销A产品,单价为20元,单位变动成本为12元,固定成本为36 000元,预计销售量为10 000件。

要求:

(1)计算A产品的保本销售量。

(2)分别计算单价、单位变动成本、固定成本总额分别向不利方向变动10%对保本点的影响。

(3)若目标利润为40 000元,单价应调整为多少?(15分)

管理会计学模拟试题二

一、单项选择题(每小题1分,共20分)

1. 变动成本法下产品成本不包括(　　)。

A. 直接材料　　B. 直接人工

C. 固定制造费用　　D. 变动制造费用

2. 下列公式中不正确的是(　　)。

A. 贡献边际率=1-变动成本率

B. 安全边际率=1-保本作业率

C. 利润=贡献边际率×安全边际率

D. 利润=销售量×单位贡献边际-固定成本

3. 在期初无存货且本期生产量大于销售量的情况下,按变动成本法计算的期末存货价值与按全部成本法计算的期末存货价值相比(　　)。

A. 一定较低　　B. 一定较高　　C. 一定相等　　D. 高低不一定

4. 在保本分析中,下列表述不正确的是(　　)。

A. 保本点越低,安全边际越大　　B. 提高单价,可以降低保本点

C. 降低固定成本总额,将使保本点下降　　D. 保本点越高,企业盈利能力越强

5. 年利率为10%,年数为2,一年计息1次,复利计息,1 000元本金两年后终值为(　　)。

A. 1 000　　B. 1 210　　C. 1 320　　D. 210

6. 企业预计销售量20 000件,单位变动成本20元,固定成本总额100 000元,若要保本,单价不能低于(　　)。

A. 30元　　B. 25元　　C. 20元　　D. 50元

7. 某企业只生产一种产品,单价6元,单位变动成本为3元,固定成本为800元,企业的正常销售额为3000元,贡献边际率为(　　)。

A. 80%　　B. 50%　　C. 30%　　D. 90%

8. 生产能力无法转移时,亏损产品停产应当满足的条件是(　　)。

A. 该亏损产品的单价大于其单位变动成本

B. 该亏损产品贡献边际大于零

C. 该亏损产品贡献边际小于零

D. 该亏损产品单价大于其单位成本

9. 在相关范围内单位变动成本与业务量的增减(　　)。

A. 成正比变动　　B. 成反比变动　　C. 无关　　D. 等额变动

10. 不受固定成本影响,和产销量保持一致变动的是(　　)。

A. 贡献边际总额　　B. 单位变动成本　　C. 利润　　D. 保本点

11. 下列说法不正确的是(　　)。

A. 现值系数与终值系数互为倒数

B. 内部收益率大小不受行业基准折现率的影响

C. 净现值大小不受行业基准折现率的影响

D. 普通年金又称为后付年金

12. 下列说法不正确的是(　　)。

A. 对于利用现有生产能力生产哪种产品的决策,一般而言固定成本属相关成本

B. 在生产能力有剩余且无法转移时,接受追加订货的价格的最低限是单位变动成本

C. 当零部件的需要量不确定时,自制还是外购的决策采用成本无差别点法

D. 在半成品是否深加工为产成品的决策中,将半成品进行深加工的加工成本是相关成本,半成品本身的成本是无关成本

13. $(1+i)^n$称为(　　)。

A. 终值系数　　B. 现值系数

C. 年金终值系数　　D. 年金现值系数

14. 根据某企业1-7月份资料,维修费最高为500元(6月份),最低为200元(2月份),机器工作小时最高为8000小时(6月份),最低为2000小时(2月份)。采用高低点法进行成本性态分析,维修费中的固定成本为(　　)。

A. 30元　　B. 100元　　C. 20元　　D. 0. 05元

15. 与决策无关的成本是(　　)。

A. 沉没成本　　B. 增量成本　　C. 专属成本　　D. 机会成本

16. 单一品种产品生产的企业,不影响保本点的因素是(　　)。

A. 固定成本总额　　B. 单位售价

C. 单位变动成本　　D. 品种结构

17. 每期等额的收入或支出的复利现值之和称为(　　)。

A. 复利终值　　B. 复利现值　　C. 年金终值　　D. 年金现值

18. 安全边际量=实际销售量-(　　)。

A. 边际销售量　　B. 保本销售量　　C. 实际销售量　　D. 预计销售量

19. 经营杠杆系数等于1,说明(　　)。

A. 固定成本大于零　　B. 固定成本小于零

C. 固定成本等于零　　D. 与固定成本无关

20. 某企业有5 000件积压的甲产品,总制造成本为50 000元,如果花20 000元再加工后出售,可能得到销售收入35 000元,该批产品也可卖给某批发公司,可得销售收入8 000元。在分析这两个备选方案的过程中,沉没成本是(　　)。

A. 8 000元　　B. 15 000元　　C. 20 000元　　D. 50 000元

二、多项选择题(多选少选均不得分,每小题2分,共20分)

1. 影响保本点的因素有(　　)。

A. 单位售价　　B. 单位变动成本　　C. 固定成本总额

D. 安全边际率　E. 品种结构

2. 评价投资方案是否可行的标准是（　　）。

A. 净现值大于零　B. 获利指数大于1

C. 获利指数大于零　D. 内部收益率大于零

E. 内部收益率大于折现率

3. 下列各项中，一般应纳入变动成本的有（　　）。

A. 直接材料　B. 直接工资　C. 广告费

D. 按年限平均法计提的折旧　E. 职工培训费

4. 下列各种决策分析中，可按成本无差别点法作出决策结论的有（　　）。

A. 亏损产品的决策　B. 是否增产的决策

C. 追加订货的决策　D. 自制或外购的决策

E. 生产工艺技术方案的决策

5. 按照本量利分析的原理，如果a表示固定成本，b表示单位变动成本，x表示销售量，p表示单价，P表示营业利润，则必有以下公式成立：（　　）。

A. $P = px - (a + bx)$　B. $P = (p - a)x - b$

C. $P = px - bx - a$　D. $P = px - a - bx$

E. $P = (p - b)x - a$

6. 根据成本性态可将成本划分为（　　）。

A. 固定成本　B. 责任成本　C. 变动成本

D. 直接成本　E. 混合成本

7. 降低保本点的途径有（　　）。

A. 降低售价　B. 提高边际贡献率高的产品销售比重

C. 提高售价　D. 增加固定成本投入

E. 降低单位变动成本

8. 关于固定成本的正确表述是（　　）。

A. 总额永远固定不变

B. 在相关范围内，总额不随业务量变动而变动

C. 在相关范围内，单位固定成本与业务量之间呈反方向变化

D. 在坐标图中，固定成本总额是一条平行于横轴的直线

E. 酌量性固定成本在不同的会计年度数额可能不等

9. 下列各等式中成立的有（　　）。

A. 变动成本率+安全边际率=1　B. 边际贡献率+安全边际率=1

C. 边际贡献率+变动成本率=1　D. 安全边际率+保本作业率=1

E. 变动成本率+保本作业率=1

10. 在相关范围内保持不变的有（　　）。

A. 变动成本总额　B. 单位变动成本

C. 固定成本总额　D. 单位固定成本

E. 总成本

三、判断题(对,打"√";错,打"×"。每小题 1 分,共 10 分)

1. 在既定的生产能力可以生产甲产品亦可以生产乙产品的情况下,最终生产哪一种产品应以单位贡献边际高者为优。 ( )

2. 采用高低点法进行成本性态分析时,若业务量最高点、最低点与成本最高点、最低点不一致时,高低点坐标的选择以成本为准。 ( )

3. 用内含报酬率作为投资项目的折现率计算出来的净现值为零。 ( )

4. 项目计算期不包括建设期。 ( )

5. 年金现值系数与年金终值系数互为倒数。 ( )

6. 计算货币时间价值时必须采用单利制。 ( )

7. 完全成本法下固定制造费用全部计入期末存货价值,变动成本法下固定制造费用全部计入当期损益。 ( )

8. 约束性固定成本是指不受管理当局短期决策行为影响的那部分固定成本。( )

9. 经营杠杆系数越大,企业经营风险越大。 ( )

10. 变动成本率,是指变动成本占全部成本的百分比。 ( )

四、计算分析题(共 50 分)

(一) 资料:某企业产销 A 产品,单价 20 元,单位变动成本 12 元,固定成本 40 000 元,实现销售量 10 000 件。

要求:(1) 计算 A 产品的保本销售量。

(2) 计算安全边际量和安全边际率。

(3) 计算经营杠杆系数。

(4) 计算企业目前的利润。

(5) 若目标利润为 6 万元,其他条件不变,销售量应该比目前增加多少件?(13 分)

(二) 资料:某公司本年产销一种产品,单价 15 元,期初无存货,本年生产 10 000 件,销售 8 000 件,单位变动生产成本 8 元,固定制造费用总额 24 000 元,推销及管理费用总额 12 000 元均为固定性的。

要求:(1) 运用变动成本法计算期末存货成本、本期销货成本、营业利润。

(2) 计算全部成本法与变动成本法的利润差异。(12 分)

(三) 资料:某公司生产销售一种产品,年初已接到全年订货量为 10 000 件,单位售价为 80 元,平均单位成本为直接材料 24 元、直接人工 12 元、变动制造费用 4 元、固定制造费用 10 元。现有一客户临时订货 2 500 件,订货价格为 50 元。

要求:(1) 若企业最大生产能力为 13 000 件,接受临时订货无需增加专属固定成本,且剩余生产能力无其他利用机会,那么是否接受订货?

(2) 若企业最大生产能力为 12 000 件,接受临时订货必需增加专属固定成本 18 000 元,才能保证年初已接到的订货不受冲击,若不接受订货可将剩余生产能力出租,将获租金收入 8 000 元,那么是否接受订货?(12 分)

(四) 资料:某公司准备搞一项新产品开发的投资项目,预计资料如下:投资 1 510 万元建造固定资产,当年建成并投产(建设期为零),固定资产预计可使用 10 年,期满净残值 10

万元,直线法折旧,投产后每年将获得净利150万元。

要求:(1)计算该项固定资产年折旧额。

(2)计算该项目计算期内各年的净现金流量。

(3)计算该项目的净现值。(行业基准折现率10%)

(4)根据该项目净现值,作出项目是否可行的决策。(13分)

成本会计学模拟试题一

一、单项选择题(每小题 1 分,共 20 分)

1. 按照马克思的劳动价值学说,理论成本是产品价值中(　　)的货币的表现。

A. C　　B. C + V　　C. C + V + M　　D. C + M

2. 属于产品成本项目的是(　　)。

A. 外购材料费用　　B. 职工工资

C. 折旧费用　　D. 制造费用

3. 正确计算产品成本,应该做好的基础工作是(　　)。

A. 正确划分各种费用界限　　B. 确定成本计算对象

C. 建立和健全原始记录工作　　D. 各种费用的分配

4. (　　)适用于定额管理基础较好,各项消耗定额或费用定额较准确、稳定,但各月末在产品数量变动较大的产品。

A. 在产品按所耗原材料费用计价法　　B. 在产品按定额成本计价法

C. 在产品按固定成本计价法　　D. 定额比例法

5. 采用约当产量法计算完工产品和在产品成本时,若原材料不是在开工时一次投入,而是随生产进度陆续投入,且在每工序是一次投入的,第一工序材料消耗定额为 30 千克,第二工序为 60 千克,则第二工序在产品的完工率为(　　)。

A. 67%　　B. 33%　　C. 100%　　D. 97%

6. 生产特点和管理要求对成本计算方法的影响主要表现在(　　)。

A. 生产组织的特点　　B. 工艺过程的特点

C. 生产管理的要求　　D. 产品成本计算对象的确定

7. 采用平行结转分步法时,完工产品是指(　　)。

A. 企业最后完工的产品　　B. 广义的在产品

C. 第一步骤的半成品　　D. 各步骤所耗上一步骤半成品

8. 采用定额法计算产品成本时,直接人工费用定额是按下式计算的(　　)。

A. 产品实际工时 × 生产工资实际单价

B. 产品实际工时 × 生产工资计划单价

C. 产品生产工时定额 × 生产工资实际单价

D. 产品生产工时定额 × 生产工资计划单价

9. 需要进行成本还原的结转方法是(　　)。

A. 逐步结转法　　B. 平行结转法

C. 综合结转法　　D. 变动成本法

10. 在其他因素不变的情况下,会使单位产品成本降低的情形是(　　)。

A. 劳动生产率提高速度慢于平均工资增长速度

B. 劳动生产率提高速度快于平均工资增长速度

C. 劳动生产率提高速度等于平均工资增长速度

D. 劳动生产率提高速度不等于平均工资增长速度

11. 某企业采用分类法计算产品成本,类内三种产品的材料费用定额为:甲产品为80 000元,乙产品为100 000元,丙产品为120 000元,其中乙产品为标准产品,则甲产品的材料费用系数为(　　)。

A. 1.2　　B. 1　　C. 0.8　　D. 1.25

12. 为了贯彻权责发生制原则,正确核算待摊费用和预提费用,应正确划分的费用界线是(　　)。

A. 正确划分生产费用与期间费用的界限

B. 正确划分各种产品的费用界限

C. 正确划分完工产品与在产品的生产费用界限

D. 正确划分各月份的生产费用和期间费用的界限

13. 采用简化分批法,未完工的产品成本明细账(　　)。

A. 只登记间接计入费用

B. 既登记间接计入费用,也登记直接计入费用

C. 只登记直接计入费用

D. 不登记任何费用

14. 在单纯产量变动的情况下,对可比产品成本的影响是(　　)。

A. 只影响降低额,不影响降低率　　B. 既影响降低额,也影响降低率

C. 只影响降低率,不影响降低额　　D. 降低额和降低率都不受影响

15. 采用分类法计算产品成本的目的在于(　　)。

A. 分类计算产品成本　　B. 分品种计算产品成本

C. 简化各类产品成本计算工作　　D. 简化各种产品成本计算工作

16. 企业新产品试制通常采用的成本计算方法是(　　)。

A. 分步法　　B. 分批法　　C. 分类法　　D. 定额法

17. 按照生产工资比例分配法制造费用,要求(　　)。

A. 各种产品生产的机械化程度相差悬殊

B. 不考虑产品生产的机械化程度

C. 产品生产的机械化程度较高

D. 产品生产的机械化程度相差不多

18. 在按年度计划分配率分配制造费用的企业,"制造费用"账户期末(　　)。

A. 没有余额　　B. 可能有借方或贷方余额

C. 有借方余额　　D. 有贷方余额

19. 在辅助生产费用的各种分配方法中,分配结果最正确的是(　　)。

A. 交互分配法　　B. 直接分配法

C. 计划成本分配法　　D. 代数分配法

20. 某企业成本采用平行结转分步法计算。A 产品经过三个步骤加工完工,半成品不入成品库,直接转入下个步骤加工。本月完工 A 产品 300 件(每件产成品耗用各步骤半成

品为1件),月末,第一步骤在产品20件、第二步骤在产品80件、第三步骤在产品100件。若每个步骤在产品完工程度均为50%,那么第一步骤月末"加工费用"成本项目的广义在产品约当产量为(　　)。

A. 10　　B. 20　　C. 490　　D. 190

二、多项选择题(多选少选均不得分,每小题2分,共20分)

1. 属于制造业费用要素的有(　　)。

A. 直接材料　　B. 职工薪酬　　C. 利息净支出　　D. 外购动力

2. 选择完工产品与在产品之间的费用分配方法时,应考虑的条件是(　　)。

A. 定额管理基础的好坏　　B. 各月末在产品数量的多少

C. 月末完工产品数量的多少　　D. 各项费用比重的大小

3. 与产品的生产类型没有直接联系的产品成本计算方法有(　　)。

A. 定额法　　B. 分批法　　C. 分步法　　D. 分类法

4. 与企业的生产类型没有直接联系的产品成本计算方法有(　　)。

A. 定额法　　B. 分批法　　C. 分步法　　D. 分类法

5. 采用连环替代分析法进行成本分析时,对各影响指标排序的正确原则有(　　)。

A. 数量指标在先,质量指标在后　　B. 质量指标在先,数量指标在后

C. 实物量指标在先,货币量指标在后　　D. 货币量指标在先,实物量指标在后

6. 下列指标中属于相关比率的有(　　)。

A. 产值成本率　　B. 成本降低率

C. 成本利润率　　D. 直接人工费用率

E. 销售收入成本率

7. 辅助生产费用分配转出时,可以(　　)。

A. 借记"生产成本"　　B. 借记"制造费用"

C. 借记"管理费用"　　D. 借记"库存商品"

E. 借记"在建工程"

8. 影响可比产品成本降低率的因素有(　　)。

A. 产品产量　　B. 产品单位成本

C. 产品品种结构　　D. 成本计算方法

E. 成本计算对象

9. 分批法的特点有(　　)。

A. 以产品品种作为成本计算对象　　B. 以产品和批别作为成本计算对象

C. 成本计算期固定　　D. 成本计算期不固定

E. 以产品和步骤作为成本计算对象

10. 成本核算的要求包括(　　)。

A. 算管结合,算为管用

B. 正确划分各种费用界限

C. 做好各项基础工作

D. 正确确定财产物资的计价和价值结转方法

E. 适应生产特点和管理要求,采用适当的成本计算方法

三、判断题(正确的打"√",错误的打"×",每小题1分,共10分)

1. 成本属于费用,因而费用就是成本。 ( )

2. 采用按计划成本分配法分配辅助生产费用,不必在辅助生产车间之间进行交互分配。 ( )

3. 当企业的各项消耗定额或费用定额比较准确、稳定,而且各月末在产品数量变化不大时,可采用定额比例法,计算在产品的成本。 ( )

4. 成本还原系数只能小于或等于1。 ( )

5. 单纯产品产量的变动,只会使成本降低额同比例、同方向增减,而不会影响成本降低率。 ( )

6. 差额分析法是连环替代法的一种简化形式。 ( )

7. 工业企业各要素费用中的税金,不是产品成本的组成部分,而是管理费用的组成部分。 ( )

8. 若可比产品的成本降低额完成了计划,那么降低率也一定完成了计划。 ( )

9. 采用交互分配法分配辅助生产费用时,对外分配的辅助生产费用应为交互分配前的费用加上交互分配转入的费用,减去交互分配转出的费用。 ( )

10. 采用分项结转半成品成本,在各步骤完工产品(半成品)成本中看不出所耗上一步骤半成品的费用和本步骤加工费用的水平。 ( )

四、综合题(共50分)

(一) 资料:某企业下设一个基本生产车间和一个辅助生产车间(机修车间),基本生产车间生产甲、乙两种产品。该企业是大量生产的企业,因半成品不对外销售,所以管理上不要求计算半成品成本。因此,采用品种法计算产品成本。该企业实行一级成本核算,为了归集生产费用计算产品成本,设置了甲、乙两种产品的"基本生产成本明细账"和辅助生产车间的"辅助生产成本明细账"。"基本生产成本明细账"设置"直接材料"、"直接人工"和"制造费用"三个成本项目。辅助生产车间的制造费用不通过"制造费用"科目核算,发生时直接归集在"生产成本——辅助生产成本"账户中。

1. 20××年10月生产车间发生的经济业务如下:

(1) 基本生产车间领用材料100 000元,其中:直接用于甲产品的A材料为20 000元,直接用于乙产品的B材料为30 000元,甲、乙产品共同耗用的C材料40 000元(按甲、乙产品的定额消耗量比例进行分配。甲产品的定额消耗量为8 000千克,乙产品的定额消耗量为2 000千克),车间的机物料消耗性材料为10 000元,辅助生产车间领用材料为12 000元,共计112 000元。

(2) 基本生产车间本月领用低值易耗品一批(劳动保护用品),实际成本为1 800元。

(3) 基本生产车间的工人工资为40 000元(按甲、乙产品耗用的生产工时比例进行分配,甲产品生产工时为6 000小时,乙生产的生产工时2 000小时),管理人员工资为8 000元;辅助生产车间的工人工资为12 000元,管理人员工资为3 000元;共计63 000元。

(4) 基本生产车间计提折旧为2 000元,辅助生产车间计提折旧为800元。

（5）基本生产车间发生其他货币支出9 080元，其中：办公费为2 000元，差旅费为3 000元，运输费为4 080元；辅助生产车间发生其他货币支出6 100元，其中：办公费为1 000元，差旅费为2 000元，运输费为3 100元。各项货币支出均为全月汇总的金额。

2. 本月辅助生产车间完成修理工时9 000小时，其中：为基本生产车间提供8 000小时，为企业管理部门提供1 000小时。该企业辅助生产费用规定采用直线分配法按工时比例分配。

3. 基本生产车间的制造费用按生产工时比例在甲、乙产品之间进行分配。

4. 月初在产品生产成本：甲产品直接材料费用为32 000元，直接人工费用为23 800元，制造费用为33 200元；乙产品直接材料费用为19 000元，直接人工费用为7 000元，制造费用为10 000元。

5. 甲产品本月完工产成品2 000件，月末在产品 800 件，完工率为 40%。采用约当产量比例法分配完工产品和在产品的费用。甲产品的原材料在生产开始时一次投入。

乙产品本月完工产品1 120件。乙产品各月在产品数量变化不大，生产费用在产成品与在产品之间的分配，采用在产品按月初固定成本计价法。

要求：

（1）根据相关资料登记有关费用成本类明细账。

（2）计算完工产品成本和月末在产品成本。（30 分）

辅助生产成本明细账

摘　　要	材料费	职工薪酬	折旧费	保险费	修理费	其他	合计
分配其他费用							
分配材料费用							
分配职工薪酬							
分配折旧费							
合　　计							

辅助生产成本分配表

车间名称：机修车间　　　　20××年10月

受益单位	修理工时	分配率	分配金额
基本生产车间	8 000		
企业管理部门	1 000		
合　　计	9 000		

基本生产车间制造费用明细账

20××年10月

摘要	机物料消耗	劳动保护费	水电费	职工薪酬	折旧费	保险费	修理费	其他	合计
分配其他费用									
分配材料费用									
分配职工薪酬									
分配折旧费									
分配辅助生产费									
合　计									

制造费用分配表

车间名称：基本车间　　　　200　　年10月

产品名称	生产工时(小时)	分配率	分配金额
甲产品	6 000		
乙产品	2 000		
合　计	8 000		

基本生产成本明细账

产品名称：甲产品　　　　20××年10月

完工产品：2 000件　　　　月末在产品：800件　　　　单位：元

摘　要	直接材料	直接人工	制造费用	合　计
月初在产品成本				
分配材料费用				
分配动力费用				
分配职工薪酬				
分配制造费用				
合　计				
结转完工产品成本				
月末在产品成本				

基本生产成本明细账

产品名称：乙产品　　　　20××年10月

完工产品：1 120件　　　　月末在产品：　　件　　　　单位：元

摘　要	直接材料	直接人工	制造费用	合　计
月初在产品成本				
分配材料费用				
分配动力费用				
分配职工薪酬				
分配制造费用				
合　计				
结转完工产品成本				
月末在产品成本				

（二）资料：某企业A产品生产分两个步骤，分别由第一、第二两个生产车间进行。第一车间生产半成品，交半成品库验收，第二车间按所需半成品数量向半成品库领用；第二车间所耗半成品费用按全月一次加权平均单位成本计算。两个车间月末在产品均按定额成本计价。该企业采用按实际成本结转的逐步结转分步法计算A产品成本。

第一、第二两个车间月初和月末在产品定额成本资料及本月生产费用资料见“产品成本明细账”；自制半成品月初余额、本月第一车间完工半成品交库数量及本月第二车间领用自制半成品数量见“自制半成品明细账”。

要求：（1）计算填列“产品成本明细账”和“自制半成品明细账”；（2）计算填列“产成品成本还原计算表”（列出还原分配率的计算过程）。（20分）

产品成本明细账

车间名称：第一车间　　　　产品名称：半成品A

项　　目	直接材料	直接人工	制造费用	合　计
月初在产品定额成本	6 000	3 800	2 900	12 700
本月生产费用	30 200	21 500	16 500	68 200
生产费用合计				
完工半成品成本				
月末在产品定额成本	6 300	2 800	1 800	10 900

自制半成品明细账

半成品名称：半成品A　　　　单位：件，元

月初余额		本月增加		合　　计			本月减少	
数量	实际成本	数量	实际成本	数量	单位成本	实际成本	数量	实际成本
500	11 000	2 500					2 600	

产品成本明细账

车间名称：第二车间　　　　产品名称：产成品A

项　　目	半成品	直接人工	制造费用	合　计
月初在产品定额成本	27 600	2 450	2 600	32 650
本月生产费用		19 600	15 400	
生产费用合计				
完工半成品成本				
月末在产品定额成本	13 800	5 250	4 000	23 050

产成品成本还原计算表

项　目	还原分配率	半成品	直接材料	直接人工	制造费用	成本合计
还原前成品成本	×					
本月所产半成品成本	×	×				
成本还原		×				
还原后产成品成本	×	×				

成本会计学模拟试题二

一、单项选择题(每小题1分,共20分)

1. 构成产品成本的支出主要是(　　)。
A. 资本性支出　　B. 收益性支出
C. 生产性支出　　D. 营业外支出

2. 下列项目中不属于生产费用的项目是(　　)。
A. 生产产品而消耗的材料　　B. 生产工人的工资
C. 企业管理人员的工资　　D. 车间管理人员的工资

3. 生产经营费用按费用的(　　)分类形成要素费用。
A. 经济内容　　B. 经济性质　　C. 经济用途　　D. 经济作用

4. 对大量大批生产的产品,应当以(　　)作为产品成本计算对象。
A. 产品的品种　　B. 产品的批次
C. 产品的生产步骤　　D. 产品的类别

5. 下列项目中不能计入产品成本的是(　　)。
A. 企业管理人员的工资及社保费　　B. 车间消耗的动力费用
C. 生产工人的工资及社保费　　D. 车间管理人员的工资及社保费

6. 下列人员的工资应当记入制造费用的是(　　)。
A. 工人的工资　　B. 车间主任的工资
C. 厂长的工资　　D. 班组长的工资

7. 下列项目中,不属于工资总额的是(　　)。
A. 生产工人的工资　　B. 管理人员的工资
C. 退休人员的生活费　　D. 福利机构人员的工资

8. 分配结果最正确的辅助生产费用分配方法是(　　)。
A. 直接分配法　　B. 交互分配法　　C. 代数分配法　　D. 顺序分配法

9. 下列项目中属于制造费用的是(　　)。
A. 生产工人的计时工资　　B. 企业管理人员的工资
C. 车间管理人员的工资　　D. 生产工人的计件工资

10. 下列制造费用分配方法中,“制造费用”账户可能出现月末余额的是(　　)。
A. 工时比例法　　B. 工资比例法
C. 机时比例法　　D. 年度计划分配率法

11. A产品要经过三道工序加工完成,各工序的工时定额分别为30小时、10小时和10小时,则第二道工序的在产品完工程度是(　　)。
A. 50%　　B. 70%　　C. 80%　　D. 90%

12. 简化的分批法与分批法的区别主要表现在(　　)。

A. 不分批计算在产品成本　　B. 不分批计算完工产品成本

C. 不进行间接费用的分配　　D. 不分批核算原材料费用

13. 某产品采用逐步综合结转法计算产品成本,本月第一步骤发生的费用为50 000元,完工半成品成本为40 000元;本月第二步骤发生的费用为20 000元,完工产品成本中所耗上一步骤"半成品"项目金额为36 000元。该产品的成本还原率为(　　)。

A. 0.5　　B. 0.9　　C. 1.2　　D. 1.8

14. 成本计算最基本的方法是(　　)。

A. 品种法　　B. 分批法　　C. 分类法　　D. 分步法

15. 分步法适用于(　　)。

A. 大量大批多步骤生产　　B. 单件生产

C. 小批生产　　D. 大量大批单步骤生产

16. 平行结转分步法的优点是(　　)。

A. 能够提供各步骤的半成品成本资料　　B. 有利于加强半成品的实物管理

C. 有利于各生产步骤的成本管理　　D. 各生产步骤可以同时计算产品成本

17. 采用分类法计算产品成本的目的,在于(　　)。

A. 分类计算产品成本　　B. 分品种计算产品成本

C. 简化各类产品成本计算工作　　D. 简化各种产品成本计算工作

18. 在辅助生产费用的各种分配方法中,分配结果最正确的是(　　)。

A. 交互分配法　　B. 直接分配法

C. 计划成本分配法　　D. 代数分配法

19. 在单纯产量变动的情况下,对可比产品成本的影响是(　　)。

A. 只影响降低额,不影响降低率　　B. 既影响降低额,也影响降低率

C. 只影响降低率,不影响降低额　　D. 降低额和降低率都不受影响

20. 在按年度计划分配率法分配制造费用的企业,"制造费用"账户期末(　　)。

A. 没有余额　　B. 可能有借方或贷方余额

C. 有借方余额　　D. 有贷方余额

二、多项选择题(多选少选均不得分,每小题2分,共20分)

1. 在产品成本核算过程中要做好的基础工作是(　　)。

A. 分清费用界限　　B. 健全原始记录

C. 强化定额管理　　D. 严格计量验收

E. 实施内部结算

2. 制造企业的产品成本项目一般设为三项,即(　　)。

A. 直接材料　　B. 燃料及动力　　C. 直接人工

D. 其他直接支出　　E. 制造费用

3. 产品成本计算过程实际上就是划分费用界限的过程,即要分清(　　)。

A. 费用与非费用的界限

B. 生产费用与期间费用的界限

C. 本期费用与后期费用的界限
D. 各种产品所负担生产费用的界限
E. 完工产品与月末在产品费用的界限

4. 下列费用中,属于制造费用的有( )。
A. 机器设备折旧费 B. 车间照明用电费用
C. 产品"三包"费用 D. 产品包装费用
E. 车间日常消耗的材料费用

5. 采用定额成本法计算在产品成本的适用条件是( )。
A. 各月末在产品数量较多 B. 各月末在产品数量较少
C. 定额成本较准确 D. 消耗定额相对较稳定
E. 产品成本构成较稳定

6. 广义在产品包括( )。
A. 正在加工中的产品 B. 入库的半成品
C. 外购半成品 D. 修理用备件
E. 入库的完工产品

7. 对于逐步结转分步法,下列说法中正确的有( )。
A. 各步骤的在产品成本是狭义在产品成本
B. 各步骤的在产品成本是广义在产品成本
C. 需要计算各步骤半成品成本
D. 半成品成本随着半成品实物的转移而转移
E. 半成品成本不随半成品实物的转移而转移

8. 按年度计划分配率分配法分配制造费用后,"制造费用"账户月末( )。
A. 可能有借方余额 B. 只有借方余额
C. 可能有贷方余额 D. 只有贷方余额
E. 不可能有余额

9. 企业成本报表编制要求是( )。
A. 数字准确 B. 内容完整 C. 报送及时
D. 账账相符 E. 账表相符

10. 影响可比产品成本降低率的因素有( )。
A. 产品产量 B. 产品单位成本
C. 产品品种结构 D. 成本计算方法
E. 成本计算对象

三、判断题(对,打"√";错,打"×"。每小题1分,共10分)

1. 定额法与产品的生产类型没有直接联系,因而适用于各种生产类型的企业。( )

2. 从计算产品实际成本的角度来说,采用简化的分批法,必须设立基本生产成本二级账;而采用其他成本计算方法,可以不设立基本生产成本二级账。( )

3. 结转不可修复废品的生产成本应编制的分录为: ( )

借：基本生产成本——××产品(废品损失)

　贷：废品损失——××产品

4. 在产品按定额成本计价法适用于定额管理基础较好,各项消耗定额或费用定额比较准确、稳定,而且各月在产品数量变动较大的产品。（　）

5. 成本还原率只能小于或等于1。（　）

6. 企业定额管理基础较好,各项消耗定额或费用定额比较准确、稳定,而且各月在产品数量变动较大时,可采用定额比例法计算在产品成本。（　）

7. 若可比产品的成本降低额完成了计划,那么降低率也一定完成了计划。（　）

8. 产品包修、包换、包退所发生的费用,应列支于管理费用。（　）

9. 采用对比分析法和比率分析法,不能揭示实际数与基数之间的差异,但能揭示产生差异的因素和各因素的影响程度。（　）

10. 在成本分析中,采用对比法可以分析各种因素变动对成本影响的程度。（　）

四、综合题(共50分)

(一) 资料:某企业辅助生产费用按计划成本分配,有关数据如下:

辅助生产费用分配表

项目＼供应单位		供电车间(3 200元)	锅炉车间(5 000元)	合计
计划单位成本		0.10	0.52	
供电车间	数量		1 000	
	金额			
锅炉车间	数量	5 000		
	金额			
甲产品	数量	13 000		
	金额			
乙产品	数量	10 000		
	金额			
制造费用	数量	8 000	7 500	
	金额			
行政部门	数量	4 000	1 500	
	金额			
计划成本分配合计				
实际发生费用				
成本差异				

要求:(1) 编制分配表;(2) 编写会计分录。(12分)

(二) 资料:甲产品经过三道工序加工后完工,各道工序在产品数量及定额工时资料如下表所示。假设各道工序在产品均完成本道工序50%。

工　序	在产品数量	定额工时	完工程度	在产品约当产量
1	100	40		
2	120	30		
3	140	30		
合　计	—	100		

要求：根据资料计算甲产品“加工费用”成本项目在产品约当产量。(8分)

(三) 资料：某企业用一种原材料同时生产出甲、乙两种产品(即联产品)，采用分类法进行产品成本核算。该类产品月初在产品定额成本为：原材料23 000元，工资7 500元，制造费用4 500元；本月投入费用为：原材料111 120元，工资30 968元，制造费用19 256元；月末在产品定额成本为：原材料21 000元，工资6 800元，制造费用4 100元。本月完工产品中，甲产品2 640件，原材料费用系数为1，工时定额为3小时，乙产品2 000件，原材料费用系数为0.7，工时定额为1.5小时。

要求：采用分类法计算甲、乙产品成本，其中：原材料费用按系数分配，其他费用按定额工时比例分配。(10分)

(四) 资料：某企业生产甲产品。生产过程顺序经过第一、第二和第三生产车间，原材料从第一生产车间投入，加工成子半成品，第二生产车间对子半成品继续加工，加工成丑半成品，第三生产车间对丑半成品继续加工，加工成甲产成品。该企业成本计算采用按实际成本计价的逐步综合结转分步法。各车间月末在产品按约当产量计算，原材料于生产开始时一次投入，各车间的月末在产品完工程度均为50%，本月有关成本计算资料如下：

(1) 产量记录。

计量单位：件

项　目	第一生产车间	第二生产车间	第三生产车间
月初在产品数量	8	15	40
本月投产(或上一车间转入)数量	47	45	40
本月完工数量	45	40	50
月末在产品数量	10	20	30

(2) 月初在产品成本。

项　目	第一生产车间	第二生产车间	第三生产车间
直接材料：	8 900	24 000	58 880
其中：半成品		24 000	58 880
燃料和动力	200	2 100	1 480
直接人工	500	2 700	2 590
制造费用	700	4 700	5 250
合　计	10 300	33 500	68 200

(3) 本月发生费用。

项　　目	第一生产车间	第二生产车间	第三生产车间
直接材料	17 500		
燃料和动力	2 200	7 500	3 980
直接工资	5 900	9 800	5 730
制造费用	6 500	15 200	10 870
合　　计	32 100	32 500	20 580

要求：

(1) 设置子半成品、丑半成品、甲产成品成本计算单，登记月初在产品成本和本月发生费用。

(2) 计算子半成品、丑半成品和甲产成品的制造成本。(20 分)

附表

（一）复利终值系数表

$$(F/P,i,n)=(1+i)^n$$

n	1%	2%	3%	4%	5%	6%	7%	8%	9%	10%	12%	14%
1	1.010	1.020	1.030	1.040	1.050	1.060	1.070	1.080	1.090	1.100	1.120	1.140
2	1.020	1.040	1.061	1.082	1.102	1.124	1.145	1.166	1.188	1.210	1.254	1.300
3	1.030	1.061	1.093	1.125	1.158	1.191	1.225	1.260	1.295	1.331	1.405	1.482
4	1.041	1.082	1.126	1.170	1.216	1.262	1.311	1.360	1.412	1.464	1.574	1.689
5	1.051	1.104	1.159	1.217	1.276	1.338	1.403	1.469	1.539	1.611	1.762	1.925
6	1.062	1.126	1.194	1.265	1.340	1.419	1.501	1.587	1.677	1.772	1.974	2.195
7	1.072	1.149	1.230	1.316	1.407	1.504	1.606	1.714	1.828	1.949	2.211	2.502
8	1.083	1.172	1.267	1.369	1.477	1.594	1.718	1.851	1.993	2.144	2.476	2.853
9	1.094	1.195	1.305	1.423	1.551	1.689	1.838	1.999	2.172	2.358	2.773	3.252
10	1.105	1.219	1.344	1.480	1.629	1.791	1.967	2.159	2.367	2.594	3.106	3.707
11	1.116	1.243	1.384	1.539	1.710	1.898	2.105	2.332	2.580	2.853	3.479	4.226
12	1.127	1.268	1.426	1.601	1.796	2.012	2.252	2.518	2.813	3.138	3.896	4.818
13	1.138	1.294	1.469	1.665	1.886	2.133	2.410	2.720	3.066	3.452	4.363	5.492
14	1.149	1.319	1.513	1.732	1.980	2.261	2.579	2.937	3.342	3.797	4.887	6.261
15	1.161	1.346	1.558	1.801	2.079	2.397	2.759	3.172	3.642	4.177	5.474	7.138
16	1.173	1.373	1.605	1.873	2.183	2.540	2.952	3.426	3.970	4.595	6.130	8.137
17	1.184	1.400	1.653	1.948	2.292	2.693	3.159	3.700	4.328	5.054	6.866	9.276
18	1.196	1.428	1.702	2.026	2.407	2.854	3.380	3.996	4.717	5.560	7.690	10.575
19	1.208	1.457	1.754	2.107	2.527	3.026	3.617	4.316	5.142	6.116	8.613	12.056
20	1.220	1.486	1.806	2.191	2.653	3.207	3.870	4.661	5.604	6.628	9.646	13.743
25	1.282	1.641	2.094	2.666	3.386	4.292	5.427	6.848	8.623	10.835	17.000	26.462
30	1.348	1.811	2.427	3.243	4.322	5.743	7.612	10.063	13.268	17.449	29.960	50.950

n	15%	16%	18%	20%	24%	28%	32%	36%	40%	50%
1	1.150	1.160	1.180	1.200	1.240	1.280	1.320	1.360	1.400	1.500
2	1.323	1.346	1.392	1.440	1.538	1.638	1.742	1.850	1.960	2.250
3	1.521	1.561	1.643	1.728	1.907	2.097	2.300	2.515	2.744	3.375
4	1.749	1.811	1.939	2.074	2.364	2.684	3.036	3.421	3.842	5.062
5	2.011	2.100	2.288	2.488	2.932	3.436	4.007	4.653	5.378	7.594
6	2.313	2.436	2.700	2.986	3.635	4.398	5.290	6.328	7.530	11.391
7	2.660	2.826	3.185	3.583	4.508	5.630	6.983	8.605	10.541	17.086
8	3.059	3.278	3.759	4.300	5.590	7.206	9.217	11.703	14.758	26.629
9	3.518	3.803	4.435	5.160	6.931	9.223	12.166	15.917	20.661	38.443
10	4.046	4.411	5.234	6.192	8.594	11.806	16.060	21.647	28.925	57.665

n	15%	16%	18%	20%	24%	28%	32%	36%	40%	50%
11	4.652	5.117	6.176	7.430	10.657	15.112	21.199	29.439	40.496	86.498
12	5.350	5.936	7.288	8.916	13.215	19.343	27.983	40.037	56.694	129.746
13	6.153	6.886	8.599	10.699	16.386	24.759	36.937	54.451	79.371	194.620
14	7.076	7.988	10.147	12.839	20.319	31.691	48.757	74.053	111.120	291.929
15	8.137	9.266	11.974	15.407	25.196	40.565	64.359	100.712	155.568	437.894
16	9.358	10.748	14.129	18.488	31.243	51.923	84.954	136.690	217.795	656.840
17	10.761	12.468	16.672	22.186	38.741	66.461	112.139	186.277	304.913	985.260
18	12.375	14.463	19.673	26.623	48.039	85.071	148.024	253.338	426.879	1477.890
19	14.232	16.777	23.214	31.948	59.568	108.890	195.391	344.540	597.630	2216.800
20	16.367	19.461	27.393	38.338	73.864	139.380	257.916	468.574	836.683	33325.260
25	32.919	40.874	62.669	95.396	216.542	478.905	1033.590	2180.080	4499.880	25251.000
30	66.212	85.850	143.371	237.376	634.820	1645.504	4142.070	10143.000	24201.400	191750.000

（二）复利现值系数表

$$(P/F,i,n)=\frac{1}{(1+i)^n}$$

n	1%	2%	3%	4%	5%	6%	7%	8%	9%	10%	12%	14%
1	0.990	0.980	0.971	0.962	0.952	0.943	0.935	0.926	0.917	0.909	0.893	0.877
2	0.980	0.961	0.943	0.925	0.907	0.890	0.873	0.857	0.842	0.826	0.797	0.769
3	0.971	0.942	0.916	0.889	0.863	0.840	0.816	0.794	0.772	0.751	0.712	0.675
4	0.961	0.924	0.889	0.855	0.823	0.792	0.763	0.735	0.708	0.683	0.636	0.592
5	0.951	0.906	0.863	0.822	0.784	0.747	0.713	0.681	0.650	0.621	0.567	0.519
6	0.942	0.888	0.838	0.790	0.746	0.705	0.666	0.630	0.596	0.565	0.507	0.456
7	0.933	0.871	0.813	0.760	0.711	0.665	0.623	0.584	0.547	0.513	0.452	0.400
8	0.924	0.854	0.789	0.731	0.677	0.627	0.582	0.540	0.502	0.467	0.404	0.351
9	0.914	0.837	0.766	0.703	0.645	0.592	0.544	0.500	0.460	0.424	0.361	0.308
10	0.905	0.820	0.744	0.676	0.614	0.558	0.508	0.463	0.422	0.386	0.322	0.270
11	0.896	0.804	0.722	0.650	0.585	0.527	0.475	0.429	0.388	0.351	0.288	0.237
12	0.887	0.789	0.701	0.625	0.557	0.497	0.444	0.397	0.356	0.319	0.257	0.208
13	0.879	0.773	0.681	0.601	0.530	0.469	0.415	0.368	0.326	0.290	0.229	0.182
14	0.870	0.758	0.661	0.578	0.505	0.442	0.388	0.341	0.299	0.263	0.205	0.160
15	0.861	0.743	0.642	0.555	0.481	0.417	0.362	0.315	0.275	0.239	0.183	0.140
16	0.853	0.728	0.623	0.534	0.458	0.394	0.339	0.292	0.252	0.218	0.163	0.123
17	0.844	0.714	0.605	0.513	0.436	0.371	0.317	0.270	0.231	0.198	0.146	0.108
18	0.836	0.700	0.587	0.494	0.416	0.350	0.296	0.250	0.212	0.180	0.130	0.095
19	0.828	0.686	0.570	0.475	0.396	0.331	0.277	0.232	0.195	0.164	0.116	0.083
20	0.820	0.673	0.554	0.456	0.377	0.312	0.258	0.215	0.178	0.149	0.104	0.073

n	1%	2%	3%	4%	5%	6%	7%	8%	9%	10%	12%	14%
25	0.780	0.610	0.478	0.375	0.295	0.233	0.184	0.146	0.116	0.092	0.059	0.038
30	0.742	0.552	0.412	0.308	0.231	0.174	0.131	0.099	0.075	0.057	0.033	0.020

n	15%	16%	18%	20%	24%	28%	32%	36%	40%	50%
1	0.870	0.862	0.847	0.833	0.806	0.781	0.758	0.735	0.714	0.667
2	0.756	0.743	0.718	0.694	0.650	0.610	0.574	0.541	0.510	0.444
3	0.658	0.641	0.609	0.579	0.524	0.477	0.435	0.398	0.364	0.296
4	0.572	0.552	0.516	0.482	0.423	0.373	0.329	0.292	0.260	0.198
5	0.497	0.476	0.437	0.402	0.341	0.291	0.250	0.215	0.186	0.132
6	0.432	0.410	0.370	0.335	0.275	0.227	0.189	0.158	0.133	0.088
7	0.376	0.354	0.314	0.279	0.222	0.178	0.143	0.116	0.095	0.059
8	0.327	0.305	0.266	0.233	0.179	0.139	0.108	0.085	0.068	0.039
9	0.284	0.263	0.226	0.194	0.144	0.108	0.082	0.063	0.048	0.026
10	0.247	0.227	0.191	0.162	0.116	0.085	0.062	0.046	0.035	0.017
11	0.215	0.195	0.162	0.135	0.094	0.066	0.047	0.034	0.025	0.012
12	0.187	0.169	0.137	0.112	0.076	0.052	0.036	0.025	0.018	0.008
13	0.163	0.145	0.116	0.093	0.061	0.040	0.027	0.018	0.013	0.005
14	0.141	0.125	0.099	0.078	0.049	0.032	0.021	0.014	0.009	0.003
15	0.123	0.108	0.084	0.065	0.040	0.025	0.016	0.019	0.006	0.002
16	0.107	0.093	0.071	0.054	0.032	0.019	0.012	0.007	0.005	0.002
17	0.093	0.080	0.060	0.045	0.026	0.015	0.009	0.005	0.003	0.001
18	0.081	0.069	0.051	0.038	0.021	0.012	0.007	0.004	0.002	0.001
19	0.070	0.060	0.043	0.031	0.017	0.009	0.005	0.003	0.002	0.000
20	0.061	0.051	0.037	0.026	0.014	0.007	0.004	0.002	0.001	0.000
25	0.030	0.024	0.016	0.010	0.005	0.002	0.001	0.000	0.000	
30	0.015	0.012	0.007	0.004	0.002	0.001	0.000	0.000		

（三）年金终值系数表

$$(F/A,i,n)=\frac{(1+i)^n-1}{i}$$

n	1%	2%	3%	4%	5%	6%	7%	8%	9%
1	1.000	1.000	1.000	1.000	1.000	1.000	1.000	1.000	1.000
2	2.010	2.020	2.030	2.040	2.050	2.060	2.070	2.080	2.090
3	3.030	3.060	3.091	3.122	3.152	3.184	3.215	3.246	3.278
4	4.060	4.122	4.184	3.246	4.310	4.375	4.440	4.506	4.573
5	5.101	5.204	5.309	5.416	5.526	5.637	5.751	5.867	5.985

n	1%	2%	3%	4%	5%	6%	7%	8%	9%
6	6.152	6.308	6.468	6.633	6.802	6.975	7.153	7.336	7.523
7	7.214	7.434	7.662	7.898	8.142	8.394	8.654	8.923	9.200
8	8.286	8.583	8.892	9.214	9.549	9.897	10.260	10.637	11.028
9	9.369	9.755	10.159	10.583	11.027	11.491	11.978	12.488	13.021
10	10.462	10.950	11.464	12.006	12.578	13.181	13.816	14.487	15.193
11	11.567	12.169	12.808	13.486	14.207	14.972	15.784	16.645	17.560
12	12.683	13.412	14.192	15.026	15.917	16.870	17.888	18.977	20.141
13	13.809	14.680	15.618	16.627	17.713	18.882	20.141	21.495	22.953
14	14.947	15.974	17.086	18.292	19.599	21.051	22.550	24.215	26.019
15	16.097	17.293	18.599	20.024	21.579	23.276	25.129	27.152	29.361
16	17.258	18.639	20.157	21.825	23.675	25.673	27.888	30.324	33.003
17	18.430	20.012	21.762	23.698	25.840	28.213	30.840	33.750	36.974
18	19.615	21.412	23.414	25.645	28.132	30.906	33.999	37.450	41.301
19	20.811	22.841	25.117	27.671	30.539	33.760	37.379	41.446	46.018
20	22.019	24.297	26.870	29.778	33.066	36.786	40.995	45.762	51.160
25	28.243	32.030	36.459	41.646	47.727	54.865	63.249	73.106	84.701
30	34.785	40.568	47.575	56.085	66.439	79.058	94.461	113.283	136.308

n	10%	12%	14%	16%	18%	20%	24%	28%	32%
1	1.000	1.000	1.000	1.000	1.000	1.000	1.000	1.000	1.000
2	2.100	2.120	2.140	2.160	2.180	2.200	2.240	2.280	2.320
3	3.310	3.374	3.440	3.506	3.572	3.640	3.778	3.918	4.062
4	4.641	4.779	4.921	5.066	5.215	5.368	5.684	6.016	6.362
5	6.105	6.353	6.610	6.877	7.154	7.442	8.048	8.700	9.398
6	7.716	8.115	8.536	8.977	9.442	9.930	10.980	12.136	13.406
7	9.487	10.089	10.730	11.414	12.142	12.916	14.615	16.534	18.696
8	11.436	12.300	13.233	14.240	15.327	16.499	19.123	22.163	25.678
9	13.579	14.776	16.085	17.518	19.086	20.799	24.712	29.369	34.895
10	15.937	17.549	19.337	21.321	23.521	25.959	31.643	38.592	47.062
11	18.531	20.655	23.044	25.733	28.755	32.150	40.238	50.399	63.122
12	21.384	24.133	27.271	30.850	34.931	39.580	50.895	65.510	84.320
13	24.523	29.029	32.089	36.786	42.219	48.497	64.110	84.853	112.30
14	27.975	32.393	37.581	43.672	50.818	59.196	80.496	109.61	149.24
15	31.772	37.280	43.842	51.660	60.965	72.035	100.815	141.301	97.99
16	35.950	42.753	50.980	60.925	72.939	87.442	126.011	181.87	262.36
17	40.545	48.884	59.118	71.673	87.068	105.931	157.253	233.793	47.31
18	45.599	55.750	68.394	84.141	103.740	128.117	195.994	300.25	459.45
19	51.159	63.440	78.969	98.603	123.414	154.740	244.033	385.32	607.47
20	57.275	72.052	91.025	115.380	146.628	186.688	303.601	494.21	802.86

n	10%	12%	14%	16%	18%	20%	24%	28%	32%
25	98.347	133.334	181.871	249.214	342.603	471.981	898.092	1706.8	3226.8
30	164.494	241.333	356.787	530.312	790.948	1181.882	2640.916	5873.2	12941.0

(四) 年金现值系数表

$$(P/A,i,n)=\frac{1-(1+i)^{-n}}{i}$$

n	1%	2%	3%	4%	5%	6%	7%	8%	9%	10%
1	0.990	0.980	0.971	0.962	0.952	0.943	0.935	0.926	0.917	0.909
2	1.970	1.942	1.914	1.886	1.859	1.833	1.808	1.783	1.759	1.736
3	2.941	2.884	2.829	2.775	2.723	2.673	2.624	2.577	2.531	2.487
4	3.902	3.808	3.717	3.630	3.546	3.465	3.387	3.312	3.240	3.170
5	4.853	4.713	4.580	4.452	4.330	4.212	4.100	3.993	3.890	3.791
6	5.796	5.601	5.417	5.242	5.076	4.917	4.766	4.623	4.486	4.355
7	6.728	6.472	6.230	6.002	5.786	5.582	5.389	5.206	5.033	4.868
8	7.652	7.326	7.020	6.733	6.463	6.210	5.971	5.747	5.535	5.335
9	8.566	8.162	7.786	7.435	7.108	6.802	6.515	6.247	5.995	5.759
10	9.471	8.983	8.530	8.111	7.722	7.360	7.024	6.710	6.418	6.145
11	10.368	9.787	9.253	8.761	8.306	7.887	7.499	7.139	6.805	6.495
12	11.255	10.575	9.954	9.385	8.863	8.384	7.943	7.536	7.161	6.814
13	12.134	11.348	10.635	9.986	9.394	8.853	8.358	7.904	7.487	7.103
14	13.004	12.106	11.296	10.563	9.899	9.295	8.746	8.244	7.786	7.367
15	13.865	12.849	11.938	11.118	10.380	9.712	9.108	8.559	8.060	7.606
16	14.718	13.578	12.561	11.652	10.838	10.106	9.447	8.851	8.313	7.824
17	15.562	14.292	13.166	12.166	11.274	10.477	9.763	9.122	8.544	8.022
18	16.398	14.992	13.754	12.659	11.690	10.828	10.059	9.372	8.756	8.201
19	17.226	15.679	14.324	13.134	12.085	11.158	10.336	9.604	8.950	8.365
20	18.047	16.351	14.878	13.590	12.462	11.470	10.594	9.818	9.129	8.514
25	22.023	19.524	17.413	15.622	14.094	12.783	11.654	10.675	9.823	9.077
30	25.808	22.397	19.600	17.792	15.373	13.765	12.409	11.258	10.274	9.427

n	12%	14%	16%	18%	20%	24%	28%	32%	36%	40%	50%
1	0.893	0.877	0.862	0.847	0.833	0.806	0.781	0.758	0.735	0.714	0.667
2	1.690	1.647	1.605	1.566	1.528	1.457	1.392	1.332	1.276	1.224	1.111
3	2.402	2.322	2.246	2.174	2.106	1.981	1.868	1.766	1.674	1.589	1.407
4	3.037	2.914	2.798	2.690	2.589	2.404	2.241	2.096	1.966	1.849	1.605
5	3.605	3.433	3.274	3.127	2.991	2.745	2.532	2.345	2.181	2.035	1.737

n	12%	14%	16%	18%	20%	24%	28%	32%	36%	40%	50%
6	4.111	3.889	3.685	3.498	3.326	3.020	2.759	2.534	2.339	2.168	1.824
7	4.564	4.288	4.039	3.812	3.605	3.242	2.937	2.678	2.455	2.263	1.883
8	4.968	4.639	4.344	4.078	3.837	3.421	3.076	2.786	2.540	2.331	1.922
9	5.328	4.946	4.607	4.303	4.031	3.566	3.184	2.868	2.603	2.379	1.948
10	5.660	5.216	4.833	4.494	4.193	3.682	3.269	2.930	2.650	2.414	1.965
11	5.938	5.453	5.029	4.656	4.327	3.776	3.335	2.978	2.683	2.438	1.977
12	6.194	5.660	5.197	4.793	4.439	3.851	3.387	3.013	2.708	2.456	1.985
13	6.424	5.842	5.342	4.910	4.533	3.912	3.427	3.040	2.727	2.469	1.990
14	6.628	6.002	5.468	5.008	4.611	3.962	3.459	3.061	2.740	2.478	1.993
15	6.811	6.142	5.576	5.092	4.675	4.001	3.483	3.076	2.750	2.484	1.995
16	6.973	6.265	5.669	5.162	4.730	4.033	3.503	3.088	2.758	2.489	1.997
17	7.120	6.373	5.749	5.222	4.775	4.059	3.518	3.097	2.763	2.492	1.998
18	7.250	6.467	5.818	5.273	4.812	4.080	3.529	3.104	2.767	2.494	1.999
19	7.366	6.550	5.878	5.316	4.844	4.097	3.539	3.109	2.770	2.496	1.999
20	7.469	6.623	5.929	5.353	4.870	4.110	3.546	3.113	2.772	2.497	1.999
25	7.843	6.873	6.097	5.467	4.948	4.147	3.564	3.122	2.776	2.499	2.000
30	8.055	7.003	6.177	5.517	4.979	4.160	3.569	3.124	2.778	2.500	2.000